MW01109619

Tiempo de México

El ejército y el poder

Impacto e influencia política en el México moderno

El dedo en la llaga

El ejército y el poder

Impacto e influencia política en el México moderno

Javier Ibarrola

OCEANO

EDITOR: Rogelio Carvajal Dávila

EL EJÉRCITO Y EL PODER
Impacto e influencia política en el México moderno

D. R. © 2003, EDITORIAL OCEANO DE MÉXICO, S.A. de C.V.
        Eugenio Sue 59, Colonia Chapultepec Polanco
        Miguel Hidalgo, Código Postal 11560, México, D.F.
        ☎ 5279 9000   📠 5279 9006
        ✉ info@oceano.com.mx

PRIMERA EDICIÓN

ISBN 970-651-846-0

IMPRESO EN MÉXICO / PRINTED IN MEXICO

El ejército es el corazón del pueblo.

Coronel Juan Ibarrola Martínez[†]

A Graciela
("La esposa del general es el general de generales", William Shakespeare)

A todos mis hijos, cada uno en lo suyo,
buenos soldados del presente y del futuro.

A mis nietos, por su bella promesa.

A los soldados de ayer, de hoy y de siempre.

ÍNDICE

13

¿Saben ustedes cuáles son los males mayores que tiene México? Pues son el capitalismo, el clero y el militarismo. De los primeros, los revolucionarios podemos librar a México, ¿pero quién lo librará de nosotros?

General Álvaro Obregón

El general Manuel Ávila Camacho, el último presidente militar, retira al ejército como cuarto sector del partido oficial. México entra en la segunda guerra mundial. Mensaje ante el congreso. Reacomodo de militares en la política. Visión del jurista militar ante las atribuciones del presidente. Presupuesto militar: más con menos. El ejército y la inseguridad. *Mayor participación en política. Un mal anunciado. El miedo. Más militares en labores de seguridad pública.* Blindaje *militar*

El primero de diciembre de 1940, el general Manuel Ávila Camacho, impecablemente vestido con un traje oscuro, al rendir protesta como presidente de la República, dijo en su mensaje:

> La experiencia adquirida en nuestra campaña cívica confirma la conveniencia de incorporar a la organización de nuestro partido la convicción anteriormente expresada de que los miembros de la institución armada no deben intervenir ni directa ni indirectamente en la política electoral mientras se encuentren en servicio activo, ya que todo intento de hacer penetrar la política en el recinto de los cuarteles es restar una garantía a la vida cívica y provocar una división de los elementos armados. Necesitamos engrandecer nuestras fuerzas armadas como un baluarte inmaculado de las instituciones.[1]

17

A su lado escuchaba atento, con cara de esfinge, el general Lázaro Cárdenas, quien minutos antes había entregado la banda presidencial a quien habría de ser el último general en activo en ocupar la presidencia de la República.

Hasta entonces el ejército había conformado el cuarto sector de lo que hoy se conoce como Partido Revolucionario Institucional (PRI), integrado, además, por los sectores popular, obrero y campesino. Casi un año después, durante su primer informe de gobierno, el presidente Ávila Camacho insistiría en el tema:

> Una de las primeras medidas que tomó el ejecutivo a mi cargo al iniciar su gestión, fue ordenar el retiro de los miembros del ejército y armada de los organismos de acción política a que pertenecían, sin que ello significara menoscabar los derechos que como ciudadanos individualmente tienen. La idea de la disposición que aludo fue dar cumplimiento a los preceptos constitucionales que vedan a la milicia el ejercicio de actividades políticas, puesto que la erigen en sostén de las instituciones y en salvaguarda de una democracia garantizada por la ley y apoyada por el ejército de la nación. Son evidentemente incompatibles el partidarismo electoral y la pasión política con los altos deberes del ejército y la armada, cuyo adelanto me enorgullezco en reconocer, como militar y como jefe de Estado.[2]

Ávila Camacho, sin embargo, no haría más que poner en práctica las directrices de su antecesor en la presidencia de la República y secretario de la Defensa Nacional en su gabinete.

El 18 de diciembre de 1937, fecha en que esa dependencia deja de ser Secretaría de Guerra y Marina para convertirse en Secretaría de la Defensa Nacional, Lázaro Cárdenas lanza un manifiesto que da paso al Partido de la Revolución Mexicana (PRM), y que habría de fijar las bases para el futuro de las relaciones entre el régimen civil y el todavía actuante sector militar. En este manifiesto, Cárdenas, tácitamente, ordena que el ejército puede y debe intervenir en los procesos políticos no como masa deliberante o como corporación clasista que recordara una doctrina odiosa inherente a una casta especial, sino como una reintegración ciudadana que con disciplina colectiva y alto pensamiento de patriotismo y dignidad, que es la norma del ejército, siga respaldando las opiniones mayoritarias y velando por el mantenimiento e integridad de la Constitución y la ley, ya que es necesario que toda función democrática se guíe y se derive de los principios escritos y votados libremente por los organismos representativos del pueblo.

Cárdenas, a pesar de ser el artífice del civilismo posrevolucionario, dejó al ejército no sólo como garante de la norma constitucional, sino como respaldo de las "opiniones mayoritarias" que habrían de mantener en el poder al partido oficial con sus diferentes normas por poco más de 70 años.

A Manuel Ávila Camacho le bastaron unos cuantos párrafos para certificar el fin de la época de los caudillos militares que había encabezado Plutarco Elías Calles, tras el asesinato de Álvaro Obregón, dando paso al gobierno de la "unidad nacional". Ávila Camacho mandó a los soldados de regreso a sus cuarteles, aunque no a los generales. Él mismo era producto de esa época en la que, gracias a su relampagueante ascenso en el escalafón militar, pudo llegar a la máxima responsabilidad política, no sin antes dejar a un lado a cuatro divisionarios que, como él, se sentían capacitados y con derecho para asumir la presidencia de la República.

Años antes,

la rebelión escobarista [1929] permitió realizar la última purga importante de generales en el país. A partir de entonces quedaron sólo cinco divisionarios "políticos". Junto con Calles, el más influyente luego de la muerte de Obregón, entraron al Olimpo revolucionario Saturnino Cedillo, Lázaro Cárdenas, Joaquín Amaro y Juan Andrew Almazán. De ellos, sólo Cárdenas llegaría a ocupar la silla presidencial. Amaro y Almazán se esfumaron luego de intentonas de oposición electoral, y Cedillo murió luego de encabezar una absurda revuelta en 1939.

Algo más: Ávila Camacho, sintiéndose obligado a continuar la tarea "civilista" del general Cárdenas, y ante la inminencia de la segunda guerra mundial, a la cual estaba decidido a no contribuir con tropas, nombró como ministro de Guerra a "un individuo ignorante y negligente como era el general Pablo Macías".[3]

Con la guerra encima y las cada día más crecientes presiones de Washington para que México rompiera principalmente con Alemania, Ávila Camacho, cerrando la carrera de relevos que tenía con Cárdenas, en cuyo gobierno él había sido secretario de Guerra y Marina, lo designó primero, el 3 de enero de 1942 —apenas a unos meses de que le había entregado la presidencia de la República—, comandante de la Región Militar del Pacífico.[4] Posteriormente, en septiembre de ese mismo año, lo nombraría secretario de la Defensa Nacional, en sustitución del general Macías, al mismo tiempo que decretaba la instalación del Consejo Supremo de Defensa, que estaría encargado de administrar todo lo relativo a la defensa militar, económica, comercial, financiera y legal. En septiembre de 1941, ya había nombrado a los generales Octavio Véjar Vázquez y Roberto T. Bonilla como secretario y subsecretario de Educación Pública, respectivamente. Su hermano, el general Maximino Ávila Camacho, se apoderó de la Secretaría de Comunicaciones.

Al efecto, como consecuencia de la aplicación del servicio militar que entró en vigor el 8 de septiembre de 1942, grupos campesinos, temerosos de ser tomados de leva, empezaron a abandonar los pueblos y a remontarse en actitud reservada; y como se temió que de tal proceder se desprendiese una revolución levantisca, Ávila Camacho, con sentido común, consideró que el hombre capaz de apaciguar los ánimos del pueblo rural era el general Cárdenas; también el más apto para convencer a los campesinos de que la juventud se alistara en la reserva del ejército nacional.[5]

Ya el 10 de marzo de 1941, la Secretaría de la Defensa Nacional había expedido la siguiente circular:

La tranquilidad que goza el país y la perspectiva nacional que fundadamente promete una esperanza de mejoramiento general, hacen que esta secretaría, por instrucciones expresas del C. Presidente de la República, dedique especial atención a la preparación del instituto armado, necesitando, para tal objeto, concentrar las unidades de tropa en los lugares que se destinen para llevar a cabo esta instrucción. Por tanto, y considerando siempre que los elementos de las reservas se han significado en su cooperación con el ejército, en el desempeño de las misiones de servicio interior que éste tiene encomendadas, se estima pertinente disponer, y se dispone, que para poder llevar a cabo la concentración del mayor número de unidades de aquél, las corporaciones de reserva cubrirán en parte la vigilancia de las zonas rurales, en las que se otorgarán garantías y respaldo necesario a las autoridades legalmente constituidas, debiendo compenetrarse, estas unidades, de la elevada misión que para lo sucesivo les corresponde, y asumirán, dentro de todos los aspectos ciudadanos, la responsabilidad absoluta del cumplimiento de su deber.

Desligado, ya en definitiva, el ejército de la política para consagrarse al cumplimiento de su misión y siendo los cuerpos de reserva auxiliares cuya función es afín a la del instituto armado, es necesario que estos elementos se ajusten en todo a las normas militares, absteniéndose por completo de actuar en política, pues en lo sucesivo no se tolerarán infracciones a estas normas, mismas que deberán ser escrupulosamente observadas por ellos para bien y tranquilidad del país. El personal de las unidades que queden en servicio deberá, en lo futuro, observar una conducta inviolable de respeto, protección y acercamiento para las autoridades civiles en las zonas de su jurisdicción, constituyéndose en defensores íntegros de los intereses sociales y en elementos efectivos de confianza y seguridad. Los comandantes de zona militar tomarán las medidas necesarias para, en el menor plazo posible, seleccionar los elementos de reserva dentro de las normas señaladas, vigilando que, de acuerdo con las instrucciones que posteriormente dictará esta secretaría, se cubra el servicio de policía rural por los elementos de la propia reserva, a fin de concentrar para instrucción las unidades de tropa que sea conveniente.

La presencia del general Cárdenas en la Secretaría de la Defensa fue más para calmar los ánimos de las poblaciones rurales que para volver a dar impulso a los militares en la política del país. En las filas del ejército se recordaba aún como la mano de la esfinge michoacana había sepultado al propio y legendario general Joaquín Amaro, a quien se le considera el organizador del actual ejército mexicano y que fungió como secretario de Guerra y Marina en los gobiernos de Plutarco Elías Calles, Emilio Portes Gil y Pascual Ortiz Rubio. O como lo definió Salvador Novo en su carta-crónica del día del sepelio del general Amaro, el 29 de marzo de 1952: "Siempre leal y justo, jamás su nombre se ligó a una asonada ni una conspiración. Fue acaso el primer militar en entender el papel eminente del ejército dentro de las instituciones, y en dignificarlo y ennoblecerlo. Era famosa su sed de cultura, su afición por leer y hallarse al corriente de todos los libros y los sucesos y, sin embargo, no hacer de ello ostentación".[6] Cuando el 13 de diciembre de 1935, Plutarco Elías Calles regresó a México del exilio al que lo mandó Cárdenas, el general Joaquín Amaro acudió a recibirlo al aeropuerto. Eso bastó para que se le retirara de la dirección del Heroico Colegio Militar.

Una nota más de que la despolitización de los militares iba en serio, la constituyó la intentona del general Octavio Véjar Vázquez, quien fue lanzado como candidato del Partido Popular, que encabezaba Vicente Lombardo Toledano, en las elecciones presidenciales de 1952. Véjar Vázquez fue arrestado y juzgado por una corte militar por el "delito" de inmiscuirse en política. Otro signo fue la presencia del también general Miguel Henríquez Guzmán, candidato de la Federación de Partidos Populares, a quien simplemente lo arrolló la aplanadora del partido oficial.

México entra en la segunda guerra mundial

El 12 de diciembre de 1941, la Secretaría de Relaciones Exteriores (SRE) notificó a los enviados extraordinarios y ministros plenipotenciarios de Alemania, H. Rudt von Collenber, y de Italia, conde Alberto Marchetti di Muraglio, de que quedaban rotas las relaciones diplomáticas entre México y sus respectivos países. Tres días antes había hecho lo mismo con Japón.

Cinco meses después, el 13 de mayo de 1942, fue hundido frente a las costas de Florida, Estados Unidos, el buque-tanque petrolero *Potrero del Llano*, una nave que, hasta 1940, pertenecía a la marina italiana y navegaba con el nombre de *Lucifer*, y el día 20 pasó lo mismo con el buque-tanque *Faja de Oro*, también de origen italiano. La noche del 13 de mayo de 1942, Ávila Camacho dirigió a la nación un "memorable mensaje" para informar que un submarino de las potencias nazifascistas había hundido, en el Atlántico, el buque de matrícula mexicana *Potrero del Llano*, y que a partir del 22 existiría un estado de guerra entre México y las potencias del Eje. Sin embargo, el anuncio pareció no conmover demasiado a los mexicanos, por lo que el 28 de mayo el presidente se dirigió en sesión extraordinaria al Congreso de la Unión:

> Me presento a cumplir, ante ustedes, el más grave de los deberes que incumben a un jefe de Estado: el de someter a la representación nacional la necesidad de acudir al último de los recursos de que dispone un pueblo libre para defender sus destinos.
> Ninguna consideración detuvo a los agresores. Ni la neutralidad del país al que la nave pertenecía, ni la circunstancia de que ésta llevase todos los signos externos característicos de su nacionalidad, ni la precaución de que el barco viajase con las

23

luces encendidas a fin de hacer claramente perceptibles los colores de nuestra bandera, ni, por razones de derecho internacionales y humanitarias, el deber de otorgar a los miembros de la nave la oportunidad de atender su salvamento.

De los 35 tripulantes en su integridad mexicanos, sólo 22 lograron llegar a Miami y uno de ellos, pocas horas más tarde, pereció víctima de las lesiones sufridas durante el hundimiento. Con la suya, fueron catorce las vidas segadas por el ataque de los países totalitarios. Catorce vidas de hombres jóvenes y valientes, sobre cuyo recuerdo la patria se inclina con emoción.

Tan pronto como el gobierno de México tuvo conocimiento del atentado, formuló una enérgica protesta que fue transmitida al Ministerio de Relaciones Exteriores de Suecia, país que en diciembre de 1941 aceptó hacerse cargo de nuestros intereses en Alemania, Italia y Japón. En dicho documento, México establecía que, si en el plazo de una semana, contada a partir del jueves 14 de mayo, el país responsable de la agresión no procedía a darnos una satisfacción completa, así como a proporcionarnos las garantías de que nos serían debidamente cubiertas las indemnizaciones por los daños y perjuicios sufridos, adoptaríamos las medidas que reclamara el honor nacional.

El plazo ha transcurrido. Italia y Japón no han respondido a nuestra protesta. Peor aún. En un gesto de menosprecio que subraya el agravio y mide la arrogancia del agresor, la cancillería alemana se rehusó a recibirla.

Pero no se limitó a esto la alevosía de los Estados totalitarios, siete días después del ataque al *Potrero del Llano*, un nuevo atentado se llevó a cabo. En la noche del miércoles 20, otro de nuestros barcos, el *Faja de Oro*, fue torpedeado y hundido frente al litoral estadunidense, en condiciones idénticas a las que se registraron en el caso anterior.

Esta vez, también, tuvimos que deplorar la pérdida de un valeroso grupo de compatriotas. De los 35 tripulantes de la nave a que me refiero, seis han desaparecido. Los 29 restantes, recogidos por un guardacostas de Estados Unidos, llegaron a Cayo Hueso en la mañana del día 22 del actual; uno de ellos falleció a bordo del guardacostas y seis se encuentran heridos.

Todas las gestiones diplomáticas han terminado y se plantea ahora la necesidad de tornar una pronta resolución.

Antes de someter a ustedes la proposición del ejecutivo, deseo declarar solemnemente que ningún acto del gobierno o del pueblo de México puede justificar el doble atentado de las potencias totalitarias.

El resumen de los acontecimientos internacionales desarrollados durante los últimos años constituye la más elocuente demostración de la impecable actitud de nuestro país y de lo inicuo del atropello que se nos hace. Tan pronto como la agresión de Japón e Italia se proyectó contra China y contra Etiopía, comprendimos que había propiciado una época en la que todos tendríamos que asumir responsabilidades de alcance trascendental. Los hechos no tardaron en revelar que los más sombríos pronósticos iban a realizarse. En 1936 fue la guerra de España, golpe de Estado internacional que, con la apariencia de una resolución de finalidades nazifascistas, hundió al heroico pueblo español en un mar de sangre.

En 1938 tocó el turno a Austria; amagada por la superioridad de un ejército frente a cuyas armas se vio en la obligación de aceptar las condiciones de una anexión ultrajante o ignominiosa. En 1939 asistimos a la desaparición de Checoslovaquia y de Albania. Y, poco después, a la invasión de Polonia. Este último hecho, por los compromisos políticos que violaba, obligó a Inglaterra y a Francia a declararse en estado de guerra con Alemania.

A partir de entonces, las agresiones se sucedieron con un ritmo cada día más rápido y más cruel. Noruega, Dinamarca, Holanda, Bélgica y el Gran Ducado de Luxemburgo fueron cayendo, en espacio de pocos meses, vejados en su posición de neutralidad por gobiernos para quienes los tratados son letra muerta, los derechos simples ficciones y el cumplimiento de la palabra empeñada en un argumento carente de validez.

El colapso de Francia y la entrada de Italia en la guerra dieron ocasión a Alemania para aumentar su lista trágica de injusticias, destrozando la varonil resistencia de Grecia y de Yugoslavia, imponiendo a Rumania un gobierno sumiso [colocando]
a Hungría bajo el yugo de la política agresora, atando a Bulgaria con los Estados imperialistas y preparando así, brutal-
mente, la acometida contra Rusia.

El nuevo paso a ejecutar ideado por los nazifascistas iba a ser
el aplastamiento del pueblo ruso. Pero, contra la capacidad
combativa de la Unión de Repúblicas Socialistas Soviéticas, ha
fracasado el poder ofensivo de los ejércitos de Alemania. El
arrojo de los defensores de Moscú y de Leningrado permitió
el establecimiento de un frente enorme, en el que está librán-
dose en estos momentos la más grande de las batallas de que
tiene noticia la humanidad.

Mientras tanto, en la sombra, como lo había hecho Italia
desde la iniciación de la guerra hasta la derrota de Francia, el
tercer acto de este drama se disponía a entrar en escena agre-
diendo a Estados Unidos en las Islas Filipinas y en Hawai. Con
el ataque a Pearl Harbor y a Manila, Japón extendió todavía
más el campo de las operaciones militares y el conflicto se presentó —hasta para los más ignorantes e impreparados— como
lo que era realmente desde un principio, es decir: como el intento de sojuzgar al mundo entero.

América no podía dejar sin respuesta la provocación de los
jefes totalitarios. México —que, tras expresar su simpatía por
las causas del pueblo chino, se había opuesto a la guerra de
Etiopía y había tendido su mano desinteresada y amiga a la España Republicana—; México, que protestó contra la anexión
de Austria y contra la ocupación de Checoslovaquia; México,
que condenó la violación de la neutralidad de Noruega, de
Holanda, de Bélgica y del Gran Ducado de Luxemburgo, así
como las campañas contra Grecia, Yugoslavia y Rusia, levantó
también esta vez su voz. Y, leal al espíritu de los compromisos
adquiridos en las conferencias de Panamá y de La Habana,

rompió desde luego sus relaciones diplomáticas con Alemania, Italia y Japón.

Antes de llegar a esa ruptura, Alemania había pretendido vulnerar en varias circunstancias el sentido de nuestra soberanía, ya sea exigiendo la adopción de determinados sistemas que no estaban de acuerdo con nuestra voluntad política nacional —según ocurrió en ocasión de la imperiosa nota enviada a la Secretaría de Relaciones Exteriores con motivo de la inclusión de ciertas empresas en las listas negras formuladas por el gobierno estadunidense—, ya sea ordenando, de la manera más descortés, la clausura de nuestros consulados en la zona ocupada de Francia.

En uno y otro caso, la reacción de México fue inmediata. A la nota del Ministerio alemán sobre el asunto de las listas negras, contestamos rechazando la intervención de su gobierno. Y, a la orden de clausura del consulado mexicano instalado en París, correspondimos con la supresión de todas las agencias consulares que nuestra nación tenía establecidas en Alemania y con la cancelación del exequátur de que gozaban los cónsules alemanes en la república.

Estas medidas, que hacían honor a nuestra dignidad, demostraban claramente que nuestra intención no era belicosa. Sabíamos demasiado bien lo que significa la guerra y, por mucho que nos hiriese la injusticia de los países totalitarios, juzgábamos que las disposiciones adoptadas ponían a salvo nuestro decoro y seguían la línea de conducta que aconsejaban la prudencia del gobierno y los propósitos del país.

Igual criterio nos guió al enterarnos del estado de guerra existente entre Estados Unidos y Alemania, Italia y Japón.

Ustedes, que conocen ese escrúpulo con que el gobierno ha procurado siempre atender las aspiraciones justas de la opinión, podrán imaginar sin esfuerzo el incomparable problema que representó para el ejecutivo el elegir entre las diversas responsabilidades que en ese instante solicitaban mi conciencia de gobernante y de mexicano. Dos caminos se ofrecían entonces a México. Uno, el de la guerra. Otro, el de la cesación de todas nuestras relaciones con los Estados nazifascistas. Al optar por esta última solución, creímos interpretar adecuadamente el deseo nacional.

Debo añadir con satisfacción que nuestra actitud coincidió con la de la mayoría de las repúblicas del continente y que mereció una aceptación general en la Junta de Cancilleres de Río de Janeiro.

El cuadro que acabo de trazar describe con exactitud la situación en que nos hallábamos el día 13 de mayo. Unidos a los demás pueblos libres de este hemisferio por los vínculos de la amistad panamericana, rotas nuestras relaciones con las potencias imperialistas de Europa y Asia, procurábamos estrechar nuestra solidaridad con las democracias y nos absteníamos de ejercer actos de violencia contra las dictaduras. Los nacionales de Alemania, Italia y Japón residentes en la república disfrutaban de todas las garantías que nuestra Constitución otorga a los extranjeros. Ninguna autoridad mexicana los molestaba en el ejercicio de sus actividades lícitas; nadie los hizo objeto de persecuciones o de medidas de coacción. En otras circunstancias hubiéramos podido estimar que nuestra paz no se hallaba amenazada directamente. Sin embargo, sentíamos que, dentro de la red bochornosa en que se ha convertido la historia de los gobiernos nazifascistas, México podría verse envuelto, contra su voluntad, el día menos pensado. Por eso organizábamos nuestra defensa y vigilábamos nuestras costas; por eso tomábamos las determinaciones indispensables para incrementar nuestra producción, y por eso, en cada discurso, en cada acto público, repetíamos la exhortación de vivir alertas para el ataque que, de un momento a otro, pudiera sobrevenir.

El 13 de mayo el ataque vino. No decidido y franco, sino desleal, embozado y cobarde; asestado entre las tinieblas y con la confianza absoluta en la impunidad. Una semana más tarde, se repitió el atentado. Frente a esta reiterada agresión, que vulnera todas las normas del derecho de gentes y que implica un

28

ultraje sangriento para nuestra patria, un pueblo libre y deseoso de mantener sin mancha su ejecutoria cívica no tiene más que un recurso: el de aceptar valientemente las realidades y declarar —según lo propuso el Consejo de Secretarios de Estado y de Jefes de Departamento Autónomos reunido en esta capital el viernes 22 del corriente— que, a partir de esa fecha, existe un estado de guerra entre nuestro país y Alemania, Italia y Japón.

Estas palabras "estado de guerra" han dado lugar a interpretaciones tan imprevistas que es menester precisar detalladamente su alcance. Desde luego hay que eliminar todo motivo de confusión.

El "estado de guerra" es la guerra. Sí, la guerra con todas sus consecuencias; la guerra, que México hubiera querido proscribir para siempre de los métodos de la convivencia civilizada, pero que, en casos como el presente y en el actual desorden del mundo, constituye el único medio de afirmar nuestro derecho a la independencia y de conservar intacta la dignidad de la república.

Ahora bien, si el "estado de guerra" es la guerra misma, la razón que tenemos para proponer su declaración y no la declaración de guerra, obedece a argumentos muy importantes que me siento en la obligación de aclarar aquí.

Tales argumentos son de dos órdenes. Por una parte, la declaración de guerra supone en quien la decide la voluntad espontánea de hacer la guerra. Y México sería inconsecuente con su tradición de país pacifista por excelencia si admitiera, aunque sólo fuese en la forma, que va al conflicto por su propio deseo y no compelido por el rigor de los hechos y por la violencia de la agresión. Por otra parte, el que declara la guerra reconoce implícitamente la responsabilidad del conflicto. Y esto, en nuestro caso, sería tanto más absurdo cuanto que los agredidos somos nosotros.

Atendiendo a estas circunstancias, la situación que expone el ejecutivo es igual a la que escogieron en septiembre de 1939 los gobiernos de Inglaterra y de Francia al entrar en guerra con Alemania, y el 8 de diciembre de 1941 el gobierno de Estados Unidos al entrar en guerra con Japón. Semejante modalidad, que responde a la verdad de las cosas y a la limpieza de nuestra vida internacional, deja a salvo nuestra doctrina jurídica pero no disminuye la significación del acto, ni aminora sus riesgos, ni debe ser estimada como un paliativo a nuestra franca resolución.

El estado de guerra en que se encontrará el país si ustedes aprueban mi iniciativa, no querrá decir que México va a entregarse a persecuciones injustas. La defensa de la patria es compatible con la tradición de generosidad y decencia mexicanas.

Tampoco significará que la vida interior de la república va a alterarse, suspendiendo aquellas garantías que puedan mantenerse, sin quebrantar el espíritu de la defensa nacional.

Debemos confiar mucho más en el patriotismo que en las medidas represivas; en el sentido cívico de la nación, más que en el uso arbitrario de la fuerza.

Pueden ustedes estar convencidos de que, antes de dar este paso, he tomado en cuenta todas las reflexiones que se habrán presentado también ante vuestro examen. Me he detenido, con reverencia, frente al panorama augusto de nuestra historia. Desde la época precortesiana y durante las luchas de la conquista, nuestros antepasados se caracterizaron por el épico aliento con que supieron vivir y morir por la defensa de sus derechos. Su recuerdo es una lección de heroísmo en la que encontramos un estímulo permanente para combatir contra todas las servidumbres. A partir de la hora de nuestra emancipación política, la vida exterior de México ha sido igualmente un constante ejemplo de honradez, de decoro y de lealtad; fieles a los postulados de la democracia, hemos preconizado siempre la igualdad física y moral de los pueblos, la condenación de las anexiones logradas por la violencia, el respeto absoluto de la soberanía de los Estados y el anhelo de buscar a todos los conflictos una solución pacífica y armónica. Tenemos la experiencia del sacrificio, no la del oprobio. Hemos sabido del infortunio, no de la abdicación.

Una trayectoria tan noble nos marca el imperativo de continuarla. De ahí que, al venir ante ustedes, no intento yo reducir la magnitud de las privaciones que podrá representar para todos nosotros, durante años, la determinación que propongo a Vuestra Soberanía. Soy el primero en apreciar el esfuerzo que va a requerir del país la situación en que nos hallamos.

Pero, si no hiciéramos ese esfuerzo, ¿no perderíamos, acaso, algo infinitamente más valioso que nuestra tranquilidad y que nuestras vidas: el honor de la patria, el claro nombre de México?

Por comparación con los elementos que luchan para destruir la civilización del hombre, la impresión de lo desproporcionado de nuestras fuerzas se contrarresta cuando se considera que, entre nuestras armas, se encuentran el ideal, el derecho y el amor de la libertad, por los cuales están combatiendo también las grandes y las pequeñas democracias del mundo.

La actitud que México toma en la presente eventualidad tiene como base el hecho de que nuestra determinación emana de una necesidad de legítima defensa. Conocemos los límites de nuestros recursos bélicos y sabemos que, dada la enormidad de las masas internacionales en pugna, nuestro papel en la actual contienda de guerra extracontinental, para la que no estamos preparados. Nuestras fuerzas, por consiguiente, no se dispersarán, pero responderemos a los intentos de agresión de los adversarios manteniendo a todo trance la integridad del país y colaborando enérgicamente en la salvaguardia de América, dentro de la medida en que lo permitan nuestras posibilidades, nuestra seguridad y la coordinación de los procedimientos defensivos del hemisferio.

Durante años, hemos tratado de permanecer ajenos a la violencia. Pero la violencia ha venido a buscarnos. Durante años nos hemos esforzado por continuar nuestra propia ruta, sin arrogancia ni hostilidades, en un plano de concordia y de comprensión. Pero las dictaduras han acabado por agredirnos. El país está enterado de que hemos hecho todo lo posible por alejarnos de la contienda. Todo: menos la aceptación pasiva del deshonor.

Señores: sean cuales fueren los sufrimientos que la lucha haya de imponernos, estoy seguro de que la nación los afrontará. Los ilustres varones cuyos nombres adornan los muros de este baluarte de nuestras instituciones democráticas garantizan, con el testimonio de su pasado, la austeridad de nuestro presente y son la mejor promesa espiritual de nuestro futuro.

De generación en generación, ellos nos transmitieron esta bandera que es el símbolo espléndido de la patria. ¡Que ella nos proteja en la solemnidad y gravedad de esta hora en que México espera que cada uno de sus hijos cumpla con su deber![7]

El aplauso fue mayúsculo y prolongado.

El Congreso de la Unión aprobó la iniciativa presidencial sobre la declaración de guerra el 30 de mayo de 1942. La precisión de que el estado de guerra era la guerra misma, quedó más que sustentada cuando la noche del 26 de junio, a unas 40 millas de la barra de Tecolutla, fue torpedeado el barco *Tuxpan* y luego atacado con granadas incendiarias.

Salvo cuatro víctimas, los demás alcanzaron la playa. Al siguiente día, a las 7:22, corrió igual suerte *Las Choapas*, en el paralelo de Arroyo González, a 30 millas de la costa. Murieron tres hombres y una mujer que viajaba de polizón. Aun en las lanchas, los marineros fueron asediados por el submarino *Seawolf*. El 27 de junio fue hundido, a su vez, el *Oaxaca*, a las 4:28, a la altura de la isla de Matagorda, con un saldo de seis muertos, cuando regresaba de Nueva Orléans. El 4 de septiembre, a las once de la noche, fue echado a pique por tres torpedos el *Amatlán*, a 62 millas de Tampico, y en esta ocasión murieron cinco tripulantes. Y finalmente, el 19 de octubre de 1944, cuando ya los barcos iban artillados, se hundió frente a las costas de Georgia, 90 millas mar adentro, el *Juan Casiano*. Contando las 21 víctimas de este último desastre, México perdió 63 hombres en el mar durante la guerra, y siete barcos —seis tanques y un mercante.[8]

Tras crearse en Washington la Comisión México-Americana de Defensa Conjunta y la Comisión de Defensa Continental, Ávila Camacho tuvo la habilidad de manejar las demandas estadunidenses para que no fueran más allá del abastecimiento de materias primas. El Congreso de la Unión había aprobado un permiso para que ciudadanos mexicanos, en forma voluntaria, pudieran alistarse en los ejércitos aliados sin perder su nacionalidad. Aunque las cifras varían de historiador a historiador, se calcula que poco más de 14,000 mexicanos pelearon bajo la bandera de Estados Unidos.

La historia difícilmente registra la actuación de aquellos mexicanos que combatieron en los frentes europeos bajo la bandera de las barras y las estrellas. Pero entre los que sí registró están el caso de Herman Graf Thomas, a quien el Congreso de la Unión le autorizó aceptar y usar las condecoraciones a él concedidas por el gobierno de Estados Unidos. Herman Graf Thomas fue un héroe cuyas acciones y valor lo hicieron acreedor a la Cruz del Servicio Distinguido, la Estrella de Bronce, el Corazón Púrpura (por tres ocasiones), la Medalla de Buena Conducta (dos veces), la Medalla de la Defensa Americana, la Medalla del Teatro de Operaciones Americano, la Medalla del Teatro de Operaciones Asia-Pacífico con una Medalla de Bronce, la Medalla del Teatro de Operaciones Africano, Europeo y del Cercano Oriente con tres Estrellas de Bronce, y la Medalla de la Victoria.

También quedaron en los anales de nuestra historia militar acciones heroicas de mexicanos durante la segunda guerra mundial, como las del sargento José Mendoza López, ametralladorista que dio muerte a 125 nazis durante el desembarco en Normandía (6 de junio de 1944), por lo que recibió la Medalla del Congreso, en Washington (27 de mayo de 1945), y la Condecoración al Mérito Militar, en México.

Pero eso parecía no ser suficiente y las presiones estadunidenses se enfocaron en que el ejército mexicano enviara tropas al frente europeo, como sucedió con Brasil que aportó 300,000 hombres para reforzar la lucha en Italia, donde sufrieron un gran número de bajas.

Se creó entonces la 1ª División de Infantería, que finalmente se quedó en casa. Los oficiales mexicanos que prepararon la división fueron más tarde condecorados con la Medalla Voluntarios de la Segunda Guerra Mundial. Fue entonces cuando el legendario Escuadrón Aéreo 201, comandado por el coronel Antonio Cárdenas Rodríguez, fue enviado a las Filipinas, donde desempeñó un papel muy decoroso.

El Escuadrón 201 de la fuerza aérea mexicana fue el único contingente militar mexicano que intervino directamente en la guerra. El 27 de diciembre de 1943, Ávila Camacho declaró que aun cuando el concurso de México no había sido requerido por los países aliados, sentía "el compromiso moral de coadyuvar al triunfo común contra las dictaduras nazifascistas", pues por modesta que fuera numéricamente esa cooperación, su alcance simbólico sería muy grande.[9] El coronel Antonio Cárdenas Rodríguez fue designado comandante de la fuerza aérea expedicionaria mexicana, y del Escuadrón 201 el capitán primero Radamés Gaxiola.

Reacomodo de militares en la política

Tras la designación del general Manuel Ávila Camacho como candidato del Partido de la Revolución Mexicana (PRM), el general Heriberto Jara[10] renunció a la presidencia del Comité Ejecutivo Nacional (CEN) del partido —el 30 de noviembre de 1940—, declarando que

> lo hago porque estimo que ha llegado el momento en que la labor que me fue encomendada por ustedes debe quedar encargada a otro dirigente [...] con igual o más amplia comprensión de los ideales revolucionarios y con el mismo concepto de responsabilidad, que significa el comando de la vigorosa organización en la que están fundadas las más amplias esperanzas y las mejores aspiraciones del pueblo mexicano.

El general Jara fue sustituido por el senador y licenciado Antonio Villalobos, quien al integrar el nuevo Comité Ejecutivo Nacional del PRM sólo echó mano de un militar, el teniente coronel Antonio Nava Castillo, para ocupar la Secretaría de Acción Popular, misma que habría de convertirse, el 28 de enero de 1943, en la Confederación Nacional de Organizaciones Populares (CNOP), que incluyó en su primera directiva a otros dos militares: el capitán Luis Márquez Ricaño, secretario de Asuntos Políticos, y el general Narciso Medina Estrada, secretario de Acción Deportiva y Premilitar.

Si bien Ávila Camacho había suprimido al sector militar de la organización política gubernamental, durante la Segunda Convención del Partido de la Revolución Mexicana, celebrada en el teatro Metropólitan el 18 de enero de 1946, en la vicepresidencia de la mesa de debates aparece el entonces coronel Rodolfo Sánchez Taboada.[11] De esta segunda convención surgió el hoy Partido Revolucionario Institucional (PRI). Sánchez Taboada, ya general, fue nombrado presidente del Comité Ejecutivo Nacional (CEN) del PRI, cuatro días después de que Miguel Alemán asumió la presidencia de la República para el periodo 1946-1952.

El general Sánchez Taboada ocupó el cargo hasta el 4 de diciembre de 1952, después de la campaña política que dio el triunfo al candidato del PRI, Adolfo Ruiz Cortines.

A pesar de que al final de la segunda guerra mundial el ejército se subordinó al aparato civilista, con Sánchez Taboada los generales volvieron a colarse en la política activa. El 12 de febrero de 1947 el PRI nombró presidente de su Comité Central Ejecutivo al general Gabriel Leyva Velázquez,[12] quien al tomar posesión sostuvo: "Bajo nuestra dirección, el partido ve como uno de los más imperiosos deberes que a su misión corresponde, ponerse luego en marcha, vigilante y resuelto, para que, en forma preferente, continúe nuestra acción cooperando con la empresa gubernamental de realizar la completa redención económica de nuestras grandes masas campesinas y obreras".

La presencia de los generales en la política no se limitó a formar parte de los cuadros del partido. Con Leyva Velázquez se reaviva la misma en los puestos de elección popular, sobre todo en el ámbito de gubernaturas estatales, como de hecho ocurría antes y después de la Revolución. El general Leyva renunció a la presidencia del PRI para lanzarse como candidato a la gubernatura de Sinaloa, el 23 de abril de 1956. Otro general habría de sustituirlo en el cargo. Tres días después de su renuncia se convocó a la Gran Comisión del partido para que el 15 de noviembre de 1957, tras la Primera Asamblea Nacional Extraordinaria y la Segunda Convención Nacional Ordinaria, a propuesta del sector obrero, se eligiera al general de división, Agustín Olachea Avilés, presidente del comité, recayendo en él el lanzamiento de la candidatura de Adolfo López Mateos.

Olachea no tenía las capacidades políticas ni la dialéctica de Leyva Velázquez ("La revolución, con todo lo que es y significa, palpita en este partido de magnitud nacional, que es, por esto y sin hipérbole, la revolución misma, que a través del esfuerzo de sus seguidores y creyentes mantiene su marcha, protegiendo y conduciendo los destinos nacionales"), y en uno de sus primeros discursos se concretó a decir que procuraría poner todo su esfuerzo en bien del máximo organismo político del país, de la Revolución y de México. Olachea estuvo poco más de un año al frente del comité del PRI, pues ya como presidente, Adolfo López Mateos lo designó secretario de la Defensa Nacional.

Pero los generales seguirían dirigiendo el PRI. Antes de que concluyera 1958, el partido designó al general y licenciado Alfonso Corona del Rosal[13] como presidente del CEN, quien al aceptar el cargo dijo: "Las banderas de la Revolución mexicana siguen en alto e irán como siempre al campo y los talleres, para mantener constantes los deseos de mejoramiento y superación del pueblo mexicano. Vamos a seguir ganando, pero emprenderemos una vigorosa lucha social para que el pueblo de México sepa que estamos atentos a sus mejores aspiraciones".

El general Corona del Rosal no sólo fue uno de los militares que más tiempo permaneció en la dirección del partido, sino el último en ocupar la presidencia del mismo. El 7 de diciembre de 1964 presentó su renuncia para fungir como secretario del Patrimonio Nacional en el gabinete de Gustavo Díaz Ordaz.

Sólo Lauro Ortega, al llegar a la presidencia del CEN del PRI en 1965, llama a dos militares: el senador y general Cristóbal Guzmán Cárdenas, quien volvió a figurar como secretario de Acción Política en el comité encabezado por Alfonso Martínez Domínguez, y el general Manuel Valle Alvarado, secretario de Acción Deportiva. En resumen,

> al consolidarse la refuncionalización del aparato militar, Ávila Camacho no enfrenta problemas serios con jefes militares que gobiernos anteriores al suyo confrontaron. Tampoco se siente la amenaza de levantamientos militares como había ocurrido en el pasado, dado que las medidas aplicadas bajo el cardenismo y en etapas anteriores, como la coyuntura de la guerra, intervienen para producir esta situación.[14]

A pesar de la postura de Ávila Camacho y la continuación de las políticas civilistas de Lázaro Cárdenas, los militares no acababan de digerir las nuevas formas que los dejaban fuera de las grandes decisiones nacionales.

Para el jurista militar de la época nada de esto era suficiente para garantizar, por una parte, que el presidente de la República no abusara de la fuerza del ejército con la intención de perpetuarse en el poder y, por otra, que no se violara flagrantemente la Constitución.

Tras una larga cadena de asonadas, levantamientos y asesinatos, las fuerzas armadas del país comprendieron que el orden constitucional era un hilo demasiado delgado que, de romperse, comprometería de manera directa y pondría en una encrucijada la situación legal del ejército.

En su edición de octubre de 1941, el *Boletín Jurídico Militar. Órgano de Divulgación Jurídico-Militar* de la Secretaría de la Defensa Nacional,[15] a cargo del general de brigada y licenciado Agustín Mercado Alarcón, entonces procurador general de Justicia Militar, sostenía que el respeto a la Constitución, el inteligente entendimiento entre gobernantes y gobernados para la realización de los fines del Estado, el ordenado funcionamiento de todas las magistraturas representativas, el eficiente y adecuado funcionamiento de los servicios públicos por las instituciones técnicas, el respeto de parte de los poderes del Estado a la vida, propiedad, libertad, etcétera, para los ciudadanos, el fiel cumplimiento de los preceptos constitucionales tocantes a la división de poderes, constituyen la vida normal, la vida pacífica y tranquila del Estado; cuando el Estado está regido formal y técnicamente; cuando, en fin, se cumplen todos y cada uno de los preceptos constitucionales; en una palabra, cuando se respeta y se cumple con la constitución, se puede decir que el Estado lleva una vida normal y que éste realiza sus fines: el mantenimiento de la soberanía, la paz interior y exterior, la continuidad del imperio del derecho, la realización de los servicios públicos y del orden jurídico. Pero [...] el Estado no siempre vive normalmente, hasta se puede afirmar que es raro, rarísimo, encontrar un Estado normal, pudiéndose sostener que la normalidad, dentro del Estado, es la anormalidad: cuando menos esto ha sucedido en el Estado mexicano desde los Tratados de Córdoba.

En teoría, según el jurista militar en cuestión, el orden constitucional se rompe cuando se usan procedimientos contrarios a los preceptos —legales— constitucionales, dando por resultado que no sólo el orden constitucional se rompa, sino también el orden jurídico establecido.

Ya sea que esto suceda cuando el ejecutivo invada de una manera violenta las facultades que la Constitución asigna al poder legislativo, por medio de un golpe de Estado, ya sea que el legislativo inversamente invada las facultades reservadas al ejecutivo o por medio de un golpe de Estado que destituya también al presidente; o puede suceder que sea el poder judicial el que esto haga; cuando esto acontezca, siempre estaremos frente a un grave problema, cual es la alteración de la "norma fundamental", y, como consecuencia, el rompimiento del orden constitucional que ésta establece. Pero no solamente hay rompimiento en los casos antes citados, puede suceder tal rompimiento por múltiples hechos, tales como graves desórdenes políticos; no entregar el poder al presidente conforme el mandato constitucional; no convocarse a elecciones para el cambio de poderes, según los términos constitucionales, autorreeligiéndose, ya sea el poder legislativo o el poder ejecutivo, etcétera, o bien la existencia de una separación profunda entre gobernantes y gobernados con motivo de los actos despóticos de los primeros, llegando a suprimir algunas o todas las garantías individuales a grado tal que el grupo de ciudadanos no tenga otro recurso que ir a la violencia para derrocar al o a los depositarios del poder político o a los que el Estado ha confiado la fuerza coactiva del gobierno, para restablecer el orden social, la normalidad jurídica institucional contra situaciones anárquicas que ponen la soberanía del pueblo en un precipicio.

El planteamiento jurídico tenía como principal objetivo advertir de la situación legal del ejército, ya que después de que el último presidente militar lo había marginado de la vida política no dejaba de tener "una importancia vital para la vida de un Estado".

En la Ley Orgánica del Ejército y Armada Nacionales en vigor en 1941, en el título preliminar, capítulo único, fracción I, se apuntaba: "El ejército y la armada nacionales son instituciones destinadas a defender la integridad e independencia de la patria, a mantener el imperio de la constitución y de las demás leyes y a conservar el orden interior". De esta fracción de la Ley Orgánica, considerada entonces de suma importancia no solamente por el interés concreto que tiene el instituto armado, sino por sus objetivos enfocados en velar por la tranquilidad del pueblo, la soberanía toda del Estado, la integridad e independencia de la patria, "arranca la verdadera misión que el ejército tiene asignada dentro del Estado, cual es el de mantener incólume el imperio de la Constitución y el orden interno".

Así, el jurista concluía que:

> si el ejército tiene la noble misión de defender con las armas a la patria, de defender la soberanía nacional, de garantizar la paz interior; si en las espaldas del ejército descansa la paz social; si en la fuerza efectiva que representa éste se halla garantizada la Constitución, base de todo el funcionamiento del Estado, y si finalmente el ejército es el responsable del mantenimiento del orden constitucional, ese mismo ejército no debe permitir que las normas constitucionales se alteren; no puede permitir que el ORDEN CONSTITUCIONAL SE ROMPA, y en el caso de que esto aconteciera, ahí inmediatamente entraría la facultad que la Ley Orgánica del Ejército le asigna, cual es la de mantener el imperio de la constitución. En dicha Ley Orgánica, fracción I, capítulo único, está toda la misión del ejército, está toda la finalidad de su existencia.

Tanto el Constituyente de 1857 como el de 1917, impulsados por razones históricas, intentaron poner freno al absolutismo, la fuerza que el ejecutivo tenía sobre los otros poderes, teniendo directamente el mando, la organización y el sostenimiento del ejército.

Sin embargo, sus intentos se quedaron en el cajón del escritorio legislativo. El artículo 89 constitucional le da al ejecutivo esa fuerza y preeminencia que se quiso evitar sobre los otros poderes, sosteniendo que el ejército es un organismo que depende del presidente, quien ejerce su mandato a través del secretario de la Defensa Nacional, colocando su presupuesto dentro del poder ejecutivo, con la facultad de nombrar a generales, jefes y oficiales, disponer de su fuerza material, declarar la guerra y cuidar el orden interno.[16]

En el estudio en cuestión,[17] el jurista militar en la época de Ávila Camacho reflexionaba:

Que si por una parte la Constitución otorga al presidente de la República facultades omnímodas sobre el ejército, si éste queda totalmente subordinado a dicho mandatario, si de éste depende el nombramiento de generales, jefes y oficiales y cuida de mantener la paz dentro y fuera del Estado, quiere decir: ¿que el ejército debe seguir en todos sus actos y en todo caso al presidente, aunque éste rompa el orden constitucional? ¿Cómo y cuándo el ejército va a mantener el imperio de la Constitución, si el presidente ha roto ésta y el ejército tiene que seguirlo? Es entonces cuando surge el problema y encontramos claramente que hay un hondo abismo, que hay una pugna entre la Ley Orgánica del Ejército y Fuerza Aérea Mexicanos y la Constitución.

El autor enfocaba el problema en esta tesis: si el ejército debe seguir ciegamente a su jefe el presidente de la República, haga éste lo que haga con la Constitución, rompa el orden establecido por ésta, se convierta en un tirano, etcétera, o bien debe cumplir con la finalidad que le asignan la Ley Orgánica del Ejército y la Doctrina Militar, que es el mantenimiento del imperio de la Constitución y la conservación del orden, poniéndose del lado que representa la legalidad, trátese del poder que sea; o en caso de una revolución, del lado del pueblo, en apoyo de éste.

Si nos ponemos en el primer caso, entonces justificaremos la buena conducta, la obediencia del ejército, que sostuvo el golpe de Estado que dio Iturbide cerrando el congreso; al ejército que apoyó tanto tiempo la tiranía, el absolutismo de Santa Anna; al ejército que prestó su fuerza moral y material para que el general Porfirio Díaz se mantuviera treinta años en el poder, en detrimento del pueblo que soportó la merma de sus libertades y de sus derechos electorales; y sobre todo, justificaremos entonces la conducta, la obediencia ciega, la irresponsabilidad del ejército federal que, con su apoyo moral y fuerza material, Victoriano Huerta cometió los actos más su-

41

cios y depravados que registra la historia de México; se justificaría, en fin, al ejército que apoya a su jefe para romper las normas constitucionales, para tiranizar al pueblo que le confirió su representación, para burlar los derechos del hombre; si, en cambio, nos ponemos en el segundo caso, el ejército no hará otra cosa que cumplir con sus fines; imponiendo el respeto a la Constitución, garantizando la vida y propiedad de los ciudadanos, prestando un servicio público a la sociedad, cual es el desarrollo pacífico y tranquilo de la vida del Estado, garantizando el trabajo de todos los hombres: en una palabra: vigilando el orden y la tranquilidad pública del Estado, tanto en su interior como en su exterior.

El abismo del que hace mención el autor entre la Ley Orgánica del Ejército y Fuerza Aérea Mexicanos y la Constitución de la república habría de subsanarse hasta el 15 de abril de 1971, cuando Luis Echeverría Álvarez expidió un decreto por medio del cual se retiraba de las misiones del ejército precisamente aquella que le ordenaba "mantener el imperio de la Constitución", quedando éstas en tres rubros: defender la integridad, independencia y soberanía de la nación; garantizar la seguridad interior; auxiliar a la población civil y cooperar con sus autoridades en caso de necesidades públicas, y prestarles ayuda en obras sociales y en todas las que tiendan al progreso del país, conforme a las órdenes que se dicten al respecto.[18]

Es claro que, ante un posible rompimiento del orden constitucional, la situación legal del ejército los habría de colocar en graves disyuntivas; la más importante: convertirse en el "fiel de la balanza" o en el árbitro social que decidiera qué hacer ante esa contingencia. Los gobiernos civiles vieron en esa misión, retirada finalmente por Echeverría, un gran impedimento para sus ambiciones absolutistas demostradas hasta la saciedad durante los gobiernos priístas y ahora, sin duda, por el gobierno panista que llegó al poder el primero de diciembre de 2000. Siendo en la actualidad el presidente de la República quien tiene el mando supremo del ejército y de la fuerza aérea, que lo "ejercerá por sí o a través del secretario de la Defensa Nacional o por medio de la autoridad militar que designe",[19] éste siempre tendrá la fuerza a su alcance para reprimir cualquier desorden, venga de donde viniere; cualquier golpe contra la Constitución podrá pararlo mediante el instituto armado.

Pero las interrogantes del jurista militar de los años cuarenta iban más allá:

> ¿Qué pasará cuando es el propio ejecutivo el que desconoce la Constitución, el que rompe el orden establecido por ésta, o cuando los poderes, de común acuerdo, burlan la voluntad del pueblo, burlan la Constitución, a tal grado que viene la violencia y se suscita un levantamiento del pueblo? ¿Está prevista la situación legal que debe guardar el ejército en todos estos casos?

Definitivamente no. Basta un somero análisis para concluir que gran parte de los trastornos políticos que se han registrado en el país, o bien la "solución" de los mismos, se debe al indiscriminado manejo que los diferentes jefes del ejecutivo han hecho del ejército hasta nuestros días.

El recuento histórico del jurista militar (1941) descubre que más de 40% de los trastornos que había experimentado el país hasta entonces se debía a la fuerza que los diferentes jefes del ejecutivo han tenido en el ejército.

> No ha habido un contrapeso legal a sus ambiciones, y de esta manera tan dura de decir para los que nos hemos dedicado a la azarosa como noble carrera de las armas, tenemos que reconocer que, debido a tantos quebrantamientos de la Constitución, a tantas rebeliones y a tantos golpes de Estado, en los que principalmente han tomado participación los componentes del ejército, los valores morales que deben normar la conducta de todos y cada uno de los miembros de la institución armada han venido decayendo; ¿a qué se ha debido?... precisamente a que

43

han faltado normas legales que restrinjan el mando que sobre el ejército tiene el presidente y a que no se han exigido responsabilidades a los jefes militares que, faltando a su honor, han hecho con las tropas a su mando lo que les ha venido en gana, rompiendo las normas disciplinarias de sus subalternos.

Quedó dicho que Luis Echeverría Álvarez quitó al ejército la misión de "mantener el imperio de la constitución". Pero Miguel de la Madrid Hurtado (1982-1988) afinó las "misiones generales" del ejército y fuerza aérea mexicanos estableciendo que

son instituciones armadas permanentes que tienen las misiones generales siguientes:

I. Defender la integridad, la independencia y la soberanía de la nación.
II. Garantizar la seguridad interior.
III. Auxiliar a la población civil en casos de necesidades públicas.
IV. Realizar acciones cívicas y obras sociales que tiendan al progreso del país.
V. En caso de desastre, prestar ayuda para el mantenimiento del orden, auxilio de las personas y sus bienes, y la reconstrucción de las zonas afectadas.

Así cayó la última palada de tierra sobre la posibilidad de que el ejército se convirtiera en el más celoso guardián de la Constitución e impidiera que el presidente en turno o los demás poderes pudieran quebrantarla cuantas veces quisieran.

Presupuesto militar: más con menos

Las disposiciones de Manuel Ávila Camacho no terminaron con separar al ejército de la política y como uno de los sectores del ahora PRI. El 2 de julio de 1945, poco antes de entregar el gobierno a Miguel Alemán, "en la total reorganización del ejército nacional, el presidente Ávila Camacho dispuso el retiro de más de 500 generales y miles de jefes y oficiales que han llegado a la edad límite. Quienes recibirán sus haberes el resto de sus días".[20]

Más aún, a partir de entonces el presupuesto para la Secretaría de la Defensa Nacional se redujo de manera paulatina hasta llegar a su nivel más bajo, proporcionalmente, en 1980, en una aparente declinación de la influencia de los militares en la toma de las grandes decisiones nacionales.

Del presupuesto total, el correspondiente al ejército fue de 21% en 1940, 10% en 1950, 7% en 1960 y 3% en 1980.[21] Otro parámetro lo constituye el número de efectivos con relación a la población total. En tanto que la población se duplicó (de 20 a 40 millones) entre 1940 y 1965, las fuerzas armadas mantuvieron el mismo número de efectivos: 50 mil hombres.

David F. Ronfeldt sostiene que durante los años veinte y cuarenta el ejército emanado de la Revolución mexicana "fue cuidadosamente reorganizado y subordinado a las autoridades civiles del partido en el poder y los golpes militares se volvieron virtualmente impracticables y su participación política en forma individual declinó conforme pasaban los años". Sin embargo, otro analista, Edwin Lieuwen, copartícipe del estudio de Ronfeldt, sostiene que "el papel político de los militares tiene todo menos haber desaparecido".[22]

No le faltaba razón. Tres años antes de que el PRI perdiera su reinado de más de 70 años en el poder, un grupo de militares retirados, encabezado por el general Jesús Esquinca Gurrusquieta, propuso al tricolor la creación de la Alianza Nacional Revolucionaria como parte de dicho organismo, pero sin pertenecer a ningún sector, comprometiéndose a darle más de tres millones de votos.

Al dar cabida en la estructura del PRI a militares retirados o con licencia, se contaría con soldados "poseedores de un sentimiento de lealtad probada hacia las instituciones nacionales y hacia el partido, y se evitaría que muchos de sus miembros, al sentirse desplazados o marginados del PRI, se pasen a las filas de la oposición".[23]

Los militares que habrían de integrar finalmente la Alianza Nacional Revolucionaria —nunca reconocida por el PRI— sostenían en su propuesta que

> las fuerzas armadas son apolíticas por ley, pero esto no coarta en los hombres el pensamiento ni el ejercicio de sus deberes cívicos, por el contrario, éstos deben conocer y entender la política, porque solamente así podrán cumplir (dentro del ejército) en forma consciente su elevada misión que la constitución les confiere, apoyando la política que genera el gobierno y produciendo la paz y tranquilidad necesarias para el desarrollo libre de todas las actividades del país.

El general Antonio Riviello Bazán, secretario de la Defensa Nacional en el gobierno de Carlos Salinas, llegó a proponer la idea de que en la cámara de diputados hubiera una bancada de diputados plurinominales conformada por miembros del ejército.

Entre los diez puntos específicos que planteaba a la dirigencia priísta de la época, la Alianza Nacional Revolucionaria insistía en que se considerara "a los mejores elementos (militares) para que participen como candidatos a puestos de elección popular o que formen parte de los tres niveles de gobierno".

El 13 de enero de 1997, tres generales de brigada, un almirante, tres vicealmirantes, dos contralmirantes, una capitana de corbeta y un teniente de fragata, todos ellos retirados del servicio activo, se afiliaron al Partido de la Revolución Democrática (PRD). Se trató de los generales Gustavo Antonio Landeros Corella, Raymundo Escudero González y Samuel Lara Villa; el almirante Eduardo Bache Lorenzo; los vicealmirantes Agustín Siliceo Castillo, Rubén de la Riva Peralta y Alfonso Vázquez Ramírez; los contralmirantes Samuel Moreno Santillán y Carlos Valenzuela González Ortega; la capitana de corbeta Carmen Leticia Álvarez Reyes y el teniente de fragata Saburo Kishi Okazaki.

Pero de varios frentes vino la respuesta. El 22 de febrero de ese mismo año, 80 militares retirados encabezados por el general brigadier diplomado de Estado Mayor (DEM), Mauro Plácido Alonso Cervantes, se afiliaron al PRI en Mérida, Yucatán. En un escueto discurso, el general Alonso Cervantes sostuvo que los militares, como en su caso, ya no en funciones, "no pueden permanecer ajenos al proceso político que vivirá el país". Los 80 militares eran integrantes de la hasta entonces desconocida Asociación Nacional de Militares en Retiro, A.C.

A los pocos días de la afiliación de los once militares y marinos al PRD, el general retirado Ramón Mota Sánchez, con largo historial en las lides legislativas, unas veces como diputado y otras como senador, y en esa época coordinador de la Unidad Revolucionaria del PRI, remitió al PRD un informe detallado de irregularidades, incluso de carácter delictivo, de los nuevos militares perredistas. Cuestionó la trayectoria y calidad moral de los elementos que decidieron incorporarse al PRD y sentenció que los tres generales "no constituyen de modo alguno militares retirados de prestigio". Su presencia en el ejército, dijo Mota Sánchez, fue más bien "modesta".

Sobre los marinos, el general dijo que a Moreno Santillán, cuando fue jefe de ayudantes del oficial mayor de la Secretaría de Marina, se le denunció por la comisión del delito de contrabando. Según Mota Sánchez, el marino trató de introducir en el país dos trailers cargados de licor y artículos domésticos. Al vicealmirante Vázquez Ramírez se le acusa en el reporte del general de haber incurrido en "serias conductas irregulares", como malos tratos, insultos, amenazas y agresiones físicas. Sobre Riva Peralta pesa también constancia pública de comportamientos contrarios a la norma de disciplina naval, sancionándosele por dos años al haber incurrido en "graves irregularidades" mientras fungió como director de Servicios Agropecuarios de la Dirección General de Servicios Asistenciales y como custodio depositario de algunos ranchos asegurados a narcotraficantes.

Pero el PRD no se inmutó ante tales acusaciones. En contraste, anunció la creación del Programa de Asistencia Social para apoyar, recibir y orientar los reclamos de los retirados de las fuerzas armadas y sus familiares respecto de sus necesidades sociales y económicas, "en virtud del olvido en que los tiene el Estado"

Después habría de darse otro caso similar aunque patético. El general Luis Garfias Magaña, con una larga carrera militar, historiador y embajador en alguna ocasión, al dejar la diputación del PRI y no poder obtener apoyos para ocupar un escaño en el senado de la república, se afilió al PRD en espera de que Cuauhtémoc Cárdenas, ya jefe de Gobierno del Distrito Federal, lo nombrara por lo menos jefe de la policía. Todo le salió mal y quedó mal con todo mundo. Hasta llegó a tener problemas con la justicia por un incidente de tránsito.

Por su parte, los dirigentes de la Alianza Nacional Revolucionaria pedían para los militares, entre los planteamientos que hacían al PRI, "la oportunidad de prepararse políticamente para entender mejor las necesidades del pueblo". Aseguraban que, dadas las circunstancias del país, "la ciudadanía ve con respeto, agrado y seguridad el tratar con militares calificados en su graduación", y planteaban la necesidad de elaborar un programa de capacitación política que "nos permita tener un activista político en cada uno de nuestros miembros, impulsando programas de cuadros en activo".

Mayor participación en política

Los militares que buscaban un lugar en la política activa se convirtieron en la manzana de la discordia para los partidos políticos. El Partido Acción Nacional (PAN) también le entró a la rebatinga. El 5 de marzo de 1997, durante una gira de trabajo por el estado de Jalisco, Felipe Calderón Hinojosa, dirigente nacional del PAN, dijo a la prensa que ante la "descomposición" de las autoridades civiles, los militares iban ganando terreno en la vida política nacional y que dentro de la restructuración al interior del sistema político mexicano el ejército era un factor elemental de poder.

Descubrir si realmente los militares perdieron control político o no todavía constituye no sólo un reto sino una tarea que difícilmente puede calificarse como terminada. Lo que es un hecho es que el ejército no ha permanecido inactivo desde la época a la que nos referimos, ni el sistema político se ha desmilitarizado del todo.

Tampoco hay misterio alguno en el hecho de que durante los gobiernos de Ávila Camacho y Miguel Alemán, el ejército se limitaría, aunque con singular dedicación, a los programas cívicos, los cuales, con el paso de los años, se ampliaron a todos los ámbitos: la reforestación, la construcción de caminos y carreteras, la distribución de agua, los servicios médicos y, más recientemente, la lucha contra el narcotráfico, la guerrilla y la delincuencia organizada.

El ejército y la *inseguridad*

La presencia de militares en los mandos policiacos no es nada nuevo.

En junio de 1996, el presidente Ernesto Zedillo designó al general de división Enrique Salgado Cordero, entonces en activo y hoy retirado, como secretario de Seguridad Pública.

Salgado se sumó a la larga lista de generales que han tenido a su cargo la jefatura de la policía: Flores Curiel, Nava Castillo, Mota Sánchez y Garrido Abreu son los antecedentes más cercanos.

El general Ramón Mota Sánchez, quien fuera nombrado en 1984 secretario de Protección y Vialidad por el entonces regente Ramón Aguirre, se presentó en octubre de ese año ante la cámara de diputados para culpar a los propios ciudadanos de la inseguridad en el Distrito Federal, al ciudadano que "abre la puerta de su domicilio sin la menor precaución; que arremete al policía —cada mes tres policías son atropellados por particulares—; que corrompe a un servidor público, quien, por sus escasos recursos, cae en la tentación de la dádiva; que no toma sus precauciones el día de pago".

Y sin más, recomendó a esos ciudadanos y a toda la sociedad capitalina que aprendieran a autodefenderse y a armarse: "El cuerpo de seguridad en la capital de la república no puede ser una isla de pureza ni tampoco una isla de eficiencia". En referencia directa a la corporación que comandaba, Mota Sánchez pintó su raya: "La corrupción está totalmente cerrada. La combato con toda la corporación. Yo soy el ejemplo. Reconozco que fue un mal endémico. Pero nunca ofrecí liquidar la corrupción en la policía del Distrito Federal. Sólo intentaré atenuarla".

Algunos sectores militares siempre han considerado que el ejército no puede ni debe exponerse a las críticas de la sociedad por su eventual participación en tareas que no le corresponden. Durante la gestión del general Salgado Cordero, el coronel Ramón Isidro Ortega Cardoso Salinas, comandante del 19º Batallón de Infantería con sede en Petatlán, Guerrero, declaró que "todavía no existe inseguridad tan grande que haya rebasado o esté fuera de control de la autoridad civil donde el ejército tenga que intervenir. El hecho de poner militares en determinados mandos policiacos es una cuestión particular del gobierno, mas no del instituto armado".

Incluso el secretario de la Defensa Nacional de la época, general Enrique Cervantes Aguirre al reunirse con la comisión de Defensa de la cámara de diputados en las instalaciones de la propia secretaría el 28 de noviembre de 1997, aceptó que las fuerzas armadas "corren el riesgo de minar su prestigio y autoridad al dedicarse a tareas de seguridad pública y combate al narcotráfico", aunque insistió en que continuarían con el cumplimiento de ese deber en la defensa de la soberanía nacional y la seguridad interior.

Un mal anunciado

El debate que provocó la actuación de las fuerzas armadas en misiones de seguridad pública de marcado corte policiaco ya tenía un antecedente similar dentro del propio ejército.

En un amplio ensayo titulado "Comportamiento del oficial en operaciones de orden interior", elaborado por el general de división retirado Marco Antonio Guerrero Mendoza adelantaba que:

en nuestro país existen de hecho varias clases de organizaciones policiacas de carácter oficial y todo militar debe estar informado respecto de ellas, para ubicarse y comprender mejor su papel en misiones relacionadas con el orden interior. En primer término están las policías municipales, que se supone haya un cuerpo de éstos en cada municipio de los miles que existen en la república. En algunos estados de la nación disponen de una policía de estado; estas organizaciones, además de sus funciones clásicas de policía, cubren servicios muy parecidos a los de las tropas del ejército, tales como partidas, columnas volantes, destacamentos, escoltas, etcétera. Un cuerpo policiaco muy conocido es la Policía de Caminos, ahora llamada de Caminos y Puertos; su trabajo se desempeña en todas las carreteras federales y en los puertos.

Hay otro tipo de organizaciones que se denominan judiciales, porque se supone que deben desempeñar sus deberes como parte del poder judicial. Pero en la realidad pertenecen al poder ejecutivo y actúan ampliamente en funciones semejantes a las de cualquier otro cuerpo policiaco de los que antes hemos mencionado, aunque con el muy amplio poderío que les da estar trabajando para dos poderes gubernamentales a la vez. Los oficiales militares que cumplen misiones en la campaña contra el narcotráfico deben hacerlo a menudo formando equipo con policías judiciales o realizando actividades paralelas o que pudieran llegar a interferirse. Es muy importante que estos militares se compenetren lo más que sea posible de las leyes y reglamentos que en cada caso regulan las modalidades de trabajo de los judiciales; de sus costumbres, compromisos e intereses; de la personalidad y antecedentes de sus integrantes, etcétera. Todo esto con la finalidad de evitar conflictos y fricciones y para cumplir sus misiones militares a satisfacción de la superioridad y del prestigio del instituto armado.

Es oportuno aclarar que en todo el mundo las actividades policiacas se ejercen en medios más o menos corruptos, y en México no escapamos a esta regla universal. Los delincuentes y las mafias buscan siempre comprar con dinero y con obsequios muy costosos a las autoridades y a los policías para operar con mayor comodidad e impunidad, sin obstáculos.[24]

El ensayo en cuestión se basó en la conferencia que el general Guerrero Mendoza dictó ante un grupo muy selecto de oficiales del ejército y la fuerza aérea, al que conminó a actuar profesionalmente, con eficiencia y moral incorruptible.

Las fuerzas armadas están llamadas a colaborar con las autoridades civiles en mayor o menor grado, según sea la naturaleza y magnitud del caso, particularmente cuando dichas autoridades son impotentes para afrontar los problemas, o cuando así lo ordenen específicamente las autoridades militares superiores, a petición de las propias autoridades civiles.

Al recordarles a los asistentes a la conferencia el hecho de que "ustedes militares de carrera, de profesión, han sido educados en la mística de la lealtad, manifestada en todos sus actos, sin pregonarlos ostentosamente", el general Guerrero Mendoza se preguntó:

¿Pero en qué forma se verán afectadas estas lealtades, cuando tenemos que trabajar cotidianamente con algunos malos policías y funcionarios civiles, que en esos casos no tienen la menor noción de lealtad, ni buscan otros objetivos y propósitos que su bienestar económico, su poderío y su seguridad personal y de grupo? Aquí es donde cada uno de ustedes tendrá que estar siempre alerta, observar cada caso, estudiar la personalidad de cada individuo con quien tenga que tratar o coordinarse, estudiar cada situación, como si fuera un problema táctico, para evitar riesgos innecesarios y a la vez para cumplir sus misiones a satisfacción de la superioridad.

En semejantes situaciones, que son frecuentes, sean ustedes desconfiados, tomando esta actitud como un principio operativo y sean prudentes en todos sus actos, sin dar la impresión de ser unos paranoicos.

Las recomendaciones finales dejaban en claro la distancia entre militares y policías:

> Trabajen lado a lado con policías y funcionarios, que como antes decíamos, algunos son aliados de los delincuentes y que ni remotamente poseen moralidad ni doctrina, y cuyos propósitos en el trabajo que desempeñan, en su *chamba*, son los de obtener dinero y poder, aunque sea a base de corrupción, traición, extorsión, abusos, aprovechando sus facultades legales y fuerzas materiales. Y aprovechándose de ustedes siempre que les sea posible para el fácil logro de sus propósitos negativos, pero cuiden de ser víctimas de ellos, pues es tan fatal como en un combate, amenazados por el enemigo al frente y traidores en la retaguardia.

El miedo

Al tomar posesión de su cargo, el general Enrique Salgado Cordero calificó como un "reto institucional" la *inseguridad*: "Esa falta de tranquilidad y de confianza que es condición tan necesaria para el mejor desempeño individual y social en esta ciudad [de México] y que hoy, más que nunca, en todo momento, es amenaza para todos".

La inseguridad

> es miedo a lo que nos rodea, es intranquilidad frente a lo extraño en lo cotidiano, y si esto no se percibe, y si no se aprecia, por quien debe garantizar la seguridad pública, se profundiza el abismo que separa lo que de negativo existe en el comportamiento social y lo que mejor debe hacerse para combatirlo. La inseguridad se dimensiona, hoy más que nunca, como un auténtico reto del México moderno, por ello, más que hablar sólo de seguridad, que es un valor al que debe arribarse den-

tro de las instituciones, hay que hablar de inseguridad, que es un estado de ánimo de la población, de soledad, de indefensión, y de impotencia frente a lo inevitable: el ataque a las personas, a sus familias, a su patrimonio, por quienes, en la desorientación social, actúan ilícitamente.

Pero las buenas intenciones y los planes del secretario de Seguridad Pública pincharon en hueso. La misteriosa muerte de seis jóvenes en la colonia Buenos Aires, conocida por su alto índice delictivo, y la disyuntiva que planteó Salgado Cordero ante la Asamblea de Representantes del Distrito Federal respecto de la posibilidad de imponer "toques de queda" en la ciudad, desataron la tormenta.

La presencia de los militares en la policía —Salgado Cordero llevó 150 jefes y algunos generales a los mandos de la Secretaría de Seguridad Pública— se convirtió en algo más que una polémica. Se llegó a saber que algunos comandantes policiacos de la llamada Hermandad, que vieron entonces amenazados sus intereses, repartieron mucho dinero entre cierta prensa para desacreditar a los jefes militares. Finalmente lo lograron y Salgado Cordero fue retirado del cargo.

Sin embargo, en mayo de 1998, cuando la delincuencia organizada se había apoderado de la sociedad convirtiéndola en su rehén permanente, Ernesto Zedillo hizo uno de sus dramáticos anuncios:

Se vive una auténtica crisis de seguridad pública, que ha sido reconocida como un problema extremadamente grave que preocupa a la población del país, pues se extiende a todas las regiones; se vive igual en el campo que en las ciudades, y afecta los ámbitos de la vida pública y privada.

Pero el PRD llegó al gobierno del Distrito Federal y Cuauhtémoc Cárdenas cumplió su promesa —a medias— de no tener militares en la policía. A medias, porque dejó a varios miembros del ejército ya retirados en puestos de dirección, empezando por el titular de Seguridad Pública, el teniente coronel Rodolfo Debernardi Debernardi, y como su segundo Héctor Careaga, quien renunció casi de inmediato al denunciarse públicamente su participación en el Batallón Olimpia en 1968.

Como todos los nuevos jefes de la policía, Debernardi Debernardi prometió, el 8 de diciembre de 1997, que en un mes bajaría el índice delictivo en la ciudad. No lo logró.

A pesar de que el 5 de marzo de 1996, la Suprema Corte de Justicia de la Nación (SCJN) aprobó, por unanimidad, seis tesis que legitiman la presencia del ejército en funciones de seguridad, a la vez que acreditó la inclusión de los secretarios de la Defensa Nacional y Marina en el entonces Consejo Nacional de Seguridad Pública, el debate subía de tono.

El líder del PAN en la capital, Gonzalo Altamirano Dimas, en airada declaración pública dijo que el cambiar el uniforme de los militares por el de los policías "atiza el fuego de la inconformidad social", además de llevar un mensaje de "fuerza, represión y autoritarismo".

El PRD no se quedó atrás, y en su lenguaje tradicionalmente rijoso, uno de sus diputados, Cuauhtémoc Sandoval Ramírez, exclamó: "Los curas a las iglesias y los soldados a sus cuarteles". Otra panista, Teresa Gómez Mont, dijo que "Acción Nacional está en contra de la participación de las fuerzas armadas en los cuerpos policiacos, porque tal parece que llegaron para quedarse, cuando en un principio se dijo que sólo sería temporal".

Jorge Madrazo Cuéllar, a la sazón presidente de la Comisión Nacional de Derechos Humanos (CNDH), exigió que el ejército, la marina y la fuerza aérea delimitaran dónde terminaba el ejercicio legítimo de la fuerza y dónde ésta se convierte en abuso de autoridad y violación de los derechos humanos. Sería el ministro Juventino Castro y Castro[25] quien le dijera al ombudsman nacional que "la Suprema Corte no tiene intérpretes, supervisores ni glosadores de sus resoluciones".

Las tesis aprobadas por la Suprema Corte, conducidas por el ministro Mariano Azuela Güitrón, establecían que las fuerzas armadas en su conjunto "pueden participar en acciones civiles a favor de la seguridad pública, en situaciones en que no se requiera suspender garantías, pero sólo a solicitud expresa de las autoridades civiles, a las que deben estar sujetas con estricto acatamiento a la Constitución y las leyes". La resolución final fue: "La participación de las fuerzas armadas en auxilio de las autoridades civiles es constitucional".

El alto mando militar en turno se limitó a decir que "la profesionalización e institucionalización de las fuerzas armadas las coloca, en la actual coyuntura nacional, como factor imprescindible para el logro de los objetivos planteados por la política nacional de seguridad pública".[26]

Más militares en labores de seguidad pública

A pesar del debate, y ante el crecimiento de la inseguridad, en 1997, la presencia de militares en activo, con licencia y retirados aumentó en los mandos policiacos de todo el país. Algunos ejemplos:

Estado de México: el 25 de enero el general brigadier Alejandro Martínez Belmont se hizo cargo de las operaciones del aeropuerto de Toluca. Instructores de la Secretaría de la Defensa Nacional realizaron labores de capacitación de nueve mil elementos de la policía estatal en las instalaciones de la 22ª Zona Militar.

Hidalgo: el capitán de la armada, Eduardo Cano Barberena, tuvo a su cargo la Dirección General de Seguridad Pública y Tránsito.

Guerrero: el teniente coronel Marcos Bahena Román fungió como subsecretario de Protección y Vialidad, y el mayor Manuel Moreno González como director operativo de la policía estatal.

Puebla: el general Aniceto Escalante fue nombrado director de Seguridad Pública; el coronel Felipe Guzmán Ramos, director de la policía estatal; el teniente coronel José Piñón Crespo, director operativo; el teniente coronel Jorge Caballero Portillo, jefe de la policía auxiliar; el capitán Jorge Morgado Nava, director de Seguridad Vial; el teniente coronel José Ventura Rodríguez Verdín, asesor en materia de seguridad del gobierno del estado.

Sinaloa: el teniente coronel Jesús Collazo Pérez fue director de la Policía Judicial del Estado (PJE); el teniente coronel Pablo Gómez

Ponce, subdirector de la misma; el teniente coronel Óscar Nungaray Camacho, coordinador de la PJE en Mazatlán; el mayor Alfredo Mejía Pérez, coordinador de la PJE en Culiacán; el mayor Manuel Hernández Pérez, coordinador de la PJE en Guamúchil; el teniente coronel Carlos Morales Castillo, coordinador de la PJE en Los Mochis; el mayor José Luis Esteban Martínez, director de Seguridad Pública Municipal en Culiacán; el capitán Miguel Ángel Ibarra Bucio, subdirector de la Policía Municipal.

Morelos: el general brigadier Alberto Trejo García se hizo cargo de las operaciones del aeropuerto Mariano Matamoros de Cuernavaca; el capitán José Barajas Mejía fungió como coordinador general de Seguridad Pública (CGSP); el capitán Francisco Barajas Blancas, como director de Asuntos Internos de la CGSP; el capitán Cuauhtémoc Torga Rivera, como jefe del Estado Mayor de la CGSP; el capitán Jesús Miyazawa, como director de la Policía Judicial; el capitán Moisés Malpica Calderón, como director general de Transporte; el teniente coronel Guillermo Villanueva Sánchez, como jefe de Aeronáutica Civil.

Veracruz: el capitán Alberto Rodríguez Cañada fue director de Seguridad Pública; el general brigadier Apolonio Leyva García, subdirector operativo; el mayor Ernesto Gabriel Vázquez Ochoa, jefe de la Policía Estatal.

Jalisco: el capitán Miguel Mario Anguiano Aguilar fue nombrado subsecretario de Seguridad Pública; el teniente coronel Rodolfo Ramírez Vargas, director general de Seguridad Pública de Zapopan; el teniente de fragata Alejandro Flores Balderas, secretario técnico del Consejo de Seguridad Estatal.

Aguascalientes: el mayor Víctor Vérulo Hernández fungió como director de Seguridad Pública y Vialidad, y el mayor Víctor Manuel Morfín como jefe de la Policía Preventiva.

Nayarit: el capitán Mario López Sánchez fue director de Seguridad Pública Municipal y el mayor Jesús Bautista director de Protección Civil.

57

Blindaje militar

Con el tiempo encima y preocupado porque "en México estamos viviendo un muy grave problema de seguridad pública", amén de que su promesa de campaña de hacer de México un país de leyes no alcanzaba a concretarse, el presidente Ernesto Zedillo llamó una vez más al ejército para que participara directamente en el combate a la delincuencia organizada, disponiendo la inclusión de la 3ª Brigada de Policía Militar —unos cinco mil hombres— a la recién creada Policía Federal Preventiva (PFP).

El 8 de julio de 1999, las secretarías de Gobernación y de la Defensa Nacional, con intervención de las de Hacienda y de la Contraloría y Desarrollo Administrativo, suscribieron un Convenio de Colaboración para dar sustento legal a la transferencia operativa, a favor de la Secretaría de Gobernación, por conducto de la PFP de 4,899 elementos pertenecientes a la Policía Militar, 352 vehículos de uso múltiple, 99 ejemplares caninos adiestrados para seguridad y rescate de personas, así como para la detección de enervantes y explosivos; equipos de comunicaciones, y 1,862 armas de fuego de diversas características.

Al arrancar el proceso político para elegir presidente de la República para el periodo 2000-2006, los candidatos retomaron la bandera de la seguridad pública.

Las cifras frías de la delincuencia se daban en diferentes tonos: durante el primer trimestre de 1998, 34.2% de los comercios establecidos en la ciudad de México sufrieron robos y asaltos; la impunidad en el país era del orden de 94%.

Cuando el vicealmirante Wilfrido Robledo tomó posesión como comisionado de la PFP, de inmediato hizo saber que habrían de pasar diez años para que ese cuerpo contara con el número de elementos suficientemente capacitados para hacer frente a las tareas de seguridad pública.

Y no sólo eso. No bastaría con aglutinar a dos o tres cuerpos policiacos, como fue el caso de la Policía Federal de Caminos y la de Migración, para integrar el cuerpo federal pretendido. Se necesitaría un presupuesto de por lo menos 20,000 millones de pesos, cantidad que, según se dijo en 1988, habría de destinarse al rubro de seguridad.

Ya con el triunfo en la bolsa, Vicente Fox prometió, mediante su célebre "hoy... hoy... hoy", poner fin a la delincuencia en todas sus manifestaciones. No lo ha logrado. A principios de julio de 2002, en una de sus tantas rectificaciones, el presidente ordenó la inclusión de otros 826 soldados en la PFP.

Nuevamente se desató la polémica. La decisión de Vicente Fox se basó en el hecho de que no había presupuesto suficiente para la seguridad pública. Por su parte, el secretario de Seguridad Pública, Alejandro Gertz Manero informaría que en los próximos meses se incorporarían otros 1,500 elementos militares a la PFP.

Para Vicente Fox no resultaba *trascendente* que los soldados cumplieran labores policiacas. Sin embargo, para la Alta Comisionada para los Derechos Humanos de Naciones Unidas, Mary Robinson, esta medida es motivo de "preocupación".

No cabe duda de que la inseguridad que prevalece en la mayoría de las ciudades del país, pero sobre todo en la capital de la república, representa una muy difícil problemática para la administración foxista, y su combate en todos los frentes es también sin duda una razón de Estado. Si a esto se le suma que el gobierno no tiene dinero, Fox no tiene más que apoyarse en el ejército, y por eso éste cumple con lo que le ordena el presidente.

Esta nueva medida también provocó comentarios dentro de las fuerzas armadas. A muchos, desde luego, no les gustó la idea. "No nos preparamos ni para barrer calles ni para corretear ladrones, nos preparamos y adiestramos todos los días para darle a los mexicanos seguridad ante cualquier amenaza", es sólo uno de los comentarios.

Para otros queda claro que si las policías fueran suficientes y efectivas, no habría necesidad de echar mano de los soldados. Pero los ordenamientos militares no dejan lugar a la especulación. Ante problemas de seguridad pública graves, como sin duda son los que se viven actualmente, "el ejército interviene únicamente después que las autoridades civiles hayan agotado todos sus recursos y no les hubiese sido posible controlar la situación o cuando de manera evidente el problema está más allá de sus capacidades".

Por ello, las fuerzas armadas se preparan constantemente "a responder, tanto a conflictos que ponen en peligro la soberanía de la nación y de orden interno, como a restaurar y mantener el orden alterado por disturbios civiles, desastres naturales o accidentes mayores, que desestabilizan la paz social y propician desequilibrios en los campos político, económico y social".

También se han delineado planes de adiestramiento y doctrina de las fuerzas armadas, "estableciendo las bases legales y los casos en que se pueda requerir el empleo de las tropas para restablecer el orden, garantizar la paz social y así coadyuvar a la seguridad interior del país".

El narcotráfico, la delincuencia organizada y en general las bandas criminales que asolan la ciudad conforman la mayor problemática. Impensable esperar diez años para preparar policías que le hagan frente. Es lo deseable, pero ya se ve que también es inalcanzable, ahora por la falta de recursos económicos.

La delincuencia es un enemigo muy poderoso y hay que combatirlo a como dé lugar. Está en juego el bienestar de la sociedad, la paz pública y la seguridad interior.

El actual presidente Vicente Fox tampoco pudo apartarse del esquema militar-policiaco y, al integrar su gabinete de gobierno, nombró al general de brigada Marcial Rafael Macedo de la Concha como procurador general de Justicia, quien durante el sexenio anterior había estado al frente de la Procuraduría de Justicia Militar.

Miguel Alemán Valdés, primer presidente civil posrevolucionario. Uso y abuso del escalafón militar. Surge el Estado Mayor Presidencial. Síndrome del golpe. "General de los de antes." Adolfo López Mateos y Bonifacio Salinas Leal. "¡A sus órdenes, yo!" Gustavo Díaz Ordaz y Marcelino García Barragán. Carta de Luis Gutiérrez Oropeza a Díaz Ordaz. Llaman a la puerta. El riendazo. José López Portillo, Carlos Sansores Pérez, Félix Galván López. Chiapas, Carlos Salinas de Gortari, Antonio Riviello Bazán. Gerardo Clemente Ricardo Vega García. Apolíticos y apartidistas, pero no ateos políticos. Política interior. Política exterior. Política militar. Los políticos ante los militares. Cuauhtémoc Cárdenas, Antonio Riviello Bazán. Las fuerzas armadas y el PRD

Si Lázaro Cárdenas —el hombre que "no quería que sus compañeros de armas y el país mismo creyeran que la Secretaría de Guerra era un almácigo de presidentes"— fue el *despolitizador* del ejército y Manuel Ávila Camacho el depurador, Miguel Alemán Valdés, el primer presidente civil de la época posrevolucionaria (1946-1952), fue su *corruptor*.

La prensa de la época lo describía así:

Rebasados apenas los 40 años y ya con una larga experiencia en las cuestiones del mando, asumió el poder el licenciado Miguel Alemán. Por su origen y formación se halla empapado de las más entrañables esencias de la mexicanidad. Conoce los anhelos de una familia decente y pobre; forjó su voluntad en

61

las virtudes de superación del estudiante escaso de recursos pecuniarios, y su trayectoria política es el resultado de una clara inteligencia y de una ágil decisión. La Universidad Nacional de México, órgano de la real constitución de la nación, entrega en él uno de los mejores ejemplares humanos con que la noble casa ha contribuido a la faena de dirigir el país.

El nuevo presidente llega en un momento difícil, cierto es, pero cuajado de halagüeñas posibilidades objetivas. La gente de trabajo sólo espera el estímulo de un régimen justiciero y de orden, para orientar su actividad por el camino que desemboca en la abundancia. El ejército se mantiene alejado del campo político y trabaja exclusivamente en superar sus cuadros profesionales. Las fuerzas de la disolución no cuentan con arraigo popular y no podrán presentar una resistencia seria a cualquier intento oficial para solucionar justicieramente la inquietud social. El flamante gobierno ha nacido bajo buenos auspicios.[1]

Hijo de militar —el general Miguel Alemán González, quien murió en combate en la batalla de Torreón el 19 de marzo de 1929—, Miguel Alemán comprendió muy pronto el porqué había que eliminar a los militares de las lides políticas, sin alejarlos de los privilegios de la política misma. Alemán parecía decirle a los militares: no se metan con mi presente, que yo no me meteré con su pasado y les haré más placentero su futuro.

Durante los años treinta y principios de los cuarenta, el destino de los líderes militares y civiles se entrelazaba a tal grado, que resultaba prácticamente imposible distinguir uno del otro. Con la llegada de Miguel Alemán a la presidencia de la República, la maraña comenzó a deshacerse. El surgimiento de un "liderazgo" civil, personificado por Miguel Alemán y su gabinete (a excepción de las secretarías encabezadas de manera tradicional por militares, todos los demás secretarios eran civiles), coadyuvó a que el político veracruzano echara mano de un instrumento que pondría a cada cual en su lugar, a la vez que le daría el control del ejército y le aseguraría lealtad y obediencia de parte de los altos mandos: el otorgamiento indiscriminado de grados militares.

Así, de la noche a la mañana, comenzaron a aparecer coroneles y generales que apenas meses antes estaban hasta tres grados más abajo en el escalafón del ejército. Cuando Adolfo Ruiz Cortines asumió el poder, el primero de diciembre de 1952, en el escalafón del ejército mexicano había 716 generales (en sus tres categorías),[2] y en su mensaje de toma de posesión sólo dijo:

> El glorioso ejército mexicano, al igual que la gloriosa marina nacional, honran a la patria con la lealtad que les es característica y que es norma invariable de su vida. Debemos solucionar, pues, los problemas que les atañen, de orden moral, cultural y económico, como lo haremos también con los de los demás sectores sociales.

Con la otra mano, su antecesor creó el cuerpo de guardias presidenciales y la Legión de Honor Mexicana "para honrar a los que contribuyeron al triunfo de la Revolución".[3] Promulgó la Ley del Banco del Ejército y la Armada y aumentó la dimensión del Estado Mayor Presidencial, que aún hoy es motivo de roces y envidias al interior de las fuerzas armadas.

> Miguel Alemán mandó la reorganización de las guardias presidenciales, que a las órdenes del general Juan Valdés constituyeron un cuerpo de seguridad, digno y necesario para la custodia, estabilidad y desarrollo del Estado mexicano, pero sobre todo para custodiar y garantizar la vida del presidente.[4]

Los orígenes del Estado Mayor Presidencial, encargado de la seguridad del presidente de la República y de su familia, los describe breve pero sustancialmente Fernando Gutiérrez Barrios, un político de extracción militar, veracruzano de nacimiento, en el libro compilado por el periodista Gregorio Ortega:

Durante el sexenio del licenciado Miguel Alemán se creó un organismo de seguridad nacional, que en principio fue para proporcionarle seguridad personal al primer mandatario, complementado con un pequeño grupo de analistas políticos que le informaban con oportunidad, antes de las giras de trabajo del presidente de la República por las diversas entidades del país, con el propósito de que conociera cuál era la situación que prevalecía tanto en lo económico como en lo político y social en cada lugar que visitara, y así pudiera dar respuesta pronta a las inquietudes que los diferentes sectores de la sociedad le iban a presentar. Más tarde, este órgano de seguridad cambió y se estableció, ya no como un aparato de seguridad personal del presidente de la República, ya que en esa misión fue sustituido por el Estado Mayor Presidencial, sino como un organismo de inteligencia para informar oportuna y verazmente, en forma cotidiana, al presidente y al secretario de Gobernación, de los diferentes problemas, así como del origen y causa de los mismos, para que con esta información se pudiera prever la evolución de los conflictos [y] evitar colapsos económicos y sociales, manteniéndolos informados en relación con la vida de la nación y de las fuerzas sociales. Esa función, propiamente, era la de cubrir un espacio vital de la política que es la seguridad nacional.[5]

La parca opinión de Alemán Valdés sobre el ejército quedó plasmada en cuatro párrafos de su mensaje de toma de posesión:

Nuestro ejército nacional alcanza en la actualidad un alto grado de organización, gracias al esfuerzo que en su favor han hecho los regímenes anteriores, y continuará con honor su tradición de ser guardián de la paz institucional de la república.

Consideramos que las condiciones económicas de los miembros del ejército y de la armada en todas sus categorías, requieren una atención especial de parte del gobierno; por eso, en los próximos presupuestos, se verán mejorados en forma efectiva los emolumentos de todo el personal militar, así como de la institución armada como tal, a efecto de que esté capacitada, en los aspectos material y técnico, para cumplir debidamente y con decoro la alta misión que le corresponde.

Por otra parte, los viejos soldados y la juventud, obtendrán juntos beneficios mediante una revisión adecuada de las leyes de ascensos, recompensas, pensiones y retiros.

Entre estos propósitos se encuentran también la creación del Banco del Ejército y la elevación en la cuantía de las indemnizaciones del seguro de vida militar.[6]

Nacía, pues, el manido recurso de las promesas, que fue tomando carta de naturalización en los subsiguientes gobiernos, incluso en el primero de la oposición encabezado por Vicente Fox.

Otro elemento que revelaba la intención alemanista de no darles mayor juego a los militares en la vida política nacional fue el nombramiento de su secretario de la Defensa Nacional, el general Gilberto R. Limón, un sonorense nacido en 1885, con escasos méritos castrenses, salvo su militancia bajo las órdenes de los generales Álvaro Obregón y Ramón F. Iturbide. Posteriormente ocuparía la comandancia del 44º Batallón de Infantería, la dirección del Heroico Colegio Militar (1928-1932), del Departamento de la Industria Militar (1932-1934) y de Educación Militar.

Lo mismo podría decirse de su jefe de Estado Mayor Presidencial, el general Santiago P. Piña Soria, con más habilidades administrativas que militares. De hecho, a partir de entonces, los generales que han ocupado la jefatura del Estado Mayor Presidencial, tras cumplir su encomienda en ese cuerpo, han quedado fuera de las comisiones militares, salvo los casos de Miguel Ángel Godínez Bravo (gobierno de José López Portillo, 1976-1982), quien al dejar el cargo asumió la comandancia de la VII Región Militar en Chiapas, tocándole el estallido zapatista del primero de enero de 1994, y posteriormente, ya en el retiro, ocupó una diputación por el PRI y de Roberto Miranda (gobierno de Ernesto Zedillo Ponce de León, 1994-2000), quien fue director del Archivo de Historia de la Secretaría de la Defensa Nacional hasta antes de ocupar la comandancia de la XI Región Militar, con sede en Torreón, Coahuila, en el gobierno foxista.[7]

Durante el sexenio alemanista fue tal el manoseo del escalafón y la falta de respeto por la institución armada, que llegó a correr la versión de que Miguelito, el hijo del presidente, quien para entonces no cumplía aún los 18 años, había recibido el grado de capitán. Una mañana apareció sobre los escritorios de las oficinas de la Secretaría de la Defensa Nacional, una cuarteta firmada por "la Pluma" que hacía referencia al rumor:

> *Tú que de fama disfrutas*
> *y que te sobra el dinero,*
> *¿de qué batallón de putas*
> *eres capitán primero?*

La Pluma causó un escándalo mayúsculo y las autoridades de la Secretaría de la Defensa Nacional ordenaron una minuciosa investigación que llevó a revisar, una por una, las máquinas de escribir de esa dependencia, sin que se descubriera ni el instrumento ni el autor de la cuarteta.

Poco hizo Alemán por el ejército, sobre todo, en lo que se refiere a la modernización del equipo y a la preparación académica y profesional de sus miembros. Se concretó a decretar —lo que fue una costumbre hasta hace algunos años— un aumento anual a los haberes de los soldados, generalmente de 10%, el cual anunciaba con toda pompa en cada uno de sus informes de gobierno.

Dada la *descertificación de los militares como políticos* y la *nulificación* de los mandos militares, a causa de lo cual se dio de baja a unos y se otorgaron canonjías en grado y comisión a otros, desplazando a viejos militares cardenistas (y nombrando, en contraste, como director del Heroico Colegio Militar al general Rafael Ávila Camacho), Alemán no dudó en utilizar al ejército para reprimir directa o indirectamente las huelgas impulsadas por algunos sindicatos izquierdistas. El dominio de los civiles en el gobierno y la manga ancha de Miguel Alemán estuvieron a punto de permitir la maniobra reeleccionista que le preparaban sus incondicionales. Quizá el único contrapeso de índole militar que privó en la mente de Alemán para decir no a la reelección fue, precisamente, la figura de su padre. En un pasaje de la novela *Si el águila hablara*, escrita por su hijo Miguel Alemán Velasco, se relata:

> Yo le pregunté al presidente Alemán en su casa de Cuernava-
> ca una tarde de la última semana de agosto de ese año [1960]
> si de veras pensaba reelegirse y me dijo: "Mi padre, el general
> Alemán, murió por la no reelección y antes me había dicho
> que las armas ya no eran la opción para hacer política, sabien-
> do esto ¿usted cree que yo pienso en reelegirme? Ofendería su
> memoria".[8]

Ya elegido como candidato a la presidencia de la República Adolfo Ruiz Cortines, el secretario general de la Confederación Regional Obrera de México (CROM), Florentino Maya, se entrevistó con el general Rodolfo Sánchez Taboada, presidente del Comité Ejecutivo Nacional (CEN) del PRI. Maya le diría a la prensa que esa entrevista no significaba, de ninguna manera, que sus agremiados habían cambiado de opinión en cuanto a la prórroga del mandato de Miguel Alemán. "La CROM asistirá a la convención del PRI y se disciplinará a sus acuerdos, pero esto no quiere decir que no sigamos considerando necesaria la presencia del licenciado Alemán en el poder ejecutivo."[9]

Sin embargo, desde el principio de su gobierno Alemán dejó muy claro que no quería tener nada con los militares, y que mucho tendría que esforzarse para que el cambio no ofendiera a los generales.

El primer gobierno civilista[10] de la república, después del movimiento armado, enfrentaba la enorme responsabilidad de comprobar, con hechos, que las instituciones revolucionarias tenían la solidez necesaria para regir los destinos de la nación, leal y patrióticamente, dentro del marco legal de la Constitución establecida.

Miguel Alemán diría:

A propósito de ello, debo mencionar la conducta ejemplar de los señores generales Lázaro Cárdenas y don Manuel Ávila Camacho, quienes, no obstante su condición de militares, facilitaron la delicada transición al civilismo. Para mí, el paso crucial de las armas a la universidad había sido la más aleccionadora experiencia; formé parte de una generación que vivió en carne propia la disyuntiva de sumarse a la milicia o emprender esa misma lucha pero bajo una concepción muy diferente que respondía, en su tiempo y en su espacio, a una nueva etapa del proceso revolucionario. No sin dudas, optamos por lo segundo, sabiéndonos la vanguardia de un ejército que dejaba el fusil para abrazar el derecho. En términos políticos, esta definición vocacional resultó acertada dado que contribuimos al fortalecimiento de las instituciones, cuya estabilidad libraría a México del caudillismo.[11]

A pesar de que no quiso ofender la memoria de su padre y de su convicción de emprender "esa misma lucha" bajo una concepción diferente, Alemán estaba convencido de la necesidad de coptar a los generales y reducir al ejército a su mínima expresión, pues según su acertada "definición vocacional", el caudillismo seguía campeando en el destino de México. Pero algo más significativo salta de la administración alemanista y su actitud hacia los militares: a pesar de los casi doce años que le tomó recomponerse hacia el interior, el ejército mexicano condicionó de modo tácito su lealtad a los regímenes civiles, y públicamente su calidad de apolítico y de respeto irrestricto a la Constitución y las instituciones, en relación directa con el liderazgo real del presidente en turno, al mismo tiempo que sentaba las bases para la profesionalización de sus miembros y el mejoramiento del equipo.

En cierta dicotomía, los mandos militares, de alguna manera, estuvieron de acuerdo en minimizar el papel de los generales en la vida política del país, después de la turbulenta época revolucionaria y posrevolucionaria, en la que se sucedían unos a los otros en un marco de asonadas, cuartelazos y asesinatos. La imagen del ejército mexicano en el exterior encajaba entonces perfectamente con la de los generales latinoamericanos, quienes hicieron del golpe militar una tradición.[12] Nada resultaba —aun ahora— más preocupante para las fuerzas armadas que se les llegara a comparar con el ejército de algún otro país latinoamericano. La posición era de tal manera irrenunciable, que ningún secretario de la Defensa Nacional había participado en ninguna Conferencia de Ministros de Defensa de las Américas, salvo en las inherentes a la Junta Interamericana de Defensa, de la cual forma parte dicha dependencia desde su creación.[13]

Síndrome del golpe

Sin embargo, las fuerzas armadas mexicanas difícilmente se han podido salvar del *síndrome del golpe* que, sobre todo durante el gobierno del presidente Ernesto Zedillo, se dio en calificarlo como *oficinazo* o *fujimorazo* (refiriéndose a lo hecho por el presidente Alberto Fujimori en Perú por aquellas fechas).

Prácticamente desde 1940, en casi todos los sexenios han surgido rumores sobre golpes militares. Sin embargo, hasta ahora México ha demostrado que su sistema político ha sabido capotear toda clase de conflictos —incluyendo el movimiento estudiantil de 1968—sin el menor asomo de tufos golpistas. El general Enrique Cervantes Aguirre, secretario de la Defensa Nacional en el gobierno zedillista, llegó a decir: "En México no puede haber un Pinochet, cuando ya hubo un Huerta".

Pero había quien pensaba diferente. El 3 de noviembre de 1995, a las 10:45 horas, un cable de la agencia informativa AP-Dow Jones hizo sonar las campanas de los teletipos en todos sus diarios: "Confusos rumores de que el ejército mexicano estaría planeando asumir el control del gobierno", decía en sus primeros párrafos para dar cuenta de que "se había iniciado una ofensiva contra los rebeldes del sureño estado de Chiapas".

Desde luego, los primeros sorprendidos ante la versión fueron los militares. Cuando ese mismo día se informó a un miembro del alto mando de la Secretaría de la Defensa Nacional de los rumores que corrían, simplemente dijo: "¿Ah, sí...?, pues mucho gusto". Sin embargo, de la sorpresa y la ironía se pasó a la preocupación, no tanto por lo aberrante de la especie que ya ponía los tanques en las calles de la ciudad de México, sino por la repercusión brutal en los mercados financieros y, por supuesto, en el tipo de cambio. Fue de tal magnitud el daño, que incluso el embajador de Estados Unidos en México, James Jones, se apresuró a declarar que su gobierno ya investigaba los rumores del 3 de noviembre para castigar, de acuerdo con sus leyes, a quienes los esparcieron.

El cable noticioso que dio lugar al supuesto golpe militar se difundió precisamente tres días después de que el presidente Ernesto Zedillo recibiera en la residencia oficial de Los Pinos a lo más granado de los mandos militares, quienes le ofrecieron adhesión a los propósitos y objetivos previstos en la Alianza Para la Recuperación Económica (APRE). Zedillo habría de reconocer que "este apoyo confirma su lealtad a México, su identidad con los principios y aspiraciones de la nación y la unidad que ellos mantienen en su misión de defender nuestra patria y trabajar por su grandeza".

En esa ocasión, Cervantes Aguirre le dijo al presidente Zedillo que las fuerzas armadas del país "comprometen su palabra para respaldar la Alianza Para la Recuperación Económica", y que este apoyo al presidente de la República "es convencido y enérgico, porque bajo su conducción habrán de superarse los desajustes que han lastimado los ingresos, empleos y fuentes de producción". Así se estableció esa relación Zedillo-Cervantes que tantos problemas causó dentro del ejército.

Pero los rumores ya tenían nombre y apellido, aun antes del cable noticioso que se originó en Londres. En agosto de ese 1995, durante la tercera conferencia de prensa mensual que había instaurado Ernesto Zedillo, práctica que canceló posteriormente, David Romero, reportero del diario *Ovaciones*, le preguntó su opinión sobre los comentarios que ya se hacían respecto de que podría no terminar su mandato constitucional, ya fuese por renuncia o por un "golpe de Estado". Con aparente calma, Zedillo le contestó al reportero: "Estén muy tranquilos". Pero los comunicadores de Zedillo no pudieron mantener la tranquilidad y, al difundir el boletín de prensa relativo a dicha conferencia, omitieron la pregunta de David Romero. Zedillo tuvo que disculparse por lo ocurrido.

De todas maneras las malas señales se seguían agrupando. El 10 de octubre siguiente, durante un viaje a Nueva York, Zedillo visitó la sede de AP-Dow Jones y la redacción de *The Wall Street Journal*. Un poderoso empresario estadunidense le preguntó: "¿Existe algún peligro de que las presiones que hay en su país produzcan un problema político en contra de su administración?". Zedillo respondió: "Debo ser franco con ustedes; si observan el récord de México en estos diez meses del año, pueden ver que ha tenido paz social, y confío en que el crecimiento económico que se espera para el año entrante pueda terminar de disipar todo riesgo... pero no puedo asegurarlo".

El discurso militar difícilmente encuentra eco en los políticos civiles. En la sesión de la cámara de diputados del 7 de noviembre de ese año, se suscitó un acre enfrentamiento entre diputados de extracción militar y civiles respecto de los rumores del día 3, cuando Adolfo Aguilar Zinser,[14] entonces diputado independiente después de haber dejado las filas del Partido de la Revolución Democrática (PRD), dijo en tribuna que "cuando el río suena es porque agua lleva; hay rumorólogos pero también hay quizá golpistas". El general y diputado Luis Garfias Magaña subió a la tribuna para sostener con tono enérgico que las fuerzas armadas habían dado sobradas muestras a este país de su respeto al gobierno y al presidente de la República, en su doble carácter de primer magistrado de la nación y comandante supremo de las fuerzas armadas. Luego advirtió: "Posiblemente haya golpistas en el sector civil, lo ignoro, pero quiero dejar claramente establecido que en las fuerzas armadas esa posibilidad está plenamente descartada".

71

La administración zedillista, como ninguna otra, sufrió los embates del rumor; desde la ingobernabilidad, pasando por el golpe de Estado, hasta la renuncia. Esto llevó al primer mandatario a declarar en junio de 1996: "De ninguna manera me estoy limitando como presidente de la República".

Quien buscase en el gobierno de Adolfo López Mateos (1958-1964) alguna pista que desembocara en un posible golpe militar, se quedaría en el terreno de las especulaciones nativas, a pesar de los problemas suscitados entre 1958 y 1962, sobre todo, el que representaron los ferrocarrileros, cuya trascendencia dio lugar a la intervención del ejército no sólo en acciones de fuerza, sino destacando a su personal en la operación de los trenes.

El 19 de julio de 1958, en plena campaña electoral,

> algunos ferrocarrileros que son adictos a la legalmente extinguida Gran Comisión Pro Aumento de Salarios que encabeza el señor Demetrio Vallejo y que son auspiciados por el bloque considerado como comunista, que dirige el Sindicato Mexicano de Electricistas, la Alianza de Telegrafistas, así como el Movimiento Revolucionario Magisterial de Otón Salazar y los petroleros de Ismael Hernández Alcalá, realizaron ayer a las 13 horas una manifestación y mitin frente a Palacio Nacional para pedir que se desconozca al comité ejecutivo del Sindicato de Trabajadores Ferrocarrileros y que se reconozca a otro encabezado por el propio Vallejo. Más de 300 soldados del 48º Batallón de Infantería se apostaron cerca de las oficinas del Sindicato de Trabajadores Ferrocarrileros, mientras frente a Palacio Nacional se desarrollaba el mitin.[15]

El conflicto ferrocarrilero se recrudeció y el 29 de marzo de 1959, a cuatro meses de haber tomado posesión López Mateos como presidente de la República, el sindicato dirigido por Demetrio Vallejo decretó un paro general en el sistema ferroviario. Vallejo y socios, decía la prensa de la época,[16] "serán consignados por los delitos cometidos, entre ellos el de ataques a las vías de comunicación", y los trenes fueron movidos y protegidos por tropas del ejército, amén de que ocuparon todas las instalaciones ferrocarrileras del país.

Cuando López Mateos fue designado candidato del PRI a la presidencia, el 16 de noviembre de 1957, fungía como presidente del partido el general de división Agustín Olachea Avilés, a quien el primero nombraría en su gobierno secretario de la Defensa Nacional. Si bien este nombramiento lució como un compromiso cumplido, López Mateos tampoco perdió tiempo en hacer valer el poderío civil sobre el cada día más menguado poderío militar.

"General de los de antes"

En una compilación de hechos relatada por Justo Sierra, amigo y colaborador de López Mateos, al periodista Fernando Heftye, y publicada en un libro sin mayores pretensiones, se plasmaba la postura de López Mateos respecto de los militares.[17] El relato se remonta a 1957:

> Todos los de aquella época conocieron al general Bonifacio Salinas Leal, gobernador de Nuevo León, de Baja California —cuando era territorio—, y comandante de varias zonas militares a lo largo de su prolongada vida. Como buen norteño era bronco, pero además, prepotente y bastante arbitrario cuando así lo consideraba necesario. Se le juzgaba de haber propiciado una matanza de sinarquistas en León, Guanajuato, en época de Miguel Alemán. Era respetado por militares y civiles. Era, pues, un general de "los de antes", de los que "tiraron tiros", como se dice en el norte.
>
> –Pues bien, al general Bonifacio Salinas Leal le tocó en turno visitar al candidato. Llegó a la casa de san Jerónimo a las 9:00 horas del día y, sin más, me dijo: "Jovencito, dile a tu candidato que ya llegué...". Y se empezó a pasear nervioso por la sala... —recuerda con una sonrisa Justo.

73

–¿Desde luego que se le avisó al candidato...? ¿O no...?

–Por supuesto, pero Adolfo era muy especial. Sin inmutarse me dijo: "Lo voy a recibir, pero hasta las tres de la tarde. Ahora no...". Me quedé frío, porque don Bonifacio imponía y tenía fama de ser abrupto y grosero con quien fuera. Eso, cuando estaba de malas. Por la buena era un pan. Pero hacerle esperar seis horas se me hizo mucho...

–¿Y qué sucedió...?

–Quiero ser franco y decirte que estaba asustado ante la prepotencia de don Bonifacio. Por tanto, volví a insistir con López Mateos para ver si era posible que la audiencia fuera antes...

–¿Y...?

–El general nuevoleonés cometió un gravísimo error. Como dejé entreabierta la puerta del despacho de Adolfo, para suplicar que le recibiera, se le hizo fácil al norteño abrirla un poco más. Adolfo se dio cuenta y me ordenó que la cerrara. Se le notó molesto, enojado por la actitud poco correcta del militar; se le antojó considerar que no se había medido el divisionario ante un candidato a la presidencia de México.

–¿Qué ocurrió...?

–Que no lo recibió ni a las tres de la tarde...

–¿Entonces...?

–Le dio una lección como ya la había dado a muchos otros. Bastó con esa descortesía del divisionario para que le tuviera en la sala de espera durante tres días consecutivos. Desde muy temprano en la mañana hasta muy tarde...

–Por supuesto que al general se le ofrecieron disculpas...

–Ninguna.

–¿Entonces...?

–Pasaban ante él, desfilando y siendo recibidos por Adolfo, amigos de menor importancia. Personas de categoría inferior a la de Salinas Leal. Así le hizo notar que no le importaba cuánta fuerza política tenía. Finalmente lo recibió pero, antes, Adolfo me dijo: "Asómate para que veas la entrevista y sepas cómo se trata a estas personas...". Apenas podía contener su rabia. Los labios le temblaban y estaba color cetrino. Se le veía la furia en los ojos y la indignación en el rostro...

–¿Hubo problemas...?

–Ninguno, absolutamente ninguno...

–¿Entonces...?

–Adolfo le recibió de pie, con una sonrisa de oreja a oreja. Con ese carisma que le hizo conquistar a México entero y que le procuró más partidarios, más afectos que todas las publicidades que giraban a su alrededor. Sonriente, jovial, con cara de niño bueno, le dijo: "Mi general, qué placer de verlo y recibirlo en esta su casa". Y le dio un fuerte abrazo, palmeándolo y dándole a entender que le quería y respetaba a él, como persona, y al general como divisionario y político.

–¿Y luego...?

–En esos momentos la prepotencia, la rabia, la figura recia y arbitraria como que se desmoronó. Ya no se veía como un "general de los de antes", de los "que estuvieron en los cocolazos". Era otro. Era un ciudadano mexicano más conquistado por el que iba a ser un gran presidente.

En 1962, López Mateos ordenó a la Secretaría de la Defensa Nacional que "los generales y coroneles que han llegado a la edad límite, sean retirados del servicio activo, con el fin de ir descongestionando el escalafón y darles oportunidades a los nuevos elementos".[18]

"¡A sus órdenes, yo!"

El movimiento estudiantil de 1968, que culminó con la sangrienta noche de Tlatelolco el 2 de octubre, fue sin duda la crisis más grave que haya vivido gobierno alguno en los últimos sesenta años. Gustavo Díaz Ordaz la enfrentó a pie firme porque, según dijo: "El pueblo no me hubiera perdonado no actuar con pantalones". Aun antes de la noche del 2 de octubre, durante un gran mitin en el zócalo, tropas del ejército se encaminaron hacia la Plaza Mayor. Se diría entonces que, realmente, a lo que iban era a tomar Palacio Nacional. La historia, desde luego, registra otras razones.

Años después, un periodista y maestro ya fallecido (guardo su nombre, como él me lo pidió siempre) me contó una anécdota que, palabras más, palabras menos, debió haber ocurrido así:

> Una noche, pocos días antes de los acontecimientos en Tlatelolco, el presidente Gustavo Díaz Ordaz, recluido ya en sus habitaciones en la residencia oficial de Los Pinos, fue avisado por un ayudante que el general Marcelino García Barragán, secretario de la Defensa Nacional,[19] solicitaba hablar con él.
>
> –¿Tiene cita? —preguntó Díaz Ordaz al oficial ayudante.
>
> –No, señor presidente.
>
> Díaz Ordaz, en bata de cama, dio unos pasos pensativo por la habitación antes de ordenarle al oficial que hiciera pasar a García Barragán. Cuando el recio general aquel entró a la habitación presidencial, se encontró con un hombre derrumbado en un sillón, las manos cruzadas sobre las piernas y con el semblante de la derrota en el rostro. Díaz Ordaz apenas alzó la cara para decir con voz casi inaudible, y esperando lo peor:
>
> –A sus órdenes, mi general.
>
> El general García Barragán, impecablemente uniformado, se puso en posición de firmes y contestó con voz de trueno:
>
> –¡No, señor presidente, a sus órdenes yo!

Lo que siguió aún está en la mesa de debates de la historia nacional.

Sin embargo, la disciplina y la lealtad que los militares han ofrecido siempre a las instituciones no siempre son otorgadas en forma incondicional, al menos en su muy reservado círculo. El 20 de junio de 1979, el general Luis Gutiérrez Oropeza, quien fuera jefe del Estado Mayor Presidencial en el gobierno de Díaz Ordaz, le remitió una carta al expresidente, poco después de saber que los médicos ya lo habían desahuciado.

Sé que va usted a realizar un viaje; un viaje del que nunca se regresa —decía Gutiérrez Oropeza. El poder y la responsabilidad no se comparten; sabía usted que el cumplimiento del deber no tiene aureolas ni gloria; por eso en los momentos difíciles, solo, inmensamente solo, su única preocupación fue: la dignidad, la seguridad, la integridad de la patria. Además de presidente de México asumió el cargo de jefe supremo de las fuerzas armadas. En virtud de este nombramiento, en los militares de carrera siempre está presente la lealtad al gobierno en la persona que legalmente lo representa —el señor presidente— y la lealtad a la patria, para lo que se nos educó y preparó. Estos dos sentimientos unas veces se unen, otras se contraponen según sea el comportamiento de los presidentes. A los militares nos resulta muy fácil ser leales a un presidente que cumple con la patria; pero no comprendemos, no entendemos, nos es difícil e imposible admitir por qué debemos y tenemos que ser leales a quienes denigran, defraudan, saquean y traicionan a la patria.[20]

Llaman a la puerta

El 27 de febrero de 1986, a la mitad del sexenio de Miguel de la Madrid Hurtado, la revista *Impacto* incluyó en su edición número 1878 un suplemento especial firmado por Francisco Toral, en el que se acusaba: "Alcanzó el gobierno su nivel de incapacidad". Pero en la primera plana del suplemento se leía también un titular tremendista: "El estallido social está tocando a las puertas de Palacio".

El tercer año del gobierno de Miguel de la Madrid fue marcado por el desastre, la incapacidad de su gobierno para afrontarlo y el convencimiento general de que el presidente de la República se equivocó en la elección de sus colaboradores, y que decepcionó a la nación al preferir mantener en el poder a sus amigos cuando, lo menos que merecían, era el cese fulminante.

Así empezaba la larga relatoría de Francisco Toral sobre la actuación de Miguel de la Madrid en sus tres primeros años de gobierno.

Tradicionalmente los presidentes de México llegaban al cuarto año de su gobierno en el apogeo del poder, con el pueblo en la bolsa, pero Miguel de la Madrid arribó a diciembre de 1985 en el grado más bajo de popularidad. El pueblo le pedía cabezas de algunos de sus colaboradores —no por canibalismo, sino porque la mayoría erró en mayor o menor grado en el momento en que se requería de hombres avezados—, pero el presidente de la República prefirió tozudamente desairar a la nación escudándose en el absurdo principio de que "nada bajo presión".

Miguel de la Madrid, carente de lo que siempre se dio en llamar como "estilo personal de gobernar", habría de enfrentar, casi con pánico, los terremotos del 19 y 20 de septiembre de ese 1985.

La desgracia se abatió sobre el país. La ciudad de México quedó semidestruida e incomunicada. El sismo de mayor magnitud que se haya registrado en el país cambió la historia de México a partir de las 7:19 horas del 19 de septiembre. Como siempre, pero en esta ocasión con mayor énfasis, la generosidad y solidaridad del pueblo de México se manifestaron de inmediato, de la misma manera que afloraron los vicios y defectos del sistema; y lo que es más grave, la ineptitud del equipo de Miguel de la Madrid para enfrentar las condiciones de emergencia.

Ese mes de septiembre fue fatal no sólo por los estragos de los terremotos, sino por las posiciones encontradas en el ámbito político. Enrique González Pedrero, entonces gobernador de Tabasco, diría en su discurso en una reunión de los gobernadores con el presidente que la soberanía nacional no se compra, simplemente se ejerce.

Poco después, el general de división Juan Arévalo Gardoqui,[21] secretario de la Defensa Nacional, prometía: "saldremos adelante sin

afectar la democracia". El 9 de febrero de 1986, con motivo de la ceremonia de la Marcha de la Lealtad, el general Arévalo Gardoqui dijo en
un discurso, que se entendió como respuesta a las acciones de los civiles durante los terremotos de septiembre de 1985, que "el ejército mexicano no entiende la lealtad como complicidad y contubernio".

Irónicamente, cuando los terremotos de septiembre cubrie-
ron de destrucción y muerte la capital, el plan DN-III-E, que había elaborado Arévalo Gardoqui, no se llevó a cabo con precisión. En las primeras horas posteriores, los soldados salieron a las calles, pero luego
no se les volvió a ver y en algunas áreas ni siquiera aparecieron.

La prensa de la época reportaba que poco después del sismo

comenzó a ser aplicado el plan de emergencia DN-III-E, a cargo
de las secretarías de la Defensa Nacional y de Marina, que tomaron el mando de las operaciones de rescate, auxilio, atención a
los damnificados y vigilancia en las zonas más afectadas por el si-
niestro. También, dentro de todo el panorama de desastre, se
dieron actos de rapiña y el ejército, sobre todo en la zona centro
de la ciudad, recibió la orden de disparar "en casos necesarios".[22]

Sin duda esto llevó a los asesores de Miguel de la Madrid, quien
se refugiaba en la residencia oficial de Los Pinos, después de sus cor-
tos recorridos por las zonas de desastre, a convencerlo de que, ante
las múltiples crisis que enfrentaba su gobierno, si dejaba al ejército
hacerse cargo de la situación, como lo indica el plan DN-III-E, se corría el riesgo de que ya no regresara a sus cuarteles. Una vez más la
institución armada provocaba el temor de los políticos, que rayaba en
el "síndrome del golpe", y la incredulidad de los ciudadanos por no
ver a los soldados en las labores de auxilio. El pueblo ganó las calles.

Para colmo, según lo relata Francisco Toral en el suplemento
ya citado, en noviembre del mismo año el grupo guerrillero colombiano M-19, en una acción espectacular, tomó como rehenes a los
miembros de la Suprema Corte de aquel país.

El gobierno de Belisario Betancourt respondió con tal fiereza que hasta los enemigos de los guerrilleros se azoraron. Los mexicanos pasamos de la sorpresa a la incredulidad cuando el presidente de México se apresuró a enviar su felicitación a su colega colombiano. Aún no se secaba la sangre de los muertos en el Palacio de Justicia de Bogotá cuando don Miguel se atrevió a signar su admiración por "su firmeza y decisión para hacer prevalecer en Colombia el orden constitucional y las instituciones de la república. Hago votos porque siga adelante su perseverante esfuerzo a favor de la paz...".

Dicotomía delamadridista.

El suplemento en cuestión causó tal irritación a Miguel de la Madrid que, de inmediato, la Secretaría de Gobernación, entonces a cargo de Manuel Bartlett, realizó un embargo precautorio sobre las instalaciones de *Impacto,* expulsó a sus directivos y dejó en poder del gobierno la empresa Publicaciones Llergo, S.A.

El *riendazo*

José López Portillo tuvo en el general Félix Galván López[23] a uno de los más ameritados militares que han ocupado la Secretaría de la Defensa Nacional. Fue durante su sexenio cuando realmente comenzó la modernización del ejército, al tiempo que se iniciaba el regreso de los militares al terreno de la política y de las grandes decisiones. Y más allá, López Portillo reconoció siempre la importancia de la metamorfosis que experimentaban las fuerzas armadas. Incluso en el terreno de lo anecdótico se puede decir que López Portillo ha sido el único presidente civil que vistió el uniforme de general de cinco estrellas durante unas maniobras militares en Chiapas.

La frivolidad de su gobierno y los "orgullos de su nepotismo" causaron escozor entre los militares, sobre todo en los integrantes del Estado Mayor Presidencial, a quienes Carmen Romano trataba peor que a sirvientes. Sabedor de las tentaciones que representa la

80

política, López Portillo siempre salió al paso de una posible contaminación de los civiles sobre los militares.

En su libro de memorias titulado *Mis tiempos*, López Portillo escribió bajo la fecha 12 de julio de 1978:

> Ayer también vino Sansores [Carlos]. Viejo zorro que cultiva la línea de que a mí no me interesan los aspectos políticos. Siento su división respecto de Reyes Heroles, lo que puede ser inconveniente si se extrema. Le di un riendazo porque por su cuenta y riesgo me quiso alborotar a ese viejazo que tengo en la Secretaría de la Defensa Nacional, Félix Galván López, a quien le propuso la candidatura de Guanajuato.[24]

A pesar de la buena relación que tuvo con el ejército y el gran impulso que le dio, el "riendazo" a Carlos Sansores era, sin duda, una llamada de atención a la clase política de su época sobre los riesgos que corría al "invitar" a los militares a volver a tomar su sitio en el sistema político nacional.

En una serie de entrevistas que Gloria Fuentes compiló en un libro titulado *El ejército mexicano*,[25] José López Portillo negó que hubiese habido "en los últimos tiempos" el clima propicio para un golpe militar.

> Con realismo y franqueza, nunca ha habido coyuntura, ni mucho menos intención de dar un golpe de Estado; por otra parte, hasta ahora no me ha llegado ninguna opinión de que el próximo sexenio presidencial puede ser "la última oportunidad de un gobierno civil": creo que en México, hace mucho tiempo y por diversas razones, están aniquiladas esas posibilidades, y realmente no soy afecto a hacer "política ficción"; el futuro es promisorio. Claro está que de un modo diferente todas las naciones tienen y afrontan problemas de diversa magnitud; pero el país tiene capacidad para seguir adelante en su senda institucional por muchos años.

Pero los políticos han pecado realmente de pánico escénico en cuanto a sus relaciones con los militares.

De acuerdo con el curso de estrategia que se imparte en la Escuela Superior de Guerra,[26] "en principio, la fuerza no debe usarse como agente de la política interior". Así, a poco más de un mes del surgimiento en Chiapas del Ejército Zapatista de Liberación Nacional (EZLN), el primero de enero de 1994, el entonces secretario de la Defensa Nacional, general Antonio Riviello Bazán,[27] señaló que "ésta es la razón de la causa y la causa de la razón militar. La lealtad como origen, forma y compromiso. Por lealtad el soldado existe, por lealtad el soldado se esmera, por lealtad vive y se realiza, por lealtad está dispuesto a morir".[28]

Riviello Bazán, cuya relación como secretario de la Defensa Nacional no fue nada fácil con Carlos Salinas de Gortari (1998-1994), sostuvo, desde el principio, que "no es posible el avance cuando se sitúa toda la expectativa en el esfuerzo y en el éxito de un solo hombre. O avanzamos todos los mexicanos en una acción solidaria o se frustran los intentos nacionales de progreso. Así lo entendemos a plenitud y así será puntualmente cumplido".[29] Seis años después, al despedirse de los comandantes de regiones, zonas y bases aéreas militares, Riviello Bazán les dijo: "Haber conseguido los objetivos que nos propusimos nos permite hoy actuar con mayor serenidad y autoridad".[30]

No obstante, la declarada obediencia y sumisión total del ejército al presidente de la República en turno ha sido motivo de permanente discusión entre los mandos militares, no tanto en el desacuerdo del deber ser, sino en la concepción que se tiene de la disciplina, que ya califican de "razonada", y la lealtad.

Sin duda, el punto de partida más cercano de esta discusión fue el surgimiento del EZLN en Chiapas, lo que sirvió de catalizador hacia dentro y fuera de las fuerzas armadas. En extremo prudentes, los jefes militares difícilmente exteriorizan sus opiniones más allá de sus propios círculos. Sin embargo, a partir de que el gobierno de Carlos Salinas ordenó el cese al fuego, el de Zedillo ridiculizó la aplicación de la ley y el de Fox ordenó el repliegue de tropas en la llamada zona de conflicto, dos corrientes permearon en el ejército: una que acepta el sometimiento absoluto al poder civil, lo que, de alguna manera, garantiza a los militares mantenerse como parte integral del sistema político nacional, con las ventajas y canonjías que esto significa, y otra, representada por aquellos que, a sabiendas de la fuerza que tiene el ejército —la fuerza de las armas y las del conocimiento absoluto de lo que ocurre en el país—, no están dispuestos a seguir haciendo el trabajo sucio y enmendar los errores de los civiles.

La mejor muestra de que los militares no están vacunados contra las tentaciones de la política la representan aquellos generales que, tras retirarse del servicio activo de las armas, resentidos unos, desencantados otros, optaron por afiliarse al PRD. Por otra parte, al final del sexenio de Ernesto Zedillo por lo menos dos generales —Álvaro Vallarta Ceseña y José Antonio Valdivia—, afiliados al PRI, vieron frustradas sus ambiciones de gobernar sus estados natales, Nayarit y Baja California respectivamente.

Ya cumplido el primer año de gobierno de Vicente Fox, un año de dislates y desdenes hacia las fuerzas armadas, el general Riviello Bazán, en conversaciones privadas con el autor, reconoció que

las fuerzas armadas han aceptado disciplinadamente todas las decisiones políticas, pero el ejército no defiende privilegios ni nostalgias, defiende los valores sagrados de la patria, aunque esto para algunos suene a chabacanería. La disciplina militar es obediencia razonada pero firme y profunda, a las leyes, reglamentos y normas militares". [...] Se ha permitido que los políticos y algunos miembros del gabinete, junto con organismos supranacionales, se erijan en jueces de la conducta de unas excelentes tropas, faltas del sostén del gobierno.

En una de sus primeras intervenciones públicas,[31] el general Enrique Cervantes Aguirre, secretario de la Defensa Nacional de Ernesto Zedillo, puso en claro que los soldados "no podemos ser factor de desasosiego o desazón, sino de certidumbre, estabilidad y progre-

83

so". El conflicto de Chiapas estaba en su etapa inicial y el jefe del ejército decía que "no enfrentamos problemas de conciencia; pero para que México vaya a la justicia, queremos la paz". En 1998, con motivo de la celebración de la Marcha de la Lealtad,[32] Cervantes Aguirre reiteraría que el ejército "se subordina, sin regateos, al poder civil emanado legítimamente del pueblo, ejercido por el presidente Ernesto Zedillo Ponce de León, en momentos difíciles con mesura y sensibilidad".

Pero a un mes de dejar el cargo (noviembre de 2000), durante la visita que le hicieron los miembros de la comisión de Defensa del senado de la república, el mismo Cervantes Aguirre, agobiado por los errores cometidos durante su administración al frente de la Defensa Nacional, confesó a los legisladores que "el ejército tiene que actuar en Chiapas por mandato constitucional y por obedecer al presidente de la República, pero como militares nos duele en la conciencia tener que hacerlo".

El general Gerardo Clemente Ricardo Vega García, secretario de la Defensa Nacional del gobierno de Vicente Fox, en una ocasión similar[33] sostuvo la postura pública del ejército: "Los generales, jefes, oficiales, cadetes y tropa al servicio de la nación, reiteran a su comandante supremo su respetabilidad a las instituciones, orden, subordinación y lealtad como forma de vida cotidiana en todas las acciones que se realicen".

Pero si a Riviello Bazán le tocó acatar las erróneas órdenes de Carlos Salinas en el conflicto chiapaneco, y a Cervantes Aguirre los ridículos y tibiezas de Ernesto Zedillo, Vega García tuvo que aguantar, a pie firme, la inexperiencia y los dislates de Vicente Fox, en cuanto a la figura y actuación de las fuerzas armadas, y por lo tanto su discurso adquirió pronto otro tono muy distinto, aunque siempre respetuoso y prudente, del empleado por sus antecesores inmediatos.

Cuando el EZLN anunció que emprendería una marcha hacia el Distrito Federal, acto que aplaudió el mismo Fox, el general Vega García dijo públicamente durante una ceremonia más de la Marcha de la Lealtad: "La lealtad de las fuerzas armadas es doctrina que sólo puede practicarse pensando en el bien superior de la nación; no hay más bandera que la tricolor, no hay más símbolo que el águila, no hay más canto de unión que nuestro himno nacional".[34] Fue en esta ocasión también cuando la lealtad se convirtió en sinónimo de legalidad.

En aquella jornada del 2 de julio de 2000, cuando Vicente Fox se alzó con el triunfo electoral, no faltaron las mentes calenturientas que apostaban a que, ante el declarado triunfo panista que ponía fin a más de 70 años de hegemonía del PRI, el ejército, considerado "tradicionalmente priísta", se lanzaría a las calles a detener el triunfo de Fox y de su partido. Una vez más, el síndrome del golpe. Pero nada más alejado de la agenda de los militares que califican de imposible la desviación del interés personal.

Vega García es un militar que prefiere el silencio a la estridencia, pero no le llevó mucho tiempo marcar distancias con el poder civil al recordar que "la misma historia registra cómo este ejército de cuño constitucional siempre cumplió con lo que se le ordenó como razón de Estado. Registra cómo cada gobierno hubo de encarar sus propias encrucijadas, y allí estuvo el ejército para asumirlas como propias. Y hoy, continuará cumpliendo con disciplina y obediencia las tareas que el presidente de la República ordene".[35]

Apolíticos y apartidistas, pero no ateos políticos

Declarado reiteradamente apolítico, el ejército mexicano se ha mantenido al margen de la lucha política por el poder, sin tomar más partido que el de la lealtad que le debe al pueblo y sus instituciones y la legalidad a la que está obligado.

Hasta hace pocos años no existía un vínculo directo entre el comportamiento político de los militares y su capacidad política real. De hecho, las fuerzas armadas están conscientes de su incipiente *capacidad política* para tener en su agenda de corto plazo una toma de posiciones dentro del poder y menos todavía para conducir de modo directo el destino de la nación.

85

Sin embargo, a pesar de esta incipiente capacidad o debido a ella, el estudio de la política se convirtió en asignatura obligatoria en los planteles militares de alto nivel, como la Escuela Superior de Guerra. En esta institución se estudia la política general en tres campos:

Política interior: constituida por el conjunto de actividades tendientes a enfrentar la lucha por el poder, el sostenimiento en éste cuando se ha logrado, el mantenimiento del pueblo y del gobierno y la realización de los ideales y objetivos nacionales, todo ello dentro del pueblo y territorio del Estado. La política interior debe impulsar los deseos populares de libertad individual, prosperidad y estabilidad económica, organización gubernamental eficiente, impuestos justos y bienestar social en forma armónica, conciliando las tendencias de las fuerzas económicas, sociales e ideológicas del país.

Política exterior: en países desarrollados, que han alcanzado un alto grado de madurez política, los gobiernos le conceden a la política exterior la máxima importancia, sin descuidar, desde luego, el cumplimiento de sus obligaciones en cuanto a sus objetivos a lograr en el interior. Contrasta esto con lo que ocurre en países subdesarrollados y dependientes, en los que la lucha interna por sostenerse en el poder constituye la máxima preocupación; en tal caso, los gobiernos dirigen su política exterior a obtener créditos, apoyos políticos, ayudas diversas, protección, etcétera.

Política militar: ésta es la parte de la política general que se encarga de crear y preparar las fuerzas armadas que la política necesita, para garantizar la seguridad nacional y para apoyar su acción en el exterior. En otros términos, la política militar tiene por objeto poner en forma militarmente al Estado; crear el útil armado que éste necesita para realizar su tarea, a pesar de las oposiciones internas o externas que requieran la aplicación de la fuerza.

En el Centro de Estudios del Ejército y Fuerza Aérea, otro de los planteles que integran el sistema educativo militar, las fuerzas armadas estudian la actualidad política de la nación, con especial énfasis en el análisis de la información, que tiene por objeto actualizar y especializar a personal de jefes y oficiales en aspectos teórico-metodológicos de análisis, con el fin de aplicarlos en los trabajos que se realizan en un Estado Mayor, para producir inteligencia y contrainteligencia.

Por ejemplo, al referirse al sistema político mexicano, dicho centro explica el proceso de institucionalización del poder político, desde el origen de la administración y el sistema político desarrollado a partir de la revolución de 1910, hasta nuestros días, sin descuidar puntos específicos como el levantamiento armado en Chiapas, los procesos electorales, las crisis económicas y las diversas coyunturas que se han presentado. (En 1999, ante el proceso electoral de 2000, el Centro de Estudios Especiales dedicó varios programas al estudio de la "coyuntura actual".) Se revisa también la configuración del Estado mexicano a través de la reforma del mismo, la estrategia neoliberal y el Tratado de Libre Comercio de América del Norte (TLCAN) para, finalmente, profundizar en la identificación y el desempeño de los actores políticos, la iniciativa privada, el movimiento obrero, la Iglesia, las organizaciones no gubernamentales (ONG) y las propias fuerzas armadas.

En el sexenio de López Portillo, fue el secretario de la Defensa Nacional, general Félix Galván López, quien en repetidas ocasiones sostuvo públicamente que el ejército está en condiciones de asumir en mediano plazo "mayores responsabilidades".

El 24 de julio de 1980, durante la VIII Junta Regional de Comandantes de Zona Militar, Galván López dijo que "los miembros del ejército y fuerza aérea mexicana pensamos que podemos hacer más por nuestro país", refiriéndose a las responsabilidades que les señala la Constitución, y pidió para los militares "más tareas y nuevas metas". En otra ocasión, y ante el presidente López Portillo, el secretario de la Defensa Nacional señaló:

Hemos entendido lo que hace muchos años leímos de don Antonio Caso: que es preciso que al lado de la ideología dominante subsistan otras ideologías. Que los ejemplos de algu-

87

nos clásicos y otros teórico-políticos demuestran que la fuerza social que niega los aciertos del individuo se anula a sí misma y defrauda a la posteridad. Seguirán siendo las escuelas militares reductos inexpugnables de lealtad institucional donde aprendamos a expresar al superior nuestra opinión con toda honradez cuando se nos solicita, pero una vez tomada la decisión no sólo la acatamos sin discutir sino que nos imbuimos de ella, la hacemos nuestra en plenitud. Entre la "dócil resignación" estéril y la "turbulenta impaciencia" desquiciante, anhelamos participar al lado de las más positivas y adelantadas fuerzas sociales que nuestra Revolución mexicana definió.

Para los analistas de la época no era creíble que los militares intervinieran políticamente, a pesar de las crisis que venían enfrentando los gobiernos civiles y de la resultante irritación popular. Sin embargo, consideraban que si la situación política y económica seguía deteriorándose, los militares podrían concluir que debían tomar un papel más decisivo para restablecer el equilibrio nacional.

El columnista estadunidense Jack Anderson y su socio Dale van Atta llegaron a decir en un largo artículo publicado por la revista *Penthouse*, bajo el título "La bomba de tiempo mexicana", que "la mayor incertidumbre es la que se refiere a si una nueva revolución surgiría de la izquierda, la derecha, el ejército, o una combinación impredecible".

Los políticos ante los militares

Fuera del discurso meloso y harto institucional que tradicionalmente se escucha en las ceremonias de estricto corte militar, los políticos mexicanos rara vez expresan una opinión más profunda sobre las fuerzas armadas. En estas ceremonias, incluso, se advierte la barrera psicológica que separa a los militares de los civiles. Pero más allá de la relación interinstitucional, los políticos civiles no dudan en expresar su opinión sobre las fuerzas armadas.

Semanas antes de las elecciones presidenciales de 1994, el

eterno candidato del PRD, Cuauhtémoc Cárdenas —a quien se le empezó a llamar el Nicolás Zúñiga y Miranda del siglo XX—, solicitó una entrevista con el entonces secretario de la Defensa Nacional, general Antonio Riviello Bazán.

Éste, un hombre de su tiempo que entendía a plenitud los cambios que comenzaba a experimentar el país, no tuvo empacho en recibir al candidato perredista. Cárdenas, con ese tono de disimulada suficiencia que le caracteriza, le preguntó al secretario qué haría el ejército en caso de que la oposición —o sea, él— ganara la presidencia de la República. Riviello, muy institucional, comenzó por decirle al hijo del Tata que el ejército es leal a las instituciones del país y apolítico por consecuencia. Antes y después de este encuentro el general Riviello Bazán siempre dijo que al ejército no le preocupaba en lo más mínimo quién resultara electo presidente.

Pero cuando Cárdenas creyó que ya todo estaba dicho, Riviello le espetó: "No se preocupe, ingeniero, usted no va a ser presidente. Si nada más hay que verlo en la televisión para que le dé miedo a uno. Además, usted baila con el enemigo. Imagínese, si llega a ser presidente, yo le tendría que entregar mi puesto a Marcos".

Entre otras cosas, Cárdenas había adoptado como bandera de campaña sacar al ejército de la lucha contra el narcotráfico, desaparecer el Estado Mayor Presidencial —"no puede haber dos ejércitos"— y reactivar el proyecto que busca crear un Estado Mayor Conjunto, con un civil al frente de la Secretaría de la Defensa Nacional.

Dos años después se conformaría con la jefatura del gobierno de la ciudad de México.

Pero quienes no se conformaban eran los generales retirados que se afiliaron al PRD. El caso del general Samuel Lara Villa ha sido el más significativo en cuanto a la intentona recurrente de "amarrar" a las fuerzas armadas.

Esta vez, durante el proceso electoral de 2000, Lara Villa, en declaraciones a la prensa,[36] dijo que "el secretario de la Defensa Nacional en turno es el único comprometido con el poder ejecutivo, lo que le hace presionar a sus subordinados para que voten, ellos y sus familias, a favor del candidato del partido oficial". Según Lara Villa, existen varias formas de presiones a las que están sometidos los soldados para que voten a favor del candidato oficial: una es que el día de las elecciones los elementos de tropa son conducidos por un oficial a la casilla electoral, y desde ahí, comienza la presión para que voten a favor del partido del gobierno. Algo debía saber Lara Villa, quien gracias al ejército hizo una carrera profesional. En todo caso, él, cuando estuvo en activo, llevó a un contingente a votar por el PRI, o lo llevaron. ¿Por qué no protestó entonces?

Por otra parte, su tesis es errónea, o al menos lo fue en 2000, cuando el candidato panista Vicente Fox ganó la presidencia, sin que los militares hubiesen intervenido en otra forma que emitiendo su voto libremente.

Es claro que, en cuestiones políticas, los militares en activo evitan a toda costa hacer algún pronunciamiento. "No nos gusta vernos en el papel", me dijo en una ocasión el general de división José Ángel García Elizalde. Pero en corto es otra cosa.

> ¿Por qué no es posible que los candidatos presidenciales se presenten abiertamente ante los miembros del ejército y, así como lo hacen en las universidades, cámaras de comercio, bancos, empresas, pueblo en general, expongan ante los cuadros de mando del ejército sus programas de gobierno? Sería mejor conocerlos antes y no tener que apoyarlos ciegamente después, cuando en no pocas ocasiones, ha resultado contraproducente.

Palabras de un jefe militar.

El 18 de noviembre de 1998, el grupo parlamentario del PRD en la cámara de diputados (LVII Legislatura)[37] organizó un foro denominado Las Fuerzas Armadas y la Constitución. Una de las ponencias con dedicatoria más directa fue presentada por Gilberto López y Rivas, quien fuera asesor del EZLN, con el título "Las fuerzas armadas en la transición democrática".

Para empezar, López y Rivas sostenía que "a pesar de que existe un clamor creciente en la sociedad mexicana por cambios democráticos en la vida política y una reforma profunda del Estado, las fuerzas armadas mexicanas y su relación con los gobernantes en turno han permanecido sin cambio alguno a lo largo de los últimos cincuenta años". Para el perredista, había llegado el momento de reflexionar sobre la necesidad de reformas constitucionales y legales que posibilitaran el control democrático de los civiles sobre la política militar, así como de la vida institucional de las fuerzas armadas.

Quizá con la posición avilacamachista de que "todo intento de hacer penetrar la política en el recinto de los cuarteles es restar una garantía a la vida cívica y provocar una división de los elementos armados" (véase el capítulo I), López y Rivas sostenía que

> el *civilismo* no puede expresarse única y exclusivamente en que el ejecutivo federal tenga el mando supremo de las fuerzas armadas, ya que en las sociedades modernas el mando civil (ministros de defensa civiles, por ejemplo) y la supremacía de los parlamentos en los procesos de toma de decisiones militares y en la definición de las políticas de defensa, son considerados como indicadores del grado de progreso hacia formas de vida más democráticas; solamente en las sociedades atrasadas, que se encuentran apenas en la construcción inicial de las instituciones democráticas de gobierno o que recientemente salieron de una experiencia de dictadura castrense [en la que] los civiles se encuentran todavía ante la seria posibilidad de un golpe militar y experimentan mecanismos débiles, cuando no superfluos, de control de los militares. En este contexto, cualquier intento de aumentar el control civil puede provocar el desafío de los militares o su intervención.

Por ello, el perredista proponía como objetivo primordial "el establecimiento de tradiciones de control legislativo, que alejen a los militares de la intervención en la vida política del país y los sujeten a una estricta neutralidad como institución".

91

Aunque en su ponencia López y Rivas acepta que las fuerzas armadas se han desarrollado, en lo general, como instituciones profesionales, obedientes y disciplinadas al poder ejecutivo, y dedicadas a la preservación del orden público y la paz interior del país,

> ejercen un alto grado de autonomía, no existe un control por parte del legislativo y entran frecuentemente en confrontación con la población.
>
> Desde la llegada de un civil a la presidencia en 1946, los militares mexicanos han tenido que demostrar su lealtad a gobiernos antipopulares. La subordinación ha sido acrítica, pasiva, mecánica, respecto de los gobiernos en turno. Nunca ha importado el grado de legitimidad política del mandatario. Tampoco es un obstáculo a la obediencia militar que los procesos electorales hayan sido irregulares, fraudulentos y cuestionados. Mucho menos lo es la asignación de misiones que involucran a los militares en la contención del descontento social.

En ese mismo foro el coronel de infantería diplomado de Estado Mayor (retirado), Miguel Ángel Rosas Pardavell participó con una ponencia titulada "Marco constitucional de las fuerzas armadas mexicanas", en la que sostenía que las múltiples leyes y reglamentos que establecen el ser y rigen el hacer de las fuerzas armadas mexicanas, "son confusas, incompletas, difíciles de interpretación definida; y en los tiempos actuales, algunas de ellas de imposible aplicación integral, por las circunstancias sustancialmente diferentes en aspectos sociales, políticos, económicos y culturales en que se desenvuelve el mundo moderno, y en particular nuestra nación".

Al ponderarse como miembro del ejército, "institución a la que guardo profundo respeto y reconocimiento a sus responsabilidades individuales y colectivas", sostuvo que éstas "no siempre [están] regidas estrictamente por los procedimientos constitucionales vigentes, sino en razonamiento de orden político y económico, ocasionalmente apartados del interés del Estado mexicano".

La Constitución Política de los Estados Unidos Mexicanos, en parte alguna da lugar en forma explícita a la existencia de las fuerzas armadas mexicanas, lo que no determina la inconstitucionalidad de su existencia, ya que se refiere a éstas en 58 diferentes disposiciones, dispersas en 27 artículos de los diferentes títulos y capítulos que la componen; esto orienta a pensar si por sus peculiaridades orgánicas y operacionales, en la reforma del Estado debe contemplarse el beneficio de la claridad de su interpretación [esto es] la integración de todas las disposiciones relativas a las fuerzas armadas en un solo título o capítulo.

En sus conclusiones sugiere para las fuerzas armadas la necesidad de "definir claramente responsabilidades políticas ineludibles, para que se eviten excesos en su empleo operativo y se conserve por parte del pueblo su imagen de orden, abnegación, servicio y confianza".

Un año más tarde, el general de brigada, médico cirujano (retirado) Raúl Fuentes Aguilar,[38] diría que

en la actualidad se han generado nuevas realidades. La sociedad compleja, alerta y participativa; la ciudadanía plural, informada y exigente; la diversidad de situaciones geográficas y sociales; el potencial de las regiones y las ciudades; la persistencia de rezagos y desigualdades, son realidades que inspiran demandas de legalidad, participación y reconocimiento de la pluralidad. Sería ingenuo pretender que una institución como las fuerzas armadas se mantenga ignorante de esta realidad, exigiéndole ser un ente indiferente, ciego, sordo y mudo ante la dinámica que se da en el país.

En este mismo contexto, el general de división Alfonso Corona del Rosal, en su libro *Moral militar y civismo,*[39] sostenía que

es un peligro para toda la nación que su ejército se convirtiera en árbitro supremo, cuando su misión es garantizar la vida del Estado y el logro de sus fines. El ejército debe realizar su misión a las órdenes de su gobierno y no por encima de él. La labor institucional del ejército se desarrolla movida por el gobierno nacional y jamás debe ser contraria a el. Las armas se le dan al militar con ese único fin: las ideas personales que tenga no deben influir en el cumplimiento de sus deberes. Cuando un militar no se sienta identificado con su gobierno está en la obligación legal y moral de separarse del ejército; pero jamás debe cometer una traición, que puede ser cara para su patria.

El ejército y el "nuevo trato". Ascensos en cascada. Luis Echeverría Álvarez. José Ló-
pez Portillo. "Tercer vínculo." William Perry. Enrique Cervantes Aguirre. Ernesto Ze-
dillo Ponce de León. "Halcones" enojados. Los principios de Williamsburg. Conferen-
cia de Ministros de Defensa de las Américas. Defensa-defensa. El informe Green. "La
Iniciativa de Adiestramiento en México." Maniobra distractiva. Comando Militar
Norte. "Un humilde soldado verde olivo"

Superadas las últimas rebeliones encabezadas por jefes militares,
retirado por decreto de las lides políticas y contagiado por la corrupción de los civiles, el ejército pareció conformarse con el "nuevo
trato" que se estableció con los gobiernes civiles. Su incipiente modernización y su cada vez menos requerida presencia dentro del naciente
sistema político nacional, mantuvieron a los soldados en sus cuarteles y, a los jefes, marginados de las grandes decisiones.

Al mismo tiempo, los gobiernos civiles manejaron los ascensos
y promociones para asegurar la sumisión de los militares, maniobra
que tiene sus orígenes en la época del presidente Porfirio Díaz. Lo
mismo haría Victoriano Huerta con la mayoría de las gubernaturas
estatales que fueron ocupadas por militares amigos suyos. Y así como
Díaz promovió al grado de general a muchos de sus colaboradores
cuando surgió el Plan de Tuxtepec, es muy revelador el hecho de que
el mayor número de ascensos y promociones entre los jefes militares

coincidiera con nuevos conflictos y estallidos sociales: en 1958 y 1959, el paro general de ferrocarrileros que encabezó Demetrio Vallejo; en 1968, el año trágico en el gobierno de Díaz Ordaz; en 1971, la aparición de los Halcones y el surgimiento de movimientos guerrilleros; en 1978, los graves conflictos agrarios en Sonora y Sinaloa. Sin embargo, nada de esto ocurrió en 1994 —cuando surgió en Chiapas el Ejército Zapatista de Liberación Nacional (EZLN)— ni en los años siguientes. No obstante, el presupuesto de defensa, precisamente en 1994, registró la cifra más alta de la historia, al fijarse en poco más de 23,000 millones de pesos.

Fue Luis Echeverría quien autorizó el mayor número de ascensos en el ejército desde que entró en vigor la Ley de Ascensos y Recompensas del Ejército y Fuerza Aérea, expedida por decreto del presidente Adolfo Ruiz Cortines en 1955.[1] Echeverría ascendió a 301 coroneles al grado de general brigadier —unos 50 por año— y a 192 generales al grado inmediato superior —32 por año. Gustavo Díaz Ordaz promovió a 149 coroneles —25 por año— y 84 generales —catorce por año. José López Portillo ascendió en promedio a 33 coroneles y 19 generales por año. A partir de entonces, los ascensos disminuyeron gradualmente hasta llegar a un promedio de cuatro por año, en lo que se refiere a quienes alcanzaron el grado de general de división.[2] En esta materia sobresale el hecho de que de los 400 generales en activo en sus tres niveles: brigadier, brigada y división, 90% ascendió entre 1995 y 2000, y 70% lo hizo dando saltos en el escalafón militar.

A pesar de que las fuerzas armadas se mantenían leales a los gobiernos civiles constitucionalmente establecidos, ya sea por los procesos antes descritos o por su escasa capacidad operativa dentro del sistema político nacional, llegó un momento en que los intereses de los militares y los civiles dejaron de ser comunes. Esta separación, más que ruptura, tenía de alguna manera "candados" que no daban lugar a pensar en un golpe militar, como ocurría con frecuencia en la mayoría de los países latinoamericanos. Esos candados eran, precisamente, el rechazo absoluto por parte de los militares mexicanos a ser comparados con sus colegas del cono sur, mismo que se puede advertir hasta en el estilo de los uniformes.

> Aun teniendo elementos en común con otras fuerzas armadas del mundo, el ejército mexicano tiene componentes muy específicos y propios, que le dan una expresión sui generis que no comparte con sus homólogos allende nuestras fronteras. Un orgullo por su origen popular así como continuidad ideológica de sus misiones que facilitan el apego a la vida institucional del país y atención permanente con la paz social y soberanía de México, definen las características de esta Institución que, al igual que la fuerza aérea mexicana, suma esfuerzos en su respectiva área de responsabilidad para el bien común de los mexicanos. Estamos conscientes de la necesidad apremiante de que los mexicanos conozcan a sus fuerzas armadas y empiecen a borrar de su mentalidad conocimientos e informaciones deformadas y de corte utilitarista que confunden su visión y concepto del ejército y fuerza aérea mexicana e impiden identificar un logro de la Revolución que a todos corresponde mantener vigente por su alto significado para el país.[3]

Ésa era la visión del alto mando militar.

Pero en lo que México no pudo distinguirse de los demás países de América Latina, fue precisamente en la mala relación entre civiles y militares que ha caracterizado a los gobiernos de la región. Si, como lo menciona Samuel P. Huntington en *El soldado y el Estado. Teoría y políticas de las relaciones cívico-militares*, esta situación implica "un alto grado de profesionalismo militar y reconocimiento por parte de los oficiales militares respecto de los límites de su capacidad profesional", podría aceptarse que el ejército mexicano, en este punto de quiebre de intereses, se convencía de que su papel debía constreñirse al ámbito de sus cuarteles.

Así se explica también que el ejército mexicano jamás haya participado activa y directamente en las distintas conferencias de Ministros de Defensa de las Américas, hasta que en noviembre de 2002 asistió de manera oficial el secretario de la Defensa Nacional, general Gerardo Clemente Ricardo Vega García.[4]

Fue en 1995, cuando por primera vez llegó a México, en visita oficial, un secretario de Defensa estadunidense. Se trataba de William Perry, un civil que comandaba el ejército más poderoso del mundo. La visita fue en correspondencia a la que en junio de ese mismo año realizó el entonces secretario de la Defensa Nacional, general Enrique Cervantes Aguirre, y que habría de repetir en abril de 1996.

En su último día de visita, Perry asistió a un vistoso aunque breve desfile militar en el Campo Militar número 1, y al terminar la parada dijo en su discurso que Estados Unidos buscaba establecer un "tercer vínculo" con México —se refería, sin duda, a las relaciones entre los dos ejércitos—, toda vez que "ya se tienen dos fuertes bases en nuestros lazos políticos y económicos". Ese "tercer vínculo" era la seguridad nacional entre ambos países, comprometida, según Perry, por el creciente narcotráfico. Para ello, aseguró, ya se trabajaba en cinco áreas de cooperación: modernización de equipo militar, de equipo para la lucha contra el tráfico de drogas y de dispositivos para vigilar los espacios aéreo y naval, además de intercambios en instrucción de cuadros y programas de auxilio a la población civil. Más político que militar, William Perry vislumbraba un futuro en el que "nuevas generaciones de militares estadunidenses y mexicanos compartan sus experiencias, entrenamientos y objetivos", en principio, en la lucha contra el narcotráfico.

Para el Pentágono siempre ha resultado incomprensible que el ejército mexicano no participe en forma más activa en sus planes interamericanos, o en fuerzas multinacionales que surgieron a la sombra del Comando Sur del ejército estadunidense con sede original en Panamá y actualmente en Miami, Florida.

Cervantes Aguirre habría de contestarle a William Perry que

para nadie es desconocido que las relaciones entre vecinos deben ser mantenidas con singular prudencia, meticulosidad y buena fe. Pero cuando estos vínculos atañen a las cuestiones de seguridad y defensa, nos exigen un más elevado rango de responsabilidad, eficiencia y cautela, preservando siempre los objetivos fundamentales y los intereses nacionales. Deben, desde luego, desplegarse con absoluta transparencia en sus objetivos, espíritu y contenido, sin desatender el respeto pleno a las soberanías, marcos constitucionales e incluso a los estilos y sensibilidades de nuestras sociedades.

Perry habría de insistir. Al salir de una entrevista con el presidente Ernesto Zedillo, declaró a la prensa que su país estaba dispuesto a "ayudar" a establecer su soberanía aérea y marítima. Y más aún: durante una reunión privada que sostuvo con los miembros de la comisión de Defensa de la cámara de diputados, Perry propuso la intervención del ejército estadunidense en la lucha contra el narcotráfico en México. El diputado y general Luis Garfias Magaña hizo saber que la propuesta fue rechazada rotundamente por los legisladores.

Estas posiciones por parte de México no fueron impedimento para que continuaran los programas de intercambio entre ambos ejércitos. En abril de 1996, no faltó quien se escandalizara por el hecho de que quince oficiales del ejército mexicano iniciaran un curso de entrenamiento de tres meses en materia de lucha contra el narcotráfico en Fort Benning, Georgia, Estados Unidos.

Tras la nueva tormenta, el general retirado Barry McCaffrey, para entonces el famoso zar antidrogas, quiso suavizar las cosas diciendo que el apoyo de Estados Unidos hacia México, en el combate al narcotráfico, se daría durante los próximos 25 años, para que "México no fuera gobernado por los hijos de los narcotraficantes, sino por los hijos de hombres honestos como [Ernesto] Zedillo, [Antonio] Lozano Gracia y el general [Enrique] Cervantes".

La posición de Cervantes Aguirre, sin duda el secretario de la Defensa Nacional con el historial más controvertido y nebuloso, fue recompensada a unos días de dejar el mando. Sería el general Eric K. Shinseki, a la sazón jefe del Estado Mayor del ejército estadunidense, quien en viaje expreso y en ceremonia especial en el cuartel del I

Cuerpo de Ejército en el Campo Militar número 1, le impusiera la condecoración Legión al Mérito en grado de comandante. Este reconocimiento había suscitado un fuerte debate en la cámara de diputados, pero finalmente aprobó, por mayoría, la recepción del mismo por parte del general Cervantes, a pesar de que el Partido de la Revolución Democrática (PRD) no aceptaba que un militar mexicano recibiera una condecoración de un ejército extranjero.

Entre militares, el lenguaje fue diferente. Cervantes Aguirre se hizo merecedor a tan alta distinción por su "desempeño meritorio del deber", por su "distinguida conducta excepcionalmente meritoria en el cumplimiento de sus deberes como secretario de la Defensa Nacional", por sus "espectaculares resultados en la lucha contra las drogas, destruyendo 90 mil toneladas de narcóticos destinados a Estados Unidos" y porque "contribuyó en forma importante a mantener la estabilidad regional por medio de los soldados destacados en Chiapas, ayudando a contener la insurgencia zapatista mientras el gobierno trabajaba en la solución pacífica".

"Halcones" enojados

Para enojo y extrañeza de Washington y los "Halcones" del Pentágono, las fuerzas armadas mexicanas siempre se han negado a tener otro tipo de relaciones con el ejército más poderoso del mundo que no sean aquéllas relacionadas con el intercambio de estudiantes e instructores. Históricamente ha existido una buena carga de suspicacia en el alto mando militar para establecer lazos más estrechos, so pena de exponer la soberanía nacional. Incluso, algunos jefes militares llegaron a expresar su desacuerdo con la firma del Tratado de Libre Comercio de América del Norte (TLCAN), esgrimiendo el riesgo en que este acuerdo podría poner la soberanía de la nación.

Al estallar la segunda guerra mundial, ambos ejércitos formaron la Comisión Conjunta de Defensa México-Estados Unidos, y mientras duró el conflicto y en los años de la posguerra, la comisión trabajó eficazmente. A partir de la década de los sesenta los militares mexicanos iniciaron una retirada estratégica. En febrero de 1992, el entonces jefe del Estado Mayor Conjunto del ejército de Estados Unidos, general Collin Powell (secretario de Estado en el gobierno de George W. Bush), presidió en Washington el L aniversario de la creación de dicha comisión. En esa época, el gobierno de México dejó correr el rumor de que en fecha posterior sería sede de la próxima sesión de la comisión, creando la expectativa de que estaba dispuesto a revitalizarla. Sin embargo, esa supuesta sesión en México nunca se llevó a cabo.

En 1951, nuestro país rechazó una invitación para negociar un pacto de asistencia militar, el cual hubiera significado una importante ayuda por parte de Estados Unidos, en equipo y adiestramiento. Entre 1950 y 1978, México apenas ocupó el lugar número 15 entre los países latinoamericanos que reciben este tipo de ayuda. Desde 1968 México tampoco tuvo mayor presencia dentro del Programa de Ventas Militares al Extranjero y en 1978 se colocó entre los pocos países en los que no operaba el Grupo Consejero de Asistencia Militar. No obstante, en el presupuesto federal de 1998, que el presidente William Clinton presentó al congreso de su país, se preveía destinar 50 millones de dólares para programas de educación y capacitación militar a 130 países, entre ellos 26 de América Latina y el Caribe. De esa cifra, a México le correspondía sólo un millón de dólares. Es importante resaltar que en 1994, año en que surgió en Chiapas el EZLN, México, sin recibir beneficio alguno de los programas de asistencia militar de Estados Unidos, destinó la cifra récord de 53'755,000 dólares a la compra de armas y equipo para sus fuerzas armadas.[5] Sólo en vehículos, el ejército adquirió más de 3,000 transportes Hummer, iguales a aquellos con los que se ganó la guerra del Golfo.

Lo mismo ocurría con la Junta Interamericana de Defensa, aún en funciones, a la cual asistían altos jefes militares, aunque en calidad de observadores o como "invitados de piedra", según expresó alguno de ellos.

Sin embargo, la "preocupación" de Washington se volvió recurrente, sobre todo cuando se trataba de la situación política, económica y social de México. Catedráticos militares del Instituto de Estudios Estratégicos del Colegio de Guerra, como los coroneles Michael Dziedzic y Donald E. Schultz, publicaron en 1995 varios trabajos en los que planteaban escenarios catastrofistas para el futuro inmediato de México, tomando como común denominador la seguridad nacional de Estados Unidos y el impacto que sobre ella pudiera tener la realidad mexicana.

Dziedzic advertía que un estado de crisis e ingobernabilidad en México afectaría la capacidad de reacción estratégica estadunidense. Sostenía que en el caso de que México se tornara ingobernable ante una crisis económica y financiera, el gobierno de Washington no podría negarse a que el ejército sellara la frontera entre ambos países. Eso requeriría de varias divisiones de las fuerzas armadas, lo que impediría cumplir con el principio básico de su estrategia de defensa nacional, que consiste en mantener siempre la capacidad de respuesta en dos frentes a la vez. "Washington", decía el coronel Dziedzic, "debe poner el acento en asuntos de interés para la seguridad mutua, traducida en ayuda de armas, apoyo a acciones de procuración de justicia y combate al crimen organizado, entre otras".

Por su parte, el coronel Schultz consideraba que la ingobernabilidad, la pérdida del control ejecutivo y el ascenso de un régimen hostil a Washington son algunas de las posibilidades que pueden llevar al "descalabro total" del sistema político mexicano. Se pronunciaba por reconceptualizar el término de *seguridad nacional* en lo que concierne a México, "de tal manera que se reconozca de modo activo la repercusión de la realidad de ese país en Estados Unidos".

La visión de los militares estadunidenses choca drásticamente con la de los civiles, a quienes Schultz califica de *ciegos* y los fustiga por concebir la tranquilidad social en México como un "hecho garantizado". Estados Unidos, agrega, puede con sus acciones o inacciones desestabilizar aún más la situación. De ser necesarios más préstamos y resultar imposible concederlos, "México caería en una crisis socioeconómica peor, lo cual estremecería los cimientos del sistema político".

Esta misma visión tremendista adquirió calidad de síndrome. Diez años antes de los trabajos de Dziedzic y Schultz, el periodista Sol Sanders, quien durante muchos años trabajara en México como corresponsal de las revistas *Business Week* y *U.S. and World Report* y como editor para América Latina de la agencia de noticias United Press International (UPI), sacó a la luz un "profético" libro titulado *México, caos a la vista*, en el que calificaba de "volátil" la situación en México dado el "tráfico de drogas, corrupción gubernamental, la inestabilidad política, la explosión demográfica, el desempleo sin esperanza, la pobreza abyecta y una deuda exterior impagable".

Lamentablemente para México y los mexicanos, esa situación ha cambiado muy poco o casi nada, y en varios de los rubros citados todo se ha agravado, lo cual ha contribuido a dar mayor peso a las pesadillas proféticas plasmadas por Sanders. Para el periodista, la amenaza a la estabilidad de Estados Unidos no estriba en una continua inmigración mexicana, "que proporcionaría a ese país una reserva y un almacén de nuevos trabajadores, que enriquecen nuestra diversidad cultural y nos abastecen del tipo de inmigrantes cuyas características han sido una de las principales razones del crecimiento de la sociedad estadunidense y el progreso desde que se fundó la república". Sin embargo, conviene en que "no es exageración especular que literalmente millones de mexicanos podrían huir de su país si otra vez tuviera lugar un rompimiento social. Tampoco es clara cuál sería la respuesta estadunidense a una catástrofe, para lo que no se ha hecho ningún preparativo en Austin, Sacramento o Washington". Y por ello se pregunta:

¿Qué ocurriría si se presentara en México un nuevo periodo de inestabilidad? ¿Despertaría Washington una mañana, después de los primeros disparos en un nuevo levantamiento en México, para encontrar literalmente millones de refugiados escabulléndose a través de la pobremente defendida frontera suriana de Estados Unidos? Ésa es la pesadilla que los estadunidenses deben considerar.

Y, de hecho, la consideraron hace tiempo. No existe en el mundo una frontera más militarizada entre dos países que se dicen amigos y socios comerciales a grandes niveles, que la que divide a México y Estados Unidos. Después de los actos terroristas sobre el World Trade Center y el edificio del Pentágono, la vigilancia militar de la frontera aumentó con elementos de la Guardia Nacional y marines. Del lado mexicano, en los seis estados fronterizos del norte están destacados por lo menos 16,000 soldados en seis zonas militares.

Los principios de Williamsburg

En octubre de 1995, se llevó a cabo la Primera Conferencia de Ministros de Defensa de las Américas en Williamsburg, Virginia, "donde Jefferson, Washington y Madison forjaran el marco de la primera democracia del hemisferio hace más de dos siglos".

Tras la reunión, William Perry publicó un amplio ensayo en la revista *Joint Force Quarterly*,[6] el cual sostenía que

> el estrechar los vínculos entre las instituciones castrenses, comprometiéndose a apoyar los procesos democráticos, servirá de apoyo a la democracia, la estabilidad y las reformas económicas. Más específicamente, los vínculos militares y de defensa ayudarán a enfrentar las amenazas a la paz y a la estabilidad, a promover la cooperación hemisférica y a estimular a las instituciones militares que tanto sirven, como son benéficas para las democracias.

Los participantes de la reunión adoptaron seis puntos torales que se conocen desde entonces como los "Principios de Williamsburg":

> la preservación de la democracia como base de la seguridad mutua; el papel crucial de las fuerzas armadas en el apoyo y la defensa de los Estados democráticos y soberanos; el respeto de los militares a la autoridad democrática, la constitución na-

104

cional y los derechos humanos; la mayor apertura en el debate sobre los programas, políticas y presupuestos de defensa; la resolución de las disputas a través de acuerdos negociados y no de acciones militares, y la mayor cooperación en operaciones de paz y en la lucha contra los narcoterroristas.

México estuvo representado en esa reunión por su embajador en Washington, Jesús Silva Herzog.

Un año después, en la segunda reunión celebrada en Bariloche, Argentina, los representantes mexicanos, civiles, ratificaron el "Compromiso de Santiago" con la democracia y la renovación del sistema interamericano. La delegación mexicana estuvo encabezada por Sergio González Gálvez, subsecretario de Asuntos Multilaterales de la Secretaría de Relaciones Exteriores, aunque también participaron los generales Egberto Parra Arias, agregado militar en Chile, y Jorge Alberto Cárdenas Cantón, representante de México ante la Junta Interamericana de Defensa.

En Cartagena, Colombia, donde se celebró la Tercera Conferencia de Ministros de Defensa de las Américas (1998), los civiles ratificaron "la urgencia de profundizar la cooperación interamericana para el mantenimiento de la paz y el fortalecimiento de la seguridad hemisférica". En esa ocasión, el embajador de México en Colombia, Claude Heller, sostuvo que

el Tratado Interamericano de Asistencia Recíproca (TIAR), el único que contiene una definición de seguridad continental, ha perdido sentido y es un instrumento obsoleto en las actuales circunstancias. Por lo menos desde el punto de vista formal, la seguridad hemisférica aún es un esquema de seguridad colectiva que probó su ineficacia y que ahora resulta, a todas luces, anacrónico. No podremos aplazar por mucho tiempo una decisión en torno a la vigencia de dicho instrumento jurídico, así como tampoco la revisión del papel de otras entidades como la Junta Interamericana de Defensa.

La sentencia del embajador Heller fue adoptada por el presidente Vicente Fox, quien en una de sus primeras visitas a Estados Unidos, antes de los ataques terroristas del 11 de septiembre de 2001, en efecto anunció la intención mexicana de retirarse del TIAR, misma que al concretarse oficialmente en septiembre de 2002, provocó una reacción airada del entonces embajador estadunidense en México Jeffrey Davidow. El TIAR se creó en 1947 para regir la cooperación hemisférica en materia de seguridad.

En su última entrevista de prensa,[7] antes de dejar la misión diplomática, Davidow criticó duramente esta decisión arguyendo el hecho de que "está demostrado que hay diversas fuerzas externas que amenazan la seguridad del hemisferio. Lo del TIAR es una decisión anunciada por México y no estamos de acuerdo con ella".

Los ataques terroristas del 11 de septiembre dieron al traste con el pretendido acuerdo migratorio México-Estados Unidos y el retiro mexicano del TIAR fue la puntilla para que el tema dejara de estar en las prioridades de la agenda de George W. Bush. Y así lo confirmó Davidow en esa entrevista: "Es un error pensar que mientras existan tantas diferencias en los ingresos entre los dos países se puedan ver fronteras abiertas".

El 19 de noviembre de 2002, al intervenir en la sesión inaugural de la Quinta Conferencia de Ministros de Defensa de las Américas, el secretario de Defensa de Estados Unidos, Donald Rumsfeld lanzó a México una carambola de tres bandas:

> Nuestras naciones están unidas no sólo por la geografía, sino por valores comunes. Por eso, cuando la libertad fue atacada el 11 de septiembre, se agradeció profundamente que las naciones del hemisferio invocaran inmediatamente el Tratado de Río (TIAR). El pueblo de mi país se siente profundamente agradecido por su amistad y su firmeza. Más de 30 de las 35 naciones del hemisferio perdieron ciudadanos en los ataques contra el World Trade Center y el Pentágono. Cientos de miles de empleos se perdieron en todo el hemisferio. La lección

es clara, las amenazas del siglo XXI trascienden la geografía y no respetan fronteras.

El secretario Rumsfeld planteó a los ministros de Defensa del hemisferio dos iniciativas:

Estimular la cooperación naval regional para fortalecer las capacidades operativas y de planificación de los países socios; mejorar los sistemas nacionales de comando y control; y mejorar el intercambio de información a nivel regional. Esto podría incluir la cooperación de los países interesados, entre sus servicios de guardacostas, aduanas y fuerzas policiales. Podríamos considerar una mesa redonda como una forma para estudiar esta iniciativa.

La segunda iniciativa tiende a mejorar las capacidades del hemisferio para las actividades de mantenimiento de la paz. Muchos de ustedes ya son líderes en esta materia —están enviando fuerzas adiestradas y con experiencia, con especializaciones, a lugares del mundo donde hay serios conflictos. Deberíamos explorar la posibilidad de integrar esas diversas especialidades en una capacidad regional mayor, de manera que podamos contribuir mejor a operaciones de mantenimiento de la paz y la estabilidad, considerando que esto es claramente una necesidad en el mundo.

En Manaos, Brasil, durante la Cuarta Conferencia de Ministros de Defensa de las Américas, celebrada en el año 2000, los civiles mexicanos que participaron coincidieron en que dicha conferencia "tiene la finalidad exclusiva de promover el conocimiento recíproco y el intercambio de ideas en el campo de la defensa y la seguridad". Asimismo, la delegación mexicana participó en cuatro temas de absoluta injerencia castrense: seguridad hemisférica, medidas de confianza mutua, cooperación regional para la defensa y el desarrollo, y papel de las fuerzas armadas en la democracia.

El secretario Perry fue muy insistente:

La relación de seguridad entre México y Estados Unidos existe en diversas áreas, particularmente en la lucha contra el narcotráfico. Además, las relaciones entre militares se fortalecen en la medida en que sus líderes construyen relaciones de trabajo; los ejércitos han comenzado un diálogo entre estados mayores; tropas de paracaidistas han saltado de las respectivas aeronaves; oficiales estadunidenses enseñan inglés en institutos militares mexicanos, mientras que oficiales mexicanos enseñan español en instalaciones de Estados Unidos. Un portaviones estadunidense, el *USS Kithhawk*, recientemente [1996] recibió una cálida bienvenida al hacer una visita al puerto de Acapulco. Estas actividades bilaterales erigirán un nuevo puente entre Washington y la ciudad de México.[8]

Para el secretario de Defensa William Perry, la transparencia y el fomento a la confianza

significan mayor apertura en los planes, programas y políticas de defensa. Incluye también enviar soldados a institutos de formación militar en los respectivos países y realizar ejercicios de entrenamiento combinado para reforzar la cooperación y la confianza. La apertura es un concepto insólito cuando se aplica a la defensa porque el arte de la guerra implica el secreto y la sorpresa, mientras que el arte de la paz implica exactamente lo opuesto. La apertura en temas de defensa reduce la posibilidad de que las naciones se armen y actúen por temor a lo desconocido, fomentando la confianza entre los militares y el público en general, un ingrediente clave en cualquier democracia.

Sin embargo, el "espíritu de Williambsurg" no tenía cabida en el congreso de Estados Unidos, donde el senador republicano Jesse Helms se había convertido en el crítico más vitriólico del gobierno mexicano y de sus fuerzas armadas. El 15 de agosto de 1995 entregó a la Drug Enforcement Administration (DEA) y al Departamento de

Estado 17 preguntas para que fueran contestadas, "a más tardar el 11 de septiembre próximo"; por lo menos cuatro hacían alusión directa al ejército mexicano.

Desde su marcada posición contraria del todo a la celebración del TLCAN hasta sus señalamientos de corrupción en el ejército mexicano, Helms se había convertido en el inquisidor de las relaciones entre México y Estados Unidos. El silencio que guardaba el gobierno del doctor Zedillo sobre las injerencias de Helms, parecía obedecer a la vieja práctica de dejar que los asuntos se desgastaran por sí solos hasta desaparecer.

En este punto se volvió a hacer patente la necesidad de que el alto mando de las fuerzas armadas tuviera la autonomía necesaria para responder, ante la opinión pública nacional, a los ataques de que era objeto, lo mismo dentro que fuera del país. En el sexenio salinista, sobre todo a raíz del levantamiento armado en Chiapas, el alto mando militar juzgaba indispensable tener una política de comunicación social propia. Si bien las preguntas de Helms no están planteadas directamente a las autoridades mexicanas, las diferentes instancias gubernamentales, incluidas las fuerzas armadas, deberían al menos estar preparadas para dar su punto de vista.

Helms preguntaba al Comité de Relaciones Exteriores del senado estadunidense si se había enterado de que el gobierno mexicano entregó al Departamento de Estado, para su consideración, una propuesta para arrendar nueve helicópteros más tipo UH-1H, Huey y cinco MI-8. ¿Está de acuerdo la DEA en que la embajada de Estados Unidos en México podrá supervisar de manera adecuada cualquier asistencia proporcionada a esta nación? En mayo de 1993, un informe de la oficina de Contabilidad del congreso afirmó que "la flota de [21] helicópteros prestados por Estados Unidos nunca ha operado del todo ni ha sido usada como se intentaba". ¿Considera la DEA que el gobierno mexicano ha usado y mantenido apropiadamente los helicópteros con que cuenta en la actualidad? ¿Cuál es la evaluación de la DEA sobre los niveles de corrupción en el ejército mexicano? ¿Qué

109

medidas se están tomando para eliminar la corrupción en las fuerzas armadas? ¿La DEA respalda el préstamo de helicópteros Blackhawk a las autoridades mexicanas para apoyar los esfuerzos antidrogas?

Estas preguntas motivaron una reacción inmediata de la embajada de Estados Unidos en México, en la que expresaba su preocupación porque "son contrarias al espíritu de colaboración bilateral".

Mientras, en México, William Perry invitaba a las fuerzas armadas mexicanas a conformar el "tercer vínculo", en Washington la comisionada del Servicio de Inmigración y Naturalización (SIN), Doris Meissner, anunciaba públicamente que la política que rige el uso del ejército o de las instalaciones militares para el control de la migración ilegal en la frontera con México, "no ha cambiado ni cambiará". Es difícil, pues, crear vínculos de seguridad cuando la militarización de la frontera México-Estados Unidos es cada día más abrumadora.

Defensa-defensa

El primero de noviembre de 1999, la entonces secretaria de Relaciones Exteriores, Rosario Green, envió a la gran comisión de la cámara de senadores un informe que hacía un recuento de los últimos avances producidos en la cooperación defensa-defensa entre México y Estados Unidos, "así como de las más recientes acciones que han permitido fortalecer las capacidades del país en la lucha antinarcóticos".

Green mencionaba las visitas recíprocas de los secretarios de Defensa de ambos países, de las cuales "se derivó la creación de un grupo bilateral encargado de concretar los términos para la cooperación defensa-defensa en los rubros de equipamiento y de adiestramiento".

Dicha cooperación bilateral se desarrolló en dos etapas. Durante la primera, se ordenaron y sistematizaron los acercamientos que ya se habían realizado entre las fuerzas armadas de ambos países, y se definieron los parámetros legales y políticos que permitirían obtener para México claras ventajas comparativas en este ámbito; ello a manera de opción a los esquemas hemisféricos de defensa propuestos en otros foros. Es importante subrayar que otro de los objetivos medulares del estrechamiento de la cooperación militar con Estados Unidos fue abrir, en esta primera etapa, el espacio necesario para fortalecer las capacidades nacionales en materia de combate al narcotráfico.

Fue así como se llevó a cabo la I Reunión Bilateral sobre Cooperación Militar (San Antonio, Texas, diciembre de 1995), en la que se acordó explorar la posibilidad de negociar la adquisición y/o la transferencia de equipo militar para el combate al narcotráfico y otras actividades, además de ampliar la participación en los cursos de adiestramiento militar que ofrece el Departamento de Defensa de Estados Unidos. En este sentido, desde 1997, sesionan, en el marco de dicho mecanismo, los subgrupos de apoyo para el combate al narcotráfico, y de capacitación y adiestramiento.

A partir de los trabajos realizados en dichos grupos, "el gobierno mexicano identificó la conveniencia coyuntural de que el gobierno de Estados Unidos transfiriera a nuestro país 73 helicópteros UH-1H y cuatro aviones C-26, en apoyo a las acciones que realizan las fuerzas armadas en la lucha contra las drogas".

Poco después, al comprobarse las condiciones de dichos helicópteros, que habían sido utilizados por última vez durante la guerra de Vietnam, el gobierno mexicano devolvió la chatarra con hélices.

La segunda etapa del proceso de cooperación, según el Informe Green, contemplaba cuatro factores:

- *El incremento en las capacidades de las fuerzas armadas mexicanas derivado de la cooperación en su primera etapa.* En términos generales, se han fortalecido las capacidades nacionales de las fuerzas armadas en materia de combate al narcotráfico y se cuenta con un mayor número de elementos militares altamente capacitados. Cabe mencionar que los elementos militares adiestrados en Estados Unidos y en otros países en diversas especialidades, ahora adiestran, a su vez, a un mayor número de efectivos militares mexicanos. Por otra parte, se encuentran los *resultados positivos* derivados de la transferencia de los helicópteros, mismos que se incluyen en el informe enviado al senado el pasado 22 de junio. Dichos resultados constatan que la transferencia temporal de dichas unidades de vuelo cumplió cabalmente con el objetivo coyuntural de fortalecer las capacidades nacionales en materia de erradicación de plantíos de estupefacientes, detección de pistas clandestinas y movilización de tropas destinadas a dichas tareas. (Green no sabía entonces que los helicópteros chatarra habían sido rechazados por el alto mando militar.)

- *El éxito en las tareas de intercepción.* Por otra parte, cabe mencionar el éxito que se ha mantenido en las tareas de intercepción de drogas, el cual es verificable dada la eliminación, casi total, de los vuelos ilícitos en el espacio aéreo mexicano y en el desvío de las rutas de tráfico tradicionales, tanto aéreas como marítimas.

- *El ajuste y reforzamiento a la Estrategia General para el Control de Drogas anunciado por el gobierno mexicano el 4 de febrero de 1999.* Deben destacarse, por último, los avances en el reforzamiento de la Estrategia General para el Control de Drogas, de conformidad con lo anunciado por el ejecutivo el 4 de febrero de 1999 —a través de los secretarios de Gobernación, de la Defensa Nacional, de Marina y del procurador general de la república.

Dicho reforzamiento se ha venido concretando mediante la cobertura de grupos anfibios de fuerzas especiales en costas y aguas interiores —la instalación de modernos sistemas de detección móviles para la intercepción terrestre— y el incremento de recursos materiales de aplicación táctica para responder, con mayor eficacia, a las tareas de intercepción.

Asimismo, cabe destacar la próxima adquisición de tres plataformas de detección aérea (una primaria y dos secundarias) dotadas con radares (aerotransportados y marítimos), cámaras electro-ópticas y sistemas de intercepción de comunicaciones, las cuales permitirán una mayor cobertura del territorio nacional. Dichas plataformas habrán de ser complementadas por las aeronaves C-26 transferidas a nuestro país por el gobierno de Estados Unidos, las cuales serán equipadas con sofisticados sistemas de detección aérea y por la reciente adquisición por parte de la Secretaría de la Defensa Nacional de 72 avionetas para la localización de plantíos ilícitos y pistas clandestinas.

• *El reforzamiento de la coordinación institucional para combatir al narcotráfico.* Como se recordará, durante la comunicación enviada a dicha representación el 22 de junio pasado, se mencionó la publicación de las Bases de Coordinación para Reforzar el Control del Espacio Aéreo Mexicano. En seguimiento a dicho esfuerzo, próximamente serán publicadas en el *Diario Oficial de la Federación* las Bases de Coordinación para Regular la Navegación en las Zonas Marinas Mexicanas y Autorizar los Arribos y Estancias a Puertos Mexicanos de Buques de Estado destinados a Fines No Comerciales y de Guerra Extranjeros o con esa Función. Al igual que en el caso de las bases de coordinación relativas al espacio aéreo nacional, será con sustento en estas bases que se podrá agilizar también la cooperación bilateral referente al proceso de solicitud y autorización para la internación de embarcaciones militares extranjeras en territorio marítimo mexicano.

Así, habiéndose logrado el pleno cumplimiento de los objetivos trazados inicialmente por el gobierno de México para la cooperación bilateral en la materia, y habiéndose también logrado un claro fortalecimiento de las capacidades nacionales en la lucha contra el narcotráfico, nuestro

113

país cuenta con una sólida base institucional y material para continuar la lucha contra el tráfico de drogas, esencialmente con recursos propios.

Nunca más se volvió a hablar, oficialmente, sobre las "Bases de Coordinación para Regular la Navegación en las Zonas Marinas Mexicanas y Autorizar los Arribos y Estancias a Puertos Mexicanos de Buques de Estado destinados a Fines No Comerciales y de Guerra Extranjeros o con esa Función".

"La Iniciativa de Adiestramiento en México"

Como parte de un compromiso renovado bajo la administración del presidente William Clinton para una mayor cooperación militar entre Estados Unidos y México, el ejército estadunidense recibió órdenes para llevar a cabo la Iniciativa de Adiestramiento en México (IAM) orientada a mejorar las capacidades del ejército mexicano. La misión de adiestrar a las fuerzas armadas de México que realizan las operaciones contra el narcotráfico fue delegada al comandante del 7º Grupo de Fuerzas Especiales (FFEE, por sus siglas en inglés).

La IAM empezó su tarea en abril de 1996, en el Fuerte Bragg, Carolina del Norte. Los soldados de la Compañía B del 3er Batallón del 7º Grupo de FFEE entrenaron a los oficiales del ejército mexicano en puntería, reconocimiento, combate cercano y derechos humanos para mejorar sus capacidades en la lucha contra las drogas. Después, personal del 1º y 2º Batallones y de la Compañía de Apoyo del 7º Grupo se incorporó en la misión de la IAM. El adiestramiento también incluyó cursos para instructores de la IAM, en los cuales tomaron parte oficiales seleccionados del ejército mexicano para fortalecer los cuadros de instrucción en México. Un gran número de oficiales mexicanos fue enviado al Fuerte Bragg para beneficiarse de la IAM, desde 1996 hasta septiembre de 1998, cuando fue suspendido el programa.[9]

Si bien el ejército mexicano ha mantenido relaciones de bajo perfil con el Pentágono, el constante incremento de conflictos fronterizos —migración indocumentada, inseguridad pública y narcotráfico— ha endurecido la posición de Washington, al grado de considerar la frontera como "una amenaza real para la seguridad nacional estadunidense".

Así, aparentemente, se dieron por terminadas las relaciones defensa-defensa en cuanto a la lucha contra el narcotráfico. Ahora Washington y el Pentágono están atentos a las medidas que el gobierno de México ha establecido en la frontera en el ámbito policial y militar.

Durante la celebración del LXXV aniversario de la US Border Patrol, la famosa Patrulla Fronteriza (28 de mayo de 1999), quedó de manifiesto que la frontera es todavía el punto más crítico y peligroso en las relaciones México-Estados Unidos.

Así se esforzaron en demostrarlo las diferentes agencias estadunidenses, que contaron con la "ingenua" colaboración del entonces procurador general de la república Jorge Madrazo. La ayuda del gobierno mexicano consistió, apenas, en un aparatoso y ridículo operativo en Ciudad Juárez, Chihuahua, donde los investigadores del Federal Bureau of Investigation (FBI), la Central Intelligence Agency (CIA) y la DEA esperaban encontrar cientos de osamentas de personas ejecutadas por los cárteles mexicanos de la droga. El hallazgo fue de unos cuantos huesos humanos y caninos, no se sabe si recientes.

Durante años, la presencia militar estadunidense en la frontera ha aumentado proporcionalmente al crecimiento del narcotráfico, la migración ilegal, la violencia y el tráfico de armas, presencia que ha causado serias protestas en ambos lados de la línea.

No han sido pocos los casos en que patrullas de marines han disparado y dado muerte a inmigrantes mexicanos, nacionalizados estadunidenses, como ocurrió con Ezequiel Hernández, quien fue asesinado en mayo de 1997. Después de realizar una investigación sobre los hechos, se concluyó que la patrulla de marines había actuado de acuerdo con las leyes de prevención vigentes y la patrulla fue exonerada de todo cargo.

En el terreno de las buenas intenciones, y ante las protestas mexicanas en el sentido de que Estados Unidos consideraba a los ilegales como narcotraficantes potenciales, Washington se comprometió a respetar, de manera efectiva, los derechos humanos de los migrantes.

Pero habría de pasar poco tiempo para comprobar, una vez más, que las buenas intenciones no eran tales.

En 1997 Washington puso en marcha la Operación Río Grande, después del fracaso de los operativos Bloqueo, Guardián y Salvaguarda, ideada para funcionar de manera permanente en la detección del flujo masivo de migrantes ilegales.

Y no sólo eso. El 10 de junio de 2000, la cámara de representantes de Estados Unidos aprobó una enmienda que autoriza al Departamento de Defensa a reforzar su presencia en la frontera. Los legisladores estadunidenses justificaron dicha reforma con el argumento de que era necesario proteger a los terratenientes fronterizos de las "amenazas trasnacionales".

La enmienda, propuesta por el propio Departamento de Defensa, con el apoyo del procurador general y del secretario del Tesoro, "asigna a miembros de las fuerzas armadas, bajo ciertas circunstancias y condiciones, la tarea de apoyar al Servicio de Inmigración y Naturalización (SIN), incluyendo a la Patrulla Fronteriza y al Departamento de Aduanas, en sus labores de protección".

Asimismo, esta medida consideraba ampliar el apoyo militar más allá de la lucha contra el narcotráfico, previniendo el internamiento de terroristas e ilegales, así como otras funciones, aunque no otorgaba facultades para realizar arrestos.

Las reacciones contrarias se dejaron sentir en ambos países, aunque fueron más severas y estridentes por parte de México, que llegó a calificar la medida como "inaceptable, ofensiva y desproporcionada", amén de incompatible con las relaciones bilaterales. El rechazo mexicano se fundamentó en el hecho de que Estados Unidos, tácitamente, sostenía que nuestro país servía de trampolín a grupos guerrilleros.

Pero el gobierno mexicano no se limitó al terreno de las protestas.

El ejército mexicano tiene distribuidos a lo largo de los 3,000 kilómetros de frontera quince batallones de infantería y siete regimientos de caballería, radicados en seis regiones y zonas militares en Baja California, Sonora, Chihuahua, Coahuila, Nuevo León y Tamaulipas, lo que significa una fuerza de, por lo menos, 16,000 efectivos, además de otras agrupaciones de la policía judicial estatal y federal, aduanas, policía municipal y los grupos Beta, compuestos por elementos de diversas corporaciones.

La presencia de grupos insurgentes en Chiapas, Guerrero y Oaxaca, principalmente, obligaron a las fuerzas armadas a replantear sus esquemas de seguridad, considerando, además, que dichos grupos recibían armas y equipo a través de la frontera norte.

A ello obedecían también los planes de adiestramiento y equipamiento de sus efectivos a lo largo de la frontera. El ejército mexicano había tomado a su cargo el entrenamiento de policías judiciales federales, no sólo en el aspecto físico sino también en el de manejo de armas, contrainsurgencia y combate al narcotráfico.

Estos programas, que surgieron durante la administración de José López Portillo, se convirtieron en una "campaña sistemática", durante los gobiernos de Miguel de la Madrid y Carlos Salinas de Gortari, misma que se intensificó bajo el mandato de Ernesto Zedillo.

Sin duda, en la última década del siglo XX, la presencia militar mexicana en la frontera fue más notoria que nunca, a pesar de las críticas que se desataron en el congreso y, sobre todo, en los partidos de oposición. No hay que olvidar que la Suprema Corte de Justicia de la Nación (SCJN) determinó, en marzo de 1996, la legalidad de las acciones del ejército en este tipo de labores de seguridad nacional.

Así, en tanto el ejército enfrentaba los problemas de seguridad en la mayor parte del país, para Estados Unidos la actividad militar contra aspectos delincuenciales de todo tipo tiene mucha mayor presencia en la frontera.

117

Y más. Estados Unidos sostenía que unidades del ejército mexicano y patrullas policiacas se internaban en su territorio a través de puntos no muy definidos de la frontera, y advirtió sobre los riesgos que esto representa en cuanto a posibles enfrentamientos con la Patrulla Fronteriza y otros cuerpos policiacos de aquel país, incluyendo unidades militares que apoyan a las agencias antinarcóticos.

La posición estadunidense puede sustentarse en el hecho de que en ambos lados de la frontera han proliferado las fuerzas del orden, ya sean civiles o militares, las cuales no han alcanzado acuerdos reales de cooperación bilateral.

Sin embargo, el problema toral a solucionar en el futuro inmediato era determinar el papel de las fuerzas armadas de ambos países en cuanto a los asuntos fronterizos.

Este tema ha sido esgrimido por Washington para incrementar las reuniones entre mandos militares de las dos naciones, pues a pesar de que anteriores encuentros han resultado "útiles", en el campo de operativo el nivel de interacción ha sido "muy limitado".

En marzo de 2000, el Consejo Nacional de la Patrulla Fronteriza de Estados Unidos "denunció" que un grupo de soldados mexicanos incursionó "deliberadamente" en territorio estadunidense, persiguiendo a policías fronterizos, y estuvieron a punto de ejecutar a dos de ellos.

Joseph Dassaro, vicepresidente de dicho consejo —equivalente al sindicato de la Patrulla Fronteriza—, sostuvo que "los soldados mexicanos estaban muy adentro del territorio estadunidense, a un kilómetro y medio, y persiguieron y les dispararon a los agentes".

El incidente ocurrió en la comunidad de Santa Teresa, Nuevo México, a 32 kilómetros de El Paso, Texas. Santa Teresa es uno de los puertos de entrada al suroeste de la frontera, cuya infraestructura ha mejorado sustancialmente en cuanto a equipo y vigilancia.

De acuerdo con un informe gubernamental estadunidense fechado el 3 de octubre de 1997, los puertos de Los Tomates (Brownsville, Texas); Eagle Pass, Texas; Tecate, California; Santa Teresa, Nuevo

México, y Nogales, Arizona, fueron equipados con barreras para perforar llantas de automóviles, bardas de concreto, cercas y otros obstáculos para detener posibles incursiones.

Por eso este "Columbus 2000" llamó a sospecha, toda vez que es raro el punto de la frontera que no esté perfectamente vigilado, por lo menos del lado norte. Extraña también que la Patrulla Fronteriza se considere víctima y alegue que los soldados mexicanos no sólo invadieron territorio estadunidense, sino que persiguieron a sus elementos a balazo limpio, cuando hay múltiples antecedentes de que la famosa Border Patrol actúa, precisamente, a lo Pancho Villa: dispara y luego averigua.

La Secretaría de la Defensa Nacional guardó silencio ante este acontecimiento, a pesar de que la propia Patrulla Fronteriza aseguró haber detenido a los soldados mexicanos a los que fichó como inmigrantes ilegales.

Y es que las fuerzas armadas estadunidenses están alarmadas ante el incremento del narcotráfico, por más que el zar antidrogas de la época, Barry McCaffrey había declarado que el consumo de drogas ilegales en aquel país tuvo una "disminución espectacular de 50%".

Sin embargo, diversas agencias de Estados Unidos informaron que sus ciudadanos gastaban al año 49,000 millones de dólares en drogas ilegales, mientras que los diversos niveles de gobierno destinaban 30,000 millones de dólares para impulsar programas orientados a disminuir la oferta y la demanda; asimismo, 25,000 drogadictos fallecen anualmente, y en los últimos diez años han muerto más estadunidenses por abusar del consumo de drogas que los caídos en las guerras de Corea y Vietnam juntas.

El analista Robin C. Bedingfield ya advertía en tesis de maestría de la Escuela Naval de Posgrado[10] que durante los próximos 20 años el PRI podría perder su posición hegemónica ante la creciente oposición política y una severa presión sobre la lealtad tradicional mostrada por el ejército a la Constitución y al propio PRI, durante los últimos 70 años. Los militares, asegura Bedingfield, se verán presiona-

119

dos para adoptar un papel político más dinámico ante el debilitamiento del partido en el poder. Sin embargo, la tesis concluye que los militares mexicanos resistirán la tentación de repolitizarse.

Desde luego, el caso de las fuerzas armadas de México es único en América Latina, debido a su alto profesionalismo y su todavía manifiesta posición apolítica. No obstante, al poderoso vecino del norte no le conviene que el ejército mexicano llegue a reclamar una posición política más activa o se convierta en un contrincante de peso para el aparato político civil.

Existe un proyecto estadunidense, basado en la estrategia de seguridad a seguir en América Latina en los próximos cinco años, que contempla la formación de un "Ministerio de Defensa Interamericano" como parte de una serie de objetivos específicos de seguridad relacionados con las negociaciones del Free Trade Area of the Americas (Área de Libre Comercio Interamericana) programado para el año 2005.

La participación en este Ministerio es voluntaria, aunque la labor que desarrollaron el propio secretario de Defensa, William Cohen, y el jefe de Estado Mayor Conjunto, Shelton, revelan que la campaña de "persuasión" estaba en marcha.

Entendida la postura del ejército mexicano, que incluía su oposición sistemática a la iniciativa de la integración de una fuerza militar interamericana, Estados Unidos contempla una, cada día más, ríspida relación cívico-militar en el resto de los países latinoamericanos, lo cual, desde su óptica, dificultaría la formulación de políticas estratégicas que pudieran serles útiles a los futuros gobiernos estadunidenses.

La mayoría de los civiles latinoamericanos que llegaron al poder en los noventa experimentaron dificultades con los líderes militares. Es claro que en Sudamérica, aun bajo gobiernos democráticos consolidados, las relaciones entre civiles y militares están caracterizadas por un alto grado de autonomía para los segundos, principalmente en lo referente a presupuestos, adquisiciones y reclutamiento.

En este contexto, las autoridades civiles —incluidas las de México— parecen haberse desentendido de la formulación de políticas sobre seguridad, dejándole la tarea a las fuerzas armadas.

Maniobra distractiva

El cambio que anunciaba la asunción de Vicente Fox al poder también tomó carta de naturalización en el alto mando militar, representado por el general Gerardo Clemente Ricardo Vega García, un militar academicista y autor de un muy completo tratado sobre seguridad nacional, quien desde el principio de su gestión sostuvo que los asuntos militares deben ser atendidos por militares. "Los ejércitos se han quedado marginados. Los militares deben estar enterados de lo que pasa en el mundo", dijo al autor de este libro el general Vega en una de las varias pláticas privadas que sostuvimos. Pero de esto a la creación de ese "tercer vínculo" hay todavía un abismo de diferencia.

Sorpresivamente, a 24 horas de que el general Vega García regresó de su primera visita a Washington (abril de 2002), se anunció la creación del Comando Militar Norte del ejército de Estados Unidos. El embajador estadunidense en México, Jeffrey Davidow, publicó más tarde un artículo en el diario *El Universal* en el que aseguraba que su país no buscaba subordinación de las fuerzas armadas de México. Davidow le entraba sin anestesia al conflicto entre los poderes legislativo y ejecutivo, generado por la reciente negativa del senado a la solicitud de Vicente Fox para visitar, precisamente, Estados Unidos y Canadá.

Al referirse en su artículo a la "preocupación" de varios legisladores —entre ellos los de extracción militar— sobre la participación de México en el Comando Militar Norte y ante la posibilidad de que sus fuerzas armadas quedaran bajo el mando de un gobierno extranjero, Davidow explicó: "Obviamente, el gobierno de Estados Unidos no tiene la intención de que esto suceda. Tampoco se trata de algo que siquiera se contemple, sea deseable o incluso posible". Y se lan-

121

zó sobre los legisladores: "Cualquier afirmación en sentido contrario no está basada en la realidad sino [...] en la falta de información o en una interpretación equivocada".

El embajador Davidow hizo un recuento de los nueve comandos, poniendo especial énfasis en aclarar que estos cuerpos son una decisión exclusiva de la organización interna de las fuerzas armadas estadunidenses, "y que responde a las nuevas circunstancias creadas por los ataques terroristas del 11 de septiembre [2001], al igual que a la necesidad de restructurar nuestra organización militar".

Pero más delante, y para evitar interpretaciones equivocadas, se pregunta:

> ¿Qué significa respecto de México el establecimiento del Comando Militar Norte? En primer lugar, no significa que las fuerzas militares mexicanas vayan a estar supeditadas a un comando militar estadunidense. Por otra parte, lo que sí hará es que los muchos contactos entre los militares de Estados Unidos y de México —por ejemplo, la venta de equipo y el intercambio de personal en programas de capacitación— van a ser manejados por este comando como la única entidad de enlace, a diferencia de lo que sucede actualmente cuando tales contactos y acciones son manejados por un gran número de oficinas militares en Estados Unidos.

Esta medida, entre otras instancias, eliminaría el Programa de Entrenamiento y Educación Militar Internacional (IMET, por sus siglas en inglés), del cual, al menos entre 1996 y 1997, México recibió más beneficios que ningún otro país. En este último año obtuvo también asistencia y recursos para la lucha contra el narcotráfico en número mayor a cualquier otra nación americana.

Y como se trata, según Davidow, tan sólo de un cambio en la organización militar interna de Estados Unidos, la creación del Comando Militar Norte "no implica ningún acuerdo u obligación de parte de ninguno de los dos gobiernos".

Utilizando el modo personal, contrario a la tradicional tercera persona que se estila en el discurso estadunidense, Davidow vuelve sobre los legisladores, o más exactamente sobre los militares mexicanos que de alguna manera han expresado su opinión contraria a este proyecto, al sentenciar:

> Cualquier aseveración en el sentido de que esta nueva estructura representa una amenaza a la soberanía o independencia de México no está basada en un análisis objetivo de los hechos. Desde mi perspectiva, tal afirmación conllevaría una falta de respeto a los militares mexicanos quienes toman completamente en serio su obligación de proteger la soberanía de México.

De ahí la importancia de la visita del general Vega García a Estados Unidos, donde se entrevistó con el secretario de Defensa Donald Rumsfeld, el general Richard Myers, jefe del Estado Mayor Conjunto de las fuerzas armadas, y los secretarios del Ejército y la Fuerza Aérea, Thomas E. White y James Roche, respectivamente.

Éste es otro México, ha dicho el general Vega García y a pesar de las seguridades que brinda el embajador Davidow, Washington seguirá intentando establecer ese "tercer vínculo", aunque siempre se podrá decir "no" a esa fuerza "arrolladora" que tiene Estados Unidos.

Meses antes de celebrarse la Quinta Conferencia de Ministros de Defensa de las Américas en Santiago de Chile, cuatro capitanes de la armada de México participaron en los ejercicios bélicos denominados UNITAS 42, en aguas colombianas, considerados como la operación naval más grande realizada en el hemiferio, puesto que obedecía a una estrategia continental para impedir que el oceano Pacífico siguiera siendo la principal ruta de tráfico de drogas de los cárteles sudamericanos.

La participación de los marinos mexicanos fue muy criticada incluso en el congreso, donde se dijo que el poder legislativo no fue

123

informado cabalmente de dicho operativo y que, en todo caso, debió haber autorizado. El envío de cuatro capitanes de la armada resultó, sin duda, una maniobra del alto mando militar comparable con aquello que aconteció con el Escuadrón 201 durante la segunda guerra mundial. La participación de los cuatro marinos obedeció al clásico *taparle el ojo al macho*, para evitar que contingentes de las fuerzas armadas mexicanas intervinieran en otros ejercicios bélicos internacionales o en misiones de paz. Cuando el gobierno de Estados Unidos anunció la creación del Comando Militar Norte, donde incluía a México, se entendió la maniobra.

Si en algo han coincidido siempre los civiles y militares mexicanos es, precisamente, en la conveniencia de mantenerse a distancia del poderío militar de Estados Unidos. Así quedó demostrado en agosto de 1997, cuando en la Reunión Cumbre del Grupo de Río, celebrada en Asunción, Paraguay, México presentó un documento en el que sostenía que en el ámbito militar

> la confianza sólo puede fortalecerse en la medida en que la conducta de los Estados refleje su voluntad política de cooperar en el cumplimiento de todos los tratados en vigor y las resoluciones adoptadas por los organismos internacionales a los que pertenecen los Estados interesados, al examinar asuntos que amenazan o pueden poner en peligro la paz y la seguridad internacionales.

México propuso entonces agregar diez medidas, de las cuales destacan dos por su referencia directa a la recurrente intentona estadunidense de comprometer a los ejércitos latinoamericanos. Una llamaba a evitar la creación de fuerzas multinacionales en la región, para cualquier propósito que se les quisiera dar, que no fueran claramente compatibles con los tratados en vigor para los Estados del Grupo de Río, incluyendo la Carta de la Organización de Naciones Unidas y la Carta de la Organización de Estados Americanos, en el entendido de que para México no hay ningún instrumento internacional que le obligue a formar parte de una fuerza armada de ese tipo. La otra, llamaba a rechazar cualquier intento de militarizar organismos regionales en vigor, o de dar a la Junta Interamericana de Defensa facultades operativas que no tiene actualmente conforme a su estatuto original.

La posición de los gobiernos mexicanos se había mantenido firme en ese terreno, aunque Estados Unidos no quitaba el dedo del renglón. En abril de 1997, durante el Simposio de Estrategias sobre el Hemisferio Occidental que organizó en Miami, Florida, el Comando Militar Sur del ejército de Estados Unidos y la Universidad Nacional de los Estados Unidos (con sede en Washington, D.C.), el embajador ante la Organización de Estados Americanos (OEA) Bill Ricardos y el secretario de Defensa, William Cohen, coincidieron en señalar que la cooperación militar "es necesaria para fortalecer las nuevas democracias del hemisferio americano y asegurar el éxito de los acuerdos de libre comercio" y, al mismo tiempo, sostuvieron que el afianzamiento de las relaciones entre los ejércitos de la región "debe efectuarse en el marco de un compromiso de respeto por los derechos humanos".

Ricardos se preguntaría en aquella ocasión: "¿Por qué no podemos contar con el tipo de cooperación militar que es tan importante para asegurar que los mercados libres sean posibles?". Sergio González Gálvez, entonces subsecretario mexicano para asuntos multilaterales, quien asistió al simposio con representación oficial, declaró públicamente que si bien había asuntos importantes que abordar, "no estoy convencido de que sea necesario un arreglo militar para tratarlos. Vinimos aquí para atender y escuchar propuestas".

El futuro de las relaciones militares México-Estados Unidos parecía asegurar un trato recíprocamente cordial, aunque guardando siempre una "sana distancia". Conforme avanza el tiempo, las fuerzas armadas mexicanas adquieren un papel de mayor representatividad dentro del nuevo sistema político nacional que impulsa Vicente Fox. No sólo prevalece la desconfianza histórica entre ambos países, lo que bastaría para mantener esa sana distancia, sino que el ejército mexicano se conduce con celo dentro de sus más preclaras tradiciones y sabe que representa el último bastión que no ha logrado tomar el poderoso vecino del norte.

Para el soldado profesional hay situaciones difíciles de digerir, pero que se hallan inscritas en la historia militar y en sus tradiciones. El 2 de octubre de 2000, cuando Vicente Fox ya era presidente electo, un coronel destacado en Chiapas escribió una misiva cibernética cuya copia guardo celosamente en el escritorio. Su nombre se queda en el privilegio del anonimato. El tema del correo electrónico era "Sueño":

Existen muchas cosas que a veces no entiendo y no es porque sea estúpido, sino porque las personas actúan en contra del sentido común, y los que nos damos cuenta no hacemos nada por aclararlas. El cambio de la situación política en el país necesariamente arrastra a las fuerzas armadas. Ante este cambio [...] podría pensarse que no estamos preparados como institución, debido a la falla de algunos protagonistas. Te puedo asegurar en este momento que hace ya algunos años el ejército se prepara para estos movimientos políticos. Existe una nueva generación de militares más preparados profesionalmente, pero lo más importante es que tenemos otra visión de las cosas y no [...] tenemos que romper con la mística de servicio y lealtad que nos enseñaron nuestros jefes más antiguos. El cambio es generacional, no de principios. Quizá seamos cuadrados en la forma de expresión, pero no en ideas y aspiraciones. Algo grave quisieran encontrar en esta institución para aniquilarla por resentimiento o morbo. Nos vamos a mantener fuertes a pesar de algunas debilidades de aquellos que quisieran llegar. Existe en la población militar, al igual que en el resto de todos los mexicanos, un sueño de cambio. Pero ese cambio no quiere decir que [...] tenga que desaparecer todo lo que nos ha dado historia, sino renovarnos y evolucionar más rápido en algunos aspectos como la comunicación social. El militar cumple con lealtad —el tiempo que nos juzgue—, pero no los intereses mezquinos de algunos. Somos una gran institución que a veces nos sentimos indefensos por las debilidades de unos pocos y quisiéramos que alguien sacara la cara. Pero esto desgraciadamente no se da. Éste es el cambio que deseamos. Somos un ejército del pueblo; somos producto del esfuerzo, no de los entreguismos de nuestro jefe. Ésta es nuestra vocación y como todo ser humano requerimos de satisfactores. Pero cuando nos damos cuenta que hemos sido afectados, quisiéramos un cambio, y ésa es la misión que tomaremos las nuevas generaciones.

Hasta aquí la misiva cibernética. Y la firma: "Un humilde soldado de verde olivo".

Los Adolfos, Ruiz Cortines y López Mateos. Promesas... promesas. Vicente Fox-ejército, primer encuentro oficial. Marta Sahagún en el H. Colegio Militar. Subordinación sin regateos. "Duros tiempos." Fox se pone la capucha. Chiapas: generales y presidentes. Riviello y Salinas. Salinas y generales, última cena. Inconformidad en el ejército. Cervantes y Zedillo. También en el exterior. El "destape" de Marcos. Vega y Fox. Delfino Mario Palmerín Cordero. El trabajito. *Desgaste interno. "No cabemos." Los "otros" asesores. La bienvenida*

Durante los sexenios de los Adolfos —Ruiz Cortines (1952-1958) y López Mateos (1958-1964)—, el ejército vivió una larga etapa de oscurantismo en lo que se refiere a su desarrollo, modernización y adiestramiento.

Ruiz Cortines apenas dedicó unas cuantas líneas en su mensaje de toma de posesión para decir que "el glorioso ejército mexicano, al igual que la gloriosa marina nacional, honran a la patria con la lealtad que les es característica y que es norma invariable de su vida", para luego continuar con las promesas que había puesto de moda su antecesor y que continuó su predecesor, al señalar que "debemos solucionar, pues, los problemas que les atañen, de orden moral, cultural y económico, como lo haremos también con los de los demás sectores sociales".[1]

López Mateos no se quedó atrás en cuanto a las promesas para los soldados, anunciadas también muy brevemente en su toma de posesión:

> Nuestros institutos armados recibirán del gobierno el estímulo y la atención que requieren; no sólo nos interesaremos en el mejoramiento moral, profesional y económico de sus integrantes, sino también en la superación constante de cada equipo y, sobre todo, en su adecuada organización que debe corresponder, por una parte, a las características de nuestro país y, por la otra, a los adelantos de la técnica. De este modo contribuirán más eficazmente al armonioso desarrollo de la vida general del país y continuarán siendo garantía de la tranquilidad y el orden que demandan las tareas nacionales y custodios del respeto que exige la soberanía de la nación.[2]

Ruiz Cortines habría de recibir un ejército comandado por 120 generales de división, 226 de brigada y 374 brigadieres. Pero en contraste con el aparente desdén hacia el ejército, el político veracruzano obtuvo la candidatura del Partido Revolucionario Institucional (PRI) a la presidencia de la República cuando el partido era presidido, precisamente, por un general: Rodolfo Sánchez Taboada, y habría de enfrentarse en las urnas a otro general: Miguel Henríquez Guzmán, cuyo jefe de campaña era, nada menos, que el general Marcelino García Barragán, uno de los actores más importantes en los aciagos días de octubre de 1968, cuando fue secretario de la Defensa Nacional. El triunfo de Ruiz Cortines le valió a Sánchez Taboada obtener la cartera de la Secretaría de Marina y a García Barragán un exilio de facto del que habría de ser rescatado años después por Díaz Ordaz.

La historia estaba escrita. Nunca más otro general como presidente de la República. La maquinaria priísta trabajó en consecuencia y muy a su estilo, metiendo miedo a la población. Un ejemplo claro lo representa el artículo que publicó el doctor en derecho Lucio Mendieta y Núñez:

La victoria posible del general Miguel Henríquez Guzmán pondría en grave peligro la paz interna del país, porque significaría: *a)* la derrota de todos los grupos organizados: obreros, ejidatarios, burócratas, etcétera; *b)* de la totalidad de los gobernadores de los estados adictos al actual régimen, y *c)* el derrumbe de fuertes intereses.[3]

Mientras en México se volvían a cerrar las puertas políticas a los militares en la persona del general Henríquez Guzmán, en Estados Unidos un general de cinco estrellas era electo presidente, el primer republicano en los últimos veinte años: Dwight D. Eisenhower.

Al día siguiente de las elecciones presidenciales en México —6 de julio de 1952—, la prensa reportaba un triunfo arrollador del candidato priísta y ponderaba

la actitud del ejército para despertar la confianza del pueblo y acudir a votar sin peligro y con plenas garantías. En el Distrito Federal las casillas se instalaron entre las ocho y ocho y media de la mañana. Tres soldados, dos oficiales y dos policías guardaban el orden en cada una de ellas. "Jeeps" del ejército patrullaron la ciudad con contingentes listos para reprimir cualquier desorden.[4]

Promesas... promesas

El discurso presidencial, desde Gustavo Díaz Ordaz (1964-1970) hasta la fecha, cambió en forma semántica al dejar de referirse al ejército como tal, sino como "fuerzas armadas", y los conceptos se adecuaron más al estilo personal del presidente en turno que a los merecimientos del ejército, aunque las promesas siguieron siendo las mismas, por lo menos cada vez que el elegido protestaba como presidente de la República:

"Las fuerzas armadas nacionales provienen del pueblo y a su servicio se entregan. Son imagen de México, guardianes de su soberanía e instituciones, y auxiliares insustituibles en la realización de las labores civiles, para beneficio del propio pueblo de donde emergen. Mejorar sus condiciones económicas, sociales y técnicas será preocupación constante del régimen": Gustavo Díaz Ordaz.[5]

"Las fuerzas armadas de la república son parte esencial de nuestro sistema democrático. Los grandes avances de nuestra historia se deben a victorias del pueblo en los campos de batalla. Nuestros ciudadanos armados derribaron intereses y estructuras sociales que se oponían al progreso y salvaguardaron, con lealtad inconmovible, la independencia del país, la paz interior y la vigencia del derecho. Al igual que el gobierno, las fuerzas armadas de tierra, mar y aire son una expresión del pueblo. Participan de sus afanes de justicia, aman la libertad por la que lucharon sus mayores, ejercen sin desmayo la solidaridad social y son símbolo de patriotismo. Merecen el respeto, el afecto y la gratitud de la nación": Luis Echeverría Álvarez.[6]

"A los soldados de la nación les pido hombría y lealtad para salvaguardarla en su integridad. Jamás pediré apoyo para arbitrariedad, encubrimiento o abuso. Estarán orgullosos de significar la majestad de la fuerza institucional, el honor de México que el pueblo les ha confiado": José López Portillo.[7]

"Asumo, con legítimo orgullo, el mando supremo de las fuerzas armadas, instituciones fundamentales, de probada lealtad y patriotismo, eficiencia e indiscutible profesionalismo. De profunda raíz popular, con apego irrestricto al orden jurídico y decidida convicción nacionalista y revolucionaria, el país tiene en las fuerzas armadas la mayor garantía de su soberanía y defensa nacionales. Me empeñaré en proporcionarles, al límite de las posibilidades, los medios para que cumplan con la enaltecida misión que la Constitución les asigna y aseguren a sus miembros y sus familias el nivel de vida que se demanda para el resto de la población. Habré de impartir órdenes para que las fuerzas armadas, con apego a su disciplina interna, participen, en su área de competencia, en la definición del Plan Nacional de Desarrollo": Miguel de la Madrid Hurtado.[8]

"Las fuerzas armadas son ejemplo de patriotismo, lealtad institucional, espíritu de solidaridad, sacrificio y vocación pacifista y democrática; buscaré fortalecerlas y modernizarlas, incrementando su eficiencia operativa y administrativa; impulsaré la superación del nivel profesional, moral y económico de sus miembros y de sus familias. Reconozco la valiosa contribución de nuestros soldados y marinos al desarrollo del país y su lealtad, y me alienta la convicción de que habré de contar con su firme respaldo en la magna tarea de forjar el México vigoroso, justo y democrático al que todos aspiramos": Carlos Salinas de Gortari.[9]

"Como jefe de Estado, mi primera responsabilidad será velar por la soberanía nacional. Asumo y ejerceré con honor el comando supremo de las fuerzas armadas, que continuarán sirviendo a México con patriotismo, lealtad y eficacia": Ernesto Zedillo Ponce de León.[10]

Cuando no eran promesas, que muy pocas veces se cumplieron, eran los elogios melosos, aunque con una muy clara intención: decirle a los militares que su misión no debía ir más allá de sus servicios a la sociedad —se llegó a mandarlos a barrer las calles de la ciudad de México—, aunque más recientemente la desmedida gratitud de los gobernantes civiles se vierte sobre la lucha que da el ejército contra el narcotráfico y la delincuencia organizada en todo el país.

Con el cambio político acuñado en las urnas, el 2 de julio de 2000, habría de venir, como en todo, una nueva relación entre civiles y militares: los civiles no sabían nada de los militares y éstos desconfiaban totalmente de aquéllos.

Y si los operadores de Vicente Fox no tenían la menor idea de lo que significaba el ejército en la vida política del país, el primer presidente surgido fuera del PRI, menos. Pero "está aprendiendo", fue uno de los primeros comentarios que se escucharon en los círculos del alto mando militar.

Fox rompió con el protocolo escrito y no escrito en su toma de posesión el primero de diciembre de 2000, al dirigirse en primer término a sus cuatro hijos adoptivos. Después lo haría al congreso y todo lo demás. En esta misma línea, su referencia a los soldados fue tibia y breve:

Me honra asumir, por disposición constitucional, el comando supremo de las fuerzas armadas. Con honor y dignidad, los soldados de México han sido fieles desde su juramento a favor de la nación. Su lealtad a la república, el estricto cumplimiento de sus deberes constitucionales, su actuación ejemplar en el combate al narcotráfico y la protección civil y su respeto a los procesos políticos del país, han constituido una garantía fundamental de la democracia.[11]

Los compromisos y las sorpresas vendrían después.

Al día siguiente de su toma de posesión, como tradicionalmente ocurre, las fuerzas armadas le ofrecieron al presidente Fox un desayuno en las instalaciones del Heroico Colegio Militar. La primera sorpresa que se llevaron los militares fue ver a Marta Sahagún, en su calidad de jefa de prensa de la Presidencia de la República, llegar en un vehículo Hummer del ejército, acompañada por el subsecretario de la Defensa Nacional, Mario Delfino Palmerín, atrás del vehículo donde iba Vicente Fox, flanqueado por el secretario de la Defensa Nacional, general Gerardo Clemente Ricardo Vega García, y el almirante Marco Antonio Peyrot González, secretario de Marina. Marta Sahagún se convertiría en primera dama y el general Palmerín habría de durar muy poco en su puesto. A mediados de 2001, fue enviado a Inglaterra como agregado militar.

Ya en el amplio comedor del Colegio Militar, rodeado de generales, jefes, oficiales, cadetes y tropa, Vicente Fox empezó por reconocer que en términos económicos no se retribuye adecuadamente el esfuerzo de los miembros del ejército, por lo que les hizo la siguiente promesa:

Vamos a trabajar para mejorar su condición personal y la de sus familias. Estamos viviendo una transformación que, entre otras muchas cosas, significa un rostro más humano a nuestras relaciones. Vamos a humanizar el ejército mexicano, sin violentar en ningún sentido la necesaria disciplina del cuerpo militar. Pondremos la más sincera dedicación en el ámbito de la convivencia familiar, para que cuenten con servicios escolares educativos [*sic*] adecuados, atención médica segura y de calidad, vivienda digna. Pero ante todo, me comprometo a garantizarles una franquicia que aliente la vida familiar. Queremos soldados disciplinados, sí, pero con un núcleo familiar sólido, que vigorice su fuerza moral y que constituya un aliciente para el mejor desempeño.

Los militares recibieron con júbilo las promesas de Fox, repetidas casi tres meses después, el 19 de febrero de 2001, con motivo del día del ejército:

Reitero hoy ante ustedes mi firme compromiso de otorgar a su meritoria labor un reconocimiento moral, pero también brindarles las condiciones que se merecen para desarrollar sus labores con dignidad y eficacia... Vamos a promover que todos los miembros de nuestras fuerzas armadas y sus familias gocen de adecuados servicios educativos y de salud, y de oportunidades para una vida mejor. Pondremos énfasis en el mejoramiento de sus condiciones laborales para reforzar su compromiso con la institución, comenzando por los espacios de convivencia familiar, la atención médica, las diversas prestaciones y el equipo básico al que tienen derecho cada uno de ustedes. Continuaremos mejorando el programa de franquicia, para estimular la más sana convivencia e integración familiar.

Tras los primeros dislates y promesas, que sabían a *pan con cordonazo*, el propio general Vega García dijo el 9 de febrero de 2001, con motivo de la celebración del día de la Marcha de la Lealtad, que

la preocupación fundamental de nuestras fuerzas armadas es atender con oportunidad las necesidades de nuestra sociedad, y el ejército jamás descansará en la promesa fácil que se agota en la palabra; descansa en su propia capacidad de avance, contribuyendo, sin fatiga, a la construcción de un país más seguro.

Subordinación sin regateos

Si bien el ejército jamás ha regateado su subordinación al poder civil, por lo menos en sus expresiones públicas, no siempre ni todos los militares han estado de acuerdo con el manejo político y económico del país, lo que se ha hecho patente en diferentes etapas de crisis.

Cuando apenas transcurría el segundo año del gobierno de José López Portillo, los enfrentamientos y discrepancias en su gabinete, principalmente entre Moctezuma Cid y Tello Macías, los dos secretarios más importantes para el manejo económico, el jefe del ejecutivo declaró con gran dramatismo: "Yo podría ser el último presidente constitucionalmente electo". Días después, durante la ceremonia de inauguración de las obras de ampliación de la Escuela Superior de Guerra, su director, el general Marco Antonio Guerrero Mendoza, llamó a mantener "un alto espíritu de sacrificio y de servicio; cultivemos y conservemos siempre una gran capacidad de trabajo eficiente; mantengamos alta nuestra moral, aun en las circunstancias más adversas, y hagámonos insensibles a las presiones o conflictos psicológicos de cualquier clase".

La dramática declaración presidencial bastó para que el entonces secretario de la Defensa Nacional, general Félix Galván López, sostuviera de modo recurrente la posibilidad de que fuese nuevamente un militar el que pudiera llegar un día a la presidencia de la República.

Durante una reunión con un grupo de periodistas llamado Veinte Mujeres y un Hombre, el general Galván López sostuvo que en cuanto a derecho y oportunidades, las posibilidades de llegar a la presidencia de la República son las mismas para un civil que para un militar, "pero eso depende, en última instancia, de la decisión del pueblo de México".

El 22 de febrero de 1980 el diario francés *Le Monde* publicó un artículo escrito por su corresponsal en México, en el que analizaba la situación del ejército mexicano: "En México las fuerzas armadas están desarrollando su potencialidad. El ejército mexicano va a incrementar su personal y material. Ciertas declaraciones de líderes responsables indican que la opinión pública está siendo preparada para esta evolución". Y más adelante sostenía: "Hay rumores de que el Partido Revolucionario Institucional podría lanzar a un candidato militar a la presidencia de la República para el periodo 1982-1988". Sin duda, la versión coincidía con la intención de un grupo de ambiciosos que le hicieron creer al general Galván López que podría llegar a ser presidente, o, por lo menos, repetir en el cargo. Nada de eso ocurrió.

Tanto en situaciones de crisis políticas graves —entre ellas la que explotó en 1968— como en las económicas y financieras —por ejemplo, las ocurridas en los tiempos de López Portillo y de manera más explícita en diciembre de 1994—, las fuerzas armadas, como institución, han enfrentado la disyuntiva más grande: reprimir a la sociedad para sostener a un gobierno ineficiente y corrupto o hacerlo y cobrar todas las facturas pendientes.

Sin embargo, durante 70 años de gobiernos institucionalmente revolucionarios, el ejército no ha tenido en realidad problemas para mantenerse al margen de los errores y los aciertos de los civiles. Contrario a lo que sucedía en países latinoamericanos, los militares mexicanos tienen una concepción muy especial de la democracia: siempre detectan dónde está el mal, pero no intervienen nunca en las posibles soluciones, aunque no dejan de señalar caminos.

En el primer encuentro oficial entre Carlos Salinas de Gortari y los altos mandos del ejército, el secretario de la Defensa Nacional de la época, general Antonio Riviello Bazán, dijo ante el presidente que

no es posible el avance cuando se sitúa toda la expectativa en el esfuerzo y en el éxito de un solo hombre. O avanzamos todos los mexicanos en una acción solidaria o se frustran los intentos nacionales de progreso. Así lo entendemos a plenitud y así será puntualmente cumplido.[12]

Cuando la andanada sobre el gobierno de Ernesto Zedillo era incontenible, el general Enrique Cervantes Aguirre, secretario de la Defensa Nacional, alertó sobre los "duros tiempos" por los que atrave-

137

saba el país y para los cuales se "requieren mexicanos templados y leales a la patria". Y fue más allá: "Duros tiempos estos, que parecieran deliberadamente complicados para aturdir, para escindir o enfrentar".[13]

Se trataba del necesario posicionamiento del ejército ante el poder civil, más allá de las tradicionales manifestaciones públicas de lealtad a las instituciones y al "comandante supremo de las fuerzas armadas".

Con la llegada de Vicente Fox al poder, una nueva mentalidad se dejó sentir hacia el interior de las fuerzas armadas, que de suyo se habían ganado el reconocimiento de la sociedad al comprobar su distanciamiento de las luchas políticas partidarias. El 2 de julio de 2000 y las primeras horas posteriores al triunfo del panista, no faltó quien dejara correr la especie de que el ejército no permitiría el arribo a la presidencia de la República de un candidato que no pertenecía al "sistema", a pesar de que el propio doctor Ernesto Zedillo había certificado apresurada y públicamente el triunfo de Vicente Fox. Para desilusión de los tremendistas, jamás se vio en las calles de la capital y del país a un soldado armado durante la jornada electoral.

En su primer mensaje como secretario de la Defensa Nacional, el general Vega García habría de fijar la postura tradicional del ejército ante el poder civil, al decir que "los generales, jefes, oficiales, cadetes y tropa al servicio de la nación reiteran a su comandante supremo respetabilidad a las instituciones, orden, subordinación y lealtad como forma de vida cotidiana en todas las acciones que realicen". Y ya en forma personal, el secretario apuntó: "Confirmo a usted, señor presidente de la República, mi subordinación y obediencia; los militares nos sentimos altamente comprometidos con usted, con la sociedad y con la nación".

No habría de pasar mucho tiempo antes de que el alto mando militar dejara en claro que la lealtad de los soldados es una "lealtad institucional", una lealtad que "no admite intereses de grupo".

Para entonces ya se anunciaba que el Ejército Zapatista de Liberación Nacional (EZLN) emprendería una marcha hacia la ciudad de México. Ese 9 de febrero de 2001, el general Vega García, en un discurso pronunciado en el Alcázar del Castillo de Chapultepec ante el presidente Vicente Fox, sostuvo que para las fuerzas armadas "no hay más bandera que la tricolor, no hay más símbolo que el águila, no hay más canto de unión que el himno patrio".

Pero Vicente Fox ya corría por la carretera libre del protagonismo grandilocuente —"hoy estamos inaugurando una nueva era histórica"—, y tras reiterar, una vez más, sus promesas de promover para los miembros de las fuerzas armadas y sus familias adecuados servicios educativos y de salud, y oportunidades para una vida mejor", se puso la capucha del EZLN y le reviró al alto mando: "A quienes no ven con agrado la marcha del EZLN, yo les he dicho que hay que respetarla porque compartimos su objetivo de reivindicación indígena y porque tras ella tendrá que lograrse esa paz que hemos ansiado por tanto tiempo".[14]

Los rostros de los diez mil militares, entre generales, jefes de distinto rango y tropa que lo escuchaban se crisparon y en las mesas pesó un silencio sepulcral que, de alguna manera, se rompió en corto cuando el presidente manifestó "con orgullo" que el cumplimiento del *ejército federal* ha sido ejemplar. La etiqueta de ejército federal era usada despectivamente por el EZLN en referencia al ejército de Porfirio Díaz.

En ese momento no cabía ya una actitud contestataria. El secretario de la Defensa acusó recibo y se limitó a señalar que "tenemos un presidente con visión, un presidente comprometido con su país y, principalmente, un presidente dispuesto a responder a los retos que exige el México de hoy, por lo que debemos sumarnos a la gran cruzada de paz y desarrollo".

El conflicto en Chiapas, el cual Fox había prometido durante su campaña electoral resolver en "quince minutos", volvía a significar un punto de choque entre civiles y militares. El 10 de febrero de 2001, durante una gira por Mérida, Yucatán, el presidente prometió que buscaría una solución digna para las fuerzas armadas. Sin embargo, el 7 de marzo siguiente ordenó al ejército el retiro de los destacamentos militares que exigía el EZLN. Cuando la prensa le preguntó al general Vega García sobre dicha orden, respondió sin desperdicio: "No es una cuestión militar, es una cuestión política, y yo no decido nada en política".

Chiapas: generales y presidentes

Poco más de quince años antes de que México ocupara las primeras planas de todos los diarios del mundo, con la noticia del surgimiento de un grupo guerrillero encabezado por el mítico *Subcomandante* Marcos, el presidente José López Portillo ya contaba con la información militar de lo que se estaba gestando en Chiapas.

En una de sus visitas a aquel estado del sureste mexicano, López Portillo sorprendió a todos cuando dijo tener año y medio de "incongruencias e incumplimientos". Javier García Paniagua le advertiría, al ser designado secretario de la Reforma Agraria, que el hambre estaba generando violencia en Chiapas.

El 16 de junio de 1980, el general Félix Galván, en audiencia con López Portillo, le rindió un informe alarmante:

> Me informó que en Chiapas, en el poblado Bolonchán, una partida del ejército había sido atacada por un grupo de lugareños y que, al repeler la agresión, habían matado a ocho y habían sido heridos cuatro militares. No sé qué está pasando, pero es evidente que la violencia se desata en el campo con cualquier pretexto y que el PST, al mover gente en las invasiones, ha desatado riesgos. Ahora los del PST se quejan de agresiones. Puede que sea cierto. Afirman que el ejército atacó a sus partidarios. Puede ser. Lo vamos a investigar. Lo que también es cierto es que con los soldados no se puede jugar y estos locos lo estuvieron haciendo. No se dan cuenta qué tan delgado es el orden.[15]

Finalmente, el hilo se rompió por lo más delgado.

Riviello y Salinas

A tres o cuatro días del ataque del primero de enero de 1994, al cuartel de Rancho Nuevo, en Chiapas, por el grupo armado del EZLN, el general Antonio Riviello Bazán, entonces secretario de la Defensa Nacional, acudió a Los Pinos para mostrarle al presidente Carlos Salinas de Gortari el plan que el Estado Mayor había trazado para acabar con los insurrectos en menos de 72 horas. Salinas apenas si escuchó al general Riviello. Le ordenó suspender los planes porque había decidido decretar un alto al fuego unilateral. Su jefe de ayudantes, el general Víctor Arturo Jurado, quien lo acompañó a la residencia presidencial, relató que el general Riviello, con el rostro crispado, apenas abordó su automóvil, llamó por teléfono al jefe del Estado Mayor, general Enrique Salgado Cordero, y le ordenó con voz de trueno que suspendiera todos los planes de ataque.

En alguna ocasión me diría en su despacho que lo único que no podría ordenarle a sus soldados era que se dejaran matar.

El 24 de enero de 1994, Riviello Bazán reunió en el Club de Oficiales de la Villa Ecuestre del Estado Mayor de la Secretaría de la Defensa Nacional a los generales de división retirados para "darles una información y explicación muy merecida de los actos que nos han sucedido en el estado de Chiapas".

Con la emoción de dirigirse a "mis maestros, a los viejos soldados, a mis compañeros, a mis amigos de toda la vida, porque ustedes se merecen una explicación y una plática de lo que ha acontecido en aquel lugar", Riviello, cuya experiencia en el mando de tropas era muy amplia, se dijo seguro de que

muchos de ustedes hubieran querido estar allá, estar al frente de su sección, de su compañía, y marchar por los caminos tan difíciles que ahora a las tropas les ha tocado recorrer. Cuánto gusto hubieran tenido y cuánta satisfacción los pilotos que tan adelante nos han sacado en este problema, de poder tripular sus helicópteros y sus aviones de apoyo, qué interesante hubiera sido y qué emocionante.

Pero no todo fue remembranzas y emociones. Riviello Bazán sabía que los miembros del ejército reclamaban una explicación del

141

porqué se les impidió cumplir con su misión de mantener el orden interno y cuidar la integridad del territorio nacional. "Ocupamos las áreas que nosotros estimamos que nos servirían para operaciones subsecuentes; estando en ellas, ahí se nos ordenó suspender el fuego y hemos cumplido con las disposiciones del comandante supremo de las fuerzas armadas."

Los viejos generales que asistieron al desayuno no ocultaban su coraje contenido desde aquel primero de enero de 1994.

> Sentimos que la subversión, como podríamos llamarle a lo que representaban esas gentes, no es de este momento, tenía ya bastante tiempo preparándose; el año pasado hubo ya un enfrentamiento entre las tropas de la 31ª Zona Militar y algunos grupos de estos. Por razones de tipo político se le pensó dar otra solución, es decir, cubrirles necesidades de escuelas, de agua, fuentes de trabajo, etcétera, mientras tanto, se ordenó que las fuerzas armadas permanecieran en alerta.

Para el alto mando de la época, al EZLN se le ubicaba en varias vertientes. Riviello lo explicó así:

> Pensamos que es un grupo quizá no muy numeroso, no sabemos cuántos pudieran ser, pero es el que manda, es el que organiza, es el que adiestra, muy politizado, ideológicamente muy penetrado, que tiene mejor armamento, que tiene otras condiciones de vida, que probablemente sean nacionales o extranjeros, religiosos, etcétera, pero ése es el grupo importante. ¿Cómo tendrían ellos que ingeniárselas para hacer creer que se trataba de un grupo más numeroso, que a la vez aparentaba ser el propio pueblo? Bueno, pues había que convencer, engañar, amenazar, etcétera, y se llevaron a los campesinos, que no indios, porque no despreciamos a esa gente, campesinos que les tocó nacer en ese lugar. Esa gente la uniformaron, aunque les vendieron los uniformes: un pantalón, una camisa, un paliacate, etcétera, y los llevaron con las armas que ellos

tienen; un rifle .22, una escopeta, quizá algunos más con otras armas, y las "armas de palo", que desde luego también tenían su razón de ser, pues de lejos no se sabe si son armas reales o son de palo.

Otra vertiente son los voceros de la subversión, como ustedes lo habrán notado en *La Jornada*, en *Proceso* y en algunos otros diarios, que son los mismos que han escrito en contra del gobierno y ahora lo hacen con mucha saña y mucha mentira contra el ejército. Otra vertiente también, la vertiente política, que es el PRD [Partido de la Revolución Democrática], que busca desesperadamente capitalizar esta situación y que ha generado en muchos lados de la república marchas, mítines, protestas, etcétera, contra actos que no hemos cometido, contra cosas que tengan ustedes la plena y absoluta seguridad que no cometimos.

Tras el ataque al cuartel de Rancho Nuevo, 10 kilómetros al sur de San Cristóbal de las Casas, el ejército concentró en toda la zona a 12,000 hombres que llegaron por aire y tierra. "Yo quise que todos nuestros conjuntos de tropas fueran, por sí solos, lo suficientemente fuertes como para poder con los grupos de maleantes." Cada uno de los agrupamientos contaba con más de 1,000 hombres, algunos con unidades blindadas y otros con morteros de 81 y 120 milímetros.

En su larga y emotiva explicación a los generales de división retirados, Riviello Bazán les aseguró que las tropas

tienen una alta moral, nuestras tropas están intactas, están deseosas de continuar adelante. Estamos pendientes de todas las acciones de tipo político que se lleven a cabo, pero eso sí, en la primera oportunidad que haya, volveremos a actuar con toda la fuerza de que somos capaces. Ojalá que la concordia, ojalá que el entendimiento de estas gentes les haga ver que éste no es el camino que les conducirá a la solución de sus pro-

143

blemas, aunque en realidad el campesino sí tiene problemas porque está siendo aprovechado para que los incitadores puedan manifestar sus inconformidades, sus deseos de adueñarse del poder. Eso realmente es otra cosa, pero nosotros seguiremos cumpliendo con los mandatos constitucionales y seguiremos guardando la compostura que, como profesionales, nos corresponde. No haremos ninguna acción que esté fuera de la ley, ni realizaremos alguna que en realidad perjudique a la población civil. Estamos listos para lo que pudiera venir más adelante, deseamos sinceramente, yo así lo deseo, que se dé un arreglo por el bien de todos, pero más por el bien de ellos que por el de nosotros, porque nosotros somos muy fuertes.

Pero jamás se presentó la oportunidad a la que se refería Riviello Bazán. Por el contrario, habrían de morir más soldados, sin que el gobierno de Salinas de Gortari, ni después el de Zedillo, hicieran algo al respecto. En alguna ocasión, el entonces presidente de la Comisión Nacional de Derechos Humanos (CNDH), Jorge Madrazo Cuéllar, llegó a Chiapas con la encomienda presidencial de que los "comandantes" del EZLN pasaran revista a las tropas del ejército mexicano. El general Riviello despachó a Madrazo con cajas destempladas, diciéndole: "Dígale al que le ordenó esto que primero me releve del mando".

La postura del ejército con relación a estos acontecimientos no habría de variar, por lo menos hasta el último día del sexenio salinista. En las siguientes ceremonias públicas de corte castrense, el secretario de la Defensa habría de apuntalar que

el ejército fue llamado para intervenir en el conflicto de Chiapas. Su intervención se ajusta rigurosamente a las normas jurídicas que rigen su funcionamiento y a las normas éticas que inspiran su servicio. Su intervención es legal, legítima y necesaria. Actuamos para garantizar la seguridad interior restituyendo el orden contra una violencia que, todos lo sabemos, no fue desatada por nosotros. Nadie debe olvidar, y debe repetirse

144

cuantas veces sea necesario, que el ejército mexicano fue atacado por el grupo transgresor, éste le declaró la guerra y atacaron a sus miembros y sus instalaciones. Fuimos los agredidos.[16]

A pesar de que la relación Riviello-Salinas tuvo fracturas importantes al final del sexenio, el alto mando militar no dejó de exaltar la "virtud de estadista" del presidente Carlos Salinas de Gortari. En su última alocución pública ante representantes de los poderes legislativo y judicial, gobernadores de los estados, el gabinete en pleno y los altos mandos militares, Riviello Bazán le dijo:

> Supo usted aprovechar oportunidades y coyunturas en las relaciones comerciales e internacionales, insertando al país en el contexto del Tratado de Libre Comercio, sin lesionar los verdaderos valores de la comunidad nacional, en la búsqueda de mejorar sus niveles de vida. Su mandato se caracteriza por su serenidad y madurez política, y puede dimensionarse ante el complejo reto del conflicto armado en Chiapas. Su prudencia, conocimiento y habilidad, logró el cese al fuego, optando por la solución política, aplaudida por todos los sectores nacionales e internacionales, y decididamente apoyada por el ejército y la fuerza aérea.[17]

Por la noche de ese mismo día, 3 de noviembre de 1994, Salinas de Gortari ofreció una cena a la plana mayor del ejército en el Salón Azul de Palacio Nacional, acompañado únicamente por los secretarios de Gobernación, Jorge Carpizo, y de Hacienda y Crédito Público, Pedro Aspe.

Ahí, a puerta cerrada, Salinas daría a los militares su versión sobre el conflicto chiapaneco:

> Hemos tenido la mejor muestra del patriotismo y la generosidad de nuestros soldados y la enorme capacidad para detener al enemigo, que se salía del curso institucional y legal, y abrir las posibilidades para las soluciones políticas a favor de una

145

paz digna, que impidieron la estrategia que ellos tenían diseñada, que no era la de derrotar a nuestro ejército, sino la de crear un movimiento popular, urbano y nacional de rechazo a la acción de nuestras fuerzas armadas, del gobierno; aislarlos en lo nacional y también en lo internacional, y al contrario de eso, hemos acreditado una solución, que hoy en el mundo se le denomina como mexicana. Sí, la contención militar y obligarlos a replegarse al interior de la selva, pero a partir de ello el cerco militar, después el cerco político y, finalmente, el cerco social. Lo que les ha quedado han sido las ofensivas discursivas, que por cierto cada vez les reproducen menos los medios, porque menos noticia hacen. Ahí están, pero repito, con la calidad de nuestro ejército y con las ofensivas políticas, hemos creado condiciones para una solución que va, sin lugar a duda, acorde con nuestras convicciones y con lo mejor de nuestra historia, y ése es el legado que podemos dejar, precisamente, a las siguientes generaciones.

Inconformidad en el ejército

El levantamiento armado en Chiapas fue el detonante que no sólo agravó la crisis política nacional, sino que puso de manifiesto la división que, según medios castrenses, existía en el ejército.

Ya para finalizar 1994, un jefe militar me envió un detallado análisis titulado "Las fuerzas armadas mexicanas dentro del contexto de la seguridad nacional", pidiéndome la consideración del anonimato: "Esta información costaría algunos años de cárcel (si bien va)". En el texto el autor exponía la inexistencia de coordinación y cooperación en el ejército, "principios básicos entre las fuerzas armadas de cualquier país que tienen misiones y un comandante supremo común". Y advertía: "De no hacer cambios estructurales en las fuerzas armadas mexicanas, el nuevo presidente se encontrará sin instrumentos adecuados y afinados para hacer frente a los retos que tendrá que afrontar". La eterna rivalidad entre la marina y el ejército, y el desdén con que se trata a la fuerza aérea, apunta el análisis, "les ha impedido colaborar en programas comunes y el divorcio es total". Las fuerzas armadas mexicanas se encuentran separadas en dos secretarías de Estado (Defensa Nacional y Marina), con poca o nula coordinación entre ellas, "jalando cada cual por su lado, situación que difícilmente tiene paralelo en el mundo occidental; sin que exista ningún organismo o programa coordinador entre ellas, reflejándose esta situación dentro del panorama actual de inseguridad que actualmente padecemos los mexicanos". Y sentencia:

> El presidente constitucional de la República ha exhortado a los soldados de México a mantener el espíritu de cuerpo y la disciplina; para que se puedan alcanzar, es indispensable que primero cree las condiciones necesarias para que ello sea posible; con las actuales condiciones y organización no lo va a lograr, porque no basta únicamente ordenar o tener buenas intenciones.

La división y el divorcio entre las tres armas se debe a que:

> grupos facciosos y arrogantes, conformes con el estatus, bloquearon el Plan Nacional de Desarrollo por intereses personales y de grupo. No pudieron percibir el gran cambio estructural, conceptual y dinámico que en el país estaba ocurriendo. No entendieron a la dirigencia política y mucho menos las necesidades del país.
>
> En el Plan Nacional de Desarrollo 1989-1994, a pesar de haberse indicado la modernización de las fuerzas armadas, su dirigencia [...] no entendió el concepto y pretendieron que únicamente comprendía la adquisición de nuevo equipo, sin incluir la adecuación de sus estructuras y relaciones de coordinación y de mando. Este plan no permeó los viejos conceptos de seguridad nacional, dejando su aplicación a un ejercicio discrecional, de inspiración personal y sin objetivos claros.

147

La seguridad nacional es fundamental en el análisis en cuestión, y su autor considera que la actual estructura de seguridad del Estado, dentro de la cual se encuentran comprendidas las fuerzas armadas,

quedó en entredicho; demostró su ineficiencia al no percibir la dinámica de México en su constante transformación, y por tanto su capacidad de previsión y reacción no responde a las exigencias actuales y futuras.

Es urgente no seguir con los esquemas prevalecientes de seguridad nacional. El Estado mexicano tiene que encontrar mecanismos nuevos y eficaces para que pueda defender su soberanía y el imperio de la ley. El pueblo espera un planteamiento que permita renovar la confianza que normalmente tiene un nuevo gobierno.

Para lograrlo, siempre de acuerdo con el análisis, se requiere diseñar nuevas estrategias y organismos, dentro de un nuevo programa de seguridad nacional en el que se incluya la restructuración a fondo de sus fuerzas armadas.

El papel congruente y coordinado de las tres fuerzas armadas es fundamental para la seguridad nacional de México. Para lograrlo es necesario reformar sus actuales estructuras para contar con capacidad de acción relevante e información, para la preservación del interés nacional, eliminando ideas facciosas y patrimonialistas del poder, y alcanzar la unidad en el equilibrio y la concordia en la justicia.

Hasta la fecha este equilibrio se antoja imposible y la fuerza aérea ha quedado como el "patito feo", a pesar de que es la única que cuenta estructuralmente con un comandante, a diferencia del ejército que no cuenta con su comandancia, haciendo el titular del ramo un doble papel: el de secretario y al mismo tiempo de comandante del ejército.

La marina se encuentra más preocupada en crear una imagen de igualdad ante el ejército, tratando de tener fuerzas de infantería y de aviación, que en mantener sus unidades navales en condiciones operativas.

La diferencia entre el ejército y la fuerza aérea es evidente en todos los ámbitos —continúa el análisis—, desde instalaciones hasta vehículos y equipos, incluyendo personal, debido a que con frecuencia los miembros del ejército dan la impresión de considerar a los de la fuerza aérea como enemigos más que como compañeros de armas; esta situación es especialmente cierta cuando la fuerza aérea trata de impulsar sus planes y proyectos.

El análisis revela, además, que fabricantes y vendedores de aeronaves y equipos han informado que a la fuerza aérea no se le ha dado capacidad de decisión o ésta es mínima en la adquisición de este tipo de insumos para el cumplimiento de sus funciones, "la cual se ve supeditada a los intereses del personal del ejército, quienes difícilmente entienden y conocen de aviación".

De la misma forma, indica que según funcionarios de la Secretaría de Hacienda la fuerza aérea no ha tenido la oportunidad de presentar a la misma sus proyectos de presupuesto. Éstos son presentados por el personal del ejército, a nombre del "ejército y fuerza aérea" como una sola entidad, y cuando se precisan ajustes presupuestales, los proyectos de la fuerza aérea son los primeros en ser sacrificados o algunos de sus recursos son utilizados en otros proyectos.

En cuanto al personal de las unidades e instalaciones, el ejército tiene sus cuadros casi completos, en comparación con la fuerza aérea que apenas tiene alrededor de 50 a 60%, ya que el presupuesto se ha restringido en favor del ejército, afectando seriamente la capacidad operativa de la fuerza aérea. Esta situación se vio ya reflejada en el conflicto armado en Chiapas —dice el analista—, donde se tuvo que echar mano de aeronaves de diversas secretarías de Estado, todas ellas con tripulaciones civiles, para transportar a los efectivos militares. "Sus escuadrones no cuentan con material de vuelo y el poco que le queda tiene demasiados años de uso. Esta condición fue realmente crítica durante los días del conflicto en el estado de Chiapas, cuando el gobierno federal se vio en la necesidad de contratar vuelos de las compañías de aviación para el transporte de tropas."

El alto mando militar decidió compensar el esfuerzo y sacrificio del militar que estuvo en la Fuerza de Tarea Arcoiris en Chiapas. "Muchos militares recibieron ascensos sin tener los méritos y sin haber estado en Chiapas, como es el caso del personal del Estado Mayor Presidencial, que como se hace costumbre cada año, se sirve con la cuchara grande, confirmando con ello la expresión muy familiar entre los soldados de 'militares de terciopelo, abrepuertas o choferes'."

Estos ascensos —dice el analista— originaron serias divisiones y aumento de malestar entre el personal militar, además de ocasionar fracturas graves en el espíritu de cuerpo y la disciplina.

> La situación actual de las fuerzas armadas induce a reflexionar que la estructura y relaciones de mando responden [...] a intereses particulares, de facción de control presupuestal y político, pero no al interés de la nación. Difícilmente esta estructura podría responder a los retos del futuro [pues] no cuenta con las condiciones ambientales y estructurales para ello.

Tras insistir en que de no hacer cambios estructurales en las fuerzas armadas mexicanas, "el nuevo presidente se encontrará sin instrumentos adecuados y afinados para hacer frente a los retos que tendrá que afrontar", el analista propone seis medidas:

a) Que cada fuerza armada tenga su propio comandante, quien sería el responsable del desarrollo, control, adiestramiento de sus recursos humanos y materiales, y del apoyo logístico, de conformidad con el ámbito operacional de cada uno, sin permitir interferencias entre ellos.

b) Que cada fuerza armada se encargue de negociar y ejercer ante la Secretaría de Hacienda y Crédito Público (SHCP) sus programas de presupuesto para el mejor cumplimiento de sus misiones, de conformidad con los programas de desarrollo y operación. Los integrantes del ejército no deben continuar como los únicos interlocutores y representantes ante el poder civil y la sociedad.

c) Que sus esfuerzos sean dirigidos y coordinados por un organismo superior, de preferencia al mando de un político, para evitar duplicidad de esfuerzos y situaciones de privilegio de una, en perjuicio de las otras.

d) Este organismo superior pudiera llamarse "Secretaría Coordinadora de la Defensa Nacional", "Secretaría de las Fuerzas Armadas", o dejar el actual, el nombre es lo de menos, pero como requisito básico e indispensable para evitar el predominio de alguna fuerza armada, esta secretaría deberá contar con un Estado Mayor Conjunto.

e) Al igual que en otros países el Estado Mayor Conjunto deberá estar integrado con elementos de las tres fuerzas armadas por igual, buscando en todo momento la equidad, sin el predominio de ninguna; así, la jefatura de Estado Mayor debería rotarse cada dos años entre las tres fuerzas armadas.

f) Este Estado Mayor Conjunto tendría como misión la integración y coordinación de planes, objetivos y esfuerzos dentro de un marco de colaboración, equidad y espíritu de cuerpo, para sumar esfuerzos y voluntades y alcanzar soluciones reales, efectivas, congruentes e integrales para lograr alcanzar los grandes objetivos nacionales comunes a todas ellas y evitar dispendio de recursos y tiempo.

Si bien el panorama expuesto tiene fundamento, durante la gestión del general Riviello Bazán, al frente de la Secretaría de la Defensa Nacional, se elaboró el proyecto para crear la Comandancia del Ejército como un primer paso para la actualización orgánica de las

fuerzas armadas, y desde luego el primer peldaño para el establecimiento de un Estado Mayor Conjunto, cuyo mando se rotaría cada
dos años en las tres diferentes fuerzas: ejército, fuerza aérea y marina.
Para entonces ya existía la actual Comandancia de la Fuerza Aérea.

La propuesta para crear la Comandancia del Ejército quedó
plasmada en un completo estudio realizado entonces por la Secretaría
de la Defensa Nacional bajo el título "El ejército y fuerza aérea de hoy.
Evolución y modernización del apoyo de los servicios, 1988-1994".

La Comandancia del Ejército permitiría al secretario de la Defensa Nacional "desarrollar su doble función, como secretario de Estado y como alto mando del ejército y fuerza aérea". La actual Ley Orgánica del Ejército y Fuerza Aérea Mexicanos establece que la Secretaría
de la Defensa Nacional "se constituye en Cuartel General Superior del
Ejército y Fuerza Aérea, a fin de que el secretario de la Defensa Nacional, de conformidad con las instrucciones que reciba del presidente
de la República, evacúe sus responsabilidades relativas a organizar,
equipar, educar, adiestrar, capacitar y desarrollar a las fuerzas armadas
de tierra y aire". Dicha ley junto con la Ley Orgánica de la Administración Pública Federal, facultan al secretario de la Defensa Nacional, para organizar al ejército y la fuerza aérea; con base en ello, está posibili-
tado para determinar la creación de la Comandancia del Ejército.

Por otra parte, el artículo 73, fracción XIV, de la Constitución
de la república dicta que es facultad del congreso "levantar y sostener
a las instituciones armadas de la unión, a saber: ejército, marina de
guerra y fuerza aérea nacionales, y reglamentar su organización y servicio".

La misión de una comandancia es y sería, en caso de la del ejército, dirigir, administrar y desarrollar este instituto de conformidad
con las directivas del alto mando. Sus funciones: programar, dirigir,
ejecutar y supervisar las actividades de adiestramiento del ejército;
acordar con el alto mando el despacho de asuntos de su competencia,
y asesorar al secretario de la Defensa Nacional en su tarea.

Sin embargo, casi de inmediato surgió la oposición a dicho proyecto por parte de los generales que se sentían con posibilidades de llegar a ser el próximo secretario de la Defensa Nacional, puesto que suponían que sus facultades omnímodas dentro de las fuerzas armadas se verían acotadas, cuando no mermadas. Las cámaras no aceptaron llevarlo a debate, a pesar de que el alto mando militar en turno tenía indicativos importantes de que sería aprobado. Conforme se elaboraba el proyecto, se adecuaron los locales destinados para el Cuartel General del ejército. Sin embargo, una de las primeras órdenes del nuevo secretario de la Defensa Nacional, general Enrique Cervantes Aguirre, fue desmantelar todos los locales. Su actuación al frente de esa dependencia demostró por qué no estaba dispuesto a hacer suyo el proyecto.

Cervantes y Zedillo

En aquella cena a puerta cerrada no se había considerado un asiento para el entonces director de Fábricas de la Secretaría de la Defensa Nacional, general de división Enrique Cervantes Aguirre. Hubo que hacer un hueco a última hora para acomodarle entre los comensales. El primero de diciembre de 1994, Cervantes Aguirre habría de ser designado secretario de la Defensa Nacional por Ernesto Zedillo Ponce de León, el hombre que Salinas les había recomendado a los generales al calificarlo como "un presidente patriota, con una formidable preparación intelectual, una gran sensibilidad, temple y experiencia en la conducción del Estado".

Si el poder político expresaba su plena convicción sobre la calidad del hombre que habría de suceder a Salinas en la presidencia de la República, en el ejército había más que dudas sobre la designación de Cervantes Aguirre al frente de la Secretaría de la Defensa Nacional.

El 30 de noviembre de 1994, el general Riviello Bazán, en un acto inédito, pasó revista por última vez a las tropas en una vistosa parada militar que se llevó a cabo en el Campo Militar número 1. Ahí, el todavía jefe del Estado Mayor, general Enrique Salgado Cordero, expresaría algunas de estas dudas:

153

Mañana a primera hora habrá otro general que pueda portar cuatro estrellas con legitimidad. Ojalá y pueda estar seis años al frente de nuestro ejército enalteciendo la condición de soldado, mejorando sus tropas, velando por sus familias, ocupado y preocupado por la dignidad de los mandos y por la soberanía, la paz y la libertad de nuestra patria. Ojalá que dentro de seis años, en este día, alguien pueda expresar lo mismo respecto de quien lo sustituya en el mando. Todos los secretarios de la Defensa están obligados a superar a su antecesor, pero no todos, ni siempre, han podido lograrlo.

También en el exterior

Ésta no fue la única muestra de reconocimiento a la labor del general Riviello Bazán. En los últimos días de la administración salinista, el alto mando del ejército estadunidense le rindió un homenaje con una parada militar en el Fuerte Hood, Texas, asiento del III Cuerpo de Ejército Blindado.

Flanqueado por el general Gordon Russell Sullivan, jefe de Estado Mayor del ejército de Estados Unidos; el general Marca Cisneros, comandante y jefe del V Ejército y Fuerte Sam Houston, y el teniente general Paul E. (Butch) Funr, comandante en jefe del III Cuerpo de Ejército Blindado y del Fuerte Hood, Riviello Bazán recibió los honores otorgados a un militar que se retira del mando.

Además, el presidente de Estados Unidos le otorgó la condecoración Legión al Mérito en grado de comandante. En la orden respectiva se decía:

El general Riviello se distinguió por su conducta excepcionalmente meritoria en el sobresaliente cumplimiento de sus deberes como secretario de la Defensa Nacional del ejército de los Estados Unidos Mexicanos, de diciembre de 1988 a julio de 1993. La dedicación del general Riviello para los programas de educación y erradicación de drogas, alivio nacional en

154

caso de desastre y misiones de construcción en el país, y considerables mejoras tanto en las posibilidades militares como en el apoyo al personal militar y sus familias, lo ponen en la cima de los líderes militares de la región. El profesionalismo, liderazgo y dedicación al deber del general Riviello para mantener muy en alto las tradiciones de la carrera de las armas, a través de su muestra de esas cualidades, ha traído gran crédito a sí mismo, al ejército de los Estados Unidos Mexicanos y al país.

La firma es de Les Aspin, secretario de Defensa de Estados Unidos.

Como es ya una tradición en cada gobierno entrante, Ernesto Zedillo Ponce de León tuvo su primer encuentro oficial con los altos mandos militares el 3 de diciembre de 1994. Atrás habían quedado sus actos que como secretario de Educación Pública habían causado irritación en las fuerzas armadas, sobre todo en aquellos libros de texto gratuitos que aprobó y en los cuales, al tocar los acontecimientos del 68, el ejército quedó como el culpable de la represión en aquellos días dramáticos.

Así, cuando el doctor Ernesto Zedillo se encontró, de repente, en la presidencia de la República, sin duda uno de sus grandes desvelos lo representó el decidir quién sería el general del ejército que tendría que estar al frente del alto mando de las fuerzas armadas del país. Antes de la trágica muerte de Luis Donaldo Colosio, aquella tarde del 23 de marzo de 1994, en la populosa y paupérrima colonia tijuanense de Lomas Taurinas, de todos los nombres que se barajaban para suceder a Carlos Salinas, Zedillo era quien menos ascendencia tenía dentro de las fuerzas armadas. Siendo secretario de Educación Pública en el gobierno que antecedió su mandato, Zedillo dio la autorización para que se imprimieran los libros de texto gratuitos correspondientes al ciclo escolar 1992-1993. Quizá sin haberlos leído ni por encima, no se dio cuenta siquiera de que la mano de Gilberto

155

Guevara Niebla, uno de los activistas del movimiento estudiantil de 1968 que, como muchos, llegarían a disfrutar de un puesto en el gobierno federal, se hizo presente en los libros de texto gratuitos, gracias a su cargo de subsecretario. En dichos textos se dejaba muy mal parado al ejército mexicano:

> En el verano de 1968 la agitación estudiantil apareció en México, ante el nerviosismo de un gobierno preocupado por la imagen de México en los juegos olímpicos. El gobierno del presidente Gustavo Díaz Ordaz (1964-1970) actuó con dureza, pero en lugar de resolver el movimiento estudiantil, lo hizo crecer. Se sucedieron manifestaciones concurridas y acciones severas del gobierno en respuesta. En septiembre, el ejército ocupó la Ciudad Universitaria y las instalaciones del Politécnico Nacional, en la ciudad de México. El 2 de octubre, días antes de la inauguración de la olimpiada, un mitin estudiantil fue disuelto por el ejército en Tlatelolco. Corrió la sangre y la ciudad se estremeció. No se sabe cuántos murieron. El milagro mexicano parecía llegar a su fin.

Cuando el alto mando militar los conoció, la reacción no se hizo esperar.

Si el entonces candidato Luis Echeverría pidió en la Universi-Michoacana de San Nicolás de Hidalgo, en Morelia, guardar un minuto de silencio en memoria de los estudiantes muertos durante la noche de Tlatelolco, el general Marcelino García Barragán, entonces secretario de la Defensa Nacional, pidió a Gustavo Díaz Ordaz que le retirara la candidatura del PRI a la presidencia de la República.

Los libros de texto llevaron a un importante grupo de jefes militares a advertir que vetarían la nominación de Zedillo, en caso de que recayera en él la decisión sucesoria. La Secretaría de Educación Pública (SEP) mandó retirar de inmediato los millones de libros de texto gratuitos y Ernesto Zedillo no perdió oportunidad de "lavar" su imagen ante el ejército, acudiendo a cuanta escuela podía para presidir las ceremonias de abanderamiento y pronunciando discursos harto elogiosos para las fuerzas armadas. Ya presidente, Ernesto Zedillo volvería a meterse en problemas con el ejército cuando, el 5 de julio de 1997 —un día antes de las elecciones en las que el PRI perdió la capital de la república, gubernaturas y la mayoría en la cámara de diputados—, declaró en una entrevista por televisión:

> Yo diría que la reforma política empezó en 1968, y que ha pasado por varias etapas, y en todas ellas el país ha madurado políticamente, en todas ellas se ha enriquecido nuestra pluralidad, y ahora lo que estamos haciendo en esta reforma, que de alguna manera culmina las anteriores, es lograr condiciones de certidumbre y de equidad para la competencia política, que son un resultado de ese proceso acumulativo. Insisto, quizá el parteaguas de la vida política del país, cuando surge realmente el reclamo popular, sobre todo en los jóvenes por un país más democrático, fue en 1968, y estoy muy satisfecho porque también ahí, en aquellas épocas, de alguna manera yo inicié mi vida política y estar aquí a no tantos años, aunque ya casi son 29 años, en esta circunstancia y teniendo esta participación, es algo que sí me da mucha satisfacción.

También como ya es una tradición, el amplio comedor del Heroico Colegio Militar fue el escenario donde el ejército le ofreció al presidente un desayuno. Con un "Señores integrantes de las fuerzas armadas de México", Zedillo leyó un mensaje preñado de elogios y promesas, también ya tradicionales, aunque ni por asomo se refirió al conflicto chiapaneco detonado por el EZLN.

> El ejército, la fuerza aérea y la marina son instituciones que en el curso de nuestra historia se han distinguido por su patriotismo y su lealtad, por su inquebrantable vocación de paz y servicio a la población. Nuestras fuerzas armadas son las primeras defensoras de la soberanía nacional, protegen la liber-

tad de los mexicanos y apoyan así su destino de grandeza. En esta nueva etapa que inaugura mi gobierno, el patriotismo de las fuerzas armadas será, como siempre, esencial. Son ustedes la certidumbre de nuestras instituciones. Nuestras fuerzas armadas tienen una larga vocación de paz, porque han sabido encauzar su lealtad y apego a las instituciones para estar siempre al lado del pueblo, defendiendo su dignidad y enalteciendo el honor nacional. Una institución para la paz, como la que ustedes forman, debe estar siempre preparada para cumplir con la nación y con el pueblo de México. Por eso, mi compromiso es elevar los niveles de profesionalismo y educación militares. Estaré siempre atento a que nuestras fuerzas armadas cuenten con los medios suficientes para cumplir con su elevada responsabilidad; impulsaré la capacidad y eficacia de las fuerzas armadas para que continúen sirviendo con honor e incrementen la altísima moral de la oficialidad y la tropa.[18]

Zedillo se guardaba una sorpresa bajo la manga.

El 9 de febrero de 1995, acudió al Alcázar del Castillo de Chapultepec para encabezar la ceremonia de la Marcha de la Lealtad. En esta celebración anual el único orador es el secretario de la Defensa. Como tal se estrenaba el general Enrique Cervantes Aguirre con un discurso que a lo largo del sexenio fue cambiando de lo prudente a lo conminatorio, hasta terminar en conflictos de conciencia.

Lealtad es legalidad. Por definición, por proveniencia, por vocación, mandato y destino, el ejército es y debe ser leal a México, a su pueblo del que forma parte imprescindible; leal a las normas que éste se ha dado y a las instituciones de la república. Pero de manera muy señalada a la institución presidencial, a su comandante supremo de las fuerzas armadas, el ejército y la fuerza aérea le deben lealtad absoluta y subordinación incuestionable, no nada más porque así lo ordena la ley, sino porque así lo aconseja la historia y corresponde a la palabra de honor que cada uno de los soldados de la nación hemos empeñado. Para eso se lleva a cabo esta ceremonia, para recordar a quienes cumplieron con su deber, porque la sociedad quiere que ésa siga siendo la relación entre los poderes de la república y sus fuerzas armadas.[19]

Por la noche de ese 9 de febrero, Zedillo sorprendió a los mexicanos con un "mensaje a la nación" desde la residencia oficial de Los Pinos:

> Hoy debo informar a la nación que mientras el gobierno insistía en su voluntad de diálogo y negociación, el EZLN venía preparando nuevos y mayores actos de violencia, no sólo en Chiapas, sino en otros lugares del país. El día de ayer, la Procuraduría General de la República descubrió dos resguardos clandestinos del EZLN, en la ciudad de México y en el estado de Veracruz. En ellos se logró detener a un grupo de personas pertenecientes al propio EZLN, en posesión de un arsenal de armas de alto poder, granadas de mano, cabezas de mortero y explosivos. Las averiguaciones iniciadas indican que el EZLN estaba a punto de emprender nuevos actos de violencia.

Estas averiguaciones, informó Zedillo, habían permitido comprobar que "el origen, la composición de la dirigencia y los propósitos de su agrupación no son ni populares, ni indígenas, ni chiapanecas. Se trata de un grupo guerrillero, derivado de uno formado en 1969 en otro estado de la república y denominado Fuerzas de Liberación Nacional, partidario de la lucha armada para tomar el poder político".

Y vendría el anuncio del presidencial Ministerio Público. Se habían librado órdenes de aprehensión en contra de Rafael Sebastián Guillén, alias Marcos; Fernando Yáñez, alias Germán; Jorge Javier Elorriaga, alias Vicente; Jorge Santiago, alias Santiago, y Silvia Fernández Hernández, alias Sofía o Gabriela.

El dramático "mensaje a la nación" hacía pensar que todos los mencionados estaban ya bajo arresto o, al menos, perfectamente ubi-

159

cados. No fue así. Y aunque Zedillo aclaró en esa ocasión que "esta decisión de ninguna manera significa que el gobierno prefiera optar por la violencia para resolver el conflicto en Chiapas, ni que renuncie a su responsabilidad de atender las legítimas causas de inconformidad social en ese estado". El ridículo fue mayúsculo.

Diez días después, con motivo del día del ejército, Cervantes Aguirre, con esa consigna de subordinación total al poder civil, señalaría como obligación del ejército el cumplir las órdenes del presidente, pero advirtió que las fuerzas armadas no le harían "el juego a quienes abierta o embozadamente atentan contra México".

Cervantes Aguirre no dejó de disparar el primer obús sobre el conflicto chiapaneco que se daba "en medio de un proceso social y político sumamente complejo", al advertir que "no rehuimos nuestra misión y encomienda, pero queremos la paz; no enfrentamos problemas de conciencia, pero para que México vaya a la justicia, queremos la paz".[20]

En la conmemoración del día del ejército sólo hay dos discursos: el del secretario de la Defensa Nacional y el del presidente de la República.

Tras el frustrado desenmascaramiento de los líderes del EZLN, quienes desde Chiapas se burlaron del anuncio y, desde luego, nunca fueron arrestados, pues al final Zedillo habría de aprobar una Ley de Amnistía junto con el reconocimiento oficial del grupo subversivo como "ejército", volviendo a irritar a las fuerzas armadas que no dejaron de expresar que la Constitución de la república sólo reconoce un ejército —el mexicano— y una bandera —la tricolor—, en su mensaje de ese 19 de febrero el presidente habría de fijarles una línea de conducta en el caso Chiapas:

> Democracia plena, sí, dentro de los cauces constitucionales; pluralidad ampliada, sí, dentro de la unidad fundamental; cambio, sí, dentro de la certidumbre que dan el marco legal y los acuerdos entre las diversas fuerzas políticas; discrepancia,

sí, con respeto y tolerancia; promoción de las demandas sociales, sí, con ejercicio efectivo de las garantías individuales; defensa de las instituciones, sí, con observancia de los derechos humanos; autoridad, sí, pero no autoritarismo; libertad irrestricta, sí, pero sin daño a las libertadas de los demás; justicia, sí, para todos.[21]

Para entonces, Ernesto Zedillo ya había ordenado que el ejército entrara a las zonas controladas por el EZLN, después de que sus asesores políticos habían analizado los informes rendidos por la Sección Segunda (Inteligencia) del Estado Mayor de la Secretaría de la Defensa Nacional. Dichos informes sostenían que el levantamiento armado en Chiapas no representaba, ni con mucho, un problema de índole militar, ni siquiera por las características de la zona selvática de la región. No en balde, desde 1983, se habían concentrado en Chiapas tropas selectas que conformaron la VII Región Militar, cuyo mando geográfico incluía a Tabasco.

Precisamente en 1983, el general Enrique Cervantes Aguirre fue nombrado comandante de la 31ª Zona Militar, con base en Tuxtla Gutiérrez. Cervantes tenía experiencia en la lucha antiguerrillera, toda vez que en los años setenta tuvo a su cargo la lucha contra el grupo que encabezaba, en Guerrero, Lucio Cabañas y su Partido de los Pobres.

Si bien la orden presidencial fue en el sentido de que las fuerzas armadas apoyaran a la Procuraduría General de la República (PGR) en su tarea de ejecutar las órdenes de aprehensión en contra de los dirigentes del EZLN, el ejército sabía que tenía que prepararse para una acción de guerra, que no policiaca, y así lo hizo saber a su comandante supremo. En esos días, el comandante de la Brigada de Paracaidistas, general Ramón Arrieta, así lo confirmó: "Es la guerra".[22]

El ejército avanzó de acuerdo con sus planes de combate. Las zonas zapatistas quedaron bajo control militar en su totalidad, pero los dirigentes zapatistas, principalmente el Subcomandante Marcos, se volvieron humo. Si ninguno de los informes recibidos, ya sea por parte del ejército o de la PGR, no revelaba la ubicación de la dirigencia zapatista, Zedillo se habría embarcado en una empresa harto peligrosa para su gobierno. Prevalecería, muy a pesar de ellos mismos, lo que los militares tienen como máxima: "el que manda, manda, y si se equivoca, vuelve a mandar". Zedillo se equivocó, y su equivocación llevó al país y a sus instituciones a un desgaste permanente y oneroso.

Vega y Fox

Si durante los gobiernos priístas encabezados por civiles la designación del secretario de la Defensa Nacional resultaba de un proceso muy reservado, en el primer gobierno de oposición, encabezado por Vicente Fox, esta designación pretendió llevar el sello de la casa: una selección abierta en la que el propio Fox invitó a todos los generales de división a contender por el puesto.

Adolfo Ruiz Cortines (1952-1958) y Adolfo López Mateos (1958-1964) dieron la responsabilidad de la Defensa Nacional a dos generales que habían sido presidentes del PRI: Matías Ramos Santos, del 14 de diciembre de 1934 al 15 de junio de 1935, y Agustín Olachea Avilés, de 1956 a 1958.

A partir de entonces, especialmente en el gobierno de Gustavo Díaz Ordaz (1964-1970), el cargo de secretario de la Defensa Nacional recayó sobre el general que le garantizaba al presidente en turno obediencia y lealtad total (véase la tabla I).

Con la llegada del nuevo milenio, el ejército mexicano se presentaba en la escena política del país no sólo como un factor real de poder, sino como un sector social cuyo voto se disputaban, por caminos diferentes, los tres más fuertes aspirantes a la silla presidencial.

Las fuerzas armadas del país arribaban al año 2000 con un alto grado de operatividad, reorganización estratégica, capacidad de movilización y rápida respuesta y, sin duda, lo más importante, con

Tabla I. *Presidentes, secretarios de la Defensa Nacional y jefes del Estado Mayor Presidencial, 1940-2006*

AÑOS	PRESIDENTE	SECRETARIOS DE LA DEFENSA NACIONAL	JEFES DEL ESTADO MAYOR PRESIDENCIAL
1940-1946	Manuel Ávila Camacho	Pablo E. Macías Valenzuela (1-XII-1940-1-XII-1942) Lázaro Cárdenas (1-XII-1942-1-IX-1945) Francisco L. Urquizo (1-IX-1945-30-XI-1946)	
1946-1952	Miguel Alemán Valdés	Gilberto R. Limón	Santiago P. Piña Soria
1952-1958	Adolfo Ruiz Cortines	Matías Ramos Santos	Alejandro Hernández Bermúdez
1958-1964	Adolfo López Mateos	Agustín Olachea Avilés	José Gómez Huerta
1964-1970	Gustavo Díaz Ordaz	Marcelino García Barragán	Luis Gutiérrez Oropeza
1970-1976	Luis Echeverría Álvarez*	Hermenegildo Cuenca Díaz	Jesús Castañeda Gutiérrez
1976-1982	José López Portillo*	Félix Galván López	Miguel Ángel Godínez Bravo
1982-1988	Miguel de la Madrid Hurtado*	Juan Arévalo Gardoqui	Carlos Humberto Bermúdez Ávila
1988-1944	Carlos Salinas de Gortari*	Antonio Riviello Bazán**	Antonio Cardona Merino
1994-2000	Ernesto Zedillo Ponce de León*	Enrique Cervantes Aguirre**	Roberto Miranda Sánchez
2000-2006	Vicente Fox Quesada	Gerardo Clemente Ricardo Vega García	José Armando Tamayo Casillas

* Expresidentes vivos.
** Exsecretarios vivos.

163

cuadros medios altamente preparados en todas las ramas académicas que imparte el sistema educativo militar, incluida desde luego la ciencia política.

Sin embargo, también lo hacían ante una coyuntura nacional marcada por la inseguridad pública, conflictos institucionales, movimientos guerrilleros en diversos estados de la república y un proceso político-electoral desaseado, corriente y, desde luego, impredecible.

Ante los duros tiempos que se viven, y que como dijera el general Enrique Cervantes Aguirre, "parecieran deliberadamente complicados para aturdir, escindir o enfrentar",[23] el ejército se había visto afectado en diversos frentes: el involucramiento de altos jefes militares en el narcotráfico; las acusaciones provenientes del exterior que han tocado las más altas esferas militares; la efímera aunque dañina aparición del Comando Patriótico de Concientización del Pueblo, encabezado por un grupo de oficiales descontentos; la afiliación al PRD de varios generales retirados; el rechazo del PRI para apoyar las candidaturas de dos generales a las gubernaturas de Nayarit y Baja California; la inclusión de una brigada de Policía Militar (5,000 hombres) a la Policía Preventiva y, por encima de todo, la recurrente crítica a la presencia militar en Chiapas.

Todos estos elementos no sólo provocaron la atomización de los casi 200,000 efectivos militares en todo el país, sino que el ejército como tal estaba siendo utilizado como un instrumento electorero, tanto en el discurso público como privado, de los tres candidatos a la presidencia de la República: Cuauhtémoc Cárdenas Solórzano (PRD), Francisco Labastida Ochoa (PRI) y Vicente Fox Quesada (PAN). Conforme medían fuerzas, los tres hacían referencia al papel del ejército en la vida nacional.

Cárdenas, incluso en un "manifiesto a la nación", decía que él retiraría al ejército de la lucha contra el narcotráfico y lo regresaría a sus cuarteles; desaparecería el Estado Mayor Presidencial ("pues no puede haber dos ejércitos") y nombraría a un civil como secretario de la Defensa Nacional, esto en un afán por ganarse el voto de los militares que presumiblemente ya no querían saber nada de tareas sucias.

Fox hacía alarde de sus "nexos" con el ejército, por el hecho de haberse reunido con cinco generales que le aseguraron estar de su lado; a él le tomaría "quince minutos" ponerse de acuerdo con el encapuchado Marcos y, en ese mismo lapso, sacaría al ejército de Chiapas. Igualmente buscaba el voto de los que ya estaban fastidiados de esperar y aguantar insultos en la selva chiapaneca.

Labastida también tenía sus ideas sobre el tema, aunque, a la postre, resultaron tanto o más desafortunadas que las de sus oponentes. Una opinión expresada en privado trascendió en los círculos militares que recibieron con extrañeza y enfado lo dicho por Labastida: "Haré cambios en el ejército, aunque les pese". Y aquí el mensaje pinchó en hueso.

De entrada, no faltó quien dijera: "Ya habla como presidente sin serlo todavía". Y más. Echando mano de la sabiduría popular, algunos militares de alta graduación sostenían que "en la forma de agarrar el taco se conoce al buen tragón". "Pero Labastida ha tenido mucho tiempo para demostrar que sabe agarrar el taco —como gobernador, secretario de Estado y ahora como candidato a la presidencia de la República—, y no se le ve que sea buen tragón."

El voto militar, aunque muchos se nieguen a calificarlo así por su reminiscencia corporativista, es importante.

Las fuerzas armadas cuentan con cerca de 200,000 efectivos. Si se considera el efecto multiplicador —cónyuges, padres, hermanos, hijos, primos, etcétera, y amistades cercanas, generalmente unidos por la vida castrense—, el ejército representa poco más de un millón de votos.

El ejército es apolítico y no le preocupa a qué partido pertenezca el hombre que llegue a ocupar la silla presidencial, al menos eso declara en público el alto mando militar. Sin embargo, ser apolítico es una cosa y ser ateo político es otra.

Aquellos generales que se consideraban con oportunidad para ocupar la cartera de la Secretaría de la Defensa Nacional, a partir del primero de diciembre de 2000, no podían ocultar la incomodidad que les provocaba la simple idea de que el primer presidente del siglo XXI fuera un perredista o un panista. No faltaron militares que comentaron en corto y muy a su manera: "¿Votar por Fox? Ni *maíz*, ni madres".

A Cárdenas, por ejemplo, se le olvidaba que la democracia significa mucho más que mantener a los soldados en sus cuarteles. Y a Fox le pasaba de noche que el ejército mexicano es mucho más que cinco generales despistados que alguna vez cayeron en la trampa de reunirse con él.

No es que las fuerzas armadas se inclinaran por el priísta —menos cuando se supo que estaba dispuesto hacer cambios en el ejército "aunque les pese"—, sino que el instituto armado se encontraba, irónicamente, ante el hecho de que sólo defendiendo al Estado ante cualquier crisis aumentaría su poder y su prestigio dentro del sistema político. Después de todo, la intervención del ejército moderno debe ser para respaldar un acto de legalidad, toda vez que la autoridad civil es la única fuente de legitimidad.

Y mientras los candidatos presidenciales buscaban la manera de allegarse ese millón de votos verde olivo, las fuerzas armadas se preparaban para "garantizar al país en general la seguridad y tranquilidad necesarias para su desarrollo político, económico y social", sobre todo al contemplar las "nuevas amenazas a la seguridad nacional", y buscaban solucionar los problemas que "trastocan la seguridad de la nación y la tranquilidad e integridad moral de la sociedad", tal como lo señalaban en el informe militar rendido al Congreso de la Unión.[24]

El primero de diciembre de 2000, Vicente Fox, el hombre que igual bendice que maldice; el hombre que llama al arrepentimiento a los que delinquen, en una confusa actitud de redentor y represor, e invita a todos a sumarse a su cruzada, adquirió, junto con la silla presidencial, el grado de general de división de cinco estrellas, el título de comandante supremo de las fuerzas armadas y el mando de cerca de 200,000 hombres sobre las armas.

La Constitución Política establece, en su artículo 89, que el presidente de la República dispondrá del ejército y de la fuerza aérea para salvaguardar la soberanía, así como mantener la seguridad interior y exterior de la nación.

Por su parte, la Ley Orgánica del Ejército y Fuerza Aérea Mexicanos apunta, en su artículo 5º, que el mando supremo corresponde al presidente de la República, quien lo ejercerá por sí a través del secretario de la Defensa Nacional o por medio de la autoridad militar que designe. Asimismo, el presidente determinará la división militar del territorio nacional, así como la distribución de las fuerzas armadas, actualmente agrupadas en 12 regiones, 44 zonas y 24 guarniciones militares.

El jefe del ejecutivo tiene, además, la facultad de nombrar al secretario, subsecretario y oficial mayor de la Secretaría de la Defensa Nacional (SEDENA); al jefe del Estado Mayor de la misma y al jefe del Estado Mayor Presidencial; al jefe de la Fuerza Aérea y al jefe del Estado Mayor Aéreo; al inspector general del Ejército y Fuerza Aérea; a los comandantes de los diversos mandos territoriales; a los directores generales y jefes de departamentos administrativos de la SEDENA; al procurador general de Justicia Militar y al presidente y magistrados del Supremo Tribunal Militar; a los comandantes de las Grandes Unidades y de los Cuerpos de Tropa, y a los demás funcionarios que determine.

Asimismo, el artículo 9º de la mencionada ley establece que el presidente dispondrá de un Estado Mayor Presidencial, es decir, un

órgano técnico militar que lo auxiliará en la obtención de información general; planificará sus actividades personales propias del cargo y las prevenciones para su seguridad, y participará en la ejecución de las actividades procedentes, así como en las de los servicios conexos, verificando su cumplimiento.

Desde luego que el rubro militar representaba apenas uno de los muchos en los que tendría que emplearse a fondo Vicente Fox, pero dado su desconocimiento de lo que representan las fuerzas armadas en el país, su aplicación debía ser mayor.

El 3 de julio de 2000, Ernesto Zedillo recibió a Vicente Fox en Los Pinos para iniciar el proceso de transición. Fox se apuró a elogiar al ejército diciendo que es

> institucional y muy apreciado por los mexicanos en virtud de los grandes servicios que ha prestado en momentos de crisis; por tanto, quiero cuanto antes entrar en contacto con el secretario de la Defensa Nacional, quiero platicar ampliamente con los militares, conocer todas sus tareas, sus planes de trabajo. Iré entrevistando también a diversos personajes dentro del ejército para buscar a quien será el secretario de la Defensa.

Fox diría que su equipo de trabajo estaría formado de una manera diferente. Entraría en un proceso de selección riguroso, "como se hace en las empresas".

La relación Fox-ejército era nula, por más que el guanajuatense se haya empeñado en divulgar que sostenía reuniones privadas con cinco generales. El propio secretario de la Defensa Nacional, general Enrique Cervantes Aguirre, llegó a señalar que el ejército no tenía candidato y que nadie se reunía con ninguno de los aspirantes.

Hay que tener en cuenta que a los militares jamás les ha preocupado quién ocupa la presidencia de la República, ni a qué partido pertenece. Los altos mandos están en manos de hombres que tienen más de 40 años de servicio y ellos mismos dicen que ningún partido político o candidato les podrá cambiar esa vida.

Así las cosas, la nula relación Fox-ejército y el desconocimiento del presidente electo respecto de las estructuras castrenses, le dificultarían, supuestamente, "seleccionar", como si lo hiciera en una empresa, a su secretario de la Defensa Nacional.

En ningún momento de su campaña electoral Vicente Fox demostró tener un proyecto de seguridad pública, ni mucho menos uno de seguridad nacional, rubro en el que las fuerzas armadas del país tienen la misión más relevante.

Se comenzaron a oir voces de generales retirados que, como Luis Garfias Magaña (quien posteriormente se afilió al PRD), opinaron que si ganaba Fox, el futuro del ejército sería incierto, pues el panista no tenía la menor idea de lo que significaban las fuerzas armadas.

Hacia el interior del ejército se aseguraba que cualquier general de división podía ocupar la Secretaría de la Defensa Nacional, pero también decían que hay unos más iguales que otros. Como había ocurrido en administraciones anteriores, el secretario de la Defensa Nacional saliente tenía sus propios candidatos para sucederlo, pero los cuadros del alto mando también tenían sus preferencias. Si Zedillo no tenía el menor ascendiente en el ejército —de hecho de los candidatos de su época fue el que menos lo conocía y el que más lo agravió—, los aspirantes presidenciales al sexenio 2000-2006, menos.

Se confiaba entonces en que, como señalaba la tradición, el alto mando de las fuerzas armadas le presentaría al presidente electo al general que hubiera designado para ocupar el cargo de secretario de la Defensa Nacional.

No podía ser de otra manera. El ejército ha requerido siempre, más que de un administrador, como parecía buscarlo Fox, de un profesional militar, nacionalista y leal al pueblo; de un hombre que mantenga la unidad interna, el desarrollo de la institución, el profesionalismo de sus mandos y el adiestramiento de las tropas y, sobre todo, de un hombre que aun plegándose irrestrictamente al poder civil, como debe ser, no se volviera un incondicional del presidente en turno. Un militar que en efecto se manifieste "en voz alta y de cara a la nación" cuando las cosas no marchen como deben.

El fundamentalismo que ha demostrado Fox, junto con sus

resabios de autoritarismo, habrían podido completar, más temprano que tarde, una mezcla explosiva de haber coincidido con un general ambicioso, incondicional y alejado de sus tropas. Hay uno que otro general que toda su vida han caminado con un espejo enfrente que cargan sus ayudantes.

Lo cierto es que el triunfo electoral de Vicente Fox constituyó una gran prueba para el ejército. Si las fuerzas armadas se encuentran, irónicamente, ante el hecho de que sólo defendiendo al Estado en una crisis de grandes dimensiones es posible aumentar su poder y su prestigio dentro del sistema político nacional, el cambio pactado aquel 2 de julio podría representar, también más temprano que tarde, una crisis de este tipo.

Después de que Vicente Fox resultó electo presidente, la prensa comenzó a hablar de los generales que aspiraban a ocupar la Secretaría de la Defensa Nacional. De acuerdo con el escalafón de los generales de división, en primer lugar estaba Rodolfo Reta Trigos, quien aparecía por tercera vez en la contienda, mientras fungía como director de Fábricas de la SEDENA. Le seguía José Ángel García Elizalde, también alguna vez mencionado para el cargo y en ese momento al frente de la Dirección de Personal. Después estaba Mario Renán Castillo Fernández, comandante de la VII Región Militar, con sede en Tuxtla Gutiérrez, Chiapas, en cuyos hombros recayó el control del conflicto zapatista.

Aparecía también Delfino Mario Palmerín Cordero, entonces al frente del I Cuerpo de Ejército, así como José Domingo Ramírez Garrido Abreu, quien había estado al frente de la XII Región Militar con sede en Irapuato, Guanajuato, cuando Fox fue gobernador de ese estado. Garrido Abreu es hijo de un ameritado piloto, miembro del famoso Escuadrón 201 y hermano de Graco Luis Ramírez Garrido Abreu, miembro del PRD.

No fue sino hasta unos días antes de la toma de posesión cuando se supo que el general Gerardo Clemente Ricardo Vega García, que ocupaba el lugar número 21 del escalafón y quien apenas el 20 de noviembre de 1999 había ascendido a divisionario, entraba de lleno a la pelea.

Pero las políticas de Fox, en cuanto a la selección del secretario de la Defensa, ya habían dado paso a lo que jamás había ocurrido en los altos mandos del ejército, o al menos lo que no se llegaba a conocer. Se formaron grupos dentro y fuera, de los militares en activo y de los militares retirados. Desde luego el secretario saliente, Enrique Cervantes Aguirre, movió sus piezas para tratar de legar su cargo a uno de sus incondicionales: el general Juan Heriberto Salinas Altés, quien había sido su jefe de Estado Mayor. Incluso, Cervantes Aguirre contempló la posibilidad de que el general Marcial Rafael Macedo de la Concha, quien durante su administración había fungido como procurador general de Justicia Militar, fuera el heredero. Macedo de la Concha lo habría de confiar así al autor durante una entrevista privada, cuando ocupaba ya la Procuraduría General de la República (PGR).

Los de afuera, los retirados, intentaron lanzar, a través de la asociación civil Alianza Nacional Revolucionaria, al general Miguel Ángel Godínez, quien fuera jefe del Estado Mayor Presidencial en el gobierno de José López Portillo (1976-1982) y comandante de la VII Región Militar, con base en Tuxtla Gutiérrez, Chiapas, precisamente durante el levantamiento armado del EZLN.

En una entrevista con la reportera Martha Anaya del diario *Milenio*,[25] el general Godínez Bravo dijo:

> Si se le pregunta a cualquier general del ejército ¿quieres ser secretario de la Defensa?, y contestara que no, ese general no merecería ser de división, porque no tiene ilusiones, porque no tiene deseos de superación. Si me proponen ser secretario de la Defensa Nacional, ¡claro que acepto! Aspiro a serlo, cumplo absolutamente con todos los requisitos para ese cargo y no tengo enemigos en el ejército.

Después de declararse *guadalupano*, Godínez Bravo, a quien sus compañeros de armas le concedían mayores capacidades políticas que militares, le dijo a Martha Anaya:

> Sinceramente creo que nosotros los militares, si fuéramos otro tipo de ejército, estaríamos en este momento tratando de pedir explicaciones a los presidentes civiles de qué ha pasado en el país desde que nosotros se lo entregamos, y conste que nosotros entregamos un país mejor que el de ahora... ¿Qué hicieron con el país que les entregamos?

Entre agosto y octubre de 1999, de acuerdo con un reportaje firmado en el periódico *El Universal* por Jorge Alejandro Medellín,

> Vicente Fox buscó, por iniciativa propia, al general de división Miguel Ángel Godínez Bravo para ofrecerle la cartera de la Secretaría de la Defensa Nacional. En su primer encuentro, el militar rechazó la oferta del panista, aduciendo su institucionalidad y su apego a la voluntad, los tiempos y las formas dictadas por el alto mando para decidir al sucesor del general Enrique Cervantes Aguirre.[26]

Ante la *invitación* que Fox hizo a los generales de división para que le presentaran su plan de trabajo, el único que lo hizo —y así lo reveló al autor— fue el general Delfino Mario Palmerín Cordero.

Durante una larga plática en el cuartel general del I Cuerpo de Ejército, que comandó hasta el último día del sexenio de Ernesto Zedillo, Palmerín Cordero habló sobre el plan que le había presentado al presidente electo.

Palmerín Cordero —quien en su historial militar se registra haber comandado la Brigada de Paracaidistas (él es boina verde graduado en Estados Unidos) y la VIII Región Militar, con sede en Ixtepec, Oaxaca, entre sus principales comisiones— fijó en su plan de trabajo: elevar la moral de la tropa (pues se registraban ya muchas deserciones), otorgar medallas a los soldados que se distinguieran en cualquier misión; dotarlos de nuevos uniformes "más lucidores", y mejorar el sistema educativo militar.

De llegar a la Secretaría de la Defensa Nacional, "le cortaría la cabeza a muchos", amén de que a la mayoría de sus compañeros divisionarios les quedaba poco tiempo en activo.

Al hablar del conflicto en Chiapas, Palmerín le ganó a Fox en cuanto a su solución, pues dijo que él lo resolvería en "cinco minutos", hablando con Tacho y dando de alta en el ejército a los simpatizantes zapatistas.

Pero la noche del 31 de noviembre de 2000, quien tomó posesión como secretario de la Defensa Nacional fue el general Vega García, y Palmerín tuvo que conformarse con la subsecretaría. En la ceremonia de transmisión del mando, el secretario saliente, Cervantes Aguirre, dijo: "El general Vega García será factor fundamental en la buena marcha del país".

El 27 de diciembre de 2000, ya en sus oficinas de la subsecretaría, en una nueva plática privada, Palmerín Cordero me dio una truculenta explicación del porqué no había alcanzado la titularidad: una bruja de Oaxaca le dijo que le habían hecho "un trabajito" e inventado una "gran mentira".

El "trabajito" y la "gran mentira" las habría de relatar así: la noche anterior a aquella en la que el presidente electo se decidió por el general Vega García, el todavía secretario de la Defensa Nacional, Enrique Cervantes Aguirre, habló por teléfono con Vicente Fox pidiéndole le perdonara lo abrupto de la llamada, pero que se trataba de algo "muy urgente".

Sentado en un mullido sofá de cuero de la que ya se distinguía como la oficina más solitaria de la Defensa Nacional, Palmerín Cordero, bromeando respecto de que ya no había micrófonos ocultos, siguió con su extraño relato: Cervantes Aguirre le dijo a Fox que había recibido un informe de la Agencia Estadunidense Antinarcóticos (DEA, por sus siglas en inglés), a través del embajador de Estados Unidos en México, Jeffrey Davidow, en el que se aseguraba que Palmerín Cordero tenía nexos con el narcotráfico.

Según aseguró Palmerín Cordero en esta entrevista, el plan de Vicente Fox era nombrarlo a él secretario de la Defensa Nacional y a Vega García "secretario adjunto", encargado de conducir cuestiones de doctrina y estrategia. Adolfo Aguilar Zinser, quien habría de ser un efímero consejero presidencial de seguridad nacional, había insistido en que sólo se designara a un secretario de la Defensa: a Vega García. Tras la supuesta llamada de Cervantes Aguirre, Fox se decidió y anunció públicamente el nombramiento.

Palmerín concluye su relato diciendo que, cuando Vicente Fox se encontró con el embajador Davidow, le agradeció el informe. Sorprendido, Davidow le dijo que él nunca había enviado tal informe al general Cervantes.

Durante una entrevista de prensa en su rancho de San Cristóbal, Guanajuato, le preguntaron a Fox por qué no había designado al general Palmerín. Por toda respuesta, Fox se tomó la muñeca de su brazo izquierdo en clara alusión a que le habían "torcido la mano".

Al saber que no sería nombrado secretario, Palmerín Cordero estaba decidido a no aceptar la subsecretaría. Pero argumentó que sus amigos lo convencieron de lo contrario, pues de no aceptar el cargo "muchos estarían sobre ti"; en cambio, como subsecretario sólo Vega y Fox estarían arriba de él.

Sin embargo, la relación Vega-Palmerín nunca llegó a ser buena y, en agosto de 2001, el segundo se fue a Inglaterra como agregado militar en la embajada de México.

La versión del "trabajito" y la "gran mentira" chocan con lo dicho también en una reunión privada por el general Vega, quien aseguró que Fox le había ofrecido la Secretaría de la Defensa Nacional seis meses antes de su toma de posesión.

Desgaste interno

Entre las muchas cosas para las cuales no se había preparado Vicente Fox sobresalía, sin duda, el trato con el ejército. En los círculos militares se llegó a saber que en una ocasión dijo a sus operadores: "¿Qué voy a hacer con tantos generales?".

Fox no encontraba la manera de resolver el problema de la sucesión militar no sólo porque el secretario de la Defensa Nacional sería el único representante que quedara del sistema político al que derrotó el 2 de julio, sino porque en el próximo general de cuatro estrellas descansaría, en buena medida, la gobernabilidad del país.

Poco tiempo antes de la toma de posesión del nuevo gobierno, el general Enrique Cervantes Aguirre comentó que "no hemos sido requeridos" por el equipo de transición foxista para ventilar asuntos de seguridad nacional y otros factores de igual importancia, sino que los contactos han sido únicamente de orden protocolario, lo que adelantaba ya la magnitud del problema.

El próximo general de cuatro estrellas no podría desligarse del todo del ancien régime; no tal fácil, al menos. Quizá por ello, los operadores foxistas no encontraron otra forma de enfrentar el problema de la sucesión militar que la de filtrar, en la prensa, los nombres de aquellos generales que a través de los años han tenido algún grado de relación con Vicente Fox o algún otro panista, como Francisco Barrio.

Pero el problema no era que Vicente Fox o alguno de sus hombres conocieran más o menos a uno o dos generales; se trataba de que el general en cuestión conociera plenamente al ejército y de que las fuerzas armadas lo reconocieran como un comandante natural.

Por más que en el ejército la disciplina, razonada o no, sigue siendo su espina dorsal, los cuadros de mando medios y superiores no estarían dispuestos a aceptar formar parte de un acuerdo político superficial, que no otra cosa significaría el designar a un general que no contara con su visto bueno.

El ejército mexicano es la institución sine qua non de nuestro

175

país, producto de la desgastada Revolución mexicana. En todas las escuelas militares, desde las destinadas a la tropa (Escuela Militar de Clases) hasta las de jefes y generales (Escuela Superior de Guerra y Colegio de Defensa), las asignaturas para reforzar el nacionalismo son de primer orden. Patria, nación, soberanía e independencia son vocablos que ocupan lugares intocables en la agenda militar.

De ahí que Vicente Fox enfrentara la posibilidad de cometer el error más grande de su carrera presidencial, en caso de que se hubiera decidido por un general al que un día conoció en alguna ceremonia siendo gobernador de Guanajuato, y que realmente no reuniera las cualidades necesarias para comandar el ejército que él desconoce.

Por otra parte, a pesar de que el secretario Cervantes Aguirre dijo a todo aquel que quiso escucharlo que todos los generales que se mencionaban reunían los requisitos para sucederlo, la corriente era otra. Hacia el interior de las fuerzas armadas, de los generales cuyos nombres se filtraron, ninguno poseía cabalmente las cualidades y los méritos para ocupar la titularidad de la Secretaría de la Defensa Nacional.

En círculos militares comenzó a discutirse que si Fox elegía a un general basándose sólo en este tipo de conocimiento, lo mejor del generalato podría dejar el ejército y se perdería de un plumazo la experiencia y el proyecto.

Asimismo, en el ejército es tradicional que, por lo menos con dos años de anticipación, los posibles candidatos a ocupar la Secretaría de la Defensa Nacional comiencen a elaborar un muy completo proyecto de trabajo. Como nadie en el ejército creía, en realidad, en el triunfo de Fox, los supuestos "conocidos" del presidente electo no tenían, ni con mucho, un plan de esta categoría.

Vicente Fox anunciaba que el cargo de secretario de la Defensa Nacional era uno de los que todavía no decidía porque "no me he entrevistado aún con los integrantes de la terna", porque esperaba conocer de ellos su "historia de éxitos" y los "resultados" que hubieran dado a lo largo de su carrera.

Ahora que si lo que buscaba era provocar una purga en los altos mandos, precisamente, a través de un nombramiento superficial, la situación se complicaría en grado máximo.

Hacia el interior de las fuerzas armadas se advertía, más que nerviosismo, desacuerdo en el tratamiento que se le daba al proceso sucesorio, y no faltó algún general que se lanzara de espontáneo a enviarle su currículum a Vicente Fox, y otros que ya se tiraban todo tipo de proyectiles. Ante tal desgaste, un jefe militar me comentó que el general Vega García estuvo a punto de retirarse de la contienda.

"No cabemos"

Cada seis años, después de tomar posesión de su cargo, el presidente de la República se traslada a Palacio Nacional donde desde el balcón principal presencia un desfile militar con el que las fuerzas armadas manifiestan su lealtad al nuevo comandante supremo.

Se trata de uno de tantos simbolismos sexenales inscritos en la tradición política, que busca dar muestra del orden constitucional y, de alguna manera, de subordinación del ejército al poder civil.

Pero desde el pasado 2 de julio nada es igual. Los simbolismos dieron paso a la histeria cambista y la tradición al exhibicionismo revanchista de los hombres que han ocupado y ocupan la máxima responsabilidad en un país.

El 6 de octubre de 2000, una nota periodística[27] daba cuenta de ese desconocimiento, inexperiencia y ligereza de los "operadores" de Fox, esta vez aglutinados en Carlos Rojas, coordinador administrativo del equipo foxista.

Rojas se opuso rotundamente a que la presentación de Fox ante las fuerzas armadas se llevara a cabo en el Zócalo, como lo proponía el ejército. A cambio sugirió el Campo Marte y el militar negociador dijo: "No cabemos". Rojas contestó: "Sí caben". Francisco Garfias fue generoso al calificar de "torpe" el siguiente comentario de Rojas:

177

"La cúpula militar no necesitará el espacio de la Plaza de la Constitución porque quedará muy reducido después de meter a la cárcel a todos los que están involucrados en el narcotráfico".

El general negociador debió enrojecer, dio la media vuelta y se marchó. De acuerdo con la nota de Francisco Garfias, Salvador Beltrán del Río, representante del Comité Ejecutivo Nacional (CEN) del PAN, tuvo que correr para alcanzar al militar y aclararle que ésa no era la postura de su partido. Se aceptó la disculpa y el general —cuyo nombre no cita— le dijo a Beltrán del Río: "Ahora distingo con claridad que no es lo mismo el PAN que estos señores del equipo de transición, pero ellos son los que van a gobernar".

Por supuesto que el asunto no pasó inadvertido entre los altos mandos del ejército. Generales de impecable formación y acendrado nacionalismo no pudieron evitar decir que el negociador militar perdió la gran oportunidad de mandar al demonio a quien así los había tratado.

En las oficinas de la Secretaría de la Defensa Nacional persistía, igualmente, la preocupación ante la torpeza de los foxistas y su total desconocimiento del sector militar, la ligereza con la que ya se comprometía al ejército y, algo más, la insistencia de Washington para que se designara a un civil al frente de dicha dependencia. Fue entonces cuando cobró relevancia la sentencia emitida por algunos mandos: "Si Fox quiere tener un gobierno fuerte, deberá contar con un ejército fuerte".

Los "otros" asesores

Después vendrían a meter más ruido en este asunto José Luis Reyes, exdelegado de la Procuraduría General de la República en Guanajuato, y Francisco Molina Ruiz, exprocurador de Chihuahua, argumentando que el ejército debía ser retirado de la lucha contra el narcotráfico porque "no era un asunto de seguridad nacional".

Pasó poco tiempo antes de que el propio Fox pusiera orden y

le diera a las fuerzas armadas mayores responsabilidades en el ámbito policiaco y, precisamente, en la lucha contra el tráfico de drogas.

Pero los asesores foxistas seguían metidos en el laboratorio para explicar a sus jefes lo que son y lo que deben ser las fuerzas armadas, como fue el caso de Erubiel Tirado, asesor del secretario de Gobernación, Santiago Creel.

En mayo de 2001, el Centro de Estudios Hemisféricos de Defensa patrocinó, en Washington, un seminario titulado Redes 2001, que contó con la asistencia de más de cien especialistas en temas militares. Erubiel Tirado presentó entonces un amplio trabajo al que denominó "Relación civil-militar en México. Hacia la reformulación de un nuevo pacto".

Aunque con la advertencia de que su análisis "no representa la postura de la Secretaría de Gobernación", Tirado destacó que Vicente Fox siempre quiso dejar en claro que gobernaría con el apoyo del ejército, por lo que "fue sintomático que ya investido presidente y comandante supremo del ejército visitase en forma consecutiva recintos castrenses en sendas ceremonias con un marcado acento en la lealtad institucional de las fuerzas armadas y su nacionalismo, al que ya se le despojó de la mística revolucionaria".

El asesor de Santiago Creel, tras ponderar los más de 21,000 millones de pesos que el congreso aprobó como presupuesto para el ejército en 2001, apuntaba como ejemplo de la manera en que se "beneficia ahora el estamento castrense" las "prerrogativas personales en el caso particular del anterior secretario de la Defensa, cuya seguridad (sin contar sus ingresos de alto mando retirado) significa una erogación mensual de 700,000 pesos".

Sin duda un hombre con acceso a información privilegiada, el asesor Tirado abordó el tema de la justicia militar, diciendo que el presidente Fox, "en la medida en que el mando militar ya no puede evadir su intervención personal y directa, ha hecho valer más sus poderes discrecionales antes que fortalecer la eficacia de la aplicación de la ley".

Apoyado en las tendencias de cambio hemisférico que se registran, Tirado aseguraba que las transformaciones más importantes se centran en la redefinición de las tareas de las instituciones armadas, acompañadas de un acercamiento institucional y abierto con sus respectivas sociedades,

además de un nuevo compromiso de sujeción al poder civil y a las reglas del juego democrático. Estos cambios afectan la organización y estructura misma de los cuerpos castrenses, por lo general involucran la conducción a cargo de un civil y establecen un conjunto de reglas de supervisión y control a cargo del poder legislativo.

El sometimiento civil de las fuerzas armadas mexicanas, "en ocasiones se ha llegado a desvirtuar ante la concentración del poder unipersonal, deficientemente acotado, de la institución presidencial".

Al referirse a la lucha contra el narcotráfico, el autor sostiene que la participación del ejército (en la que Estados Unidos pone aún más énfasis) ha producido un desgaste político e institucional que, por momentos, ha llevado al Estado mexicano a diseñar una estrategia que permita, si no retirar por completo a las fuerzas armadas, dejarles un papel secundario y menos expuesto a la corrupción que genera este fenómeno.

El ejército mexicano está tratando de conciliar su tradicional recelo antiestadunidense con las necesidades de cambio, originadas por los procesos de globalización. Por un lado, observa una mayor receptividad sobre el apoyo material que está relacionado con la lucha antinarcóticos y de formación de recursos y, por otro, procura, aunque a veces de manera infructuosa, mantener su distancia respecto de actividades que considere que pueden atentar contra su tradicional determinación doctrinal de defensa (soberanía y preservación del orden interno).

Sin embargo, el asesor Tirado consideraba prematuro formular un juicio de valor sobre el futuro de la relación civil-militar,

> pero sí es de extrañar el viraje discursivo y el tratamiento inicial del primer presidente no priísta en 70 años. La práctica política de los cambios en procesos de transición democrática apunta, casi en forma invariable, que las propuestas de transformación estructural se formulan y se intentan llevar a cabo en lo inmediato porque ello representa un mejor costo de oportunidad y así lograr cierto éxito y aumentar la legitimidad del nuevo régimen.

Tras asegurar que el gobierno de Vicente Fox no enfrenta una situación difícil ni en lo político ni en lo económico, y que quizá por ello se ocupa de "otros asuntos" que considera prioritarios, advierte que

> el problema radica en la posible consolidación de tendencias institucionales en el ámbito castrense que hagan vulnerable, en el mediano y largo plazos, la definición constitucional de la supremacía civil sobre la organización militar: la lucha contra el narcotráfico y la seguridad pública son dos de estos aspectos que pudieran servir de base para dicho debilitamiento y que, además, muestran un comportamiento errático.

En sus conclusiones, el asesor de Santiago Creel apunta que en el incipiente camino recorrido por el gobierno de Vicente Fox, destaca la ausencia de formulaciones específicas sobre la acción castrense en sus misiones que, en especial, minimicen el riesgo de exponer a las fuerzas armadas a severos cuestionamientos estructurales que no se resuelven con respuestas retóricas o discursivas y, menos aún, con la asignación irrestricta de más recursos presupuestales sin control.

Para Erubiel Tirado, estas y otras circunstancias fortalecen la necesidad de avanzar en las transformaciones en la relación civil-mi-

181

litar, que permitan al sistema político mexicano perdurar en un contexto de mayor democracia y un estado de derecho sólido y estable.

El gobierno de Vicente Fox planteó un conjunto de metas quizá demasiado ambiciosas para la complejidad de los problemas de un país como México. En lo que se refiere a las fuerzas armadas, parece haber olvidado su promesa de cambio y transparencia que, por ahora, se mira más como una oferta de campaña de cumplimiento incierto. La cuestión es, desde esta perspectiva de análisis, que optar por una actitud autocomplaciente desde el gobierno, dejará de lado la oportunidad de arribar a un nuevo pacto civil-militar, muy diferente del que se confeccionó hace más de 50 años: cupular, corporativo y autoritario.

La bienvenida

Para fortuna de todos, el ejército no se aparta ni un milímetro de su reiterada lealtad hacia las instituciones y el pueblo del cual es origen, y a pesar de la prepotencia panista y los errores de los operadores foxistas, el alto mando militar, a través de su órgano oficial de divulgación, le dio la bienvenida formal al nuevo presidente, no sin marcar claramente su postura ante los nuevos tiempos y el papel que éstos le tienen reservado al ejército.

Inicia una forma de gobierno distinta de los lineamientos de un pasado reciente. Las promesas para transitar en la democracia y aproximarse al cambio y la madurez ciudadana, se suman a ese ideal de nación que nos anima a seguir adelante, imponiéndonos a los problemas del interior y los retos de la problemática internacional montada en la globalización. Con la toma de posesión del cargo presidencial del ciudadano licenciado Vicente Fox Quesada, inicia un periodo de transición que habrá de afrontar retos y mantener vivas nuestras esperanzas de triunfo. En este contexto, el ejército y fuerza aérea mexicanos incrementan su papel institucional en beneficio y apoyo de una sociedad cambiante, respetuosa de sus fuerzas armadas y también interesada en la mayor participación de sus militares en el bien común de los mexicanos.

En este sentido, la designación del general Gerardo Clemente Ricardo Vega García como secretario de la Defensa Nacional y, por lo tanto, responsable de organizar, adiestrar y administrar al ejército y fuerza aérea mexicanos, es un acierto para sostener inalterables los conceptos de soberanía y seguridad nacional.[28]

Secretarios insustituibles. Binomio inseparable. Hermenegildo Cuenca Díaz murió en el intento. "Se marcha contra el cambio o se participa en él y con él." Barbas en remojo. Juan Arévalo Gardoqui. Enrique Camarena. Humberto Álvarez Machain. José Ángel García Elizalde. Miguel de la Madrid. Operaciones militares. La CIA. La DEA. Salinas y Riviello. Gilberto R. Limón. Gerardo Clemente Ricardo Vega García. El secretario incómodo. El PAN y el ejército. Quinta Conferencia de Ministros de Defensa de las Américas. Participación "proactiva". Las promesas de Echeverría. Roberto Fierro y Chelino. Lealtad o complicidad

Con excepción de Manuel Ávila Camacho, quien durante su sexenio tuvo tres secretarios de la Defensa —Pablo Macías Valenzuela, Lázaro Cárdenas y Francisco L. Urquizo,[1] todos generales de división—, ningún otro gobernante ha destituido a su general de cuatro estrellas. Quizá el antecedente más cercano es el caso del general Hermenegildo Cuenca Díaz, secretario de la Defensa Nacional en el gobierno de Luis Echeverría (1970-1976), quien pocos meses antes de terminar su misión buscó la candidatura del Partido Revolucionario Institucional (PRI) a la gubernatura de Baja California. Lo único que encontró fue la muerte, aunque tuvo tiempo para concluir su periodo de seis años al frente de la secretaría.

A lo largo de 70 años de gobiernos emanados del PRI, los gabinetes presidenciales han experimentado cambios en forma constante, ya sea por pleitos entre los hombres del presidente, por errores como el de diciembre de 1994, y, en general, "por motivos de salud". Así, se ha visto cómo dejan sus puestos secretarios tan importantes como el de Hacienda y Crédito Público, de Agricultura, de Turismo y otras comparsas más. Vicente Fox no lo hizo mejor. Al iniciar su tercer año de gobierno "aceptó" la renuncia de su supercanciller Jorge G. Castañeda.

Pero nunca, impensable siquiera, un presidente le ha pedido la renuncia al secretario de la Defensa Nacional.

Conforme se fueron afianzando los gobiernos civiles "emanados de la Revolución", la relación entre el presidente de la República y el secretario de la Defensa Nacional evolucionó con lentitud hasta convertirse en un binomio indiscutible del poder en México (véase la tabla I, p. 163). La reiterada subordinación del ejército fue adquiriendo igualmente diferentes matices, así como altas y bajas en su percepción y praxis, siempre de acuerdo con la personalidad de los dos hombres que llegan a ocupar esas máximas responsabilidades.

Pocos han sido los casos en que el general de cuatro estrellas le ha dicho al presidente lo que no debe hacer, siempre basado en el ordenamiento de que

> al jefe se le debe aportar la más completa y veraz información, opinar ante él con fe, proponiéndole con lealtad y franqueza la mejor forma de resolver cada problema, y defender con brío, entusiasmo e insistencia, aunque nunca con necedad, nuestras verdades y proposiciones, pero una vez que el jefe emite su decisión, su orden, su directiva, se le debe acatar con respeto, hacer propia la convicción, olvidar las anteriores soluciones y propuestas y apoyar la del jefe a toda costa, con inteligencia, con entusiasmo y devoción.[2]

El general Hermenegildo Cuenca Díaz le habría dicho al entonces presidente Luis Echeverría que no fuera a Ciudad Universitaria, porque su seguridad estaría en riesgo. No se equivocó Cuenca. Echeverría pudo haber muerto en aquella tumultuosa reunión en el auditorio de la Facultad de Medicina de la Universidad Nacional Autónoma de México (UNAM), a mediados de mayo de 1980.

El auditorio estaba repleto y el ambiente se tornaba más tenso a cada segundo. Después de un diálogo de sordos, Echeverría se despidió a gritos de los estudiantes y éstos se despidieron a pedradas del presidente. Un objeto dio en la amplia frente de Echeverría, causándole una pequeña herida. Fue una piedra, pero pudo haber sido una bala. Como consecuencia, se criticó duramente que el presidente haya ido a la Universidad para tratar de limar las asperezas que quedaban de aquellos aciagos días del movimiento estudiantil del 68. Fue un alarde irreflexivo. El daño físico fue menor; el daño al ego presidencial fue muy grande; pero el daño al país pudo haber sido mayúsculo. "Le dije que no fuera, no sabe en qué riesgo puso al país."

Félix Galván López logró que López Portillo obligara al jefe de la policía capitalina —el famoso Arturo Durazo, alias el Negro— a suprimir las tres estrellas de general del ejército que portaba en su uniforme. El Negro habría de sustituir las estrellas por rombos.

López Portillo seleccionó a Félix Galván "después de un cuidadoso escrutinio que pude hacer entre los demás destacados generales del ejército",[3] y de él diría más tarde que "me resultó un extraordinario secretario de Defensa".[4]

Aunque de personalidades diametralmente opuestas. López Portillo confió misiones extramilitares al general Galván, como fue el caso del presidente argentino Héctor J. Cámpora, quien había renunciado al cargo el 12 de julio de 1973.

El 27 de octubre de 1979, el general Galván López fue enviado a Argentina atendiendo, según se dijo entonces, a la invitación que le hizo el comandante en jefe del ejército de aquel país. El general Francisco Quirós Hermosillo, quien el primero de noviembre de 2002 fue sentenciado por un consejo de guerra a purgar una pena de 16 años de cárcel por delitos contra la salud, acompañó al secretario de la Defensa.

En realidad, López Portillo envió a Galván López para conseguir el salvoconducto que permitiera a Cámpora viajar a México. Pero la misión tuvo un principio incierto. El 6 de noviembre regresó Galván sin Cámpora. "No le soltaron a Cámpora. Vamos a tener que hacer algo."[5]

Lo que haya sido ese "algo", funcionó. El 26 de noviembre Cámpora voló a México. "Los argentinos nos extendieron el salvoconducto. Sin duda es el resultado de la gestión del general Galván. Esto permitirá normalizar nuestras relaciones con Argentina, que estaban deteriorándose y a punto de que se las llevara el pingo. Mejor así."[6]

Durante el sexenio de José López Portillo el ejército vivió una época de modernización en todos los rubros, pero lo más relevante fue el posicionamiento de las fuerzas armadas como factor indiscutible de poder dentro del sistema político.

El *intelectualismo*, autos de fe y frivolidad del presidente contrastaban con la postura militar ante el rumbo que tomaba el país. Si bien el secretario de la Defensa, aunque con lenguaje distinto al de quienes lo sucedieron en el cargo, nunca se apartó de la reiterada lealtad hacia el presidente y las instituciones, *riendazos* aparte, siempre fue preciso en sus señalamientos políticos, al igual que los jefes a quienes designaba para hablar en las diferentes ceremonias cívicas.

El 30 de septiembre de 1980, en ocasión del CCXV aniversario del natalicio de José María Morelos y Pavón, el general Félix Galván López exigió no traicionar su pasado e hizo un inteligente llamado a la unidad y a que "no caigamos en el gambito de la murmuración que animadvierte y escinde, porque los *Sentimientos de la Nación* no han caducado".

Durante la ceremonia del CLXV aniversario de la muerte de Morelos, correspondió al general Héctor Portillo Jurado, subsecretario de la Defensa Nacional, poner el dedo en otra llaga al denunciar que en México

la corrupción nos carcome, que hay iniquidad y que existen acechanzas del extranjero [...] estamos luchando contra fuerzas negativas y no se deben perder las fuerzas de nuestra misión por espejismos de salidas fáciles disparadas en los márgenes, y que debemos considerar sencillamente como oportunismos inconvenientes y fáciles.

El general Galván López habría de dar la consigna político-militar del sexenio cuando en el Cerro de las Campanas (Querétaro, 16 de junio de 1981), al hablar en el acto que rememoraba el fusilamiento de Maximiliano de Habsburgo y los generales Miguel Miramón y Tomás Mejía, sentenció: "Pierda toda esperanza el que aspire en México al inmovilismo social. No hay más que una disyuntiva: se marcha contra el cambio o se participa en él y hacia él".

Barbas en remojo

La postura del general Galván echó raíces en la mentalidad de los mandos militares que contemplaban ecuánimes el cambio de gobierno, pero sin duda también produjo ese temor que el presidente Miguel de la Madrid Hurtado adelantaba ya sobre el ejército. Quizá por ello, Juan Arévalo Gardoqui jamás gozó de la confianza de Miguel de la Madrid.

Su muerte vino a atizar de nuevo la hoguera que desde hace mucho tiempo las agencias estadunidenses mantienen encendida para inmolar en ella a cualquier autoridad mexicana, y que la prensa de ambos lados de la frontera se encarga igualmente de avivar.

Por lo general basadas en declaraciones de "testigos protegidos", así como de agentes corruptos de la Drug Enforcement Administration (DEA), la Central Intelligence Agency (CIA) y el Federal Bureau of Investigation (FBI), las estridentes imputaciones sobre autoridades mexicanas sólo encuentran el silencio de quienes deberían salir a responder.

También, desde hace mucho tiempo, en el gobierno se perdió la capacidad de respuesta, y el ejército, bajo la divisa de la disciplina institucional —para no pensar en las venganzas grupales—, ha permitido que el descrédito caiga sobre sus máximos exponentes y con ello manche a todos los que visten el uniforme.

El caso del general Arévalo Gardoqui es representativo de esa actitud. Al término de su gestión al frente de la Secretaría de la Defensa Nacional, bastó la simple denuncia de un agente de la DEA, Antonio Gárate, para que el gobierno estadunidense amenazara con llevar al general ante una corte de Los Angeles por el delito de narcotráfico.

La denuncia causó revuelo en México, sin importar que el propio Gárate estaba acusado por el gobierno mexicano de haber sido el autor intelectual del secuestro del doctor Humberto Álvarez Machain.

La justicia estadunidense responsabilizó a Machain de la muerte, en México, del agente de la DEA Enrique Camarena Salazar. Acto seguido, un "comando" policiaco estadunidense se internó ilegalmente en México y se llevó a Machain a su territorio.

Machain fue absuelto y regresó al país. Pero la DEA se lanzó entonces, vía Gárate, a acusar al general Arévalo Gardoqui de proteger a narcotraficantes y a señalar que las autoridades mexicanas lo encubrían, junto con otros exfuncionarios del gobierno de Miguel de la Madrid.

Evidentemente, jamás autoridad alguna, ni de aquí ni de allá, comprobó los cargos hechos en contra del militar. Pero la mancha quedó.

Sin embargo, dentro de las fuerzas armadas priva otro sentimiento, que saltó a la vista con el gran número de militares que acudieron a la capilla ardiente a rendirle tributo al exsecretario de la Defensa.

Los rostros recios de algunos generales no podían esconder el pesar de haber perdido a un jefe de "estricta formación y recio carácter en el que no cabía la traición", como me lo comentó entonces el general de división José Ángel García Elizalde, un militar que durante toda su carrera castrense de 45 años ha servido a los últimos seis secretarios de la Defensa Nacional: Marcelino García Barragán, Hermenegildo Cuenca Díaz, Félix Galván López, Juan Arévalo Gardoqui, Anto-

190

nio Riviello Bazán y Enrique Cervantes Aguirre. Durante el gobierno de Vicente Fox ocupó la Dirección General de Personal, la comandancia de la I Región Militar y la comandancia de la VIII Región Militar con sede en Oaxaca, antes de pasar a situación de retiro el 9 de diciembre de 2002.

Todos ellos, sostuvo García Elizalde, fueron y son hombres formados en medio de grandes retos que han sabido resolver, tratando siempre de superar a sus antecesores. Cada uno, en su tiempo, logró grandes avances en la modernización y mejor preparación de sus tropas para cumplir con las misiones que señalan la Constitución y la Ley Orgánica del Ejército.

En todas las épocas los altos jefes militares han sido atacados de diversas maneras tratando de desvirtuar su actuación y nosotros, como parte del instituto armado, sentimos esos ataques como propios. Cuando esto sucede cerramos filas alrededor de nuestros jefes porque les creemos, les tenemos confianza, y porque sentimos que estamos bien mandados.

Para quienes fueron sus subalternos, el general Arévalo Gardoqui siempre se distinguió por cumplir, con excelencia, las más variadas comisiones de mando y administración.

Es muy fácil, aunque injusto, hablar de imputaciones hechas desde el exterior, sobre todo cuando ya el acusado no puede defenderse. Pero nadie habla del impulso modernizador que le dio al ejército, reforzando su equipamiento y creando nuevas unidades como el I Cuerpo de Ejército, cuyo primer jefe sería, precisamente, quien le sucediera en la secretaría: el general Antonio Riviello Bazán.

La infantería creció y modernizó su armamento; la caballería creó una brigada de Dragones en el Bajío; las unidades blindadas recibieron nuevo equipo. Arévalo Gardoqui también actualizó leyes y reglamentos y logró que el congreso aprobara la Ley Orgánica del Ejército y Fuerza Aérea Mexicanos, actualmente en vigor.

En los primeros días de su gestión puso en marcha el Programa Conjunto de Acción de las Fuerzas Armadas, el cual establecía entre sus prioridades que para el Estado mexicano la seguridad nacional radica en el desarrollo integral de la nación "como herramienta esencial para mantener la paz y la justicia social dentro del marco de la Constitución".

En el sexenio de Miguel de la Madrid, el ejército combatió el narcotráfico con todo lo que tenía a su alcance. Las operaciones militares Lince, Pantera, Gavilán, Halcón, Tigre, Dragón, Azor, Costera, Jaguar, Puma, Águila, Lechuza, Cruz Grande, Luciérnaga, Mangosta, Relámpago, Centauro y Júpiter no son sólo nombres, sino testigos fieles de la lucha contra el narcotráfico emprendida en ese tiempo.

Las estridencias no dan sitio a la visita que realizara el general Arévalo Gardoqui a Washington el 21 de abril de 1987, poco antes de dejar la Secretaría de la Defensa Nacional, para entrevistarse con funcionarios de todas las agencias gubernamentales y mandos militares. En esa época, nada se dijo de las perniciosas acusaciones tan profusamente repetidas tiempo después. Parecía que no se quería recordar que las dos agencias estadunidenses —DEA y CIA— tenían grandes diferencias porque esta última había solapado a Félix Gallardo y Marta Ballesteros desde que eran parte protagónica de la operación Irán-contras. Pero, una vez más, bastó que un periodista estadunidense, Tom Brokaw, acusara, en una serie de reportajes, a altos funcionarios del gobierno de Miguel de la Madrid, para que el exsecretario de la Defensa fuese el blanco preferido del escándalo.

Por otra parte, aunque siempre se disciplinó y acató las órdenes de Carlos Salinas de Gortari, son bien sabidas las discrepancias que hubo entre el presidente y su secretario de la Defensa Nacional, el general Antonio Riviello Bazán, sobre todo durante los días cruciales del alzamiento de los zapatistas en Chiapas.

El general Riviello rechazó la iniciativa de Salinas de Gortari de poner efectivos militares a las órdenes de la DEA en labores de investigación y combate al narcotráfico.

En alguna ocasión, cuando el autor fue recibido por el general Riviello en su despacho de la Secretaría de la Defensa Nacional, sonó la red. Riviello se levantó del sillón y caminó pausadamente hacia el teléfono: "General Riviello —dijo al levantar el auricular—; sí señor, desde luego, así se hará". Vino una breve pausa y el general endureció el tono: "No señor, eso no lo podemos hacer, no... A sus órdenes", y colgó. Desde luego, jamás supe qué fue lo que pedía Salinas de Gortari y a qué se refería Riviello con la respuesta "no lo podemos hacer".

La relación entre el presidente Ernesto Zedillo Ponce de León y su secretario de la Defensa Nacional, general Enrique Cervantes Aguirre[7] fue más allá de lo institucional para rayar en las complicidades. Por ejemplo, sus compañeros de armas jamás le perdonaron el no haber dicho una sola palabra cuando Zedillo reconoció oficialmente a los zapatistas como "ejército", con bandera y territorios propios, en flagrante violación a la Constitución que sólo contempla un ejército: el mexicano.

En la última ceremonia del día del ejército que presidieron Cervantes Aguirre y Ernesto Zedillo (19 de febrero de 2000) fue notable la frialdad y el distanciamiento entre ambos personajes. En su discurso, Cervantes Aguirre dijo al referirse a Zedillo: "Manda y manda bien" al ejército mexicano. Pero Zedillo pareció leer un discurso sacado del archivo de años anteriores en el que no mencionó a Cervantes ni por su cargo.

En esa oportunidad se comentaba con insistencia el desacuerdo ocurrido entre Zedillo y Cervantes con relación al uso indebido que éste había hecho de una partida presupuestal, y que llevó al presidente a imponer un correctivo disciplinario al general, quien lo cumplió cabalmente en su domicilio. La Secretaría de la Defensa Nacional lo negó en un comunicado de prensa.

Durante los dos primeros años de gobierno de Vicente Fox, la relación con su secretario de la Defensa Nacional, general Gerardo Clemente Ricardo Vega García,[8] ha sido un tanto incierta, sobre todo por la locuacidad del presidente que ha ido desde declarar a la prensa estadunidense que México no tiene un ejército fuerte —aunque para él "está de pelos"— hasta hablarle de tú al general Vega García en uno de sus programas de radio *Fox contigo*, como de hecho lo hace hasta con los reporteros que lo siguen a todas partes.

El 19 de febrero de 2002, después de que Vicente Fox ordenó que se abrieran al público los archivos que en 80 millones de documentos registran los sucesos de la llamada "guerra sucia" en las décadas de los setenta y ochenta, así como del movimiento estudiantil de 1968, el general Vega García, en su discurso pronunciado con motivo del día del ejército, dio una respuesta clara a todos los que querían quemar al ejército en leña verde:

> La misma historia registra cómo este ejército de cuño constitucional siempre cumplió con lo que se le ordenó como razón de Estado. Registra cómo cada gobierno hubo de encarar sus propias encrucijadas, y allí estuvo el ejército para asumirlas como propias. Y hoy, continuará cumpliendo con disciplina y obediencia las tareas que el presidente de la República ordene.[9]

El secretario *incómodo*

Si Gilberto R. Limón fue el primer general en hacerse cargo de la Secretaría de la Defensa Nacional del primer gobierno presidido por un civil, Gerardo Clemente Ricardo Vega García es el primer general en ocupar ese mismo cargo en el primer gobierno no surgido del PRI. Como pocas veces, el nombramiento del secretario de la Defensa Nacional del gobierno de Vicente Fox despertó gran expectación.

Antes de esto, los puestos que eran motivo de grandes especulaciones eran, sin duda, los de Gobernación y Hacienda, quizá porque tradicionalmente se les consideraba la antesala de la presidencia de la República. Pero tras el cambio político radical que experimentó el país el 2 de julio de 2000, nada volvió a ser igual.

Vicente Fox despierta con lentitud a la realidad, aunque durante sus primeros dos años de gobierno no pudo entender que no es lo mismo ser candidato que presidente. Tampoco acaba por aceptar que no es posible hacer declaraciones que causen trastornos, incluso en los mercados bursátiles e irritación en otros sectores, como aquella de septiembre de 2000: "Si no me quitan la silla, el próximo grito lo daré en Palacio Nacional".

Tras muchos dislates personales y de sus operadores, finalmente se convenció de que el narcotráfico es un asunto de seguridad nacional y que no puede retirar al ejército de esa lucha, como tampoco puede hacerlo de Chiapas, pues lo obligaría a reconocerse derrotado en una guerra que no empezó.

Vicente Fox desconfió siempre del general Cervantes Aguirre y, por lo tanto, no tomó en cuenta sus sugerencias, si es que las hubo, respecto de su sucesor en el ejército. Pero no tiene por qué ser de otra manera. Fox y el PAN consideran al ejército parte del sistema al que derrotaron, es decir, parte del PRI; ¿por qué habrían de confiar en sus mandos?

El ejército es la única institución surgida de la Revolución que quedó en pie tras la derrota del PRI, pero el PAN tiene por sinónimos a uno y otro. Así, pues, los panistas en el gabinete consideraban al futuro secretario de la Defensa como el secretario *incómodo*. Por años escucharon al alto mando decir que los soldados son apolíticos, que no les interesa qué partido llega al poder y que ellos son leales a las instituciones. Y se preguntaban: "¿Serán leales a *nuestras* instituciones?".

Estas mismas inquietudes se dejaban sentir en círculos castrenses. Si bien coincidían en ese *apoliticismo* y en la lealtad hacia las instituciones, en el ejército se observaba cierta resistencia a los cambios que adelantaba Vicente Fox.

O como expresó vía correo electrónico el general brigadier (retirado) Juan Lanzagorta Aguilar: "Creo yo que el próximo general de cuatro estrellas no tiene por qué no desligarse del todo del vie-

195

jo régimen. Creo que a los operadores foxistas les ha faltado encontrar al verdadero elemento militar que pueda acompañar al futuro mandatario en su ya próximo gobierno".

Pero Fox estaba obligado a confiar en el ejército y sus mandos.

No faltó quien sugiriera que el presidente se decidió por el general Vega García porque su apariencia física correspondía a la suya propia. Otros aspirantes eran de menor estatura. Pero la versión más sólida se refiere a la influencia que al principio ejercía Adolfo Aguilar Zinser[10] sobre el jefe del ejecutivo, al punto de convencerlo de que el general Vega García reunía todas las cualidades para ocupar el cargo.

Vega García es un hombre que prefiere "el silencio a la estridencia". En entrevistas de prensa no programadas advierte a los reporteros que sólo contestará tres preguntas. Sin embargo, cuando se trata de asuntos relacionados con militares involucrados en el narcotráfico responde ampliamente, en especial a los medios electrónicos. Una de sus respuestas recurrentes a preguntas *incómodas* es: "Así me lo ordenó el presidente".

Sin embargo, el *cambio* que representa el gobierno de Vicente Fox ha sido bien aprovechado por el secretario de la Defensa Nacional, sobre todo en temas internacionales.

Basado en que "los asuntos militares deben ser tratados por militares" y que "los ejércitos se han quedado marginados, por lo que los militares deben estar enterados de lo que pasa en el mundo", el general Vega García también se convirtió en el primer secretario de la Defensa Nacional mexicano en asistir a una Conferencia de Ministros de Defensa de las Américas.[11]

En su mensaje leído en la sesión inaugural por el general de brigada Salvador Cienfuegos Zepeda, subjefe de Doctrina Militar del Estado Mayor (Vega García no pudo asistir a dicha sesión por acudir a la ceremonia para conmemorar el XCII aniversario de la Revolución, el 20 de noviembre de 2002, en la que Vicente Fox le otorgó la Condecoración Institucional), sostuvo que, al inicio del siglo XXI, conclu-

yen en el mundo esfuerzos polarizados en la contención de una amenaza concreta; se modifica el balance de fuerzas entre las potencias
estratégicas; se aprecia un avance tecnológico, especialmente en las
telecomunicaciones y la informática.

Los nuevos procesos internaciones producen un cambio en el
orden geopolítico y configuran un sistema de mayor interdependencia, del que los Estados no pueden sustraerse.

Ante esta situación, la comunidad mundial ha dado muestras de flexibilidad y dinamismo en la búsqueda de la seguridad y estabilidad internacionales, dentro de un nuevo espíritu
de coordinación y cooperación, propiciando que los Estados
revisen bajo este contexto sus respectivos conceptos de seguridad y trasladen aquellos factores considerados de interés común para la búsqueda consensuada de una seguridad regional
y/o hemisférica o una seguridad de rango mundial; la opción
a seleccionar es compleja.

Si bien los cambios han sido una constante en la evolución
de la civilización, las transformaciones que nos toca vivir han
sido de una magnitud y velocidad sin precedentes. Por ello las
agendas de seguridad deben manejarse con dos vertientes:
una es sobre la base de temas, la segunda es por la determinación de intereses nacionales.

El mundo actual es diferente al que existía hace apenas
unas décadas.

La conformación del nuevo orden mundial expone a las actuales sociedades a un singular ritmo de cambios; a variados
retos, desafíos e incertidumbres en el escenario internacional.

México ha otorgado prioridad a sus relaciones con los países americanos, para constituir un área natural de cooperación regional donde el desarrollo del país quede ligado al progreso y estabilidad de su entorno geográfico.

Por ello, su participación en los foros internacionales es
una de las acciones que se desarrollan con mayor intensidad.

Como ustedes saben, es la primera ocasión que un secreta-

197

rio de la Defensa Nacional de México participa en esta reunión como miembro activo, lo que considero constituye una importante responsabilidad, que nos permite conocer de manera puntual y directa los esfuerzos que han venido desplegando los señores ministros de defensa de los países hermanos en la búsqueda de acciones y mecanismos que permitan reducir y eliminar los problemas que aquejan a nuestras naciones.

Lo anterior motiva a las fuerzas armadas mexicanas para participar de manera proactiva en los esfuerzos regionales que se realizan para buscar, puntual y directamente, la fórmula que nos permita eliminar o reducir antagonismos comunes a nuestras naciones.

Consideramos que no puede concretarse la seguridad de todos en tanto cada Estado no garantice su seguridad propia, y que ésta se sustenta en la fortaleza de los esfuerzos para el desarrollo social y en la vigencia de la democracia y del estado de derecho.

Hay riesgos y amenazas en los que se manifiestan factores internos, que combinados con otros de índole externa derivan en actividades tales como el tráfico de drogas, armas y personas, el terrorismo y el deterioro ambiental, que contribuyen a complicaciones importantes.

Consecuentemente, las políticas de seguridad deben hacerse más realistas y dinámicas, con la participación activa de todas las instituciones gubernamentales.

Hoy día, las relaciones internacionales están cada vez más fundamentadas en los ideales de cooperación y en fórmulas de interdependencia que propician la vinculación al minuto en los campos de la política, el comercio, lo social y militar.

Por ello, el Estado mexicano se mantiene alerta; ante este nuevo horizonte, el ejército y la fuerza aérea mexicanos están llamados a la permanente tarea de vigilar y garantizar, de manera coordinada y propositiva, la seguridad y defensa nacionales bajo un esquema institucional, contrarrestando los antagonismos que vulneran nuestros objetivos nacionales.

Así, las fuerzas armadas, en colaboración con otras dependencias, están comprometidas a contrarrestar:

El tráfico de drogas, que representa la principal fuente de violencia e inseguridad para la sociedad y una amenaza a las instituciones; ocasiona corrupción, deterioro de imagen, pérdida de confianza y de prestigio; afecta la soberanía y daña nuestras relaciones internacionales.

El tráfico de armas y personas, así como las redes del terrorismo internacional, que aprovechan las facilidades de comunicación y transporte que trae consigo la globalidad, y buscan evadir las leyes y sustraerse a la acción de la justicia.

Las carencias y rezagos que existen en las zonas deprimidas de nuestro país, lo que hace necesario prestar apoyo en tareas de índole social, educativa y de salud.

Las emergencias que ponen en peligro a la población son riesgos ciertos, por lo que las fuerzas armadas brindan auxilio y protección de manera oportuna y eficaz a nuestros connacionales y, ocasionalmente, a nuestros hermanos latinoamericanos en desgracia, cuando se ha requerido.

En estos tiempos de enorme velocidad, de interdependencia, de democracia y de mantenimiento del estado de derecho, incluyendo la estricta observancia del respeto a los derechos humanos, el apoyo de las fuerzas armadas al desarrollo del Estado es fundamental para el logro y preservación de los objetivos nacionales de cada país, como única vía para garantizar la seguridad de la región como un todo.

Distinguido auditorio: es nuestro deseo, como integrantes de las fuerzas armadas de México, que los objetivos trazados en cada uno de los temas y subtemas que aquí se analizarán, se alcancen a satisfacción, y así, el éxito de la conferencia se traducirá en una aportación significativa para la seguridad hemisférica.

La participación del ejército mexicano en esta conferencia fue ampliamente comentada en su momento, y a raíz de ella se decidió que México organizara, en su territorio, en mayo de 2003, la Conferencia Especial sobre Seguridad de la Región (misma que fue aplazada para octubre de 2003, a petición expresa de Vicente Fox).

Las promesas de Echeverría

Luis Echeverría, contra la opinión del ya presidente electo José López Portillo, "prometió" a su secretario de la Defensa, Hermenegildo Cuenca Díaz, la gubernatura de Baja California. Mas el general se eliminó solo. La prensa de su estado natal sufrió los embates de la candidatura de Cuenca Díaz por no estar de acuerdo con ella.

En una entrevista publicada por la revista *Impacto*, el periodista Leopoldo Mendivil conversa con Jesús Blancornelas, entonces director del diario *ABC*:

Las columnas nuestras señalaban la importancia y la trascendencia del inicio de la campaña del general y que era preciso ver a fondo. Y señalábamos, más que nada, verla al fondo por lo avanzado de la edad del general, que ya andaba por los 80 años. Entonces, queríamos ver hasta dónde llegaba su lucidez y su energía, sus reacciones ante los problemas que le fueran a exponer. Y lo seguimos en toda su campaña.

Blancornelas relata que en alguna ocasión supieron que Cuenca Díaz le había pedido a López Portillo que sacara de circulación el periódico. "Esto ocurrió cuando él estaba en su campaña." El entonces secretario de Gobernación, Jesús Reyes Heroles, se opuso argumentando que "no era el momento oportuno". Apenas 24 horas después de la muerte de Cuenca Díaz (el 18 de mayo de 1977), surgió la candidatura de Roberto de la Madrid, quien habría de resultar electo para gobernar Baja California.

En 1978, Jesús Blancornelas publicó un libro titulado *Biebrich. Crónica de una infamia*,[12] en el que abundaba sobre el caso:

El general Hermenegildo Cuenca Díaz y Augusto Gómez Villanueva (entonces secretario de la Reforma Agraria) se habían aliado para que el militar, a cambio de reprimir a los campesinos, llegara a la gubernatura de Baja California Norte. Cuenca, al saber de la orden de Armando Biebrich (gobernador de Sonora) dada al teniente coronel Francisco Arellano Noblecía[13] para que desalojara a los campesinos sin violencia, dispuso al jefe de la zona militar, general Juan Belmonte Aguilar, que se desalojara a los campesinos "a como diera lugar". Cuenca Díaz cumplía su parte del convenio con Augusto Gómez Villanueva y éste cumpliría la suya meses después, por encima de José López Portillo, cuando ordenó a Celestino Salcedo Monteón "destapar" a Cuenca Díaz para la gubernatura de Baja California, 48 horas antes de que López Portillo asumiera el gobierno. El candidato de López Portillo era Roberto de la Madrid.

Cuenca murió en plena campaña política, en circunstancias harto misteriosas, aunque se llegó a decir que su deceso ocurrió tras una noche *erótica-poética-alcohólica-musical.*

La Secretaría de la Defensa Nacional menciona en sus anales al general Hermenegildo Cuenca Díaz[14] como "uno de sus más honrosos blasones, el haber marchado lealmente al lado del presidente Venustiano Carranza, en mayo de 1920, en las filas del Colegio Militar, que lo escoltó hasta el histórico episodio de Aljibes, Puebla".[15]

Ni todo el cariño que López Portillo le tenía a Arturo Durazo fue suficiente para que se disgustara siquiera con su secretario de la Defensa, Félix Galván López, cuando éste se opuso a que el Negro usara las insignias de general de división.

Miguel de la Madrid Hurtado, con todo y la desconfianza que sus asesores le provocaron respecto del ejército durante los sismos de 1985 y los rumores insistentes de que su secretario de la Defensa, general Juan Arévalo Gardoqui, estaba involucrado en el narcotráfico, jamás pensó en destituirlo.

Carlos Salinas de Gortari, a pesar de su tremendo poder y la tensa relación que tuvo con su secretario de la Defensa, general Antonio Riviello Bazán, sobre todo con relación al conflicto en Chiapas, lo mantuvo hasta el último día de su mandato.

Y ni el "correctivo disciplinario" que Zedillo impuso a Cervantes Aguirre movió a pensar que se diera lo inimaginable: la renuncia de un secretario de la Defensa Nacional.

¿Qué impide a un presidente constitucionalmente electo cambiar, destituir o despedir al general que comanda en su nombre las fuerzas armadas? Dentro de la legalidad, nada. La primera respuesta en el campo de lo positivo sería que el soldado profesional que alcanza la máxima responsabilidad dentro del ejército es un hombre químicamente puro, profesional, digno, patriota, leal, legal, honrado, con un alto sentido de la disciplina y del amor a la patria. Pero, en el campo de lo negativo, habrá que reconocer que estas cualidades no siempre han representado el bagaje del general que obtiene la cuarta estrella al ocupar la Secretaría de la Defensa Nacional. Y vaya que ha habido casos que no pueden inscribirse más que en el campo de lo negativo.

¿Cuál es entonces la relación que priva entre el presidente de la República y comandante supremo de las fuerzas armadas y el secretario de la Defensa Nacional?

Durante el último gobierno presidido por un militar, el vínculo en cuestión no podía ser más que de obediencia y subordinación entre generales, aunque el binomio Ávila Camacho-Cárdenas del Río tenía otros matices que iban más allá de la subordinación militar.

En el gobierno de Miguel Alemán (1946-1952) llega a la Secretaría de la Defensa Nacional el general Gilberto R. Limón Márquez, a quien, el 19 de febrero de 1950, le corresponde organizar la creación del día del ejército, en conmemoración de la fecha en que fue instituido el Ejército Constitucionalista.[16] Pero Limón Márquez también fue testigo impasible del desaseado manejo que Miguel Alemán hizo del ejército.

El historiador José C. Valadés[17] refiere que

202

a pesar de las cualidades políticas que se reconocían en el presidente, el país se mantenía expectante sobre la fuerza del poder civil de presentarse una crisis, ya obrera, ya militar [...] debido a que era evidente que el ejército, que se consideraba como el único depositario de los bienes ideológicos de la Revolución, había sufrido un revés al pasar el mando y gobierno de la república a un civil, quien si estaba ligado por sí propio y por parentesco a la Revolución, puesto que su padre fue caudillo revolucionario y él mismo concurrió a aventuras guerreras, no por eso se le caracterizaba como parte de la camaradería castrense. Además, dispuso tener cerca de su mano a las guardias presidenciales; ahora que esto por una parte provocó la sospecha popular de que el presidente no se sentía muy seguro de su posición, y por otra, sembró de recelos el pecho de los altos jefes del ejército, y del propio ejército; y como para dirigir la secretaría de la Defensa nombró al general Gilberto Limón, figura secundaria en la guerra civil y por lo mismo considerada sin influjo en los cuarteles, el apoyo de las armas al poder civil sólo tuvo los alientos de la lealtad.

Por su parte, al ocupar la Secretaría de la Defensa Nacional en el gobierno de Adolfo Ruiz Cortines (1952-1958), el general de división Matías Ramos Santos[18] encontró que en el escalafón del ejército mexicano había 120 generales de división, 226 de brigada y 374 brigadieres, producto precisamente de los manejos alemanistas.

"Los merecimientos técnicos y administrativos sustituyeron los valores de la Revolución que habían empezado a declinar desde el sexenio anterior y Ruiz Cortines sólo conservó el simbolismo de la Revolución en las secretarías de Defensa y de Marina (general Rodolfo Sánchez Taboada)", ambos secretarios considerados como los representantes de "la grey de los antiguos y nobles ciudadanos armados de la Revolución".[19]

Sin embargo, esa "grey" no podía pasar del todo inadvertida, y el 20 de noviembre de 1952, el propio Ruiz Cortines impuso condecoraciones a distinguidos legionarios, veteranos de la Revolución.

Sería hasta el 4 de agosto de 1962, cuando su sucesor en la Secretaría de la Defensa Nacional, el general de división Agustín Olachea Avilés,[20] designado por el presidente Adolfo López Mateos, dispuso que los generales y coroneles que hubieran llegado a la edad límite fuesen retirados del servicio activo, "con el fin de ir descongestionando el escalafón y darles oportunidades a los nuevos elementos".

Ya para entonces, la mayoría de los generales revolucionarios habían muerto, o habían sido retirados del ejército, y los nuevos cuadros de oficiales y jefes profesionales con mando no volvieron a mostrar interés alguno por participar en las lides políticas.

Sin embargo, le correspondería al general Olachea Avilés y a estos nuevos cuadros profesionales de oficiales y jefes enfrentar las presiones del gobierno de Washington para empezar una lucha frontal contra el nuevo enemigo que amenazaba ya tanto a Estados Unidos como a México: el narcotráfico.

Para Washington no era suficiente lo que venía realizando el ejército mexicano, a pesar de que en mayo de 1946, había ya reportes de acción antinarcóticos en el estado de Durango.[21] De acuerdo con un reporte especial del Strategic Studies Institute, U.S. Army College, firmado por el coronel Stephen J. Wager,[22]

> al año siguiente, la embajada de Estados Unidos en México recibió instrucciones del Departamento de Estado para urgir al gobierno mexicano a prevenir el cultivo de drogas ilegales. El embajador Walter Thurston informó a Washington que tenía conocimiento de que la Procuraduría General de la República había elaborado un extenso programa para prevenir el cultivo de estupefacientes. México lanzó en 1948 una campaña masiva antidrogas en el noroeste del país, que incluía ocasionalmente acciones para localizar y destruir las áreas de mayor cultivo de drogas. Para entonces el ejército sólo apoyaba a los agentes de la PGR en estas campañas.

204

Tal estrategia implantada por nuestro país para combatir el narcotráfico seguiría vigente durante los años cincuenta y sesenta, principalmente en el ahora llamado "triángulo dorado" que conforman los estados de Chihuahua, Durango y Sinaloa.

Durante el gobierno de Díaz Ordaz, Marcelino García Barragán, un general "de los de antes", caminaría sin titubeos y con absoluta lealtad al lado del presidente en aquellos aciagos días de 1968. El mítico militar jalisciense sabía de los riesgos y tentaciones que la política planteaba a los militares, sobre todo después de su experiencia como presidente de la Federación de Partidos del Pueblo (1950-1952), agrupación que lanzó la candidatura a la presidencia de la República del general Miguel Henríquez Guzmán. Tras el fracaso henriquista, García Barragán se alejó del ejército y de la política durante ocho años, hasta que el presidente López Mateos lo reincorporó al servicio de las armas para ocupar la comandancia de las zonas militares de Querétaro y Toluca, Estado de México.

Fue él quien gobernó su estado del primero de marzo de 1943 al primero de febrero de 1947. Cuando en las elecciones estatales de 1946 fue electo para sucederlo, durante un periodo de cuatro años, el licenciado Jesús González Gallo, García Barragán se negó a solicitar la ampliación del periodo gubernamental a seis años y fue depuesto por el congreso. El gobernador interino, licenciado Saturnino Coronado, promovió esa modificación ante la Legislatura durante los últimos once días que ocupó el poder.[23]

El general piloto aviador Roberto Fierro Villalobos[24] da una imagen cuasinostálgica del secretario de la Defensa Nacional durante el gobierno de Díaz Ordaz:

García Barragán es extroverso, abierto, amigable, de entrega fácil, sin que por ello deje de ser ordenado. He aquí, acerca del general Barragán, lo que me contó hace poco tiempo el general [Felipe Montiel] Jasso: "Con motivo de la inspección ordinaria que efectúa la Inspección General del Ejército, fui a Toluca en busca de él y llegué a su casa, situada dentro de la zona militar. Apenas se dio él cuenta de que llegaba soltó una tremenda carcajada, me dio un abrazo y me dijo 'Entra'. Lo primero que llamó mi atención fue la inmensa chamacada que había en su casa, y le interrogué: '¿Todos estos chiquillos son tuyos?'. Volvió a reir como él lo sabe hacer, y contestó: 'No, hermano, sólo este peloncito. Todos los demás son hijos de jefes, oficiales y tropa de la zona, pero ésta es la casa de todos los soldados' ".

Éste es Marcelino García Barragán. Por ello siempre ha gozado de la estimación y el cariño de todos los miembros del ejército mexicano, cosa que supe en 1923, cuando ambos fuimos juntos a la campaña contra De la Huerta. En aquella ocasión nos embarcamos en una de nuestras unidades navales de guerra y durante la travesía nuestra amistad se reafirmó porque recuerdo que, para matar el tiempo, echábamos unas manitas de pókar que siempre terminaban cordialmente porque a él y a mí nos constaba que en el juego siempre había cortesía y limpieza. Desembarcados en Salina Cruz (Oaxaca) nos dividimos y cada uno fue a cumplir su cometido, él con la caballería y yo con la aviación. Yo, como todos los generales del ejército, considero a Chelino como a uno de los más pundonorosos soldados de aquellos que formamos en las infanterías de la Revolución.

La amistad que hemos cultivado ha sido siempre cordial, amistad iniciada en 1921, cuando él era oficial en instrucción en el Colegio Militar; amistad que, creo con firmeza, jamás sufrirá menoscabo en tanto que él y yo vivamos.

La relación Díaz Ordaz-García Barragán nunca tuvo un punto de quiebre. Ambos tuvieron la oportunidad de conocerse a fondo durante la administración de Adolfo López Mateos. Además, Díaz Ordaz, para seleccionar a los miembros de su gabinete, se basó en la capacidad de cada uno y no en amistades o compromisos. Habló con cada uno de ellos para "leerles la cartilla".

El ahora general retirado Luis Gutiérrez Oropeza, quien con

el grado de coronel fue nombrado por Díaz Ordaz jefe del Estado Mayor Presidencial, en un modesto libro de apenas 100 páginas,[25] publicado con motivo del LXXV aniversario del natalicio de Gustavo Díaz Ordaz, relata:

El 30 de noviembre de 1964, el presidente electo Gustavo Díaz Ordaz le dijo a quien iba a ser su jefe de Estado Mayor Presidencial: "Coronel, quiero leerle a usted la cartilla, y lo mismo haré con las otras personas que forman parte de mi gabinete.

"Lo he nombrado a usted mi jefe de Estado Mayor, no por lo que ha trabajado —y vaya que sí ha trabajado—, sino porque me ha sido usted leal y espero que lo siga siendo; de no ser así pobre de usted y pobre de mí. Pobre de usted porque yo como presidente lo desbarato y pobre de mí porque muy triste me será el que mi jefe de Estado Mayor sea desleal. Ahora yo les estoy haciendo el honor de designarlos mis colaboradores; dentro de un año considerarán que me están haciendo el favor de ayudarme.

"Coronel, dada la organización y división del trabajo no permitiré que un secretario de Estado me quiera tratar asuntos que no sean inherentes a su cometido. A usted será el único al que le permitiré tratarme de todo, pero fíjese bien, no quiero que me informe sobre lo que le contaron o sobre lo que usted se imagina; a mí infórmeme sólo sobre cosas ciertas; si no tiene usted la información completa espere 24 o 48 horas, pero si en ese lapso aún no la ha obtenido ya no me informe porque me va a disgustar mucho.

"Los informes démelos en su medida y con oportunidad y tenga mucho cuidado de no *picarme la cresta*, porque mis decisiones equivocadas podrían tener graves consecuencias.

"Trate usted de llevar buenas relaciones con los demás integrantes del gabinete, porque será usted la parte delgada de la hebra. Si llegara a tener algún problema con alguno de los secretarios de Estado, al que cambio es a usted. Es más fácil sustituir a un jefe de Estado Mayor que a un secretario de Estado por el tiempo que se pierde y por el daño que se hace a la administración y al gobierno.

"Coronel, si en el desempeño de sus funciones tiene usted que violar la Constitución no me lo consulte porque yo, el presidente, nunca le autorizaré que la viole; pero si se trata de la seguridad de México o de la vida de mis familiares, coronel, viólela, pero donde yo me entere, yo, el presidente, lo corro y lo proceso, pero su amigo Gustavo Díaz Ordaz le vivirá agradecido. ¿Estamos de acuerdo, coronel?".

Sí, con Díaz Ordaz no podía uno, no debía, no tenía por qué equivocarse. Las reglas del juego eran bien claras y en cualquier caso uno sabía a qué atenerse.

Sin embargo, a los integrantes de su gobierno les brindó aún la oportunidad de la divergencia, la cual provocaba y hasta suscitaba, pues él mismo decía: "No deseo colaboradores que simplemente me digan sí".

Lealtad o complicidad

Para los militares que alcanzan las máximas responsabilidades del mando en el ejército, la lealtad es otro uniforme que traen unido a la piel y que difícilmente se quitan, a pesar de que pudieran estar en desacuerdo con lo que su comandante supremo haga o diga.

El discurso militar y el discurso civil han conformado siempre una cofradía de elogios mutuos, por lo menos cuando se pronuncian ante la sociedad, y rara vez reflejan algún grado de discrepancia.

La nueva mentalidad que surgió en las fuerzas armadas y sus altos mandos a raíz del triunfo de Vicente Fox, no tardó en manifestarse en público.

En 5 de mayo de 2001, durante la tradicional ceremonia conmemorativa de la batalla de Puebla, Javier del Real Magallanes, un joven general de brigada, zacatecano, con licenciatura en administración militar y maestría en mando superior y seguridad nacional, además de ser uno de los tres subjefes del Estado Mayor de la Secretaría de la Defensa Nacional, dijo en su discurso que "nos hemos tomado una pausa como sociedad y gobierno para diseñar el porvenir. Ése es el nacionalismo del futuro. Nadie más que nosotros somos y seremos los que tomemos en nuestras manos el sentido de la historia de México". (Ese "nos hemos tomado" causó escozor a quienes lo adjudicaron estrictamente a los militares.)

Más allá de las reiteradas manifestaciones de lealtad por parte del ejército, de las advertencias militares de que "nadie debe confundirse", de que "estamos conscientes de que México tiene un gobierno democrático, legítimo y legal", de que "cuenta usted [Vicente Fox] con la lealtad, entrega y disposición de servicio del personal del ejército y la fuerza aérea", el discurso militar comenzó a ir más allá de la retórica para volverse más puntual.

El mayor esfuerzo de los soldados, dijo Del Real Magallanes, es "por su nación y por las instituciones", y apuntó que "la presidencia de la República, como figura central de nuestro sistema político, goza de una muy amplia base social. Es una evidencia de la democracia y de la fortaleza institucional que vive nuestro país".

El general Del Real recordó también que "las fuerzas armadas, desde sus orígenes, han empeñado sus mejores esfuerzos para contribuir a garantizar el respeto al estado de derecho, realizar acciones de beneficio social, y aquellas actividades que tienden al desarrollo y la seguridad nacionales". Fue un recordatorio indispensable del orador militar, el único en esa ceremonia.

Quedaba claro que el nacionalismo del futuro que dibujan las fuerzas armadas sólo será posible si todos "[nos] conducimos con responsabilidad en la unidad de la diversidad, para formar el modelo de país que nos corresponde y que queremos heredar a nuestros hijos". Y esta conducción también será posible sólo respetando el estado de derecho, haciendo valer la ley, único instrumento para transitar hacia la democracia.

"Mientras existan mujeres y hombres comprometidos con la

voluntad de mantener principios y valores que nos identifican, habrá un México moderno, independiente y soberano."

Más allá de la retórica, el discurso militar afirma: "Para el soldado, la lealtad es principio y fin en sí misma. Se explica en tanto se cumple. De esta forma, no admite interpretaciones, desviaciones ni condiciones".

La posición militar sostiene que la unidad nacional pasa también por la convicción de que todas las expresiones tienen cabida, pero sólo en el marco del derecho y el respeto a las instituciones.

Y en este contexto, en julio de 2002, el director de la Escuela Superior de Guerra, general de brigada Jorge Alberto Cárdenas Cantón, sostuvo que el compromiso del ejército, un compromiso ineludible, es sólo con el pueblo y con nadie más. Al cumplirse 70 años de la creación de dicho plantel, Cárdenas Cantón, dirigiéndose a Vicente Fox, le recordó que estaba ante la "espléndida oportunidad de transformar a México y hacerlo pasar a una nueva etapa de unidad nacional, fincada en el ejercicio democrático".

Fox no tardó en responder y reconocer que las fuerzas armadas del país "han demostrado estar, como siempre lo han hecho, en auténtica sincronía con los tiempos y los intereses generales de nuestro país".

Si bien esta "auténtica sincronía" es real, también lo es la nueva mentalidad militar que el alto mando puso de manifiesto al advertir que "con la ley, estamos a sus órdenes", y que:

> su elección democrática como presidente de la República no permite en nosotros cuestionar nada y nos motiva a cumplir con lealtad, como lo hemos hecho siempre, muy a pesar de que los vientos soplen cada día más fuertes, buscando desaparecer la tarea y hechos de los hombres y mujeres que nos antecedieron en este ejército y que dieron de sí lo mejor de sus vidas.[26]

210

Pero la lealtad, calificada con insistencia por los militares como "indiscutible", entra en conflicto cuando en la reflexión privada y personal se cuestiona a quién deben ser leales: al hombre que ocupa la presidencia de la República o a la institución presidencial y, por ende, al resto de las instituciones nacionales. Porque no siempre ni todos los que han alcanzado la máxima responsabilidad política han respondido cabalmente a esa indiscutible lealtad.

Así, el punto medular del conflicto radica en el hecho de que el ejército, como institución, se juega cada seis años su cuidado prestigio al otorgar su lealtad a un hombre al que difícilmente conoce. En todo caso, los militares avalan la decisión del pueblo expresada en las urnas; le entregan su lealtad sin regateos en espera de que el hombre elegido sepa cumplir con su cometido.

Y es en esa reflexión privada donde los militares han reconocido que la lealtad del ejército es para la institución y no para el hombre. Se trata, pues, de una apuesta a la confianza, vista como "una actitud que se fortalece con los años [...] no se conquista de un momento a otro [...] es una tarea cotidiana".[27] Desde su primera intervención pública, el general Vega García subrayó que "lo importante es revitalizar la confianza y la voluntad de crecer", advirtiendo que las palabras, de tanto usarlas, se desgastan o se vuelve común el escucharlas. Y ése es un riesgo permanente para las fuerzas armadas. Incluso entre aquellos reporteros que son enviados por sus medios para cubrir una ceremonia militar, se escucha: "Cambia el nombre del presidente y del secretario, y todo lo demás es lo mismo". Es el desgaste común de las palabras.

Pero algo más importante es la posición en que quedan los militares que otorgaron, sin regateos, su lealtad y subordinación a un hombre que, al dejar el cargo, revela su verdadera personalidad y, peor aún, sus más graves errores y perversiones.

En diciembre de 1995, dos expresidentes y excomandantes supremos de las fuerzas armadas dieron el más vergonzoso de los ejemplos, dos expresidentes cuyas actuaciones en el pasado dejaron mucho que desear para después lucir sus resabios y sus rencores. A ambos no les bastaron seis años para dañar a toda una nación. Lo siguen haciendo. La sociedad mexicana contemplo con tedio y rabia las trapacerías que todos los días salían a la luz.

Un presidente es, constitucionalmente, el comandante supremo de las fuerzas armadas. Carlos Salinas y Luis Echeverría lo fueron en su oportunidad.

¿Qué piensan las fuerzas armadas de las traiciones de aquellos que alguna vez las comandaron en forma suprema, y que aún ahora gozan de los privilegios que su rango les da en forma vitalicia? Un presidente, al dejar su cargo, conserva para sí y su familia la protección militar, específicamente en su residencia. De Luis Echeverría podrá decirse que su locuacidad e hiperquinética praxis sumió al país en una terca proclividad al tercermundismo y al populismo empobrecedor. Mucho le tenemos que reclamar. Pero Carlos Salinas violó al país entero y por ello hay quienes lo quieren juzgar por "traición a la patria". Uno de los que así se pronunciaron, en su momento, fue el entonces diputado y general de brigada, diplomado de Estado Mayor, Jesús Esquinca Gurrusquieta, sin olvidar que los demás legisladores priístas de extracción militar se alinearon en el mismo sentido.

Y a pesar de que en el ejército no se considera a los legisladores militares como sus voceros por su calidad de retirados o con licencia, no es posible descartar su origen en el momento de hacer un balance sobre los acontecimientos pasados y presentes. El mando en el ejército es considerado como un don.

El don de mando se basa en el logro de la misión y en la preservación de la dignidad de los soldados bajo nuestra responsabilidad; para ello se necesita de un esfuerzo continuo para que, quien lo ejerce, no rompa el equilibrio que debe existir entre el logro de las metas de la organización y las necesidades y metas de sus miembros. Debemos considerar que el ejercicio del don de mando debe ser flexible en su aplicación para motivar al subalterno, promover y mantener un alto grado de disciplina y efectividad; para poder desarrollar en el soldado un elevado espíritu de cuerpo y unidad de doctrina, considerando siempre que el objetivo final será el logro satisfactorio de la misión.[28]

Los militares opinan que "un comandante es el guía y el ejemplo de la unidad". O como me dijo en una ocasión el general Antonio Riviello Bazán: "Un militar sin disciplina no es un militar; un superior sin ascendiente no es un superior".

Carlos Salinas de Gortari fue comandante supremo de las fuerzas armadas. ¿Tenía don de mando? ¿Preservó la dignidad de los soldados? ¿Mantuvo el equilibrio entre las metas y las necesidades? ¿Logró satisfactoriamente su misión? y, por último aunque no menos importante: ¿fue el guía y el ejemplo de la unidad?

Lo mismo podría preguntarse de Luis Echeverría, quien aun antes de asumir la presidencia de la República agravió a los soldados, cuando en Morelia pidió un minuto de silencio por los estudiantes muertos la noche del 2 de octubre.

Años después, en 1995, la aparición de las memorias del general Alfonso Corona del Rosal reiteró la posición del ejército respecto del expresidente tercermundista.

Carlos Salinas agravió también al ejército durante el conflicto de Chiapas. La irritación en el alto mando militar fue patente. En aquellos días, los órganos internos de difusión de las fuerzas armadas expresaron claramente su intención de "identificar el plan malévolo de intereses mezquinos" que trataba de desvirtuar la participación del ejército en el conflicto. Las preguntas anteriores pesaban en el ánimo del alto mando.

Por su parte, Ernesto Zedillo resultó un comandante supremo que no midió jamás las consecuencias de sus actos en relación con las fuerzas armadas. El reconocimiento oficial que hizo del Ejército Zapatista de Liberación Nacional no sólo significó una violación más a la Constitución de la república, sino que agravió severamente al ejército mexicano. Su secretario de la Defensa Nacional, general Enrique Cervantes Aguirre, a pesar de su intrincada relación perso nal con el presidente, siempre tronó al decir que "sólo hay un ejército: el mexicano".

El conflicto de lealtades pocas veces ha sido expresado como lo hizo el entonces coronel Luis Gutiérrez Oropeza en su carta al agonizante Gustavo Díaz Ordaz, transcrita en el capítulo II.

En el terreno político los expresidentes, por lo menos los dos últimos, han tenido que *refugiarse* en el extranjero para alejarse así de la andanada de recriminaciones en su contra. En el terreno militar, el excomandante supremo de las fuerzas armadas simplemente desaparece, a pesar de que sigue contando, en forma vitalicia, con la custodia que le ofrece el ejército.

Si como lo entienden los militares, la lealtad es sinónimo de legalidad, el conflicto cobra mayores dimensiones. En uno de los últimos encuentros de Ernesto Zedillo con las fuerzas armadas, escuchó del alto mando decir sin empacho: "Hoy, el ejército y la fuerza aérea han acompañado y acompañarán durante todo su mandato al presidente Ernesto Zedillo Ponce de León en cuantas tareas seamos requeridos, porque nuestro comandante es ejemplo de apego a la legalidad, y nosotros aspiramos a serlo de lealtad".[29]

La misma pregunta: ¿fue Ernesto Zedillo un ejemplo de apego a la legalidad? Una vez más, basta con recordar que fue él quien violó la Constitución al reconocer oficialmente a los zapatistas como "ejército" para encontrar la respuesta.

El señalamiento del general Vega García es la mejor receta para no tener que tragarse las palabras: "Con la ley, estamos a sus órdenes". De otra manera, las trampas de la disciplina pueden tener consecuencias nefastas para la moral del ejército.

El general Riviello Bazán, un hombre que supo de los riesgos que la disciplina suele entrañar, me comentó, ya como exsecretario de la Defensa Nacional, que se ha permitido que los políticos y algunos miembros del gabinete, junto con organismos supranacionales, se erijan en jueces de la conducta de unas excelentes tropas, faltas del sostén del gobierno. Las fuerzas armadas han aceptado disciplinadamente todas las decisiones políticas. El ejército no defiende privilegios ni nostalgias, defiende los valores sagrados de la patria, aunque esto para algunos suene a chabacanería. La disciplina militar es obediencia razonada, pero firme y profunda, a las leyes, reglamentos y normas militares. Por otra parte, también es el conjunto de ideas, sentimientos y costumbres que obligan a todo militar a cumplir con su deber. La nación tiene un ejército ejemplar. Ahora se está dando la impresión de que el ejército debe ser un organismo que debe mantenerse en una discreta sombra, tratando por todos los medios a sus funcionarios como otros "cualesquiera", sólo que de uniforme. Para que se vean poco los uniformes, para que esa especie de vergüenza inevitable se note poco. La presión política y de alguna prensa lleva años tratando de que la frase de "los militares a sus cuarteles" sea un hecho.

Si se expone una foto, poster o cartel militar que no quiera ofender a nadie, se mostrará a un soldado rodeado de palomas de la paz, acariciando a un niño o frente a una bella puesta de sol. La dureza de un entrenamiento es noticia negativa; una disciplina semidura se considera un atentado a los derechos humanos. El soldado ha de recibir una instrucción dura, disciplinada y eficaz. El cansancio, la tensión, la fatiga, el esfuerzo y el afán de superación han de ser la música de fondo de su vida cuartelera; así, se hablará mejor de aquel instructor duro, serio, que del blando e inútil, por muy bien que se conviviera con él.

Si México no recupera [...] el orgullo de su ejército, si el militar, a quien tanto se ha acusado falsamente de querer vivir marginado, si no se desea un ejército eficaz, duro, entrenado; si no se recupera el orgullo de servir en sus filas, no recuperaremos el tiempo perdido.

Seguridad nacional. Primer organismo de seguridad nacional. Dirección de Investigaciones y Seguridad Nacional. La bomba de tiempo mexicana. Policía nacional. El ejército y la política. Las aspiraciones nacionales. Los intereses nacionales. Los objetivos nacionales. El ejército y la fuerza. Deuda externa y seguridad nacional. La información. Seguridad segura. Un plan sin plan. Seguridad nacional: sus desafíos. Seguridad nacional. Concepto, organización y método. *Interpretación de la seguridad nacional. Seguridad nacional o defensa nacional. El ejército y la seguridad nacional. Democracia y seguridad nacional. Manuel Camacho Solís. La* agenda Zinser. *Las propuestas. Líneas de acción. El fatídico 11 de septiembre. La* ONU, *a la carga. México-Estados Unidos, frontera de alto riesgo. "MexAmérica." Seguridad nacional, laguna constitucional. Lo que se dijo y no se hizo*

D espués de medio siglo de estabilidad social, política y económica, sólo perturbada, de vez en cuando, por reducidas turbulencias sociales e ideológicas, sin contar, desde luego, con el grave conflicto estudiantil de 1968 y el levantamiento armado en Chiapas, las crisis política y económica surgidas en 1994 y los primeros días de 1995 mostraron dramáticamente el esqueleto enfermo de la nación por la falta de una adecuada política de seguridad nacional.

El crecimiento desarticulado de la sociedad mexicana y su creciente politización, certificada en los últimos procesos electorales del siglo XX; una marcada depauperación de la mayoría de la población, acrecentada por las recurrentes crisis financieras, y el conflicto chiapaneco que cumplirá diez años el primero de enero de 2004, demostraron que el Estado había sobrestimado también el concepto de seguridad nacional y, peor aún, se hallaba confundido sobre el particular al no encontrar diferencias y, por ende, establecer los mecanismos respectivos entre seguridad nacional y seguridad interior.

Por ejemplo: cuando en los primeros días del gobierno de Carlos Salinas de Gortari un poderoso contingente policiaco, apoyado por elementos del ejército, arrestó a sangre y fuego al líder petrolero Joaquín Hernández Galicia en su casa de Ciudad Madero, Tamaulipas, la primera justificante de la operación, esgrimida por el gobierno, fue la de "seguridad nacional".

Se trató de la primera vez en muchos años que un gobierno civil apelaba al concepto de seguridad nacional para ejecutar una acción que, a la distancia, no ameritaba más que la intervención de las distintas instancias policiacas. La Procuraduría General de la República (PGR) declaró entonces que los líderes petroleros conjuraban contra la nación, puesto que "querían paralizar las instalaciones de Petróleos Mexicanos (PEMEX) y desestabilizar el conjunto de la economía nacional, en una conjura muy bien orquestada que atenta contra la seguridad nacional".

Sin embargo, al decretarse la formal prisión a Hernández Galicia, el juez octavo penal federal, Luis García Vasco, se basó únicamente en los delitos de homicidio calificado (en la acción murió el agente del Ministerio Público Federal, Gerardo Antonio Zamora Arrioja), introducción clandestina de armas de fuego reservadas para las fuerzas armadas, acopio de armas (200 metralletas) y resistencia de particulares. Nada se dijo ya sobre sedición, rebelión o conspiración contra la seguridad nacional. Pero el levantamiento armado del Ejército Zapatista de Liberación Nacional (EZLN) el primero de enero de 1994, volvió a traer a discusión el tema de la seguridad nacional, aunque la apresurada respuesta del gobierno salinista cayó en la ilegalidad al crear una hechiza "Coordinación de Seguridad Pública de la Nación". Nuevamente la confusión de conceptos.

El decreto presidencial respectivo, del 26 de abril de 1994, afirma en su considerando

> que las circunstancias por las que actualmente atraviesa nuestro país hacen patente la necesidad de que los cuerpos de seguridad pública en el orden nacional se encuentren debidamente coordinados a efecto de lograr una mayor eficiencia en sus acciones, tanto en materia preventiva como en la persecución de los delitos.

Esta coordinación, se dice en el decreto, se encargaría de definir los lineamientos y acciones que deben seguir las procuradurías General de la República y General del Distrito Federal y las de los estados. "Se encargará de proponer los canales adecuados de comunicación con las secretarías de Gobernación, Defensa Nacional y Marina, así como con el Departamento del Distrito Federal." El decreto presidencial le adjudicaba otras atribuciones, como la de coordinar las acciones que en materia de seguridad determine el presidente de la República; proponer medidas y celebrar convenios con las procuradurías de Justicia de los estados; pedir información oportuna a las dependencias y entidades de la administración pública federal, y "las demás" funciones "que le encomiende expresamente el titular del ejecutivo federal".

Al frente de dicha coordinación quedó el entonces secretario del Trabajo, Arsenio Farell Cubillas. La principal falla fue la de volver a considerar al ejército como un cuerpo policiaco encargado de perseguir delincuentes, función muy distinta de la que le reserva la Constitución de la república.

El prestigioso doctor en derecho Ignacio Burgoa declaró entonces:[1] "¡Por favor! Es un decreto al margen de la ley. Y para colmo, obliga al ejército a que le entregue a Farell sus secretos militares".

Pero lejos de eso, el secretario de la Defensa Nacional, general Antonio Riviello Bazán, declaró en público que el ejército no se subordinaría a ninguna "coordinación".

No se trató simplemente de una reacción visceral por parte de las fuerzas armadas, sino de una demostración de que en el ejército sabían más de leyes que el equipo de abogados de la presidencia. El ejército no podía quedar supeditado a una coordinación creada al margen de la ley.

Al final, la famosa Coordinación de Seguridad Pública de la Nación desapareció tan en secreto como funcionó. Nunca se supo qué trabajos se llevaron a cabo ni los resultados que pudieron haber obtenido. El presidente Salinas nombró también, en esa ocasión, como colaboradores de Arsenio Farell a los generales Francisco Quirós Hermosillo y Mario Arturo Acosta Chaparro, caracterizados por sus labores más de corte policiaco que militar. También llegó a formar parte de la misma el controvertido policía Miguel Nazar Haro. Ambos generales enfrentaron, en octubre de 2002, un consejo de guerra por delitos contra la salud y Farell asistió como testigo precisamente para hablar de la participación de ambos generales en dicha coordinación.

En su informe final de labores, el secretario de Gobernación, Jorge Carpizo, apenas si dedicó una página al rubro de seguridad nacional, sin que hubiese dejado nada en claro, salvo una modesta referencia a otro elemento básico: la información.

Se establecieron agendas de trabajo de las áreas responsables de los sistemas de información para la seguridad nacional, definiendo prioridades y encauzando las tareas de investigación y análisis hacia el trabajo prospectivo y propositivo, abandonando la postura sólo reactiva y descriptiva de sus productos.

Los sistemas de difusión de la información fueron revisados y ajustados para asegurar su adecuada disponibilidad, en tiempo y forma, por los diferentes niveles de decisión, haciendo factible el aprovechamiento real de datos y conclusiones.

Se fortaleció la coordinación con autoridades estatales, estableciéndose enlaces permanentes para el intercambio de información relacionada con la seguridad nacional. Asimismo, se elaboraron proyectos prototipo de sistemas de seguridad para instalaciones estratégicas y se coordinó y supervisó su instrumentación con las dependencias y empresas responsables de su operación y custodia.

Se prepararon personas especializadas en esta materia, varias de los cuales perfeccionaron sus conocimientos en instituciones del extranjero. Asimismo, se colaboró con varias entidades federativas en el reforzamiento técnico de su personal en esta materia. Se establecieron y fortalecieron los vínculos y relaciones del Centro de Investigación y Seguridad Nacional con instituciones similares del extranjero.

Existió una buena coordinación con las otras dependencias del gobierno federal, cuyas funciones inciden en la seguridad nacional, realizándose reuniones periódicas al menos una vez a la semana.

El concepto de "seguridad nacional" no existe en las leyes vigentes y su equivalente jurídico, como lo apuntó en esa ocasión el catedrático de teoría constitucional de la Universidad Autónoma Metropolitana (UAM) y autor de varias obras sobre derecho constitucional, Elisur Arteaga Nava, sería, en todo caso, el de "seguridad interior".

Al formularse el tema de la seguridad nacional dentro de la Comisión Independiente sobre Asuntos del Desarme y la Seguridad —que en 1982 encabezaba Olof Palme—, en la que participó activamente el destacado diplomático mexicano y premio Nobel de la paz Alfonso García Robles, se apuntaba que:

tradicionalmente, se ha considerado que el concepto de la seguridad nacional se refiere a la seguridad tanto física como psicológica, que puede verse sometida a amenazas de fuentes tanto internas como externas. Evidentemente, una nación segura es la que está libre del hecho o la amenaza de un ataque militar y una ocupación, que preserva la salud y la seguridad de sus ciudadanos y, en general, hace avanzar el bienestar económico. La seguridad tiene también dimensiones menos tangibles. Los ciudadanos de todas las naciones desean mantenerse fieles a los principios y los ideales sobre los que se fundó su país, libres para organizar el futuro del modo que prefieran. La seguridad nacional tiene también una dimensión internacional. Significa que el sistema internacional debe de ser capaz de un cambio pacífico y ordenado y permanecer abierto para el intercambio de ideas, el comercio, los viajes y las experiencias interculturales.

La comisión presidida por Palme señalaba que los requisitos de la seguridad nacional obligan a las naciones a mantener fuerzas militares adecuadas para los riesgos planteados a su seguridad, dentro y fuera de su territorio. "Sin embargo, la realidad es de índole tal que el poderío militar, por sí solo, no puede proporcionar una seguridad real."

Los conceptos de este trabajo se vieron reflejados de modo parcial en el Plan Nacional de Desarrollo (PND) del gobierno de Miguel de la Madrid, al señalarse que "el papel de las fuerzas armadas mexicanas está orientado fundamentalmente a sustentar las bases de defensa y seguridad nacional requeridas para la consecución de los objetivos y estrategias contenidos en el Plan Nacional de Desarrollo 1982-1988".

Pero ni la crisis financiera de 1982, ni la creciente amenaza que para la frontera sur de México significaba entonces la guerrilla centroamericana, movieron al gobierno a formular una adecuada política de seguridad nacional, quedando sólo el precepto constitucional que reserva el concepto de seguridad nacional al ejército, el cual deberá defender la soberanía y la independencia, hacer respetar la propia Constitución, salvaguardar las instituciones y preservar el orden interno.

Primer organismo de seguridad nacional

Tras los devastadores sismos de 1985, el gobierno de Miguel de la Madrid creó, por lo menos en el papel, un organismo de seguridad nacional que se concretaría a "vigilar e informar sobre los hechos

222

relacionados con la seguridad de la nación y, en su caso, hacerlos del conocimiento del Ministerio Público".

El organismo, que se denominó Dirección de Investigaciones y Seguridad Nacional, a cuyo frente quedó Pedro Vázquez Colmenares, exgobernador de Oaxaca y exembajador en Guatemala, tenía más visos de actividades de espionaje interno que de seguridad nacional.

Dicho organismo y algunos "consejeros" presidenciales anularon entonces la participación del ejército en el rescate y la ayuda a las víctimas de los terremotos. Ha quedado dicho que Miguel de la Madrid escucharía decir a sus asesores que si el ejército salía a las calles en esos momentos, ya no regresaría a sus cuarteles, a pesar de que el entonces secretario de la Defensa Nacional, general Juan Arévalo Gardoqui, prometía que saldríamos adelante "sin afectar la democracia". La Presidencia de la República no le creyó.

El temor de los asesores presidenciales quizá se basaba en el nuevo discurso de los militares. En 1980, el entonces secretario de la Defensa Nacional, Félix Galván López, declaró públicamente: "Yo entiendo por seguridad nacional el mantenimiento del equilibrio social, económico y político, garantizado por las fuerzas armadas".

Los términos "económico" y "político" aparecían en el lenguaje de los militares, y el temor de los civiles se hizo patente después de que el general Galván dijera que "los miembros del ejército y la fuerza aérea mexicana pensamos que podemos hacer más por nuestro país", refiriéndose a las responsabilidades que les señala la Constitución, y pidió para los militares "más tareas y nuevas metas". En otra parte del mensaje señalaba:

> Hemos entendido lo que hace muchos años leímos de don Antonio Caso, que es preciso que al lado de la ideología política dominante subsistan otras ideologías. Que los ejemplos de algunos clásicos y otros teórico-políticos demuestran que la fuerza social que niega los aciertos del individuo se anula a sí misma y defrauda a la posteridad. Entre la "dócil resigna-

223

ción" estéril y la "turbulenta impaciencia" desquiciante, anhelamos participar al lado de las más positivas y adelantadas
fuerzas sociales que nuestra Revolución mexicana definió.

El texto del general fue editado y difundido por la Secretaría
de la Defensa Nacional en un folleto que lleva el título de *Seguridad
nacional.*

Para los analistas de la época, no era creíble que los militares
intervinieran políticamente, a pesar de las crisis que enfrentaban los
gobiernos priístas y del creciente descontento popular. Sin embargo,
consideraban que si la situación política y económica seguía deteriorándose —como finalmente ocurrió—, los militares podían concluir
que debían tomar un papel más decisivo para ayudar a restablecer el
equilibrio nacional.

El columnista estadunidense Jack Anderson y su socio Dale
van Atta llegaron a decir en un largo artículo publicado por la revista *Penthouse,* titulado "La bomba de tiempo mexicana", que "la mayor
incertidumbre es la que se refiere a si una nueva revolución [en Mé-
xico] surgiría de la izquierda, la derecha, el ejército, o de una combinación impredecible".

Quizá por ello, los fallidos intentos para crear organismos o políticas de seguridad nacional no sólo hicieron de lado o minimizaron
el papel del ejército, sino que, en ningún momento, se consideraron los
componentes financiero, socioeconómico, de relaciones internacionales y militares indispensables para una política de seguridad nacional
que le hubiera dado al país una mejor plataforma con la cual hacer
frente a los graves problemas.

Dicha confusión fue atribuida entonces al hecho de que tanto el poder del Estado como el del gobierno residían en una sola persona: el presidente de la República. Por esta razón, los presidentes
mexicanos habían puesto mayor atención en la seguridad interior y
generalmente consideraban ambos conceptos como sinónimos. Carlos Salinas había formado lo que la prensa llamó "gabinete de segu-

ridad nacional", integrado sólo por el secretario de Gobernación, el de Defensa Nacional y el procurador general de la república, con lo cual se demostraba, una vez más, la confusión de los conceptos de seguridad nacional y seguridad interior, toda vez que no se consideraban los componentes económicos y de relaciones exteriores.

Surgió entonces la necesidad de un debate, que nunca se llevó a cabo, sobre la creación de un Consejo de Seguridad Nacional con personal y comités especializados. Este consejo debería estar formado por el presidente de la República, los secretarios de Defensa, Marina, Hacienda, Relaciones Exteriores y el procurador general de la república. Dicha organización daría mayor coherencia a la planeación de una política de seguridad nacional y, ciertamente, permitía una mayor participación al ejército en esta materia.

La necesidad de un debate sobre la creación de un Consejo de Seguridad Nacional obedecía, sin duda, a que el concepto de seguridad interior tenía una muy pobre visión sobre la soberanía de la nación, que ya entonces estaba en peligro no sólo por la contagiosa guerrilla centroamericana, sino por las crisis financieras que amenazaban poner al país en manos de Estados Unidos.

Es claro que la falta de una adecuada política de seguridad nacional ha puesto en riesgo la soberanía del país. En lo económico, los errores de cálculo, por decirlo de la mejor forma, llevaron a México a un endeudamiento gigantesco en el exterior; más de 50 millones de mexicanos fueron arrastrados a la pobreza extrema y hoy prácticamente el país se ha puesto a la venta para subsanar los "graves riesgos y carencias" que pregonaba el presidente Ernesto Zedillo, de cuales hizo eco Vicente Fox cuando pidió que los sectores eléctrico y energético se abrieran a la iniciativa privada nacional y extranjera.

En materia de relaciones exteriores, el gobierno de Carlos Salinas desestimó la posibilidad de triunfo de William Clinton en Estados Unidos y apostó todas sus fichas al perdedor George Bush. En el sur, el gobierno también desestimó la información militar sobre la penetración de la guerrilla guatemalteca y, peor aún, sobre la forma-

225

ción de una guerrilla local (el EZLN) que sometería al país a un desgaste permanente.

Policía nacional

Sin embargo, lejos de la creación de un consejo de esta naturaleza, el gobierno zedillista optó por la formación de una "Policía Nacional Federal", integrada por 45,000 elementos, de los cuales 15,000 provendrían de los diferentes cuerpos policiacos que desaparecerían como tales y 30,000 serían miembros del ejército, seleccionados y capacitados para la realización de labores específicas.

Finalmente se creó la Policía Federal Preventiva (PFP), integrada en primera instancia por la Policía Federal de Caminos y la de Migración. Esto no fue suficiente y el ejército tuvo que aportar 5,000 hombres de la 3ª Brigada de Policía Militar. Ya en el gobierno de Vicente Fox, el número de efectivos militares y navales en la PFP seguiría aumentando.

Estos factores y el uso indiscriminado de las fuerzas armadas, en el sexenio de Carlos Salinas, habían abierto una brecha entre civiles y militares, y fue claro que los intereses de ambos dejaron de ser comunes.

Desde los primeros días de su gobierno, Carlos Salinas echó mano del ejército en una actitud que fue calificada por un historiador como "thatcherismo mexicano", en referencia a la entonces primera ministra de Inglaterra, Margaret Thatcher, quien se caracterizó por el uso excesivo de recursos de fuerza para controlar grupos y sectores sociales.

Entre las acciones que el ejército realizó, por órdenes de Salinas, sobresalen la detención del líder petrolero Joaquín Hernández Galicia, la ocupación de la histórica mina de Cananea, el arresto de famosos narcotraficantes y, desde luego, la lucha contra esta actividad que sería calificada por el propio Salinas como una "amenaza a la seguridad nacional".

Sergio Aguayo Quezada, quien ha escrito varias obras sobre el tema de la seguridad nacional, entre ellas *En busca de la seguridad perdida*, sostiene que a pesar de que el ejército forma parte del "gabinete de seguridad nacional", el presidente ejerce un control absoluto sobre dicho gabinete y determina lo que es tema de seguridad nacional. Así, mientras los militares podían contribuir activamente en materia de seguridad nacional, su papel principal ha sido el de acatar las órdenes presidenciales en lugar de hacer política. Un reporte especial publicado por el Instituto de Estudios Estratégicos del Colegio de Guerra de Estados Unidos (febrero de 1994), elaborado por el coronel Stephen J. Wager bajo el título "El ejército mexicano ante el siglo XXI", sostiene que a pesar de que "los líderes políticos parecen dispuestos a pedir el apoyo de los militares para mantener el statu quo, esto no significa necesariamente que quieran que el ejército adquiera mayor importancia". Los intentos por desacreditar al ejército durante el gobierno de Carlos Salinas parecen confirmar tal aseveración.

Otra acción del gobierno en desprestigio de las fuerzas armadas ocurrió cuando el presidente Zedillo era secretario de Educación. En esa época se elaboraron los libros de texto gratuitos en los que se responsabilizaba al ejército por los acontecimientos de 1968. Esto provocó reacciones airadas en el alto mando militar y la prensa llegó a publicar que las fuerzas armadas vetarían la eventual candidatura de Ernesto Zedillo a la presidencia de la República.

Después se formó una Comisión de la Verdad que pretendía que el ejército abriera sus archivos. Sería hasta el año 2002, con Vicente Fox en la presidencia de la República, cuando dichos archivos quedaron abiertos al escrutinio público.

En otra ocasión, en el aún confuso enfrentamiento entre soldados y agentes judiciales en un poblado de Veracruz, fueron los militares los que recibieron mayor castigo por parte del gobierno. Un general fue sujeto a proceso.

Finalmente, el levantamiento armado en Chiapas colocó al ejército en una posición harto incómoda por las constantes campañas de desprestigio que emprendieron las llamadas organizaciones no gubernamentales (ONG). Tales acciones no pudieron ser contrarrestadas debido a que la Presidencia de la República no le permitía a la Secretaría de la Defensa Nacional tener sus propios canales de comunicación social.

El aparente rompimiento entre militares y civiles alcanzó a tocar temas tales como el Tratado de Libre Comercio de América del Norte (TLCAN). De acuerdo con el reporte especial del coronel Wager,

> un analista, quien ha mantenido contacto estrecho con el ejército, dijo que altos jefes militares no están del todo a favor del Tratado de Libre Comercio. Dentro de la institución los tratados de comercio despertaron sospechas sobre los motivos de los estadunidenses. Los históricos temores referentes a las violaciones de la soberanía mexicana por parte de Estados Unidos han resurgido, a pesar de que en estos tiempos tales violaciones podrían ocurrir a través de interferencia económica en lugar de los tradicionales factores políticos o militares.

El ejército y la política

Pese a que desde el gobierno del general Manuel Ávila Camacho el ejército quedó excluido de la política, cuando desapareció del hoy Partido Revolucionario Institucional como el cuarto sector, la política no fue excluida del ejército.

En el curso de estrategia que se imparte en la Escuela Superior de Guerra, se instruye al alumnado sobre lo que pudiera interpretarse como los elementos básicos para fundamentar una política de seguridad nacional: las aspiraciones, los intereses y los objetivos nacionales.

- *Las aspiraciones nacionales*: son los ideales comunes a todo un pueblo, que expresan deseos o pretensiones y finalidades a que él mismo aspira y que se van formando de modo paulatino en sus habitantes, a través de la historia, tradiciones morales y religiosas, composición étnica y social, corrientes ideológicas y problemas económicos. Las aspiraciones son, por lo general, ideales de carácter noble, basados en la moral y que con frecuencia pueden pregonarse, darse a conocer abiertamente.

- *Los intereses nacionales*: no son parte de los ideales antes expuestos. Son, sí, deseos o pretensiones, pero no del pueblo en su conjunto sino del gobierno o de ciertos sectores políticos, económicos, religiosos o culturales. Por lo regular se refieren a actividades o inversiones de las que se espera obtener provecho, utilidad o beneficio, en ocasiones al margen de la legalidad o la moralidad.
- *Los objetivos nacionales*: de las aspiraciones nacionales, la política de un país establece los objetivos nacionales, que ya revisten el aspecto de postulados o principios básicos permanentes, que definen modos de vida, las aspiraciones máximas de la nación, estables en el tiempo y cuyo logro redunda en beneficio de los intereses nacionales.

Los objetivos y aspiraciones nacionales se catalogan en tres grandes clases: seguridad del Estado, bienestar del pueblo y prestigio nacional. Sobre ello se apunta la necesidad de generalizar la convicción de que la tranquilidad y el orden internos se garantizan por la observancia de un clima de justicia social y de desarrollo económico, más que por la aplicación de la fuerza. Para efectos del curso de estrategia, la Escuela Superior de Guerra clasifica la política general en tres campos:

- *La política interior* está constituida por el conjunto de actividades tendentes a realizar la lucha por el poder, el sostenimiento en éste cuando se ha logrado, el mantenimiento del pueblo y del gobierno y la realización de los ideales y objetivos

229

nacionales, todo ello dentro del pueblo y territorio del Estado [...] la política interior debe impulsar los deseos populares de libertad individual, prosperidad y estabilidad económica, organización gubernamental eficiente, impuestos justos y bienestar social en forma armónica, conciliando las tendencias de las fuerzas económicas, sociales e ideológicas del país.

- *La política exterior*: en países desarrollados, que han alcanzado un alto grado de madurez política, los gobiernos le conceden a la política exterior la máxima importancia, sin descuidar, desde luego, el cumplimiento de sus obligaciones en cuanto a sus objetivos a lograr en el interior. Contrasta esto con lo que ocurre en países subdesarrollados y dependientes, en los que la lucha interna por sostenerse en el poder constituye la máxima preocupación; en tal caso, los gobiernos dirigen su política exterior a obtener créditos, apoyos políticos, ayudas diversas, protección, etcétera.
- *La política militar*: ésta es la parte de la política general que se encarga de crear y preparar las fuerzas armadas que la política general necesita, para garantizar la seguridad nacional y para apoyar su acción en el exterior. En otros términos, la política militar tiene por objeto poner en forma militarmente al Estado; crear el útil armado que éste necesita para realizar su tarea, a pesar de las oposiciones internas o externas que requieran la aplicación de la fuerza.

El ejército y la fuerza

El fenómeno del "thatcherismo mexicano" no es nuevo. En los últimos cinco sexenios los gobiernos priístas han utilizado al ejército en forma indiscriminada y los titulares de la Secretaría de la Defensa Nacional han demostrado, una y otra vez, su obediencia a los gobiernos civiles.

El general Marcelino García Barragán, secretario de la Defensa

230

Nacional, en el gobierno de Gustavo Díaz Ordaz, lo apoyó en todo momento durante y después del conflicto de 1968. Su jefe de Estado Mayor Presidencial, general Luis Gutiérrez Oropeza, escribió en un breve folleto, a manera de memorias, que:

> Gustavo Díaz Ordaz no tuvo más alternativa que emplear la fuerza para contener la violencia en que nos querían envolver. En el renglón del orden y la seguridad nacionales, el gobierno no puede, no debe correr el riesgo de una falla, de un déficit, de un error o de una falla de hombría porque lo que está en juego es la vida de una nación.

El general Hermenegildo Cuenca Díaz, secretario de la Defensa Nacional, en la administración de Luis Echeverría Álvarez, estuvo detrás del ejecutivo tanto durante el conflicto de jueves de Corpus, en 1971, como durante las invasiones de tierra en Sonora y Sinaloa y la crisis financiera de 1976, en la que se enmarcó la primera gran devaluación del peso.

El general Félix Galván López, secretario de la Defensa Nacional en el gobierno de José López Portillo, demostró la falsedad del decantado golpe de Estado que tanto se llegó a mencionar en los últimos años de ese gobierno.

El general Juan Arévalo Gardoqui, secretario de la Defensa Nacional en el sexenio de Miguel de la Madrid Hurtado, trató de apoyar al gobierno durante los sismos de 1985, y no lo dejaron. Poco después se vería involucrado en acusaciones de narcotráfico.

El general Antonio Riviello Bazán, secretario de la Defensa Nacional en el gobierno de Carlos Salinas de Gortari, apoyó la detención de los líderes petroleros cuando apenas iniciaba el sexenio, cargó con la guerra contra el narcotráfico y, al final, resistió los embates de los errores civiles en el conflicto armado en Chiapas.

El general Enrique Cervantes Aguirre, secretario de la Defensa Nacional durante la gestión de Ernesto Zedillo Ponce de León, tuvo ante sí los mismos problemas que su antecesor, sólo que ahora agravados y multiplicados por la devastadora crisis financiera que atravesaba el país y por la indecisión política respecto del levantamiento armado del EZLN.

El concepto de seguridad nacional sigue limitado a la visión particular de los intereses de cada gobierno, pero, sobre todo, a los temores, infundados o no, de que una mayor participación de las fuerzas armadas en la política general podría darles una estatura no deseada en el futuro inmediato de la nación.

> La deuda externa mexicana es un problema de seguridad nacional porque su respectiva e ininterrumpida renegociación involucra globalmente los aspectos más soberanos de la política interna y externa de nuestro país. El servicio que generan los préstamos foráneos es, en este contexto, el tributo que nos impone la dependencia estratégica de la deuda externa, que define políticas integradas a nuestra economía, como la apertura de cien por ciento a las inversiones extranjeras; la desincorporación total del aparato paraestatal; el recorte de subsidios sociales; las negociaciones bilaterales; los topes salariales; en sí, una total reprivatización de la economía mexicana en aras del fortalecimiento neoliberal, pero sin garantizar el desarrollo nacional.

Las anteriores apreciaciones están plasmadas en un bien elaborado análisis del Instituto Mexicano de Estudios Internacionales de la Deuda Externa, bajo la firma de Jorge Alberto Pérez Zoghbi, Lilia Jiménez Mejía y Alfredo Rojas Díaz Durán, titulado *Deuda externa y seguridad nacional. Geopolítica del endeudamiento externo mexicano.*

El trabajo, publicado en julio de 1990, señalaba ya que:

> la negociación de la deuda externa llevada a cabo por la administración del gobierno de Carlos Salinas de Gortari asegura políticamente a su gobierno, no así al siguiente, que [...] se

tendrá que enfrentar a la difícil situación de una nueva negociación, si no antes de 1994, se tiene la necesidad de un nuevo arreglo forzoso frente a los acreedores internacionales.

Y sentencia:

Independientemente de la situación anterior, es un imperativo que a partir de la administración de gobierno 1989-1994 diseñemos una estrategia negociadora multilateral a largo plazo, que nos permita preservar nuestra soberanía nacional, sin continuar con las grandes transferencias de recursos financieros al exterior. Estamos en tiempo de reasegurar el "interés nacional" si diseñamos una estrategia deudora heterodoxa para las próximas décadas.

La información

Si bien en su último reporte de labores de 1994, el entonces secretario de Gobernación informó que se habían establecido "agendas de trabajo de las áreas responsables de los sistemas de información para la seguridad nacional", está claro que dichas agendas no incluyeron la información económica y financiera que ya adelantaba las crisis que se han vivido en los últimos doce años.

La información económica, vital para el establecimiento y mantenimiento de una política de seguridad nacional, se ha utilizado tradicionalmente en dos vías: la política y la del delictivo tráfico de información.

La primera sirvió al gobierno de Carlos Salinas de Gortari, sobre todo, para dar una visión inexistente de prosperidad y estabilidad económica que habría de llevar al país, según sus promesas, al llamado primer mundo.

La segunda fue el instrumento del que se sirvieron unos cuantos para acumular riquezas impensables, resguardadas en bancos extranjeros, a nombre de 24 mexicanos multimillonarios en dólares.

Un ejemplo grave que atenta contra la seguridad nacional, por lo que al tráfico de información se refiere, radica en una de las principales áreas estratégicas: Petróleos Mexicanos (PEMEX).

En un amplio reportaje publicado el 7 de enero de 1995, en *El Financiero*, bajo la firma de Miguel Ángel Sánchez, se afirmaba que, según revelaciones de la dirección de PEMEX, desde septiembre de 1993, durante la administración de Mario Ramón Beteta en el sexenio de Miguel de la Madrid, existía

> una amplia vía que tienen los estadunidenses para enterarse de todos los aspectos, proyectos y estrategias del sector, y denunciaron la presencia de un complicado sistema de "espionaje industrial" establecido desde hace muchos años en el sector energético de la nación. "De buena o de mala fe, y a veces hasta con inocencia, algunos funcionarios [mexicanos] contribuyen a la fuga de información estratégica, de vital importancia en ocasiones", subrayaron en su oportunidad, tras mencionar a la "Dirección de Planeación y Coordinación del PEMEX Corporativo, y a la holding Petróleos Mexicanos Internacional (PMI)", entidades a cargo del binomio Adrián Lajous-Pedro Haas, en aquel entonces.

Según las denuncias de la anterior administración, y de acuerdo con el reportaje de Miguel Ángel Sánchez, esos organismos permitían que el gobierno y las empresas estadunidenses recibieran, incluso antes que la propia paraestatal, la información más confidencial de la industria petrolera "porque todos los trabajos de investigación y estudios de desarrollo los contratan con consultores extranjeros como McKinsey", empresa que cobra a la paraestatal entre 300,000 dólares y tres millones de dólares por servicio, según el alcance de sus evaluaciones.

Pero las denuncias de la dirección de PEMEX no eran nuevas en 1993. Ya el 29 de agosto de 1990, fuentes de la industria estadunidense señalaban a *El Financiero* que "PEMEX ha estado proporcionando datos confidenciales a una firma extranjera; eso en México es muy delicado".

Conforme aumentaban las fortunas de quienes fueron beneficiados por la información privilegiada, la seguridad de la nación se debilitaba a tal grado que hoy la soberanía mexicana parece estar a la venta.

Uno de los diques de la seguridad nacional, que debió permanecer infranqueable, es el Congreso de la Unión. Sin embargo, el amasiato de los poderes, producto de un presidencialismo autoritario y mercantilista, minó, desde siempre, cualquier dique que pudiera significar un obstáculo a los intereses del muy reducido grupo que acumula el capital.

Sin exponerlo expresamente en los términos del concepto de seguridad nacional, hoy día los legisladores de los diversos partidos políticos, a excepción del PAN, advierten que el actual gobierno provocará la "extranjerización" de la economía mexicana, pues en el país no hay quien tenga los recursos para adquirir empresas públicas, con lo que "se lesionará, más aún, la soberanía del país".

En los acuerdos de la administración con los gobiernos y organismos internacionales para enfrentar la crisis, al senado no nada más lo han marginado sino, de plano, ignorado. "Pasan por encima de él y se viola todo principio elemental de respeto entre los poderes."

Seguridad segura

Si aceptamos el concepto de seguridad nacional ofrecido por la Comisión Independiente sobre Asuntos del Desarme y la Seguridad, un pueblo necesita sentirse seguro tanto física como psicológicamente.

Uno de los efectos primarios de las crisis recurrentes que arrancan con la primera gran devaluación ordenada por Luis Echeverría en 1976, fue el minar el sentimiento de seguridad de la población al surgir la incertidumbre, la desconfianza y el desánimo. Incertidumbre ante la continua falta de expectativas a causa de planes emergentes que no acaban por aterrizar; desconfianza por la especulación que se da en los mercados nacionales y extranjeros, y desánimo por la carestía y la carencia que la base popular enfrenta de inmediato en su vida diaria, y como común denominador: falta de credibilidad en el gobierno.

Si la deuda externa es considerada como un problema de seguridad nacional, como se apunta más arriba, es porque el gobierno se ve obligado a destinar amplios porcentajes del gasto público, es decir, factores de bienestar social, al pago del servicio de la deuda. Durante el gobierno de Carlos Salinas de Gortari, la deuda externa no sólo se convirtió en un problema de seguridad nacional, sino de soberanía nacional, como ha quedado dicho: "En 1990 la deuda pública absorbió 33% (62 billones de pesos) del gasto público total". En otras palabras, de cada peso presupuestado que gastó el gobierno mexicano durante 1990, 33 centavos se destinaron a cubrir los servicios de la deuda externa, tanto pública como privada.

Con los nuevos créditos que se habían negociado en el exterior, fundamentalmente en Estados Unidos, la deuda externa de México rebasaba ya los 150,000 millones de dólares. Ante esa situación, el gobierno mexicano tenía que destinar por lo menos 49.5% del gasto público sólo para responder al servicio de la deuda en 1995.

El apoyo que anunció el gobierno de Washington al de Ernesto Zedillo, desató un debate en el senado estadunidense que afectó de modo directo la soberanía mexicana. El entonces secretario del Tesoro, Robert Rubin, declaró que: "Es muy importante que trabajemos con México para ayudarle a resolver esta dificultad [...] no sólo para ayudar a México, sino para asegurar que la crisis no se desborde e interfiera con la realización de los sustanciosos potenciales en América Latina, para esos países y también para nosotros".

Al mismo tiempo, el periódico *The Wall Street Journal*, ante la ya declarada intervención del Fondo Monetario Internacional (FMI) en la economía mexicana, comentó que "no son sólo los 2.5 millones de dólares que el FMI está preparando. Es que los inversionistas confían en el FMI. Si el FMI establece nuevas metas de crecimiento o inflación, o endosa las cifras del gobierno mexicano, entonces muchos inversionistas estarán contentos". En pocas palabras, el futuro de la nación se ha mudado de las decisiones soberanas del gobierno al de las estrictamente monetarias de un elemento sin patria, como al final de cuentas es el dinero.

Pero no todos en Washington ven las cosas de la misma manera. El senador republicano Jesse Helms, un detractor tradicional de los acuerdos de su país con México y titular de la comisión de Relaciones Exteriores de la cámara alta, se pronunció, desde entonces, junto con otros grupos legislativos, por abrogar el TLCAN. Pero fue más sutil: "Allí tienen un gobierno corrupto y se están aprovechando de nosotros", dijo al criticar los préstamos que el gobierno de Washington había proporcionado a México.

Aunque el debate que se daba en Washington en relación con la crisis económica de México obedecía más a la pugna entre republicanos y demócratas, el hecho es que la soberanía mexicana parecía haber quedado fuera del control nacional.

Un plan sin plan

El manejo de la información económica, aparentemente ajeno al conocimiento del presidente Zedillo, había provocado que, al explotarle en las manos la crisis financiera, su gobierno no lograra integrar un plan congruente y adecuado para rescatar al país en el mediano plazo.

Este uso de la información privilegiada siempre ha sido un atentado contra la seguridad de la nación. Por ello las demandas de juicio político y las denuncias penales hechas por el Partido de la Revolución Democrática (PRD) en contra del expresidente Carlos Salinas de Gortari. Pero bajo esta óptica, el juicio político o la denuncia penal se antojaban limitados.

¿Cuántos sabían lo que iba a pasar? Todos ellos; no sólo guardaron silencio sino que se aprovecharon de la información. Esto, traducido al tema que nos ocupa, significa que cometieron un delito en contra de la nación, atentaron contra la seguridad de un pueblo. Todos ellos deberían ser juzgados y castigados.

Seguridad nacional: sus desafíos

El secretario de la Defensa Nacional de Vicente Fox, general Gerardo Clemente Ricardo Vega García, quien ocupara la Dirección General de Educación Militar y la rectoría de la Universidad del Ejército y Fuerza Aérea Mexicanos, es autor de una obra clásica dentro del ejército sobre el tema que aquí nos ocupa: *Seguridad nacional. Concepto, organización y método.*

En dicho libro sostiene que la seguridad nacional tiene, hoy día, muchas interpretaciones, diversas connotaciones, gran número de puntos de vista de especialistas en la materia, diferentes opiniones de políticos, economistas, sociólogos, intelectuales y militares, que confluyen en los más variados aspectos de la vida y el desarrollo de los Estados que integran la comunidad internacional. Esta pluralidad de pensamientos, posiciones, ideologías y hasta doctrinas ha provocado gran confusión en diversos círculos políticos de varios países, los cuales pretenden encontrar un sistema, una fórmula o una doctrina mediante la cual se explique, entienda y vuelva operativa la seguridad nacional.

El tema se encuentra estrechamente relacionado con otras ciencias y disciplinas de la actividad política y humana de los países. No es posible analizarla en forma independiente o, lo que es más grave, considerar a la seguridad nacional como una actividad exclusiva de sectores políticos, económicos, militares y de la sociedad civil. Muchos son los conceptos y definiciones que sobre el término han sido formulados; sin embargo, pocos son los aceptados o que satisfacen a quienes los estudian o tratan de interpretar para aplicarlos.

¿Cuál es entonces el camino a seguir para dar forma y sistema al gran reto que plantea la seguridad nacional?

El desafío que representa definir la seguridad nacional y deducir las partes integrantes del sistema, por el cual el concepto pueda ser operable, demanda, inicialmente, clasificar las intenciones y vertientes bajo las cuales será tratado el tema, de otro modo el estudio se puede extender al infinito, y su tránsito sería interminable por la amplitud de un universo con elementos tan encontrados en posiciones, teorías e ideologías, que estimo sólo aportaría más confusión a la ya existente.

Las consideraciones anteriores permiten establecer un cuadro de requisitos, contrario a otros libros que empiezan por dar una definición sobre seguridad nacional.

Interpretación de la seguridad nacional

En este renglón es fundamental delimitar el ámbito o la perspectiva con que debe verse la seguridad nacional; por ello, y con base en modelos de diferentes países en distintas latitudes, ésta puede considerarse como:

- Un sistema político para gobernar un Estado.
- Una doctrina política para acceder al poder político.
- Una condición paralela, indispensable para garantizar el desarrollo de un país.
- Una organización gubernamental, para el manejo de información e inteligencia a nivel nacional.
- Un medio para emplear el poder nacional (recursos políticos, económicos, sociales y militares) de un Estado en el plano internacional.
- Un aspecto exclusivo de las fuerzas armadas de un país.

Explicar cada una de estas tendencias es importante, ya que constituyen los cimientos de la filosofía de la seguridad nacional para un Estado en particular; así, pues, es vital delimitar los conceptos y precisar su interpretación, para posteriormente abordar los puntos lógicos y axiológicos de la seguridad nacional.

a) *La seguridad nacional como sistema político para gobernar un Estado.* El trabajo político está encaminado a las actividades de seguridad. Se visualiza aquí a la política general, del país donde se adopte, subordinada al entorno de la seguridad nacional. Quiere esto decir, a fin de cuentas, que la actividad económica, social y militar se maneja con criterios de seguridad. Quizá la labor política se vería dañada en su interacción, dado que en beneficio de esa seguridad, ideologías o corrientes ideológicas, de origen democrático o liberal, se verán de tajo suprimidas por considerarlas inconvenientes al sistema; la posibilidad de considerar a la seguridad nacional como un sistema de gobierno vulnera el grado de libertad política que toda sociedad civil reclama como depositaria de la soberanía, para trasladarla a esferas de acción de seguridad, que dependiendo de la forma y manera de llevarlas a cabo pueden caer en actitudes totalitarias. Los supremos ideales de un conglomerado humano serán totalmente regidos por lineamientos de seguridad; lo anterior manifiesta que un Estado puede soslayar su propia seguridad, ignorando los peligros y amenazas con los cuales se ponga en duda la existencia del país y su proyecto nacional, la respuesta es "no". Únicamente se trata de aclarar que el poder político debe ser el protagonista auténtico de la sociedad a la cual pertenece y de la que surgió por voluntad soberana; de otro modo, se suplanta o falsifica la verdadera autenticidad política de un Estado.

b) Considerar a la seguridad nacional como *una doctrina política para acceder al poder político* es, a fin de cuentas, una *barbarie,* pues equivale a servirse de procedimientos, métodos y formas para violentar el legítimo poder político y derivar a multitud de acciones o justificaciones para liderar un gobierno pretextando razones de seguridad nacional, apoyándose en la explotación de valores nacionales como fue el caso del nazismo en Alemania o el fascismo en Italia. No es, entonces, una vía perdurable para el Estado moderno.

c) La seguridad nacional vista como una *condición indispensable para asegurar el desarrollo de un Estado,* parece ser la proyección más sensata disponible sobre este tan llevado y traído concepto que de seguridad nacional pueda darse, a condición de ajustar varios prerrequisitos:

- La política nacional de un Estado moderno está por encima de la seguridad nacional, y la filosofía de esta última debe ajustarse y subordinarse a esta política, a los objetivos e intereses perfilados por la historia, tradiciones y aspiraciones de un conglomerado social asentado en un territorio.
- La seguridad nacional debe ser considerada como una condición, que incluye multitud de acciones en los diferentes campos o frentes de acción de un Estado, para garantizar el desarrollo equilibrado del mismo, de donde se desprende que la seguridad nacional es un componente de igual valor y dimensión que el desarrollo nacional. Una y otro dependen de sí mismos, no pueden existir en forma aislada, pues sin desarrollo no habrá seguridad y sin seguridad no hay desarrollo.
- La seguridad nacional es una herramienta al servicio de la sociedad en general y del gobierno en particular para coadyuvar al bienestar equilibrado de un Estado.
- La seguridad nacional compete a todas las instancias del Estado, de ninguna manera puede ser un asunto exclusivo de sectores o de organizaciones gubernamentales o privadas, su formulación es plural y debe atender a toda perturbación que interfiera en el desarrollo del Estado.

d) La seguridad nacional, concebida como *un organismo para la obtención de información y producción de inteligencia*, le da al concepto un sesgo muy particular que, en ocasiones, llega a considerarse como un aspecto policiaco o para tratar asuntos de delincuencia. Aquí vale la pena puntualizar el hecho de que la seguridad nacional requiere de la obtención de múltiples datos generadores de inteligencia, mas lo importante es que esto comprende los campos político, económico, social y militar. Los análisis y estudios son para dar cobertura al desarrollo nacional, no para vulnerarlo. En realidad la mayoría de los Estados organizados dispone de entidades, bajo diversos nombres y siglas, en el aspecto de asesoramiento o ejecutivos que manejan información de seguridad nacional; su utilidad es importante a condición de que, como se dijo antes, estas actividades se encuentren al servicio de la política general, la que a su vez funciona y actúa en beneficio del Estado.

e) La seguridad nacional como *un medio para emplear el poder nacional de un Estado en el plano internacional* es una concepción muy aceptable para países que son considerados como potencias mundiales en diferentes renglones. Esto es explicable, mas no justificable, y se puede llegar a una explicación para aquellos Estados cuyos intereses o bienestar iniciales dependen, en gran medida, del exterior. La supervivencia de los países poderosos los obliga a considerar asunto de seguridad nacional toda aquella actividad que interfiera o perturbe el logro de sus objetivos del más alto nivel y, por ello, emplean sus recursos políticos, económicos, sociales, militares y de política exterior, a fin de lograr esa preservación. De otro modo, el ceder los llevaría a perder su estatus de potencia, con jerarquía para imponer criterios, lo que, desde luego, no es aceptable para los Estados más débiles, pues se esgrimen razones de igualdad, de justa aplicación del derecho en todos los órdenes. Mas la inevitable realidad del mundo contemporáneo es muy simple: quien dispone de poder lo usa en su beneficio, y para el asunto motivo de análisis éste se arropa en justificaciones de seguridad nacional. Quien esto lea dirá a priori que se acepta la tesis; nada más lejos de sentirlo así. Únicamente se asienta tal cual es y sólo cabe agregar el hecho frío y sencillo; ya corresponderá a cada Estado determinar su concepción respecto de la seguridad.

f) La seguridad nacional concebida como *un asunto de la absoluta exclusividad de las fuerzas armadas* fue posible en las épocas en el que el jefe de Estado encarnaba el mando político y militar de una nación, puesto que reunía en su persona el control de los asuntos político-militares, como aconteció con Alejandro, Ciro, y quizá Napoleón, en una época. En la era moderna, posterior a la primera guerra mundial, la idea de seguridad nacional comienza a evolucionar en otras direcciones y es después de la segunda guerra mundial cuando se transforma, definitivamente, en un sistema en el que confluyen políticos, economistas, intelectuales, analistas y militares, para conformar toda una gama de organismos y acciones destinados a preservar la existencia y los objetivos de un Estado. Con ello, el ámbito exclusivista militar sobre esta materia fue rebasado con amplitud y distintos países conformaron y ajustaron sus teorías y acciones a los intereses particulares concretos de cada Estado.

Seguridad nacional o defensa nacional

La idea de conceptualizar la seguridad nacional es variable, según las características de cada Estado. No hace mucho tiempo los asuntos de seguridad eran de la competencia de los institutos armados de cada país y coaliciones, con un pensamiento militar totalmente

243

estratégico, inspirado, por lo común, en ideas geopolíticas militaristas. Fueron la interacción internacional, el flujo de intereses nacionales de la comunidad internacional, las dos guerras mundiales y el curso de la economía internacional, sobre todo, los principales detonantes para que la concepción militarista de seguridad nacional resultara, con mucho, superada por un enfoque político general rector, en el que factores económicos, sociales, militares, políticos e ideológicos dan paso a la creación de entidades civiles en los gobiernos.

El concepto de seguridad nacional suele confundirse con el de defensa nacional. El primero se refiere al hecho de que un Estado debe mantener la preservación de un estilo de vida para satisfacer los intereses nacionales y garantizar el desarrollo y bienestar de un país dinamizado por su sociedad. En cambio, la defensa nacional comprende las medidas que un Estado, como un todo, pone en juego para defender sus intereses por medio de la vía armada, es decir, la guerra. La seguridad nacional es, fundamentalmente, una condición de la cual se sirve el Estado en toda circunstancia, sea en tiempo de paz o de guerra, para garantizar el desarrollo y asegurar los objetivos nacionales, valiéndose de medidas políticas, económicas, sociales y militares del poder y potencial nacional. La defensa nacional, por su parte, abarca las medidas de que dispone un Estado para defenderse de agresiones cuyos efectos trastornan su desarrollo normal, poniendo en acción su aparato militar para enfrentar y eliminar con los recursos del poder nacional la amenaza, la cual se manifiesta con el empleo de la fuerza armada por parte de otro Estado.

Ahora bien, algunos quisieran encontrar una frontera bien definida entre seguridad nacional y defensa nacional para delimitar con perfecta claridad definiciones, medidas y acciones en estos dos campos, lo cual es definitivamente imposible, pues debe entenderse que entre seguridad y defensa nacionales existe una relación muy estrecha, la cual se presta, para quienes así lo desean, a confusiones que derivan en polémicas intelectuales, enciclopédicas y semánticas que no conducen a nada concreto, pues, en sentido práctico, la seguridad nacional es una condición que, en sentido abstracto, soporta el desarrollo nacional, y contiene medidas y acciones concretas del todo cuantificables en tiempos y recursos. Justo aquí es donde la defensa nacional como una expresión del campo militar, del poder nacional, se vincula en forma subordinada a la seguridad y política nacionales como rectoría "supra". En síntesis, es bien importante entender la interdependencia que existe entre estas dos categorías con el objeto de suprimir interpretaciones tendenciosas o confusas.

El ejército y la seguridad nacional

La nueva visión militar sobre la seguridad nacional que, de acuerdo con la obra del general Vega García, no depende exclusivamente de las funciones del ejército, contrasta con la que analistas internacionales plasmaban hace diez años al señalar que las fuerzas armadas desempeñarían un papel determinante en la conformación de una política definida sobre el particular.

El Colegio de Defensa Nacional, creado en 1981 y cuya primera generación egresó al año siguiente, otorga la maestría en administración militar para la seguridad y defensa nacionales,

además de que tiene contemplada la organización y conducción de otros cursos de posgrado. Su objetivo general es especializar al personal cursante en la comprensión, análisis y solución de los problemas de seguridad y defensa de la nación en lo político, económico, social y militar, capacitando personal del ejército, fuerza aérea, armada y de la administración pública federal para participar en funciones de alto nivel de decisión y difundir conocimientos entre los miembros de las fuerzas armadas y de la administración pública federal que permitan contribuir al conocimiento y la comprensión de conceptos doctrinarios realizados en el ámbito de la seguridad y defensa nacionales.[2]

245

El Colegio de Defensa ha puesto al ejército en mejores condiciones para participar activamente tanto en acciones de seguridad nacional como en la formulación de una política adecuada y efectiva. Sin embargo, poco se ha logrado a nivel gubernamental. Una muestra clara de ello fue el fracaso de Adolfo Aguilar Zinser como consejero presidencial de seguridad nacional.

La cascada de cambios que desató el gobierno de Vicente Fox dejó en su gabinete de Orden y Respeto la responsabilidad de la seguridad de la nación. Éste quedó integrado por las secretarías de Gobernación, Defensa Nacional, Marina, Contraloría y Desarrollo Administrativo, Reforma Agraria y Seguridad Pública, y la Procuraduría General de la República. Nunca se entendió por qué en ese conjunto de instancias gubernamentales que tácitamente se ocuparían de la seguridad nacional no se incluyó a las secretarías de Hacienda, Salud, Educación y Relaciones Exteriores, pues, de hecho, todas las dependencias deberían estar involucradas en este rubro.

Desde el sexenio de Carlos Salinas de Gortari, los gobiernos priístas y ahora el panista calificaron el narcotráfico como un "asunto de seguridad nacional". Este punto ha sido el único reconocido de esta manera.

Sin embargo, en esa nueva visión militar sobre la seguridad nacional encaja perfectamente la necesidad de examinar y vigilar, con lupa, instancias vitales como Petróleos Mexicanos y la Comisión Federal de Electricidad, por citar sólo dos de las más importantes.

Democracia y seguridad nacional

A principios de 2000, Manuel Camacho Solís, protagonista de primer orden en momentos de gran trascendencia política, en los que siempre estuvo en la balanza el futuro de la nación, se jugó su última carta al contender por la presidencia de la República por el Partido del Centro Democrático (PCD). Escribió entonces un breve aunque sustancial ensayo sobre las fuerzas armadas y la seguridad nacional:

En el proceso político del año 2000, como ha ocurrido desde las primeras décadas del siglo XX, el mejor papel que puede desempeñar el ejército es cumplir con las instrucciones del mando y particularmente del presidente de la República. Esa regla de oro no puede ser violentada por nadie que aspire a construir la democracia y el estado de derecho.

Más allá de esta definición esencial, éste es el momento oportuno para precisar las dos divisiones que sobre la seguridad nacional se han venido construyendo en nuestro país, ya que cada una de éstas lleva a diagnósticos políticos distintos y a propuestas de política diferentes. Estas visiones son importantes para la sociedad, para las fuerzas políticas y para la opinión pública, porque permiten precisar el papel que el ejército debe desempeñar en el futuro.

Una primera visión de la seguridad nacional es la que se deriva de una concepción autoritaria de la política. Ésta vincula cualquier cambio en el statu quo político con un riesgo para la seguridad nacional. Para la visión autoritaria, la seguridad nacional está en riesgo ante cualquier intento de modificar o debilitar el orden político actual. Para quienes así piensan, cualquier fenómeno de crítica seria, oposición seria o movilización política independiente, es visto como un peligro, se les percibe como una amenaza a la seguridad nacional.

La conclusión política que se deriva de esta visión autoritaria de la seguridad nacional es automática; si ése es el origen del mal, hay que vigilarlo y, en caso extremo, hay que extirparlo. La fórmula es sencilla: se apoya más a quien está en el poder y se combate a quien está en contra de quien detenta el poder. No es ésta la fórmula de una verdadera seguridad nacional: ésta es la fórmula mediante la cual una facción política quiere perpetuarse en el poder.

Una segunda visión de la seguridad nacional se deriva de una concepción democrática del ejercicio del poder. Dentro de ella, lo que importa no es defender al poder por el poder, sino construir una estabilidad política duradera. En una visión democrática de la seguridad nacional, lo fundamental es cuidar la legitimidad y el prestigio de las instituciones, pues es por esta vía que se refuerza el orden político y aumenta la seguridad del Estado y de la nación.

A partir de esta segunda visión democrática de la seguridad nacional, la lectura de la realidad se modifica. Cambia el diagnóstico y cambia, por lo tanto, la medicina. Si lo que interesa es la legalidad, más importante que determinar quién está en el poder es tener claro que las decisiones que toma el poder deben tener un adecuado sustento constitucional; estar limitadas por la propia Constitución; ser vigiladas por el congreso y por la opinión pública; y estar sometidas a una verdadera rendición de cuentas.

Cuando lo importante no es defender a quien está en el poder, sino el orden constitucional, el estado de derecho y la legitimidad democrática, entonces quienes hacen la crítica no son enemigos, sino que, incluso, pueden ser importantes aliados. Lo son, ya que al denunciar lo que está mal, para poderlo corregir, más que ser enemigos se vuelven instrumentos funcionales para que el gobierno corrija sus excesos y todos contribuyan a fortalecer el prestigio de las instituciones. Dentro de una visión democrática, la oposición y la crítica, más que un problema, son un vehículo que permite canalizar pacíficamente la inconformidad social. Por ejemplo, quienes exigen que haya honradez en el gobierno no son enemigos del gobierno, sino defensores del gobierno y de la institucionalidad.

Por el contrario, muchos de los que están en el poder, si no tienen la suficiente solidez y honorabilidad personal, pueden ser factores de debilitamiento y de desprestigio de las instituciones. ¿Quién hace más daño al prestigio del Estado: quien se corrompe o quien denuncia y se opone a quien se corrompe? Al ejército mexicano no le toca hacer evaluaciones políticas sobre las instrucciones que recibe. Si así ocurriera se destruiría la institucionalidad. Pero en la coyuntura del año 2000, y sobre todo para el futuro, sí resulta de la mayor importancia para la estabilidad política del país que estas ideas se ventilen y se discutan con seriedad y madurez.

En el siglo XX, el ejército mexicano ha sido un factor de progreso en importantes coyunturas y no ha revestido —como otros ejércitos latinoamericanos— muchas de las connotaciones negativas que en esas sociedades se han asociado a las dictaduras y a las violaciones masivas de los derechos humanos.

En una sociedad en transformación, también el ejército, como institución fundamental del Estado, debe ser parte de los cambios que la sociedad reclama. Será mucho más fácil acompañar las transformaciones del país a partir de una visión democrática de la seguridad nacional que desde una visión autoritaria.

Yo estoy convencido de que la estabilidad política de México será más sólida entre más legítima sea la competencia política, entre más nos acerquemos a un nuevo acuerdo nacional y a una nueva constitucionalidad y entre más sólido sea nuestro estado de derecho.

Esta obra grande —de la transformación de las instituciones nacionales y de un desarrollo nacional más sólido y justo— no la puede hacer sólo el PRI. Tampoco ninguno de los partidos de oposición por sí. Esta gran obra de reconciliación necesitará que, con ideas claras y patriotismo, concurramos todos los que estamos comprometidos con reconstruir la soberanía y el prestigio de México y de sus instituciones.

Al interés del ejército, que es el del Estado, y que es el de la nación mexicana, conviene salir de una visión estrecha de seguridad nacional, que más que ser producto de una reflexión política seria ha sido el resultado del manejo incompetente y a veces corrupto del gobierno.

En una visión democrática de la seguridad nacional, los nuevos equilibrios institucionales que se necesitan fortalecerán la estabilidad y harán más responsables a los gobernantes. El ejército tendría, en una concepción así, menos presión y menos riesgos. Ésta es una situación que conoce muy bien el ejército mexicano. Entre más eficaz y legítima es la acción política, mejor es el resultado para el ejército y para acrecentar su prestigio.

De nuevo, no toca al ejército hacer esta labor de cambio institucional. Ésta corresponde a la sociedad y a las fuerzas políticas, pero el ejército mexicano, con su tradición y por la claridad y la honestidad de la mayor parte de sus integrantes, sí puede ver una visión más amplia —democrática— del proceso de 2000 y del futuro político.

La historia y la experiencia internacionales no dejan lugar a dudas. En la ley son más fuertes el gobierno y el ejército. En la violación de la ley (y de los derechos) el gobierno es más débil y también lo es el ejército. Con un buen gobierno que consolide el desarrollo, permita que se reduzcan las injusticias y maneje con honradez la administración, las instituciones se prestigian y la estabilidad política de largo plazo se fortalece. Dentro de una visión democrática, la seguridad nacional no debe descansar en escindir a la sociedad (entre los que están con el poder y los que critican al poder), sino en lograr que el desarrollo, la mayor justicia, la honradez en la política y el apego de las decisiones del gobierno a la ley construyan una estabilidad política duradera.[3]

La *agenda Zinser*

La oficina del consejero de Seguridad Nacional de la Presidencia de la República, que fue creada por Vicente Fox para el multifacético Adolfo Aguilar Zinser, comenzó a trabajar a marchas forzadas para establecer una agenda de riesgos que estuviera vigente hasta 2025.

Uno de los esqueletos que Vicente Fox encontró en el ropero del último gobierno priísta fue, sin duda, el de la seguridad nacional, cuya inexistencia como doctrina o política ha afectado tanto el desarrollo del país como la capacidad de respuesta de sus gobiernos ante coyunturas específicas.

Cuando un país no es capaz de cuidar sus fronteras ni sus litorales; relega la salud, la educación y el bienestar de la sociedad, y la violencia en todas sus manifestaciones se apodera de su territorio, la seguridad y la soberanía están en grave peligro.

Ése es el país que dejó Ernesto Zedillo.

Esta enfermedad, al decir de expertos militares y civiles en la materia, es la falta de planeación, de estrategias para prever escenarios a mediano y largo plazo que incidan en la toma de decisiones de una nación con las características geográficas, sociales, políticas, económicas e históricas propias de nuestra identidad.

El crecimiento desarticulado de la sociedad mexicana y su creciente politización que la llevó a votar por el cambio el 2 de julio de 2000; la marcada depauperación de la mayoría de la población, acrecentada por las recurrentes crisis financieras, y el insolucionable conflicto chiapaneco, demostraron que los gobiernos priístas habían sobrestimado el tema de la seguridad nacional.

A la llegada de Vicente Fox al poder con su caudal de cambios, uno de éstos fue la creación de la figura del consejero de Seguridad Nacional, labor que, a querer o no, estaba reservada a las fuerzas armadas. En alguna ocasión, el general Félix Galván López, secretario de la Defensa Nacional en el gobierno de José López Portillo, dijo: "Yo entiendo por seguridad nacional el mantenimiento del equilibrio social, económico y político, garantizado por las fuerzas armadas".

Adolfo Aguilar Zinser, quien en su larga etapa de legislador brincó de un partido a otro, tenía ante sí la gran tarea de establecer esa anhelada política de seguridad nacional, pero no únicamente para aplicarla en los seis años de gobierno foxista, sino que estableció una agenda de riesgos "solicitada por el presidente de la República", la cual está prevista para permanecer vigente, especulaciones reeleccionistas aparte, hasta 2025, y que "deberá contemplar probabilidades de hechos futuros, sus consecuencias, las reservas y/o previsiones a tomar en el presente y planes de contingencia futuros".

Y para lograrlo, en febrero de 2001, ordenó a todas las instancias gubernamentales elaborar un "catálogo de riesgos" para incorporarlo al Plan Nacional de Desarrollo 2001-2006.

En principio, les señalaba que "se entenderá como riesgo aquel o aquellos escenarios que constituyan una amenaza a los intereses de la sociedad y el Estado mexicanos". Dichas instancias deberán entender por riesgo

> aquellos factores adversos que dificulten el cumplimiento de las metas y los objetivos definidos en el Plan Nacional de Desarrollo; las amenazas o presiones que entorpezcan la buena marcha de la gestión gubernamental y el funcionamiento de las instituciones y que afecten el bienestar general de la población.

Con el fin de que la agenda de riesgos sea un instrumento previsor efectivo —sostenía el consejero de Seguridad Nacional— es fundamental que las dependencias del gobierno federal elaboren sus propias estimaciones de acuerdo con el proceso metodológico que se les proporciona:

a) La identificación de los objetivos, metas, temas o variables fundamentales del organismo o dependencia.
b) La identificación de los hechos presentes y/o futuros que puedan modificar dichas variables o temas.
c) El diseño de escenarios y cálculo de probabilidades.
d) La descripción general de planes de contingencia y políticas preventivas destinadas a hacer frente al riesgo identificado.

La "agenda Zinser" pretendió identificar los riesgos para tres "periodos claramente diferenciados": 2001; periodo 2001-2006; y, largo plazo: visión 2025.

El efímero consejero de Seguridad Nacional les ofrecía un ejemplo de identificación de riesgo. De entrada, el ejemplo ofrecido infiere que, finalmente, un gobierno entiende que la seguridad de una nación involucra todo, cualquier actividad, fenómeno o amenaza nacional e internacional. Sin embargo, el ejemplo es cuasicoloquial: se supone que la SAGARPA (Secretaría de Agricultura, Ganadería, Desarrollo Rural, Pesca y Alimentación) tiene como objetivo "el mejoramiento de las condiciones de vida de los caficultores":

> *Identificación de riesgo:* el cumplimiento del objetivo se vería amenazado: *a)* por una caída repentina de los precios internacionales del café; *b)* por un cambio estructural en los patrones de consumo del grano; *c)* por las condiciones climáticas o la amenaza de plaga; y *d)* por problemas de acopio.
>
> *Diseño de escenarios:* existe una alta probabilidad: *a)* dada la volatilidad del mercado internacional de granos (favorecerá la identificación de riesgo si se cuenta con un indicador probabilístico numérico [*sic*]); *b)* riesgo improbable en virtud de que el consumo mundial de grano está a la alza; *c)* de acuerdo con el Sistema Meteorológico Nacional, no se esperan condiciones particularmente adversas en el siguiente ciclo de cosecha; y *d)* la recolección y distribución del grano podrían verse amenazadas por una previsible huelga nacional de transportistas.
>
> *Plan de contingencia:* *a)* la secretaría cuenta con un mecanismo financiero de contingencia para garantizar un precio mínimo a los productores del grano; *b)* la SAGARPA planea lanzar una campaña de promoción del consumo del café mexicano en el extranjero; *c)* ante los factores climáticos se cuenta con un fondo revolvente para adquirir equipamiento a fin de que los productores enfrenten posibles heladas o amenaza de plaga; y *d)* la secretaría planea impulsar la creación de centros comunitarios de acopio que reduzcan los costos de distribución de los productos directos.

Hasta aquí el ejemplo y el documento.

Desde luego el ejercicio es no solamente válido sino necesario, pues como lo apunta el propio secretario de la Defensa Nacional, general Gerardo Clemente Ricardo Vega García en su obra *Seguridad nacional. Concepto, organización y método,* la seguridad nacional:

tiene hoy en día muchas interpretaciones, diversas connotaciones, gran número de puntos de vista por especialistas en la materia, diferentes opiniones de políticos, economistas, sociólogos, intelectuales y militares, que confluyen en los más variados aspectos de la vida y el desarrollo de los Estados que componen la comunidad internacional. Esta pluralidad de pensamientos, posiciones, ideologías y hasta doctrinas vienen produciendo gran confusión en diversos círculos políticos de varios países, quienes pretenden encontrar un sistema, fórmula o doctrina mediante la cual se explique, entienda y permita hacer operativa a la seguridad nacional.

Si el ejemplo descrito resulta cuasicoloquial, no lo será tanto cuando se trate, desde luego, de los que pudieran surgir desde las secretarías de la Defensa Nacional y de Hacienda y Crédito Público.

En los primeros meses del gobierno zedillista, el entonces secretario de Gobernación informó que se habían establecido "agendas de trabajo de las áreas responsables de los sistemas de información para la seguridad nacional". Sin embargo, dichas agendas contemplaron muy poco los sistemas de información económica y financiera, la cual se usó con fines políticos, en el mejor de los casos, y en el delictivo tráfico de información, en el peor de ellos. El "error de diciembre" es un claro ejemplo.

Pero más allá de una buena agenda de riesgo, el establecimiento de una política de seguridad nacional y el de un consejero presidencial en la materia, implica que el presidente de la República, como en todo país civilizado, debe consultar a su consejero antes de decir o hacer cualquier cosa. Y en este punto es donde se comenzó a desmoronar todo lo planeado por el consejero Aguilar Zinser.

Las propuestas

Como en todo inicio de gobierno, en el de Vicente Fox se desató una frenética actividad en todas las áreas.

También en febrero de 2001, llegó a todas las dependencias gubernamentales una copia del llamado "Plan Nacional de Desarrollo, versión 2", con la instrucción de "colaborar en la integración del apartado que por naturaleza de sus funciones corresponda".

En lo que correspondía al gabinete de Orden y Respeto, en dicho documento se buscaba "anticipar y prever con oportunidad y eficacia los riesgos y amenazas a la seguridad nacional, la gobernabilidad democrática y el estado de derecho, mediante el establecimiento de un sistema de investigación, información y análisis apegado a derecho en su actuación".

Aunque no se especificaban las "líneas estratégicas", se señalaban como "líneas de acción":

- Establecer un órgano de Estado de información e inteligencia al servicio de la nación, con un marco normativo claro, con funciones precisas, que entregue resultados concretos y sea capaz de anticipar los riesgos que amenacen a la seguridad nacional, a la gobernabilidad democrática y al estado de derecho cuyas labores se ciñan estrictamente a la ley y a las garantías esenciales de seguridad para todos.
- Generar información y análisis pertinentes y oportunos que permitan dimensionar y anticipar los riesgos para la seguridad nacional, la gobernabilidad democrática y el estado de derecho, utilizando métodos lícitos y legítimos.
- Coadyuvar en la propuesta de un marco normativo adecuado, que otorgue a las labores de inteligencia del ejecutivo federal y de los gobiernos federales un espacio de acción regulado, que deberá incluir tanto las atribuciones como las limitaciones del campo de acción, así como la definición de controles institucionales y rendición de cuentas.
- Establecer a nivel legal la obligación para el personal de las agencias de inteligencia federal de proteger la salvaguarda de toda información y mantener la reserva y el secreto

que la ley les imponga, estableciendo las sanciones respectivas.

- Establecer a nivel legal la obligación para aquellas personas ajenas a una agencia de información federal a quienes ésta entregue información de proteger la salvaguarda de toda información y mantener la reserva y el secreto que la ley les imponga, estableciendo las sanciones respectivas.
- Enfocar al órgano que opere la Secretaría de Gobernación hacia la generación de información y análisis pertinentes y oportunos que permitan detectar, dimensionar y anticipar los riesgos y amenazas para la seguridad nacional, el estado de derecho y la gobernabilidad democrática.
- Impedir la realización de acciones no autorizadas emprendidas al amparo de operaciones encubiertas, así como la conspiración política que explote el secreto que rodea a las instituciones de inteligencia.
- Promover la profesionalización del servicio civil de inteligencia mediante Estatutos de Servicio Profesional de Carrera en Inteligencia para las agencias de inteligencia del ejecutivo federal.

En contraste con los puntos descritos, en los que no se fijaban líneas de estrategia ni objetivos, al referirse al papel de la Secretaría de la Defensa Nacional —parte del gabinete de Orden y Respeto— se establecían diversos objetivos. El primero, "afirmar nuestra soberanía para defender con eficacia nuestro interés nacional", bajo las siguientes "líneas estratégicas":

- Rescatando, defendiendo y reafirmando la soberanía del país para que la inserción de México en los procesos de globalización sea con el objetivo superior e irrenunciable de elevar el nivel de vida de los mexicanos, sin poner en riesgo el futuro y la independencia de la nación.

- Afirmando la soberanía sobre nuestras decisiones políticas y desarrollando en el mundo un liderazgo que nos permita defender con eficacia nuestro interés nacional.
- Apoyando la paz, la democracia, el desarrollo sustentable y el respeto a los derechos humanos.
- Garantizando la integridad de la nación.
- Fortaleciendo la participación, la coordinación operativa y el proceso de modernización de las fuerzas armadas mexicanas, revisando su marco legal bajo conceptos modernos de empleo, recursos presupuestales y resultados, para que sigan siendo una contribución real, permanente y fundamentada al desarrollo, estabilidad y alcances democráticos nacionales.
- Desarrollando en forma armónica, equilibrada y coordinada la capacidad de respuesta de cada fuerza armada, fundamentada en las necesidades operativas reales, modernas y de conformidad con las prioridades de seguridad nacional establecidas, para actuar por sí mismas o en apoyo de autoridades civiles como una modalidad que permita explotar al máximo su profesionalismo, institucionalidad, actitud y capacidades.

En tanto, las líneas de acción del primer objetivo consistían en:

- Fortalecer las capacidades del ejército, fuerza aérea y armada de México, para garantizar las acciones que realizan en el ámbito de la seguridad interior y la defensa exterior de la federación.
- Preservar la seguridad en las fronteras, con acciones coordinadas de los esfuerzos de los tres niveles de gobierno, mejorando las capacidades de los organismos responsables de la ejecución.
- Mejorar el sistema de vigilancia del espacio aéreo mexicano.

257

Como segundo objetivo se fijó el "defender la soberanía, independencia e integridad del territorio nacional", bajo las siguientes líneas estratégicas:

- Creando una condición de seguridad contra cualquier amenaza externa o interna que pueda alzarse contra el fin último del Estado: el bien común de la nación, representado por los objetivos nacionales.
- Manteniendo un estado de derecho.
- Manteniendo una armada moderna, operativa, flexible y dinámica.

Para ello, las líneas de acción a seguir eran:

- Prevenir, disuadir y/o neutralizar cualquier amenaza interna o externa, o repeler una eventual agresión exterior en el lapso más corto.
- Coordinar con la Secretaría de la Defensa Nacional la elaboración de planes estratégicos que ameriten operaciones conjuntas para la preservación de la soberanía y la seguridad nacional.
- Cooperar en el mantenimiento del orden constitucional.
- Coadyuvar al combate del terrorismo, contrabando, tráfico ilegal de personas, de armas, de estupefacientes y de psicotrópicos.
- Dotar con recursos humanos, materiales y tecnológicos necesarios para satisfacer las exigencias de la seguridad nacional en los escenarios futuros, en cumplimiento de su misión.
- Restructurar la organización e infraestructura física, que sea capaz de adaptarse a las circunstancias y situaciones regionales y mundiales.
- Coadyuvar al servicio militar nacional a fin de contar con reservas entrenadas en caso de movilización.

- Elaborar un atlas de la industria nacional susceptible de transformarse en industria militar para apoyo del esfuerzo de guerra en caso necesario.

Pero las previsiones gubernamentales en cuanto a estos temas sólo volvieron a demostrar una visión miope y limitada. La "seguridad nacional" seguía contemplándose como la obligación de vigilar fronteras y litorales, mantener el orden interno y salvaguardar la soberanía. Quizá los objetivos, estrategias y acciones que se propuso el gobierno de Vicente Fox añadían al concepto de seguridad nacional rubros como "estado de derecho", "gobernabilidad democrática", "situación política", "derechos humanos", "servicio civil de inteligencia" y creación de un "órgano de Estado de información e inteligencia", pero nada más.

Respecto de la participación de las fuerzas armadas en esta materia, poco se adelantó sobre las responsabilidades que le corresponden en la defensa de "nuestro interés nacional", fortaleciendo la participación coordinada y operativa para que "sigan siendo una contribución real, permanente y fundamentada al desarrollo, estabilidad y alcances democráticos nacionales", así como "explotar al máximo su profesionalismo, institucionalidad, actitud y capacidades". Sólo se registraban dos novedades: mantener una armada "moderna, operativa, flexible y dinámica", sin que se entrara en detalles sobre lo que debía entenderse como "flexible", y "cooperar en el mantenimiento del orden constitucional".

Entre las misiones que tenía el ejército mexicano, hasta 1975, estaba, precisamente, la de "mantener el imperio de la Constitución", misma que habría de serle retirada por decreto de Luis Echeverría Álvarez y afinada por Miguel de la Madrid Hurtado.

El fatídico 11 de septiembre

Los ataques terroristas contra las torres gemelas del World Trade Center en Nueva York y el Pentágono en Washington, el 11 de septiembre de 2001, cambiaron de manera radical el concepto de la seguridad regional, nacional e internacional. Estados Unidos cerró sus fronteras con Canadá y México.

Athanasios Hristoulas,[4] profesor del Departamento de Estudios Internacionales del Instituto Tecnológico Autónomo de México (ITAM), sostiene que

> los cambios más significativos que se discuten hoy tienen que ver con la forma en que bienes, servicios y personas cruzan las fronteras continentales comunes. Estados Unidos ha solicitado mayor cooperación bilateral y trilateral en estas áreas, indicando que los tres socios del Tratado de Libre Comercio de América del Norte (TLCAN) deben intensificar su cooperación en materia de seguridad continental y fronteriza. En realidad, Canadá y México no tienen ninguna posibilidad de elegir; ambos deben acogerse a lo que disponga su vecino común o, de lo contrario, sufrirán las consecuencias políticas y económicas de un Estados Unidos hoy preocupado, principalmente, por la seguridad de su territorio. Esto no debería sorprender a nadie, pero lo que resulta extraño es cómo reaccionaron los dirigentes canadienses y mexicanos. Ambos países parecerían ubicarse, en sentido literal y figurado, en lados opuestos de la cerca de seguridad continental y fronteriza. México, con una fuerte tradición política y cultural de independencia en la elaboración de la política de seguridad exterior, aceptó e incluso alentó el desarrollo de mecanismos trilaterales. Por su lado, los dirigentes canadienses —al timón de un país que se enorgullece de su participación histórica en la cooperación multilateral de seguridad— se han mostrado particularmente reservados, argumentando que las diferencias fronterizas en América del Norte exigen un tratamiento bilateral, más que trilateral, en relación con la seguridad continental.

La administración Fox, mediante su secretario de Relaciones Exteriores, Jorge G. Castañeda, hizo lo que ningún otro gobierno mexicano para alinearse con Washington.

"México, como vecino, socio y amigo de Estados Unidos, debe tomar muy en cuenta su llamado de apoyo, porque de no hacerlo así estaríamos luego teniendo que arrepentirnos de que tal o cual tema que tenemos en la agenda común, enfrente dificultades y nos reclamen el no haber estado con ellos en momentos muy difíciles", declaró Castañeda poco después de los atentados del 11 de septiembre. Pero de nada sirvieron tan abrumadoras muestras de solidaridad con Estados Unidos. George W. Bush desechó la petición de Vicente Fox sobre la legalización de los trabajadores mexicanos migratorios. El tema dejó de figurar entre los primeros rubros de la agenda bilateral.

Otro revés de la política pro estadunidense de Jorge G. Castañeda, lo constituyó la respuesta del general Vega García a la creación del Comando Militar Norte por parte del ejército de Estados Unidos, casi inmediatamente después de los atentados del 11 de septiembre. Las fuerzas armadas mexicanas de ninguna manera se verían involucradas en este comando, declaró el secretario de la Defensa Nacional.

De la misma forma, la Secretaría de la Defensa Nacional, al anunciar, el 20 de noviembre de 2002, la asistencia del general Vega García a la Quinta Conferencia de Ministros de Defensa de las Américas, aclaró que la intervención de la dependencia en este acto "no constituirá ningún compromiso para México ni sus fuerzas armadas", aunque en el mensaje del representante mexicano se afirmó que el ejército mexicano habría de participar "de manera proactiva en los esfuerzos regionales que se realizan para buscar, puntual y directamente, la fórmula que nos permita eliminar o reducir antagonismos comunes a nuestras naciones".

La ONU, a la carga

Una semana después de haber concluido la Quinta Conferencia de Ministros de Defensa de las Américas, llegó a México el subsecretario de las Naciones Unidas para misiones de paz, Jean-Marie Guéheno. Su agenda de trabajo incluía como pieza principal convencer de México a participar con tropas en misiones de paz.

> La presencia de México en el mantenimiento de la paz es deseable, creo que debe ser el fruto de una reflexión, de un debate, que implique a todos los actores políticos. Creo que participar en el mantenimiento de la paz es una forma de estar presente en la escena internacional, es una señal de solidaridad, que en una época en la que hay que reforzar el multilateralismo es una señal muy importante [...] hay muchas maneras de participar en las operaciones de mantenimiento la de paz; se puede participar con algunos observadores militares, se puede participar con tropas. Creo que hay grados de participación. Me parece que cuando un país se interesa por acrecentar su participación puede hacerlo de manera progresiva. Me parece que es la forma más eficaz de entrar en esta actividad.

Aunque lo "deseable" era que tropas del ejército mexicano participaran directamente en misiones de paz, Guéheno abrió el abanico de opciones al proponer que México participara "con algunos oficiales, con policías; creo que sería interesante para nosotros comprender las perspectivas de México en este tema, sería interesante para México observar cómo funcionan las operaciones de mantenimiento de paz".

El enviado de la ONU explicó a funcionarios mexicanos estas opciones. Al día siguiente de su llegada fue recibido en la Secretaría de la Defensa Nacional por el general Gerardo Clemente Ricardo Vega García en un "acto protocolario". El secretario particular del general Vega García, general Augusto Moisés García Ochoa, dijo que la Defensa Nacional no haría comentarios al respecto, pues "esto lo está manejando la Secretaría de Relaciones Exteriores".

Como sucede cada fin de año, en diciembre de 2002, la cámara de diputados entró en una frenética actividad legislativa, interrumpida por la irrupción violenta de maestros disidentes y miembros de El Barzón, una agrupación que nació para defender a los deudores de la banca.

En este ambiente, los diputados, enfrascados en la discusión de la Ley de Ingresos, finalmente aprobada al clásico "vapor", dejaron listas para su aprobación en el senado las reformas constitucionales que autorizarían al presidente de la República enviar tropas al exterior en cualquier caso y sin requerir permiso senatorial, con excepción de que lo haga en misiones bélicas.

Se trataba de reformas al artículo 76 constitucional, que fija las facultades exclusivas del senado. En su fracción III, dicho artículo autoriza al presidente de la República "para que pueda permitir la salida de tropas nacionales fuera de los límites del país, el paso de tropas extranjeras por el territorio nacional y la estación de escuadras de otras potencias, por más de un mes, en aguas mexicanas".

De darse la aprobación del senado, el presidente tendría la facultad para enviar contingentes militares fuera del país, en operaciones de búsqueda, salvamento y rescate, así como para movilizar fuerzas militares en acciones de patrullaje aéreo y marítimo contra el terrorismo, el crimen organizado y el narcotráfico, dándose así el primer paso hacia el objetivo de las Naciones Unidas.

La participación de tropas mexicanas en actividades extraterritoriales no es nueva. Ante desastres naturales ocurridos en diversas naciones latinoamericanas, contingentes militares han acudido en auxilio de la población.

También es conocido el intercambio de instructores militares entre México y Estados Unidos. Más recientemente, y dentro del Programa de Promoción y Fortalecimiento de Derechos Humanos SDN 2002, miembros del Comité Internacional de la Cruz Roja Internacional impartieron en México (en diciembre de 2002) el curso sobre derecho internacional humanitario a 30 oficiales del ejército y fuerza aérea mexicanos, los cuales ya habían participado en cursos similares en Italia y Guatemala.

La demanda estadunidense de cooperación militar internacional después de los ataques terroristas del 11 de septiembre de 2001 llevó al presidente Fox a declarar a la prensa estadunidense que México no tenía un "ejército fuerte". Y, en efecto, el ejército mexicano no cuenta con el equipo y adiestramiento necesarios como para participar en acciones bélicas que, por otra parte, no le corresponden.

El gobierno de Washington ha insistido recurrentemente en establecer un "tercer vínculo" con México, en referencia a la relación militar que debe privar entre ambas naciones, a lo que el ejército mexicano se ha negado también una y otra vez.

No obstante, cuando la iniciativa preparada por los diputados llegó al senado de la república, los legisladores del PRI la detuvieron, exponiendo los riesgos que implicaba una apresurada legislación sobre la materia y, más aún, la facultad discrecional del presidente para hacer uso de las fuerzas armadas. El asunto se archivó, con la promesa de revisarlo con más cuidado y detenimiento.

México-Estados Unidos, frontera de alto riesgo

La frontera entre México y Estados Unidos ha dejado de ser una línea divisoria para convertirse en un "estado mental" que se extiende por 75 a 150 kilómetros en ambos lados, y que conforma una plataforma para la creación de un nuevo estado de "Aztlán", integrado por territorios en el sureste estadunidense y en el norte mexicano, convirtiéndose ya en un real problema de seguridad nacional para ambas naciones.

En un novedoso enfoque basado en la teoría del irredentismo surgida en Italia durante el siglo XIX, Mark de Socio, de la Universidad de Cincinnati, y Christian Allen, profesor de la Universidad de Georgia, publicaron un visionario análisis en la prestigiada revista *Military Review* (edición de enero-febrero de 2003), en el que, con base en diversos autores, aseguran que "la yuxtaposición de identidades" en lo que llaman "MexAmérica", incluyendo a los anglosajones, mexicanos e indígenas, ha llevado a una identidad trasnacional que se encuentra potencialmente en contra de las identidades nacionales en ambos lados de la frontera.

Conformada por amplias zonas de California, Nevada, Utah, Colorado, Arizona, Nuevo México y Texas, en Estados Unidos, y de Baja California, Sonora, Chihuahua, Durango, Coahuila, Nuevo León y Tamaulipas, en México,

> MexAmérica es una región única y en desarrollo que está siendo actualmente transformada por procesos culturales, políticos y económicos poderosos, donde el potencial para el irredentismo está claramente presente incluso a medida que la región fronteriza continúa integrándose de manera más completa.

Los autores advierten, al principio de su análisis, que el término *irredentismo*, proviene de la palabra italiana *irredenta*, que significa sin redimir, y fue acuñado para describir "el movimiento italiano para anexar las áreas de habla italiana bajo el dominio austriaco y suizo durante el siglo XIX".

Desde entonces, sostienen, el irredentismo ha llegado a abarcar cualquier esfuerzo político para unir en el aspecto étnico, histórico y geográfico segmentos relacionados de una población en países adyacentes dentro de un marco político común.

Para otros autores, como Donald L. Horowitz, el irredentismo es "un movimiento integrado por personas que son parte de un grupo étnico en un país para recuperar a personas semejantes en otro país y sus territorios del otro lado de la frontera".

Tras una breve pero precisa revisión histórica de las relaciones México-Estados Unidos en cuanto a su frontera, De Socio y Allen aseguran que, hoy en día, la región fronteriza de ambos países

> está caracterizada por un grado extensivo de integración económica y social. Una larga historia de interacción económica

y cultural entre los residentes de ambos lados de la frontera ha causado el surgimiento de una región trasnacional que comparte una sola identidad trasnacional.

De la misma forma, citan a Barry R. McCaffrey, el exzar antidrogas estadunidense, quien al describir la naturaleza especial de esta región emergente sentenció que "la cultura de la vida aquí no es mexicana, o estadunidense, o indígena, o española, o hispánica. Es una cultura fronteriza mezclada, la cual es fortalecida por la diversidad y hecha posible por el flujo libre de intercambio entre nuestras sociedades".

Durante la década anterior aumentó notablemente el comercio entre ambos países, la mayor parte del cual pasa por la región fronteriza.

Sin tener en cuenta si este comercio une a los consumidores o productores que se encuentran en MexAmérica, el mismo genera una integración económica a través de la frontera. El almacenamiento, transporte y otras infraestructuras y servicios relacionados con el comercio representan una actividad económica significativa, tomando en consideración el volumen masivo de tráfico que cruza la frontera en los 39 puntos oficiales de entrada y salida. En 1999, más de cuatro millones de camiones y casi medio millón de carros ferroviarios cargaron bienes a través de estas vías.

Ante la probabilidad de que el comercio entre ambos países continúe aumentando, "la importancia de MexAmérica en su papel de coordinador y centro comercial de importación y exportación aumentará rápidamente".

Otro factor de la creciente integración de la región fronteriza es el aumento de las inversiones directas a México y el hecho de que la mayoría de las empresas multinacionales estadunidenses que operan en México eligen estar ubicadas en o cerca de la frontera.

"La preferencia para los lugares en la frontera es manifestada

266

en la distribución de las numerosas fábricas mexicanas. Los seis estados fronterizos mexicanos son sede de 2,600 fábricas que emplean 540,000 trabajadores y representan casi tres cuartos de las operaciones de todas las maquiladoras", apunta el análisis.

Por otra parte, citan al autor Kevin F. McCarthy, quien sostiene que:

los residentes a lo largo del lado mexicano de la frontera, debido a su distancia del Distrito Federal, el centro de la toma de decisiones en México y de sus clases económicas superiores con relación al resto del país, tienen más razón para apoyar la integración con las ciudades fronterizas estadunidenses que los que elaboran las políticas en la ciudad de México, quienes ya temen que los vínculos cercanos entre los estados norteños fronterizos y Estados Unidos amenazan la integración nacional.

Las reformas económicas neoliberales emprendidas en México, desde su crisis deudora de 1982, "han tenido profundas implicaciones para las relaciones México-Estados Unidos y para el desarrollo de MexAmérica", como la firma del TLCAN, que libera el comercio al eliminar tarifas y otras barreras arancelarias, y llevó a la revisión de las regulaciones de inversiones nacionalistas del país.

Estos cambios facilitaron el crecimiento drástico en el comercio fronterizo y la inversión discutida anteriormente. Es importante resaltar que mientras que el tratado alivió las restricciones sobre el flujo de capital, evitó cuidadosamente cualquier discusión acerca de un movimiento libre de trabajadores entre los dos países, una discrepancia que está siendo analizada por el presidente mexicano Vicente Fox.

Pero ese irredentismo tiene sus puntos negros. El escritor Óscar J. Martínez, citado por los autores del análisis, sostiene que a medida que la integración económica y cultural se intensifica, también lo hacen las actividades ilícitas de ambos lados de la frontera, tales como el tráfico de drogas y la migración ilegal. Las autoridades se ven forzadas a confrontar tales actividades, pero hacerlo inhibe la integración económica y cultural, produciendo un impacto negativo en la creciente cantidad de personas que dependen económicamente del comercio de la frontera.

Un estudio de la Universidad de Texas asegura que más de 300 inmigrantes latinoamericanos mueren cada año a lo largo de la frontera sólo en el área de Texas, como consecuencia de la Operación Río Grande. Un programa similar, Operación Guardián, en los alrededores de San Diego, California, ha arrojado un total de 521 personas muertas, desde 1994, al tratar de cruzar de manera ilegal la frontera.

La Operación Guardián incluyó la construcción de una "cortina de hierro" que mide casi cuatro metros de alto y fue levantada por el ejército estadunidense alrededor de San Diego. Sobre la barricada se puede leer: "Bienvenido al nuevo muro de Berlín". Todo esto ilustra, según los De Socio y Allen, el creciente conflicto social en la región.

Mientras tanto, el gobierno de México colocó una bandera nacional del tamaño de una cancha de futbol del lado mexicano de la frontera, entre El Paso y Ciudad Juárez. La bandera ondea en un mástil de 26 pisos de altura, seis más de los que tiene cualquier otro edificio en El Paso.

En el análisis en cuestión se menciona además que el expresidente Ernesto Zedillo expresó, respecto de la colocación del lábaro patrio en este sitio, que "es un recuerdo de que somos un país independiente, listo para defender a su pueblo donde sea". Asimismo, hace referencia a Vicente Fox, quien "nuevamente ha hecho resurgir la cuestión [del tema migratorio] con su reciente promesa de exigir un mejor trato para los emigrantes mexicanos".

En sus conclusiones, De Socio y Allen sostienen que el irredentismo ofrece un foro para la resistencia política y cultural hacia el control ejercido por el Estado, y es un proceso dinámico que subraya la fluidez de la interacción humana a través del espacio, en contraste con las nociones predominantes que sostienen que las fronteras y naciones-Estado son estáticos en el espacio.

Coinciden en que no es sorprendente que el sentimiento irredentista surja en el suroeste, ya que es una región distinta de cualquier otra de Estados Unidos.

> De hecho, lo que es diferente acerca del irredentismo en MexAmérica relativo a las nociones tradicionales de irredentismo es la interconexión del trasnacionalismo y el territorio. Lo que a menudo es visto como la periferia de dos Estados es, en realidad, el centro de un hogar cultural trasnacional y el centro de una región trasnacional culturalmente distinta.

En MexAmérica, reiteran los autores, lo que es visto, por tradición como una periferia es, de manera creciente, el centro, y viceversa.

"La mayoría de la población es latina, es decir, forma parte del único grupo minoritario en Estados Unidos que representa la mayoría de la población de un territorio geográfico grande y contiguo."

La figura del estado de Aztlán, promovido por el grupo de las boinas marrones y el Movimiento Estudiantil Chicano de Aztlán, organizaciones prominentes en las universidades del sureste estadunidense, "son ejemplos del nacionalismo mexicano-estadunidense de los años sesenta y setenta, el último periodo de intenso conflicto social y expresión irredentista".

Seguridad nacional, laguna constitucional

Con el arribo de Vicente Fox al poder, el tema de la seguridad nacional dejó de ser una etiqueta en los discursos civiles y militares, sobre todo cuando se habla de narcotráfico, para convertirse en una imperiosa tarea que debería tener un lugar específico dentro de la Constitución de la república.

Para diversos actores del sistema político nacional la cuestión de la seguridad nacional debe ser abordada desde el nuevo contexto político que hay en México, y de esa manera replantear el punto de vista de los tres niveles necesarios para fortalecer la democracia, el federalismo y las relaciones internacionales de México.

Durante una conferencia dictada en marzo de 2003 en la Escuela Superior de Guerra, el gobernador de Veracruz, Miguel Alemán Velasco, sostuvo que la seguridad es un valor del estado democrático de derecho. Un bien social que se traduce en la calidad de vida de las personas, las comunidades y los grupos sociales. Esa calidad de vida se alcanza a través de la participación efectiva de la sociedad, como sujeto, en las dinámicas de desarrollo. También mediante la concertación y unidad de voluntades políticas en el ejercicio de la institucionalidad que garantiza la paz y el nivel de vida de la población.

Es del sentido de los términos *nación* y *federación* —entendidos como el derecho a la autodisposición— de donde surgirá la posibilidad de que varios estados se unifiquen federalmente en torno a un proyecto de nación, de ahí que tales términos estén muy vinculados por varios factores clave, siendo uno de los centrales la seguridad.

El significado del término seguridad no es unívoco. Está sujeto a la interpretación política y operativa que de él hacen los Estados y las sociedades frente a situaciones particulares. La seguridad nacional puede significar cosas distintas para actores y momentos diferentes, dependiendo de lo que la gente y la sociedad crean que deben protegerse, y de la naturaleza de la amenaza específica. Por ende, es útil proponer una primera distinción entre la idea general de la seguridad y la definición operativa del término en distintos contextos.

En el México de hoy enfrentamos una doble problemática para definir qué es la seguridad nacional. La primera, que no existe una interpretación del término que le dé unidad a los responsables de ella y a la federación. ¿Qué quiero decir con esto?, que en nuestra Constitución Política hay un gran vacío que debe ser superado legislativamente. Necesitamos integrar en el corpus de nuestra carta magna una definición que nos permita a todos (militares y civiles) saber qué entendemos por seguridad nacional. La segunda, que aún no se encuentra la manera en que la federación y los estados que la componen garanticen este valor necesario para cualquier democracia.

La seguridad nacional en una democracia tiene que salvaguardar cuatro categorías: *a)* cohesión del pacto federal; *b)* fortalecimiento del estado de derecho; *c)* gobernabilidad ciudadana; y *d)* soberanía nacional.

Los conceptos de seguridad nacional ligados a la guerra fría ya quedaron atrás. Hoy los retos son distintos, de ahí que la seguridad nacional deba ser entendida más allá del ámbito de lo que fue la lucha anticomunismo versus comunismo.

El Estado mexicano enfrenta nuevos retos que determinan de un modo distinto nuestras relaciones internas y externas. La nueva geopolítica, los bloques económicos, la globalización, la economía de mercado y el desarrollo tecnológico de las telecomunicaciones han modificado la conducta y los valores de la sociedad, así como la relación entre los Estados.

Es necesario que nuestra Constitución incluya una definición de seguridad nacional que fortalezca nuestro federalismo y nuestras instituciones. Una vez hecho esto, los gobiernos federal y estatales, de manera conjunta, deben elaborar un marco jurídico que le dé operatividad al concepto, a la creación de una agenda común de seguridad nacional para todos, más allá de los partidos políticos, y que permita minimizar los riesgos y amenazas que afrontamos en el presente, además de contar con una planeación estratégica del modelo de país que queremos.

Si bien la democracia es una forma de vida, la seguridad nacional es y tiene que ser una constante del pacto federal. Es decir, tenemos que consolidar un sistema nacional de inteligencia que per-

271

mita que la federación comparta información sensible a los estados de la unión para la toma de decisiones y, a la vez, los estados hagan lo mismo para la federación.

Es preciso que dicho sistema nacional de inteligencia esté supervisado por el congreso de la república, que rinda cuentas de sus logros y alcances a la sociedad. No es necesario que los secretos de Estado dejen de serlo, lo importante es cómo conservarán su calidad de secretos de Estado en nuestro nuevo entorno político. Los secretos de Estado no deben usarse como mecanismos de presión o, algo más grave aún, como elementos o temas de filtraciones en los medios.

Este sistema ha de componerse de dos grandes subsistemas: *a*) el de defensa nacional y relaciones internacionales, y *b*) el de seguridad interior. Ambos deben regirse por disposiciones legales comunes en relación con sus principios, facultades y deberes: definición de campos de acción y respeto a los fundamentos del estado de derecho; sistema de organización y de régimen de personal; control democrático y judicial de sus operaciones; régimen de reserva, confidencialidad y secreto de la información, y derecho de los ciudadanos al habeas data (derecho de presentación a la vista de archivos o documentos que sobre la persona obren en dependencias del Estado).

Las modalidades especiales para la producción de inteligencia frente al crimen organizado también deben legislarse de modo particular. Respecto de la prevención del delito común (lo que entendemos por seguridad pública), la inteligencia debe desarrollarse en el marco particular de cada entidad federativa, constituyendo la información relativa a los procesos sociales de donde emergen los factores criminógenos, sobre los que debe participar la red social. De ahí se obtendrá la información propia a las circunstancias y modus operandi, que será útil para contar con una red de información federal efectiva y eficiente.

De este modo, la inteligencia necesaria para definir las estrategias de seguridad ciudadana se deberán organizar en dos grandes áreas:

a) El crimen organizado, que es de naturaleza federal pero también concurrente en los estados.

b) El delito común, concepto que requiere ser desarrollado en el ámbito estatal, con un amplio apoyo de la sociedad.

En ambos casos, la inteligencia producirá insumos indispensables para orientar el diseño de las políticas públicas del Estado y sus estrategias de desarrollo como formas de prevención global que generan autosustentabilidad en los esfuerzos de crecimiento y mejoramiento en la calidad de vida de las personas y la sociedad.

Si bien es una "facultad del presidente el disponer de la totalidad de la fuerza armada permanente, o sea, del ejército terrestre, de la marina de guerra y de la fuerza aérea para la seguridad interior y defensa exterior de la federación", como lo establece el artículo 89, fracción VI de nuestra Constitución Política, también es necesario definir en qué circunstancias y cómo participarán nuestras fuerzas armadas en el fortalecimiento de la seguridad nacional y, por consiguiente, de un nuevo federalismo.

Lo que se dijo y no se hizo

El gobierno de Vicente Fox no ha podido gobernar en el presente, pues los fantasmas del pasado no lo dejan. A la mitad de su sexenio, el rubro de la seguridad nacional sigue siendo un laberinto sin salida.

En regímenes anteriores el diseño y la instrumentación de las políticas públicas del gobierno federal carecían de una perspectiva integral, lo cual reflejaba una insuficiente coordinación y falta de congruencia interinstitucional. Esta situación condujo, en muchas ocasiones, a la duplicidad de funciones con el consecuente derroche de recursos y la reducida eficacia en los resultados.

273

Así se asevera en los primeros apuntes del sector Orden y Respeto del Plan Nacional de Desarrollo del gobierno foxista.

Existe la necesidad fundamental de que, como todo Estado democrático moderno, el Estado mexicano cuente con información para garantizar la seguridad nacional. El concepto de seguridad nacional se utilizó para justificar actos ilegítimos de autoridad, cuyo único propósito era procurar la continuidad del régimen. La oposición política representaba una amenaza a los intereses del grupo en el poder y a su permanencia, que consideraba necesario disuadir, reprimir o neutralizar. Esta situación llevó a un uso distorsionado de las instituciones de inteligencia del país, al descrédito de las instituciones competentes y a un abandono por el gobierno de tareas primordiales para el cuidado efectivo de la seguridad nacional.

Y, nuevamente, contra los gobiernos precedentes: al hacer su diagnóstico, los planificadores foxistas acusan que

en el pasado, la definición y defensa del principio de seguridad nacional fue, en los hechos, incompatible con la esencia de una democracia moderna. Por un lado, su definición estratégica, así como su práctica política, no se apegaban al respeto de los derechos y las libertades ciudadanas. El concepto y la práctica de seguridad nacional eran subsidiarios de la seguridad del Estado que, en el contexto del sistema político mexicano, equivalía a la seguridad del régimen, a la protección de sus intereses particulares y a su permanencia en el poder. La ausencia de un marco normativo encubrió un alto grado de discrecionalidad en la estrategia de la defensa, de la seguridad nacional, y en la toma de las decisiones derivadas de esta situación.
La confusión preexistente entre interés nacional e interés de grupo pervirtió la función de los organismos encargados de identificar los riesgos que afectaban la seguridad nacional. En

274

consecuencia, se desatendieron las verdaderas amenazas; ello permitió el crecimiento de la delincuencia organizada, la corrupción, la destrucción ambiental, entre otros fenómenos fuera de control de las instituciones del Estado.

Para la nueva clase gobernante, "las verdaderas amenazas a las instituciones y a la seguridad nacional las representan la pobreza y la desigualdad, la vulnerabilidad de la población frente a los desastres naturales, la destrucción ambiental, el crimen, la delincuencia organizada y el tráfico ilícito de drogas".

Nada nuevo, desde luego, aunque la visión resulta más que limitada. La pobreza aumentó con desmesura, la brecha de la desigualdad se amplió, la población sigue sufriendo los efectos de los desastres naturales —en buena parte por la improvisación y la falta de medidas preventivas— el medio ambiente se degrada a pasos agigantados, el crimen, la delincuencia y el narcotráfico siguen incontrolables.

Finalmente, el objetivo de "diseñar un nuevo marco estratégico de seguridad nacional, en el contexto de la gobernabilidad democrática y del orden constitucional", dista mucho de haberse alcanzado. Y más lejano aún parece el establecimiento de "un sistema de investigación y análisis sobre los riesgos que amenazan la seguridad nacional que contribuya a preservar y consolidar dicha seguridad dentro del nuevo arreglo democrático".

Atentados terroristas en Nueva York y Washington. México en el Consejo de Seguridad de la ONU. La coyuntura. Fox, aliado titubeante. Escenarios para el caso México. Save by the bell. Los frentes. El frente de la ONU. El frente petrolero. El frente de la Unión Europea. El frente ruso. El frente chino. La iglesia católica. El frente de los vecinos. Fox, poco confiable para Estados Unidos

Los atentados terroristas del 11 de septiembre de 2001, en Nueva York y Washington, habrían de cambiar la geopolítica mundial. Estados Unidos, sorprendido y lastimado, apenas repuesto físicamente de los grandes daños causados en su territorio por los agentes de Al-Qaeda, se lanzó de lleno a la venganza.

Osama bin Laden, el líder terrorista más temido por el imperio, se esfumó. El presidente de Estados Unidos, George W. Bush, sabía que tenía que devolverle a su pueblo la seguridad perdida a cualquier costo, aunque éste significara pasar por encima de las Naciones Unidas.

En las dos semanas anteriores al conflicto bélico en Irak, la posición respecto de una respuesta armada unilateral de Estados Unidos polarizó a la Unión Europea y a muchos aliados de los estadunidenses frente a otras democracias occidentales. La postura de Francia y Alemania acerca de la posibilidad de una guerra entre Estados Unidos e Irak fue la de plantear, nuevamente, ante el Consejo de Seguridad de Naciones Unidas, una salida pacifica. Esta razón tiene un porqué: ambos países no tienen petróleo y sabían que, en caso de guerra, el precio del barril de crudo pondría en entredicho todas las variables económicas de la Unión Europea, así como la solidez de la paridad del euro frente al dólar.

El Reino Unido, Noruega y Turquía —países productores de petróleo—, tendrían, dentro de la Unión Europea, un papel predominante sobre Francia y Alemania, no sólo en materia energética sino en términos políticos. Los dos primeros por ser productores de crudo y el tercero además por su ubicación geográfica, que resultaba estratégica para facilitar la instalación de bases de la fuerza aérea estadunidense, así como para apoyar las operaciones militares en la región fronteriza con Irak, el Kurdistán, siempre y cuando esto no significara la independencia de dicha región del territorio turco.

La postura de España, al interior de la Unión Europea, fue por demás interesante, pues si bien no tiene petróleo, su empresa paraestatal Repsol tiene fuentes de abastecimiento e inversiones en el Cáucaso, el mar Negro y los oleoductos y refinerías de Turquía, así como la garantía del apoyo de Estados Unidos en materia petrolera.

Sin lugar a dudas, Estados Unidos sabía que, básicamente, al interior del Consejo de Seguridad de la Organización de las Naciones Unidas había una resistencia por declarar la guerra a Irak, pues los franceses, alemanes, rusos y chinos tenían pleno conocimiento de que Estados Unidos, en caso de guerra, tomaría el control energético mundial, pues las rutas de abastecimiento del petróleo de Medio Oriente quedarían en sus manos y en su capacidad militar para protegerlos.

Por otro lado, los rusos y los estadunidenses están negociando inversiones con las cuales se podría finalizar el oleoducto transcaucásico, a cargo de Chevron y Texaco. Para ello, ambos países saben que es necesario derrotar al régimen pro musulmán ligado a Al-Qaeda en Chechenia, con lo cual los rusos se convertirían en los segundos controladores de abastecimiento de petróleo para Europa. Rusia sabía de antemano que tendría que negociar con Turquía la salida de petróleo hacia Europa continental, pero eso sería parte del acuerdo entre Estados Unidos y los gobiernos de Ankara y Moscú.

278

En esta visión geoestratégica, y cuando apenas se perfilaba un posible escenario de guerra, la política exterior del presidente Fox planteó, en su momento, muchos errores y riesgos, dado que México comparte frontera común con Estados Unidos y es la única fuente segura de aprovisionamiento de petróleo para ellos, lo cual nos hace objetivo natural para los adversarios de los estadunidenses. Asimismo, somos el único país que tiene un tratado de libre comercio con Estados Unidos, con Israel y un acuerdo comercial con la Unión Europea. Había que tener la capacidad de ver a México desde la óptica de los enemigos de Estados Unidos: como un posible aliado titubeante de Washington.

El excanciller Jorge G. Castañeda no calculó que el ingreso de México al Consejo de Seguridad de Naciones Unidas acercaría a México, en caso de un conflicto internacional, más a la guerra que a la paz, más a los intereses geoestratégicos de Estados Unidos que a la visión del "multilateralismo" de Fox, que no es una tesis de política exterior sino una visión ingenua frente a la realidad mundial y, en el escenario de la guerra entre Estados Unidos e Irak, nos colocó casi como traidores de nuestros vecinos y socios, a pesar de que concluida la fase militar de la invasión el gobierno estadunidense le dijo a Fox "no hard feelings".

La coyuntura

El 20 de febrero de 2003, el presidente de España, José María Aznar, llegó a México, en visita no oficial de Estado, para reunirse durante dos horas con el presidente Fox, lo cual fue una clara señal de que la presión sobre nuestro país iba a aumentar, porque ni el anterior canciller ni el actual, Luis Ernesto Derbez, habían sabido entender el contexto de guerra y de bando donde estamos ubicados. Así como para Estados Unidos no había marcha atrás en su guerra contra Irak, México se situó en una cuenta regresiva en la cual tendría que votar, tarde o temprano, por el SÍ o el NO a la guerra en el Consejo de Seguridad.

Cuando el presidente Bush reconoció en Washington el *valor*

279

de hombres como el presidente Aznar, quien se había declarado abiertamente a favor de la opción militar de Estados Unidos, también señaló que "había países cercanos que no sabían ser socios ni en los buenos ni en los malos tiempos".

En el contexto del párrafo anterior hay que leer parte de la ponencia que presentó el embajador de Estados Unidos en México, el 21 de febrero, en la Universidad de las Américas (UDLA), en Puebla: "Los desafíos propician lazos más fuertes. Con frecuencia hablamos sobre la relación especial entre nuestros países. La prueba real de que existe esta relación especial es actuar el uno en favor del otro en tiempos difíciles". El embajador Anthony Garza puso énfasis en que "en los tiempos de bonanza todos tus amigos saben quién eres, en los tiempos de adversidad tú sabes quiénes son tus amigos". Posteriormente, en una charla de prensa, Garza dijo que "como una cuestión práctica, Estados Unidos no puede ignorar las actitudes de su gente, que se reducen a preguntar ¿dónde estabas cuando más te necesité?".

No fue casual, que un día después de que estuviera el presidente Aznar en México, para después viajar a Texas y entrevistarse con el presidente Bush, que el embajador Tony Garza utilizara un tono diplomático tan fuerte y comprometedor para el gobierno mexicano.

El tiempo para que México hiciera un compromiso con Estados Unidos se agotaba. Nuestro país no estaba en posición de regatear más o menos millones de dólares como los turcos por la instalación de una base aérea. México tiene una frontera común con Estados Unidos y, por ende, un riesgo también común. En territorio estadunidense, según el *US Census Bureau* de 2000, viven 20'640,711 mexicanos, una sexta parte de nuestra población. Tenemos un tratado de libre comercio y un futuro como vecinos que no se modificará. La frontera y la vecindad con Estados Unidos son inalterables.

Un dato que nadie ha querido dar a conocer con certeza es que los mexicanos también perdimos un gran número de vidas el 11 de septiembre, en el atentado a las torres gemelas, asunto que la administración de Fox pasó por alto.

La agenda de seguridad nacional e internacional de México se modificó desde el 11 de septiembre de 2001, y conforme Estados Unidos tome decisiones en esta materia, nuestro esquema de gobernabilidad y la seguridad interior se verán trastocados, así como también los acuerdos con nuestros vecinos del norte. No hay que olvidar que tenemos una deuda de agua con ellos, un bien que les resulta tan estratégico como el petróleo.

Los otros miembros del Consejo de Seguridad de Naciones Unidas no necesariamente comparten los mismos intereses que nosotros con Estados Unidos. Baste considerar que ni siquiera tienen una relación de vecindad territorial como la nuestra.

El respaldo unánime de los gobernadores en la Conferencia Nacional de Gobernadores (CONAGO) a la posición de Fox ante la posible guerra entre Estados Unidos e Irak, debilitó la capacidad de los senadores y, sin tomar en cuenta su posición, presentaron la postura del ejecutivo federal y de los estados como si fuera parte del debate del senado de la república, el cual ni siquiera se dio. En este sentido, y contraviniendo la división de poderes, tanto los gobernadores como el presidente de la República marginaron al senado en relación con este conflicto por voz de Ricardo Monreal, gobernador de Zacatecas. Otro error por el que los gobernadores, sin hacer un análisis completo del contexto internacional y sus implicaciones, otorgaron un voto a ciegas al presidente Fox.

El lunes 24 de febrero de 2003, el discurso de Fox dio un giro respecto del conflicto Estados Unidos-Irak. En un comunicado de la Presidencia de la República se puso énfasis en que "el jefe del ejecutivo reitera que la vía multilateral es la mejor forma de fortalecer al Consejo de Seguridad de la ONU y el camino para combatir el terrorismo". Sin lugar a dudas, la posición presentada por Tony Garza en su discurso en la UDLA dio sus frutos de inmediato. En el mismo comunicado se deja entrever que el gobierno mexicano acercaba su posición a la de Estados Unidos:

281

México entiende que fue presentada una nueva resolución dentro del Consejo de Seguridad de la Organización de las Naciones Unidas, encabezada por Estados Unidos, Gran Bretaña y España. México estudiará detenidamente el contenido de esta resolución y emitirá su posición en su momento y en el marco del Consejo de Seguridad de la ONU.

El mismo día, el discurso del secretario de Gobernación ratificó el cambio de rumbo de la política exterior mexicana al interior del Consejo de Seguridad de Naciones Unidas: "Ganaremos la guerra al terrorismo [pero] sin perder la paz". Asimismo, Santiago Creel Miranda señaló que el gobierno de México estudiaría la nueva propuesta y recalcó que: "México proyecta su vocación pacifista y pugna por el respeto al derecho internacional; al interior de sus fronteras se logrará exactamente lo mismo: la paz social en el marco del estado de derecho". Es de llamar la atención que las declaraciones del titular de Gobernación se dieran en el marco del día de la bandera y ante la presencia de los altos mandos del Estado Mayor de la Secretaría de la Defensa Nacional y de la Armada de México. Creel Miranda sabía que el ejército y la armada diferían de la posición de la Secretaría de Relaciones Exteriores y de la propia Presidencia de la República respecto de la postura que se había tomado en el Consejo de Seguridad de Naciones Unidas.

Tres semanas antes, la visita del subsecretario de Defensa para Asuntos Interamericanos de Estados Unidos, Roger Pardo-Maurer IV, del coronel Jan P. Ithier, jefe de la División Latinoamericana, y del teniente coronel, Andrew L. Vonada, miembro del Directorio Político y de Planes Estratégicos del Pentágono, quienes se reunieron con la plana mayor de la SEDENA, ya había logrado generar un punto de presión al interior del gobierno federal. Esto deja entrever el papel activo que mantiene la SEDENA en la política interior y exterior del país, a partir de su preocupación por salvaguardar la soberanía territorial y la seguridad nacional. El hecho debe verse con suma atención y es que Estados Unidos entiende que hay una mayor interlocución entre el secretario de Estado, Collin Powell, y el secretario de la Defensa Nacional, general Gerardo Clemente Ricardo Vega García, que con el secretario de Relaciones Exteriores, Luis Ernesto Derbez Bautista.

Luego llegaría a México el general de brigada Walter A. Paulson, subcomandante del V Ejército de Estados Unidos, encargado del equivalente mexicano plan DN-III, por el cual se proporciona ayuda en caso de desastres o protección civil desde una óptica de defensa y militar.

El 25 de febrero, a las 11:10 horas, el presidente de la República aseguró, en el marco de la LV Reunión Plenaria del Comité Empresarial México-Estados Unidos, que: "Apoyamos los esfuerzos multilaterales para alcanzar la eliminación de las armas de destrucción masiva en Irak, y que esta nación cumpla cabalmente con las resoluciones aprobadas por el Consejo de Seguridad de Naciones Unidas", y agregó como nota final de su discurso la nueva postura mexicana en el conflicto Estados Unidos-Irak: "El único camino hacia la paz es el desarme de Irak. El mundo quiere la paz, pero sólo el desarme de los iraquíes puede asegurar la paz". Este último párrafo muestra el sentido de la intención del voto que presentaría México ante el Consejo de Seguridad de Naciones Unidas, abriendo así la posibilidad de que Estados Unidos actuara bajo el capítulo VII de la Carta de la ONU, que prevé el uso de la fuerza en caso de amenaza a la paz y la seguridad global.

La respuesta del embajador de Estados Unidos, quien estuvo presente en el acto, no se hizo esperar: "Estoy muy de acuerdo con el presidente [Fox] en sus declaraciones contra el terrorismo y contra la amenaza que representa Saddam Hussein". Garza supo que sus palabras en la UDLA habían tenido efecto y el foro donde Fox cambió su discurso tenía un valor estratégico para la diplomacia estadunidense.

El 26 de febrero, el presidente de la Unión Nacional de Productores de Caña de la CNC, Francisco Castro González, manifestó que el gobierno de Estados Unidos había notificado al nuestro que no aceptaría ningún kilo de azúcar mexicana, debido a que se aplicó un impuesto a la fructosa de manera arbitraria. Esta acción, indudablemente, era una respuesta a Fox y su política exterior.

Un hecho que no podía pasar inadvertido fue la detención de Eduardo Fernández, expresidente de la Comisión Nacional Bancaria y de Valores, por haber filtrado información sobre el caso Amigos de Fox. Es muy probable que la CIA tuviera información de las triangulaciones en bancos extranjeros que se hicieron durante la campaña de Fox, si es que ellos no fueron incluso parte del esquema financiero. Seguramente Fox trataba de encontrar una salida decorosa en una partida diplomática que ya había perdido.

Lo importante para el país es que se construya, a partir de ahora, una política exterior responsable y acorde con el nuevo orden internacional. La confusión entre administrar y gobernar de Fox y su gabinete sólo han dado como resultado una precaria gobernabilidad interior basada en los medios, pero, al menos en la política exterior y ante una crisis como la que se vivió en el seno de Naciones Unidas, de poco vale esa fórmula.

En el corto plazo el país ha tenido que asumir que Fox se equivocó en su política exterior "multilateral", en la designación de Jorge G. Castañeda, en la del embajador y "experto en asuntos de seguridad nacional" Adolfo Aguilar Zinser y en el reciente nombramiento de Luis Ernesto Derbez como canciller. Por lo pronto, va a ser muy difícil que la administración Fox construya una política exterior a la altura de la sociedad y de las necesidades internacionales del país.

De los quince miembros del Consejo de Seguridad de Naciones Unidas, sólo cuatro votaron a favor de la resolución 1441 (la intervención militar multilateral para impedir a Irak el uso de armas de destrucción masiva): Estados Unidos, Gran Bretaña, España y Bulgaria; se mantenían indecisos Angola, Camerún, Pakistán, Chile y Guinea, mientras que se manifestaron en contra Francia, Alemania, China, Rusia, Siria y México. Vale la pena revisar este panorama para poder hacer un examen sobre el cambio de la intención del voto de algunos países miembros del Consejo de Seguridad.

INDECISOS	
Angola	Va a apoyar a Estados Unidos, a condición de que le otorgue ayuda económica.
Camerún	Va a alinear su voto con Francia, por todos los intereses e inversiones que tienen los franceses en ese país.
Pakistán	Va a apoyar a Estados Unidos a cambio de condonación de deuda, armamento, apoyo en su territorio para debilitar a los fundamentalistas y en las negociaciones ante la India por el territorio de Cachemira, y la reducción del armamento nuclear de la India.
Chile	Va a apoyar a Estados Unidos a cambio de inversión y el tratado de libre comercio.
Guinea	En contra, congruente con su posición de política exterior y las presiones de Francia. Ochenta y cinco por ciento de su población es musulmana, factor que pesa mucho al interior del país. A lo más que llegaría sería a la abstención.
EN CONTRA	
Francia	En contra.
Alemania	En contra.
China	En contra y va a seguir presionando a Estados Unidos de manera indirecta desde la reanudación del Programa Nuclear de Corea del Norte.
Rusia	En contra. A favor, siempre y cuando Estados Unidos garantice su no intervención en el caso de Chechenia y aumente su inversión en condiciones favorables para los rusos en la Comunidad de Estados Independientes. Esperaría ser el noveno voto para inclinar el fiel de la balanza desde una posición de mayor fuerza.
Siria	En contra, congruente con su política exterior y en solidaridad con la Liga de Países Árabes.
México	En contra y sin haber negociado absolutamente nada. El acuerdo migratorio cada vez es menos posible en un escenario de guerra, por una simple cuestión: la seguridad territorial de Estados Unidos; además, muy probablemente venda armas a México en condiciones preferenciales, para la protección de las instalaciones estratégicas —básicamente las petroleras—, y colabore en la capacitación de miembros de las fuerzas armadas, así como en el intercambio de inteligencia.

En el contexto de esta prospección, Estados Unidos tendría los nueve votos necesarios en una primera ronda de votación, quedando de la siguiente manera la alineación de los quince países miembros del Consejo de Seguridad:

Escenarios para el caso México

Primer escenario: México decide votar en contra

Un alto costo político y económico para el país. Estados Unidos cerraría la frontera bajo el pretexto de la guerra (alerta roja). Se ejercería presión sobre el peso, la banda de flotación se ampliaría. La CIA filtraría información sobre el caso Amigos de Fox y de otros actos de corrupción en su administración. Iniciaría un proceso lento de deportaciones de mexicanos ilegales en Estados Unidos. Se procedería de inmediato al cobro de la deuda de agua. Se cerraría la importación de productos mexicanos, sobre todo los del campo, como el caso del azúcar. Los estadunidenses no verían con malos ojos una acción terrorista en territorio mexicano (como fue el hundimiento de los buques petroleros *Faja de Oro* y *Potrero del Llano* en la segunda guerra mundial) o una aparente amenaza (tipo telegrama Zimmermann, en la primera guerra mundial). Influirían de manera directa en el proceso electoral del 6 de julio en contra del PAN, para garantizar una mayoría no foxista.

Segundo escenario: México decide abstenerse

Para los estadunidenses, la abstención de México sería equiparable a un voto en contra.

Tercer escenario: *México decide votar a favor*

Los estadunidenses verían con gusto este escenario, a pesar de saber que Fox ya no es un socio de fiar, pues el voto de México llegaría muy tarde. Iniciarían un programa de colaboración militar con México para la protección de las instalaciones estratégicas petroleras y de su frontera. Apoyarían a través del intercambio de inteligencia con el gobierno mexicano la creación de un verdadero servicio de contrainteligencia que salvaguardara la seguridad territorial.

En el contexto nacional, la sociedad estaría en contra de Fox y esto influiría en los resultados del 6 de julio. El PRI ganaría la oportunidad de ser un nuevo interlocutor con Estados Unidos desde el senado y el congreso sería mayoritariamente priísta. El PRD se opondría al voto de Fox a favor de la resolución 1441. La iglesia católica también se manifestaría en contra en un primer momento, pero después le daría su bendición; Estados Unidos ya había negociado con el Vaticano, por eso envió al cardenal Roger Echegaray a Bagdad y por eso el papa recibió a Tarek Aziz (católico maronita, del rito caldeo). Los empresarios buscarían oportunidades de negocios como lo hicieron en la segunda guerra mundial.

El ejército y la armada de México asumirían una responsabilidad más, derivada de la ineficiencia de la clase política.

La izquierda armada —EZLN, EPR, ERP, FRAP— vería como un escenario tentador luchar en contra de un gobierno pro estadunidense. Trataría de recomponer su capacidad operativa y de discurso de lo indígena a lo antiestadunidense. Cabe la posibilidad de que enemigos de Estados Unidos les enviaran recursos y armamento para generar un distractor, como pueden ser Venezuela, Brasil, Ecuador, Cuba, las Fuerzas Armadas Revolucionarias de Colombia, Corea del Norte, Al-Qaeda y otras organizaciones pro iraquíes.

Save by the bell

El 12 de marzo de 2003, cuando se acercaba el momento de la votación en el Consejo de Seguridad de Naciones Unidas, Vicente Fox fue intervenido quirúrgicamente de la columna vertebral en el Hospital Central Militar, lo que se interpretó como el "justificante médico" para no tener que tomar una decisión oficial respecto de la guerra contra Irak o participar en una reunión de jefes de Estado impulsada por el presidente de Francia, Jacques Chirac, y que Estados Unidos evitó a toda costa.

Antes de su hospitalización, Fox se "acuarteló" en Los Pinos con su gabinete para valorar la crisis y el sentido del voto mexicano ante el Consejo de Seguridad de Naciones Unidas. La Presidencia de la República canceló todos los actos programados en su agenda. Parecía que, por primera vez, el presidente se sentaría a examinar a profundidad, conjuntamente con los hombres clave de su gabinete, la frágil posición de México en la coyuntura internacional y ante nuestros socios y vecinos del norte.

El 11 de marzo, horas después de que el primer ministro de Japón, Junichiro Koizumi, se comunicara con el presidente Fox para conminarlo a votar a favor de Estados Unidos, el vocero de la presidencia anunció que el jefe del ejecutivo sería intervenido al día siguiente por una lesión en la columna. Al mismo tiempo, el Ministerio de Relaciones Exteriores de Japón emitió un comunicado en el que fijaba su posición ante Vicente Fox: "Si la comunidad internacional está dividida, ello no sólo beneficiará a Irak, sino que pondrá gravemente en duda la autoridad y utilidad práctica de las Naciones Unidas". En el mismo comunicado también se daba a conocer la postura de Fox: "La cooperación internacional es lo más importante [...] Ahora estoy pensando en cuál propuesta puedo apoyar en el Consejo de Seguridad".

La prensa nacional especuló sobre el hecho de que apenas una semana atrás, el primer mandatario hubiera podido cabalgar, con su esposa en ancas, a favor de la paz y ahora resultaba que la lesión de las vértebras L-4 y L-5 le impedía continuar con sus funciones de manera súbita.

La impresión que dio Fox fue la de ocultarse en una cirugía para no acudir a emitir su voto en el Consejo de Seguridad, como lo proponía Jacques Chirac, al tiempo que delegaba esta responsabilidad en el canciller Ernesto Derbez, a quien, a todas luces, podría sacrificar políticamente. Pero el timing les falló al presidente Fox y a su doctor, Héctor Peón Vidales, quien había manifestado primero que el jefe del ejecutivo estaría despachando el mismo sábado con toda normalidad, y después cambió su diagnóstico para decir en rueda de prensa "que el presidente necesitará diez días para estar en condiciones de moverse". A pregunta expresa de un reportero sobre si Fox podría viajar a Nueva York, el doctor Peón Vidales fue tajante: "El presidente no puede hacerlo".

El 13 de marzo, un día después de que México estableciera que no negociaría sus principios, el secretario de Gobernación, Santiago Creel, recibió en Bucareli al embajador de Estados Unidos, Anthony Garza. Luego de la entrevista entre ambos personajes, el embajador de Estados Unidos declaró que lamentaba "que se distrajera a la opinión pública con el discurso de posibles represalias o amenazas de mi país en contra de México por no apoyar un ataque militar en contra de Irak [...] se distrae la atención del asunto más importante: hacer que el mundo sea más seguro", pero también puso énfasis en que "es precisamente en estos momentos cuando debemos estar juntos".

A lo largo de esa semana, Estados Unidos recompuso su posición militar y diplomática. En el plano militar retiró doce navíos tácticos del mar Mediterráneo para enviarlos al mar Arábigo, e inició el envío de bombarderos B-2 Stealth a la isla de Diego García, ubicada en el oceano Índico y administrada por el gobierno inglés. La negativa del gobierno turco para usar su territorio como una de las bases de lanzamiento de la aviación y el ejército estadunidenses, destinados a atacar el norte y oeste de Irak, modificó el plan militar, aunque ya durante la guerra los turcos acabarían cediendo.

En el escenario diplomático dejó atrás la resolución 1441 y centró sus esfuerzos en las facultades que le otorga la resolución 687 del Consejo de Seguridad emitida después de la operación Tormenta del Desierto, por medio de la cual tanto los estadunidenses como los ingleses pueden contratacar al gobierno de Bagdad, en caso de que no se respeten las zonas de exclusión o que la seguridad de la región sea puesta en riesgo por la posesión o el uso de armas prohibidas por Naciones Unidas.

En apoyo de Washington, el gobierno de Tokio envió el 13 de marzo un crucero con alta tecnología al mar de Japón para detectar los lanzamientos de misiles tácticos de corto y mediano alcance por parte de Corea del Norte. El gobierno japonés intentaba presionar indirectamente a China y mostrarle que el interlocutor económico, diplomático y, ahora, militar en Asia por parte de Estados Unidos era él.

Tony Blair, el primer ministro inglés, presentó el mismo día una propuesta de seis puntos para ampliar el término de desarme de Irak, la cual estaba diseñada desde el primer punto para que Hussein no la aceptara: "1. Que Saddam Hussein declare en árabe y ante los medios internacionales que cuenta con armamento químico y biológico". La posición de la cancillería iraquí sobre la "propuesta Blair" fue que era inadmisible y que lo único que buscaba era radicalizar aquella que había presentado con anterioridad conjuntamente con Estados Unidos y España.

El presidente de Chile, Ricardo Lagos, presentó en rueda de prensa un proyecto de propuesta que había discutido antes con Tony Blair. En él ponía un límite para el desarme de Irak —tres semanas—, es decir, dejaba entrever un ultimátum. El único punto en el que difería de la "propuesta Blair" es que no obligaba a Hussein a declarar en los medios y en árabe que tenía armas químicas y biológicas. También dejó en claro que "Irak ha iniciado el proceso de destrucción de su arsenal, porque hay 200,000 efectivos militares en la región para presionar".

Bush, a través del vocero oficial de la Casa Blanca Ari Fleischer, desechó el proyecto chileno una hora después de haberse presentado, con el argumento de que ya no había por qué otorgarle más tiempo a Hussein.

Otro elemento que dio un giro en favor de Estados Unidos fue que este país estaba dispuesto a presentar el Plan de Paz para Medio Oriente. Bush dijo también que la posición de un nuevo primer ministro palestino tenía que ser fuerte, con completa autoridad, y que esperaba que Mahmud Abbas, designado por Yasser Arafat para el cargo, tuviera ese mandato, y agregó: "Inmediatamente después de la confirmación [del nombramiento del nuevo primer ministro palestino], el Plan de Paz será entregado a palestinos e israelíes, y esperamos que lo discutan entre ellos". Ésta no era una graciosa concesión del gobierno de Estados Unidos, sino que se debió a dos factores: el primero, que los países de la Liga Árabe, en el seno de las Naciones Unidas, han venido reclamándole a Estados Unidos la no presentación del plan; y el segundo, que un día antes marcharon en Beirut 500,000 mártires de Hamas dispuestos a declararle la guerra a Israel en caso de que Bush atacara a Irak.

Ante la fragilidad de la coyuntura internacional, José María Aznar, Tony Blair y George W. Bush se reunieron en las islas Azores para realizar una cumbre sobre Irak.

Llama la atención que el embajador de México en Naciones Unidas, Adolfo Aguilar Zinser, por primera vez desde que inició la crisis de Irak, hizo a un lado su ego para declarar tan sólo que "tenía instrucciones de la Secretaría de Relaciones Exteriores de guardar silencio sobre la posición de México".

Después de que el presidente de Chile presentara su proyecto para el desarme de Irak, la posición de México se debilitó aún más. Fox, junto con su actitud inamovible en favor de la paz, se iba quedando solo. Cuando en diplomacia se juega con posiciones irreductibles, el todo por el NO o el todo por el SÍ, el margen de maniobra se reduce, y en este caso el voto de México comenzó a dejar de ser in-

291

dispensable para que Estados Unidos obtuviera los nueve que necesita como respaldo moral para atacar Irak.

A Vicente Fox se le agotaban sus argumentos de política exterior y geopolítica, así como los pretextos. ¿Qué hubiera pasado si la votación se hubiese dado quince días después y, como lo proponía Francia, tuvieran que reunirse los jefes de Estado?, ¿acaso Fox habría pedido una extensión de su justificante médico por diez días más? ¿Qué hubiera pasado si varios países del Consejo de Seguridad de Naciones Unidas hubieran decidido apoyar a Estados Unidos en una guerra, con tal de no tener que vivir bajo una "pax americana" y facilitar, en caso de que Estados Unidos hubiera ido solo a la guerra, el desmantelamiento de la ONU?

Era claro, sin embargo, que Estados Unidos podía librar la guerra solo en términos militares. De seguro el Departamento de Estado y la Agencia de Seguridad Nacional (NSA, por sus siglas en inglés) valoraron lo que ganarían y perderían en una guerra en solitario. Si sus análisis concluyeron que la hegemonía de Estados Unidos se impondría sobre Irak y las Naciones Unidas sin mayores problemas, manteniendo aliados estratégicos en el mundo, atacarían a Irak, como al final lo hicieron. Éste fue el peor de los escenarios para México, pues, paradójicamente, más vale una guerra mal acompañada con triunfos compartidos que una guerra solitaria con triunfos únicos.

El hecho de que Bush le haya permitido tan sólo una hora de vigencia a la propuesta de Chile, es signo inequívoco de que la decisión de ir a la guerra estaba tomada.

Al imponerse la "pax americana", las presiones sobre México se volvieron realidad, por la simple y llana razón de la hegemonía mundial de Estados Unidos. México comparte una frontera territorial con Estados Unidos, y ese solo hecho nos hace distintos de Chile o de cualquier otra nación del mundo.

Los frentes

George W. Bush contó con el apoyo de una coalición de más de 35 países, en la que las únicas potencias económicas que resaltan son Japón, el Reino Unido y España. El reino español, más que contar con un peso económico fuerte, se convirtió en el fiel de la balanza para que Alemania y Francia no presionaran y tuvieran así un alineamiento conjunto de la Unión Europea.

Paradójicamente, Alemania formó parte de la coalición, porque mantuvo un total de 250 especialistas en saneamiento químico en Kuwait, además de autorizar que aviones militares de Estados Unidos volaran con libertad sobre su espacio aéreo hacia la base estadunidense en Bies-Baden.

Sin lugar a dudas, el mundo ya no será como lo entendíamos antes del atentado a las torres gemelas. Estados Unidos tomó la iniciativa en términos militares en la guerra contra Irak, pero también en términos ideológicos para recomponer el mapa mundial a su medida.

El presidente Bush intentaría consolidar la hegemonía de Estados Unidos a nivel global para generar un bloque único en función no sólo de sus intereses militares, sino también en términos de una nueva ideología que dé sustento a sus acciones a nivel mundial. Por eso en su discurso posterior al ataque a Irak se refirió a sus aliados de la siguiente manera: "Cada nación en esta coalición ha escogido compartir el deber y el honor de servir en nuestra defensa común". Nuevamente, Bush aplicaba la tesis de política internacional que manifestó después del 11 de septiembre de 2001: "El que no está con nosotros, está contra nosotros".

El frente de la ONU

No es nuevo el descontento de Estados Unidos con la ONU. Durante la guerra fría, los estadunidenses dejaron de pagar sus cuotas con el pretexto de que este organismo internacional permitía acciones de los comunistas a través de la UNESCO, la UNICEF y la FAO.

El primer triunfo de la nueva plataforma política internacional de Estados Unidos fue haber hecho a un lado al Consejo de Seguridad de Naciones Unidas, para demostrar que no necesita aliados militares ni políticos, así como tampoco autorización alguna para invadir los sitios en donde sus intereses lo demanden.

La decisión de pasar por encima del Consejo de Seguridad de Naciones Unidas pone en riesgo la validez y existencia del mismo y de toda la ONU. De ahí la profunda preocupación de Francia, Rusia y China como miembros permanentes y contrapesos de Estados Unidos en el orden internacional. Las palabras de resignación del secretario general de la ONU, Kofi Annan, reflejan la impotencia de todo el organismo:

> Mis pensamientos hoy están con el pueblo iraquí, que enfrenta, una vez más, una terrible experiencia. Espero que todas las partes observen escrupulosamente los requisitos de las leyes humanitarias internacionales y que hagan todo lo que esté en su mano para proteger a la población civil de las duras consecuencias de la guerra.

Y agregó: "las Naciones Unidas, por su parte, *harán todo lo que puedan para suministrarles ayuda y respaldo*".

El frente petrolero

Con esta guerra, Estados Unidos podrá revertir el crecimiento económico de la Unión Europea y la hegemonía del Bundest Bank al interior de la misma. El anhelo de franceses y alemanes de que el euro fuera la nueva moneda para las transacciones petroleras, como lo habían hecho con Irak y como pretendían lograrlo con el gobierno de Hugo Chávez en Venezuela y con Luiz Inácio, Lula, da Silva, en

Brasil, se terminó desde el momento en que Estados Unidos inició sus operaciones militares en Irak.

Si bien el euro había ganado 17 puntos sobre el dólar desde que Irak decidió hacer sus transacciones con la moneda común europea, Estados Unidos no permitiría más que este ejemplo permeara en la Organización de Países Exportadores de Petróleo (OPEP). Los estadunidenses tienen claro que los ingleses no han aceptado la sustitución de la libra por el euro, en razón de que esto les significaría perder la referencia del precio spot del barril de petróleo Brent del mar del Norte.

La OPEP, desde su sede en Viena, Austria, emitió un comunicado para que los países miembros ampliaran sus cuotas de producción, mismo que estaba signado por el ministro de Energía de Qatar, Abdullah bin Hamad Al Attiyah. No hay que olvidar que la sede del Estado Mayor del ejército de Estados Unidos para la operación en Irak tiene su sede en Qatar.

El frente de la Unión Europea

Estados Unidos, al incluir al Reino Unido y a España en su bloque de aliados, intentaría transferir el liderazgo que mantienen hoy Alemania y Francia en la Unión Europea a estos países, así como dotar de mayor fuerza política a Italia, Holanda y Dinamarca.

Es de llamar la atención que entre los países de la coalición se encuentran varios de los candidatos a ingresar en la Unión Europea: Eslovaquia, Estonia, Georgia, Hungría, Letonia, Lituania, República Checa y Rumania. Estados Unidos no sólo está reconstruyendo la geopolítica del Medio Oriente, sino también la de Europa. Después de la guerra la Unión Europea dependerá, energéticamente, del mandato de Estados Unidos y su moneda, el dólar.

Decir que franceses y alemanes estaban interesados en la solución pacífica del conflicto iraquí es una falacia. No hay que olvidar que en 1971, cuando Chirac era primer ministro de Francia, este país le vendió un reactor nuclear a Hussein en 1,500 millones de dólares, el cual fue destruido posteriormente por Israel. Asimismo, empresas alemanas suministraron agentes químicos y biológicos para el desarrollo de armamento no convencional en Irak.

La doble moral de la política internacional franco-germana puede ser resumida de la siguiente manera: por un lado predican, pero no practican, y por otro practican, pero no predican. Ejemplos de ello sobran, como la vez en que el servicio secreto francés hundió con una carga explosiva, el 10 de junio de 1985, al barco de Greenpace, *Rainbow Warrior*, por el simple hecho de estar monitoreando las prácticas nucleares francesas en el polígono de Muroroa.

Muy probablemente una de las primeras consecuencias de la guerra será una recomposición en el liderazgo económico y político de la Unión Europea, en la que el Reino Unido y España serán los ganadores.

El frente ruso

Vladimir Putin sabe, como exoficial de la KGB y experto en inteligencia, lo que a futuro significa que Estados Unidos no tome en cuenta a Rusia antes de iniciar una operación militar, como solía suceder.

Si bien el escenario de guerra en Irak le permitía a Putin tomar medidas más severas en el conflicto checheno, por otro lado sabe que el peso militar ruso ya no es una preocupación central de Estados Unidos, y esta brecha se ampliará en función de la situación económica de Rusia, que si bien cuenta con reservas petrolíferas importantes, tiene una economía devastada como herencia de la URSS y hoy en día es incapaz de mantener una maquinaria de guerra como la que solía tener durante la guerra fría.

Los rusos contemplaron cómo en 90 días la maquinaria militar estadunidense puso fin al régimen talibán, la guerrilla contra la que ellos lucharon por diez años y jamás lograron vencer.

Las preguntas que puede estar planteándose Putin son cómo, a pesar de su arsenal nuclear, será tomado en cuenta por Estados Unidos y cómo negociará, desde ahora, con los estadunidenses.

El frente chino

Los chinos saben que el mercado de Estados Unidos y la inversión de este país son vitales para su economía. Saben, asimismo, que no tienen fuentes alternas de energía, más allá del suministro de petróleo proveniente de Rusia o el Medio Oriente, y también que el hecho de que Estados Unidos invada Irak y se haga, directa o indirectamente, de la segunda reserva mayor de petróleo en el mundo es un freno para su desarrollo. Por eso es entendible su preocupación y oposición en el seno del Consejo de Seguridad de Naciones Unidas.

La estrategia de querer utilizar a Corea del Norte como efecto distractor o de presión sobre Estados Unidos no dio resultado. Por eso la posición del gobierno de Pekín se basaba en que el conflicto fuese resuelto por medios pacíficos.

Pero lo que el gobierno chino estaría evaluando, en ese momento, es el perfil de George W. Bush, quien seguramente no olvida la participación de China en el conflicto de Corea y Vietnam, una cuenta que aún tienen pendiente con los estadunidenses. En este tema, el actual embajador estadunidense ante Naciones Unidas, John Dimitri Negroponte, asesoraba y apoyaba al presidente Bush. No hay que pasar por alto que Negroponte fue jefe de operaciones de la CIA en Camboya y jefe de estación en Vietnam.

Los estadunidenses apostaban por liderar el nuevo orden internacional reduciendo la capacidad política, económica, tecnológica y militar de sus adversarios.

La iglesia católica

Es muy clara la diferencia que mantiene Bush con el papa Juan Pablo II. Este conflicto va más allá de Irak. El Vaticano muestra una clara preocupación por el fundamentalismo evangélico de Bush y, según fuentes allegadas al Colegio Cardenalicio, es visto como un presidente anticatólico.

El comunicado leído el 19 de marzo por el vocero del Vaticano, Joaquín Navarro Valls, en el que se fijaba la postura del papa hacia Bush, sin lugar a dudas, amplió la brecha diplomática entre ambos actores: "Aquel que decide que todos los medios pacíficos que el derecho internacional pone a su disposición están agotados, asume una grave responsabilidad ante Dios, ante su conciencia y ante la historia".

El Vaticano quería aprovechar la coyuntura para ajustar cuentas con el gobierno que ha facilitado información sobre curas pederastas y obispos que los protegen. Para la derecha de la Iglesia es claro que atrás de estas acusaciones y de sus pruebas está la CIA y los evangélicos conservadores, que llegaron al poder junto con Bush.

El director de Radio Vaticano, cardenal Ricardo Tucci, se manifestó en contra de las acciones de Estados Unidos e informó que la nunciatura apostólica del Vaticano en Bagdad se mantendría abierta, a pesar de los bombardeos. El tono y la posición de Radio Vaticano era abiertamente antiestadunidense, y además emplazaba a Berlusconi y a los diputados católicos a que votaran en contra de la guerra y a que Italia no diera facilidades militares a Estados Unidos.

Desde la óptica religiosa evangélica de Bush, la iglesia católica está en decadencia y tiene poco que ofrecer moralmente a los estadunidenses y a los cristianos en el mundo. Bush asumiría el mensaje del papa en su contra como una amenaza y, en su momento, ajustará cuentas con el Vaticano. A estas alturas la CIA debe estar operando ya la sucesión papal que se avecina, en la que sus aliados internos en el Colegio Cardenalicio serán vitales para nombrar un papa a la medida de Washington y de los intereses del cristianismo evangélico.

El frente de los vecinos

La posición de la Casa Blanca expresada, el 18 de marzo de 2003, por el portavoz del Departamento de Estado, Richard Boucher, resume la percepción de Bush: "Estamos decepcionados porque algunos de nuestros aliados más cercanos, incluyendo a Canadá, no llegaron a un acuerdo sobre la urgente necesidad de una acción [...] En cuanto a México, pensamos lo mismo".

En su discurso del 20 de marzo, el presidente Fox manifestó: "Nuestros caminos y nuestros destinos están entrelazados por la geografía, por la vecindad, por la amistad y por la visión común sobre muchos temas, como el de la lucha contra el terrorismo y contra el narcotráfico, en las que juntos hemos alcanzado grandes logros". También se dirigió a los migrantes de la siguiente manera:

> Ustedes que son una prioridad para mi gobierno, deben tener la certeza de que, aun estando lejos de su tierra, estamos muy pendientes de su situación. Hemos tomado las medidas necesarias para garantizar su seguridad y para que nuestras fronteras sean ajenas al terrorismo, sin que el flujo de bienes y personas se vea obstaculizado.

¿Cómo les garantizaría la vida y la seguridad a más de 20 millones de mexicanos en Estados Unidos, si ni siquiera les ha podido garantizar un trabajo en su propio país? Dice la sabiduría popular que a todo santo le llega su fiestecita y, en su momento, los estadunidenses ajustarán cuentas con la administración Fox. El simple cierre de fronteras por cuestiones de seguridad tendría un altísimo costo en la franja limítrofe del norte del país.

Si Fox tuviera la estatura de estadista sabría que su era (el foxismo) terminó, porque así lo decidiría la administración Bush. Fox podrá seguir siendo el presidente de México hasta 2006, pero ya no más con el apoyo de los estadunidenses. Éstos lo van a dejar sujeto a los vaivenes de la dinámica política interior del país. Hombres y nombres como los de Adolfo Aguilar Zinser y Ernesto Derbez tienen los días contados por su impericia política y, un poco, por la influencia de los estadunidenses.

Otra pregunta que surgió en su momento: ¿qué pasaría cuando México asumiera la presidencia del Consejo de Seguridad? Nada. El Consejo de Seguridad no tenía nada que ofrecer, si acaso se convertiría en un vocero del Alto Comisionado de las Naciones Unidas para los Refugiados (ACNUR).

Y una cuestión más: ¿cuántos militares mexicanos van a asesorar a Aguilar Zinser cuando asumiera la presidencia del Consejo de Seguridad de Naciones Unidas? El embajador de México ante la ONU no quiso que ningún militar lo asesorara en asuntos concernientes a la guerra, "porque no cuentan con los modales y sutileza necesarios que pide el trabajo diplomático"; esto se lo manifestaría al secretario de Gobernación casi dos meses antes de asumir la presidencia del consejo.

Bush no abandonará su tarea de reposicionar a Estados Unidos ante el mundo; su discurso así lo marcó desde que inició la guerra contra Irak: "Ahora que el conflicto ha llegado, la única forma de limitar su duración es aplicar fuerza decisiva. Y les puedo asegurar, ésta no será una campaña a medias tintas, y no aceptaremos otro resultado que la victoria". Éste es el vecino con el que nos tocará vivir durante un larguísimo tiempo, más allá de 2003 y 2006. Es una relación que demandará, del lado mexicano, mucho cuidado y visión de Estado a largo plazo, para que no trastoque nuestro precario desarrollo.

Civiles y militares, relaciones desgastadas. Ejército y prensa, dos poderes en busca de un vínculo. Domiro. Antonio Lozano Gracia. Pablo Chapa Bezanilla. En el interior. Inteligencia militar, al taller. En el papel. *Comando Patriótico de Concientización del Pueblo. "Bufones." Rebollo, Quirós, Acosta. El delator del general. Confusiones. Las* pruebas. *Se defiende. Consejo de guerra. Francisco Quirós Hermosillo. "Está usted detenido." "Conforme a derecho. Crónica de un proceso singular." Mario Arturo Acosta Chaparro. "Crónica castrense de un infundio." La vigilancia y la aprehensión. El anuncio. Los testigos. Macedo y los "protegidos". Loco para unos, sano para otros. El escenario. La defensa. La sentencia. El final. Los consejos*

Si en 1994 el ejército llegaba al cambio de poderes con una gran carga de críticas tras el levantamiento armado en Chiapas del Ejército Zapatista de Liberación Nacional (EZLN) y una lucha contra el narcotráfico con frentes abiertos en casi todo el territorio nacional, el presidente Ernesto Zedillo Ponce de León no lo hacía menos lesionado.

En lo que respecta a las fuerzas armadas, el asesinato en Lomas Taurinas del candidato del PRI, Luis Donaldo Colosio Murrieta, y las dudas que cayeron sobre el desempeño del general Domiro García Reyes[1] (quien habría de ser jefe del Estado Mayor Presidencial de llegar Colosio a la presidencia de la República) como encargado de la seguridad personal del candidato, abrieron la compuerta a un debate nacional en el que se pretendió sentar a las fuerzas armadas en el banquillo de los acusados.

Dentro de este contexto, las relaciones entre civiles y militares se desgastaron a tal grado que el ejército se convirtió en un frente impenetrable para la opinión pública y, desde luego, para la prensa nacional.

La relación entre el ejército y la prensa ha experimentado un largo periodo de ajuste, caracterizado por la condición monolítica y casi secreta de las fuerzas armadas, y la consecuente desinformación y desconocimiento del tema por parte de la mayoría de los medios de información. El alto mando militar poco o nada hizo por tener una línea propia de comunicación, concretándose casi siempre a rehuir las respuestas directas con la prensa y a guardar silencio ante las críticas y hasta las acusaciones que se vertían sobre las fuerzas armadas.

Hasta hace unos cuantos años, la lógica militar no concebía una relación más abierta con la prensa. En algunos círculos castrenses aún ahora se considera que ésta sólo se ocupa del ejército en el escándalo y el cuestionamiento mordaz. Y bajo la premisa de que el instituto armado no busca el aplauso fácil de la sociedad ni quiere contaminarse con las diversas acciones políticas del gobierno, sus respuesta a las interrogantes de los medios de información, generalmente, son esquemáticas y evasivas.

Entre ambos poderes —ejército y prensa— se acepta que soldados y periodistas nunca serán semejantes, pero aun existiendo diferencias entre ellos, esto no quiere decir que sean adversarios. Es por ello que, al menos los tres últimos generales de cuatro estrellas que han ocupado la Secretaría de la Defensa Nacional, han dado singular importancia a las relaciones con la prensa, aunque con muy modestos resultados, toda vez que la Presidencia de la República continúa manejando la información que emana de las, cada vez más amplias, actividades del ejército en la vida pública de la nación.

Sucesos de graves repercusiones para el país, como el movimiento estudiantil de 1968 y el levantamiento armado del EZLN en Chiapas en 1994, son puntos históricos que marcaron, en el primer caso, la más apretada censura, y en el segundo el convencimiento por parte del ejército mexicano de contar con un cuerpo profesional de comunicadores militares que pudieran establecer una política con capacidad de respuesta a los requerimientos de la prensa y su multitudinaria presencia en el teatro del conflicto.

El movimiento estudiantil de 1968 habría de culminar con la sangrienta noche del 2 de octubre, cuando el ejército irrumpió en el populoso barrio de Tlatelolco con el objeto de dispersar un mitin, acción que dejó como saldo un total de muertos que aún es motivo de discusión. Aquella vez, el gobierno del presidente Gustavo Díaz Ordaz, a través de la Secretaría de Gobernación, informó de la muerte de 35 personas, entre civiles y soldados. Meses después se comenzaría a hablar de más de 400 muertos.

Este trágico suceso habría de arrojar la peor mancha sobre el ejército mexicano, al que aún ahora se insiste en condenar. Algunos medios de información, partidos de oposición y organizaciones no gubernamentales (ONG) lograron que el presidente Vicente Fox ordenara abrir los archivos de la Secretaría de la Defensa y otras instancias gubernamentales, localizados actualmente en 80 millones de fichas dentro del Archivo General de la Nación en el otrora Palacio de Lecumberri.

Habrían de pasar treinta años y el surgimiento del grupo rebelde zapatista para que el alto mando militar, a pesar de las directrices presidenciales, comenzara a dar la cara a los medios con la premisa de que "la comunicación social no se limita a las buenas relaciones con la prensa, ni mucho menos a tapar el sol con un dedo".

Después de los primeros días del enfrentamiento armado, el ejército mexicano envió a Estados Unidos a un grupo de oficiales para prepararse en el terreno de la comunicación y las relaciones públicas. Dichos oficiales habrían de hacer suya la sentencia de la Oficina de Relaciones Públicas del ejército de Estados Unidos, que afirma: "Los periodistas son como los cocodrilos: no tenemos por qué quererlos, pero debemos alimentarlos".

Al mismo tiempo, el alto mando militar giró órdenes a la co-mandancia de la VII Región Militar en Chiapas, bajo el mando del general Miguel Ángel Godínez Bravo, para que desarrollara una amplia campaña de difusión respecto de las acciones del ejército mexicano en la que hasta ahora se conoce como "zona de conflicto".

Sin embargo, el levantamiento del EZLN, si bien efímero en cuanto a su capacidad bélica, habría de permanecer activo hasta nuestros días, sobre todo en lo que se refiere a su actividad propagandística, en un juego del que siempre sacó la mejor parte. El líder visible de los zapatistas, Sebastián Guillén, alias Subcomandante Marcos, empezó *certificando* a unos cuantos periódicos y revistas —*Proceso, La Jornada, El Financiero* y *El Tiempo,* este último de San Cristóbal de las Casas— como los únicos que reflejaban la "verdad" sobre su movimiento. En especial, estos cuatro medios cayeron en una de las primeras trampas que tendió Marcos a la prensa nacional, puesto que la internacional no necesitó de ello para darle todo el escaparate. La trampa fue de tal manera bien puesta, que el alto mando militar habría de reaccionar calificando a estos medios de información como "voceros de la subversión".[2]

Quedó claro que, ante cualquier acontecimiento relacionado con las fuerzas armadas, el periodista habrá de escribir su historia con o sin la versión del ejército. Y cuando esto sucede así, la sociedad queda mal informada —incluso deformada— y el ejército carga, indefectiblemente, con la duda, cuando no con el desprestigio.

No obstante, las tesis no han llegado a consolidarse por completo, y aunque no lo hacen público, en general los militares no dejan de molestarse por lo que se escribe de ellos. "A los soldados no nos gusta vernos en el papel", es una sentencia recurrente que se escucha en los círculos militares. Incluso hay generales que recomiendan a periodistas con los que tienen cierta confianza, "no irritar demasiado". La piel del militar, en este sentido, es harto sensible.

Si los militares no están dispuestos a dar a conocer su versión de los hechos en que han tomado parte, con la amplitud necesaria para convencer a quienes reciben la información de la pertinencia de sus actos, tienen entonces que aceptar las consecuencias negativas del caso.

No sólo los sucesos de 1968 y 1994 han marcado la compleja relación entre el ejército y la prensa en México, sino que, más recientemente, su involucramiento total en la lucha contra el narcotráfico y la complicidad de algunos militares con los narcotraficantes, no explicada del todo por la justicia militar, ha llevado a los medios de información en su conjunto a preguntarse: "¿Qué hacen los militares? ¿Qué han hecho? ¿Qué piensan hacer?".

Aunque estas interrogantes siempre han estado presentes en el ánimo de la sociedad mexicana, toda vez que de los soldados se piensa que sólo están recluidos en sus cuarteles o vigilando fronteras y costas, el silencio que guardan los militares ante las críticas recurrentes ha provocado que la sociedad crea que todo lo que la prensa dice sobre ellos es cierto.

La razón de ser de periodistas y militares se opone en una sociedad en constante transformación. En tanto que el secreto es un principio fuertemente arraigado en la mentalidad de la cultura militar, la prensa enfrenta como disyuntiva determinante el derecho que tiene el público a conocer lo que sucede dentro del aparato gubernamental, en cualquiera de sus niveles, y la seguridad del Estado.

Si bien es cierto que en el ejército la información es un factor que proporciona seguridad y es esencial para preservar la sorpresa tanto táctica como estratégica, la libertad de expresión y el derecho a la información son para la prensa los pilares más sólidos de la organización social.

La Ley Orgánica del Ejército y Fuerza Aérea Mexicanos remite a su capítulo 24 bis los deberes de la Dirección General de Comunicación Social, que integra en nueve apartados:

- Planear, formular, dirigir y coordinar la política de comunicación social y de relaciones públicas de la Secretaría de la Defensa Nacional.

- Establecer, mantener e incrementar las relaciones públicas con instituciones y representantes de los sectores público, social y privado y medios de comunicación.
- Canalizar las solicitudes de entrevistas, reportajes especiales e información solicitada por los medios de comunicación al alto mando.
- Coordinar las conferencias de prensa, visitas individuales o grupales de los medios de comunicación a instalaciones militares, reportajes especiales, entrevistas, transmisión de boletines de prensa y emisión de material informativo a los medios de comunicación.
- Realizar el análisis de información difundida en los medios de comunicación social.
- Gestionar la acreditación de los representantes de los medios de comunicación.
- Realizar reportajes, entrevistas y otros géneros periodísticos que contribuyan con la publicación y otros materiales informativos para cubrir las necesidades de comunicación de la Secretaría de la Defensa Nacional.
- Evaluar los efectos y resultados de los objetivos de los servicios de información, difusión y relaciones públicas proporcionados, a fin de mejorar la organización, sistemas y procedimientos empleados.
- Constituirse en el vocero oficial de la Secretaría de la Defensa Nacional.

Este último punto es letra muerta, pues, como ha quedado dicho, la Presidencia de la República es la que proporciona la información emanada del ejército.

Pero nada dice en sus reglamentos sobre la conveniencia de "educar" al periodista incluso hasta en el lenguaje militar, pasando por sus estructuras operativas, mandos territoriales, etcétera, que nada tienen de secreto de Estado.

Sin embargo, una de las políticas puestas en marcha por el ejército se basa en la conveniencia de que los mandos conozcan y manejen diversos aspectos relacionados con los medios de información, para obtener ventajas en beneficio de la institución militar; la comprensión y el respaldo de una ciudadanía informada son las bases de la confianza del pueblo en el ejército, o de lo contrario éste enfrentará problemas en el cumplimiento de sus misiones.

Esta política adquiere especial interés en las previsiones militares en cuanto a los casos de disturbios civiles, en cuyo *Manual de disturbios civiles* se considera de vital importancia proporcionar a la prensa "información actualizada y precisa" para que no confíe en la especulación de los rumores, "ocasionando noticias falsas o malintencionadas, pudiendo provocar con ello el descrédito hacia las autoridades gubernamentales y el repudio sobre la actuación de las fuerzas armadas".

Se apunta igualmente que, en un disturbio civil, la cooperación de la población es de valor inestimable para el comandante. Éste debe mantener un enlace con los representantes de la prensa, radio, televisión y otros servicios de información pública, proporcionando el máximo de información de acuerdo con las directrices del alto mando y la situación existente.

En el mencionado manual, elaborado por el Estado Mayor de la Secretaría de la Defensa Nacional, se pone especial énfasis en la responsabilidad del soldado respecto de los contactos con los representantes de la prensa. Dichos contactos deben ser claros, mientras que la tropa debe estar informada y tratar con cortesía y respeto a los periodistas.

Pero, al mismo tiempo, se advierte a la tropa no hacer comentarios relacionados con las operaciones a realizar o de las misiones de las unidades, añadiendo que: "Se debe tener cuidado de la astucia de algunos integrantes de la prensa para obtener comentarios o declaraciones por parte de la tropa, aun cuando les digan que sus comentarios serán fuera de lo oficial"; el clásico "off the record".

Y más esquemáticamente, al considerar que el comandante

tal vez quiera emplear, de manera directa o indirecta, los medios de información pública, se asevera que "la prensa se puede usar para todo tipo de información".

Cada 7 de junio se celebra el día de la libertad de expresión. Apenas hace unos cuantos años el secretario de la Defensa Nacional invitaba al grupo de periodistas que cubren la "fuente" militar a un desayuno o comida. En esas ocasiones el titular de dicha dependencia pronunciaba un breve aunque sólido discurso.

En el lenguaje militar comenzaron a aparecer teorías que marcaban la necesidad de establecer una corriente de comunicación entre el ejército y la sociedad, calificada como una responsabilidad compartida entre los militares y los periodistas. Se consideró entonces de mayor importancia dar a conocer el trabajo del soldado, de sus actos para con la población y su papel como garante de la defensa de la soberanía y de las instituciones nacionales.

También en el discurso militar ante la prensa se aseguraba que la libertad de expresión constituye un heraldo insospechable de la democracia en México; viene a ser un factor primordial de ella, fórmula eficaz para reafirmar el pluralismo ideológico de nuestra ciudadanía, y a la vez garantiza el derecho que tienen los mexicanos de ser receptores de información que enriquezca su conocimiento, coadyuvando así al desarrollo de la sociedad.

Cuando el secretario de la Defensa Nacional —siempre un general de división— se llega a reunir en privado con los diferentes niveles del periodismo (desde jefes de información hasta directores y dueños de periódicos), el discurso no suele cambiar gran cosa.

Una de las principales preocupaciones del ejército en cuanto a su relación con los medios de información y de la que no pierde oportunidad de expresar en reuniones públicas y privadas, es la de establecer un canal de comunicación entre las fuerzas armadas y la sociedad, con la finalidad única de que el pueblo conozca a sus soldados, sepa de sus medios, de sus misiones, de su institucionalidad, y los identifique con ellos.

Sin embargo, en la práctica la prensa nacional no encuentra una puerta abierta y franca hacia la información militar. Por ello, el periodista que pretende adentrarse y especializarse en ella, debe, antes que nad,a ganarse la confianza de los soldados, hacerles entender que no busca el escándalo ni la revelación de secretos de Estado. Quizá después de haberse ganado esa confianza se puedan escribir notas que provengan de "fuentes del ejército", o bien que echen mano del recurso de citar a la "inteligencia militar". A mediados de 2003, entró en vigor la Ley de Transparencia, que permite conocer la información más detallada de todas las dependencias del gobierno. Una de las secretarías que ha recibido mayor número de solicitudes es, precisamente, la de la Defensa Nacional.

El nombre de un general sólo aparece en el papel cuando se trata de un acto público, jamás de una declaración particular. Se ha llegado al extremo de ordenar a los mandos no entrar en contacto con los periodistas ni, mucho menos, recibirlos en sus oficinas.

Para que ambos poderes —el ejército y la prensa— puedan llegar a establecer ese vínculo tan necesario en el México del siglo XXI, es indispensable que el militar acepte que a donde vayan los soldados, ahí irán los periodistas, y mientras la prensa tenga un mejor conocimiento del mundo militar, más precisa será la información que difunda y, sobre todo, menos dañina para la imagen del instituto armado.

Ésta es, básicamente, la tarea más importante: mejorar la correlación entre medios de información y fuerzas armadas para terminar con la desconfianza mutua. Los militares no gustan de verse en el papel, pero la realidad es que no tienen por qué no estarlo. La sociedad tendrá una idea más clara de las misiones que realizan y los deberes que les corresponden si se habla con franqueza de ello, con lo cual se librarían al mismo tiempo de las imprecisiones que conlleva el no informar de manera adecuada.

Domiro

Sin duda, uno de los casos clásicos del conflicto existencial en que suele entrar el ejército en cuando a su relación con los medios de información, lo representó el general Domiro García Reyes.

En agosto de 1996, los periodistas Joaquín López-Dóriga y Jorge Fernández Menéndez publicaron un libro titulado *Domiro*.[3]

En sus páginas, el general Domiro García Reyes,[4] encargado en 1994 de la seguridad del candidato del PRI a la presidencia de la República, Luis Donaldo Colosio, revela, entre otras cosas, una grabación en la cual relata el acoso a que había sido sometido por parte del entonces procurador general de la república, el panista Antonio Lozano Gracia, y el fiscal especial Pablo Chapa Bezanilla desde aquel 23 de marzo de 1994, cuando Colosio cayó muerto a balazos en Lomas Taurinas, uno de los barrios más marginados de Tijuana, Baja California.

En la grabación se registra un encuentro de Domiro García Reyes con Lozano Gracia, ocurrido en mayo de 1995:

> Media hora después de la orden de presentación en la PGR, Lozano habló: me comenzó a comentar que, con respecto al caso Colosio, él había platicado con algunas personas que le habían dicho que el licenciado Colosio les había comentado que le habían exigido la renuncia y que no habían declarado ministerialmente, pero que estaban dispuestos a hacerlo, y me preguntó si yo sabía algo al respecto... Pero no, nunca lo supe, porque el licenciado Colosio era demasiado reservado para sus cosas.

El general García Reyes narró algunos pasajes de la campaña colosista y recordó que si bien Colosio tuvo un encuentro afectuoso con el gobernador de Chihuahua, Francisco Barrio, no fue así con Ernesto Ruffo, ya que no quiso que se hiciera un solo trámite para verlo. "Cuando le dije eso al señor procurador Lozano inmediatamente se molestó y me dijo: General, yo estoy enterado de que a usted el presidente Salinas le insinuó que había que eliminar al licenciado Colosio, que como no quería renunciar había que eliminarlo." Domiro se confiesa sorprendido y dice que negó el supuesto.

El primero de agosto, cuando comenzaba a circular el libro, la Procuraduría General de la República emitió un boletín de prensa en el que calificaba al general Domiro García Reyes de mentiroso y vicioso: "Es profundamente lamentable que un militar de su rango mienta de esa manera, como lo es también que falte al honor distorsionando el contenido de una conversación privada". Más adelante, el boletín en cuestión señala: "Acogiéndose a un vicio que está de moda entre determinados individuos [a los] que se les pide rendir cuentas de sus actos, el general Domiro García Reyes hace responsable a la PGR de lo que le suceda a su esposa, hijos, padres, hermanos o a cualquier miembro de su familia".

Apenas minutos después de haber llegado a las redacciones de los periódicos el boletín de la PGR, otro comunicado de prensa, éste emitido por la Secretaría de la Defensa Nacional, señalaba que "en relación con el intercambio de expresiones suscitadas a partir de la reciente aparición del libro titulado *Domiro*, la Secretaría de la Defensa Nacional manifiesta su interés en dejar claro que no ha autorizado al general García Reyes a hacer dichas declaraciones". Y para que no quedara duda de que las declaraciones públicas de los militares estaban vedadas, el boletín de referencia informaba que "a mayor abundamiento, y por considerar que el general García Reyes afectó la disciplina militar, se le impuso un correctivo disciplinario".

Para entonces, Domiro se encontraba en la plantilla de la Inspección General del Ejército y el "correctivo disciplinario" jamás llegó. Por el contrario, ese mismo día el secretario de la Defensa Nacional, Enrique Cervantes Aguirre lo designó jefe del Estado Mayor de la 32ª Zona Militar, en Valladolid, Yucatán. Después pasaría a ser comandante de la Guarnición Militar en Ojinaga, Chihuahua; más tarde de la de Matamoros, Tamaulipas, y finalmente de la de Manzanillo, Colima.

En el interior

Ante la descomposición de los "servicios de inteligencia" gubernamentales y el desordenado debate que se daba en torno a la política de seguridad nacional, que el gobierno de Vicente Fox intentaba poner en marcha, el alto mando militar de las fuerzas armadas ordenó una actualización de los responsables de la inteligencia militar en todo el país.

Del 11 al 15 de septiembre de 2000, doce coroneles, subjefes de las doce regiones militares, y 44 tenientes coroneles del mismo número de zonas militares, se reunieron en la sección segunda del Estado Mayor de la Secretaría de la Defensa Nacional, en el llamado "Taller de Inteligencia". Los temas principales a tratar fueron los relativos a la soberanía de la nación, el narcotráfico, la Operación Sellamiento, Chiapas y, desde luego, el arresto de los generales Mario Arturo Acosta Chaparro y Francisco Quirós Hermosillo.

La detención de ambos generales fue abordada por quienes dirigían el taller. El primer orador se refirió a ellos como "generales desleales y corruptos", lo que de entrada causó escozor entre los jefes encargados de la inteligencia y que, sin duda, conforman la nueva generación dentro de las fuerzas armadas, con otra mentalidad y diferentes propósitos y objetivos.

A pesar de que la secrecía militar es llevada al máximo nivel, algunos de los asistentes habrían de relatar posteriormente que, por primera vez, más de uno de ellos pidió que se les hablara con la verdad sobre el caso Acosta Chaparro-Quirós Hermosillo.

"¿Qué explicación podemos dar a las tropas que mandamos?", se preguntaban. "Es absurdo que a estas alturas los altos mandos quieran tapar el sol con un dedo y se nos diga que no pasa nada, cuando a diario vemos en las primeras planas de los periódicos noticias sobre militares corruptos y coludidos con los narcotraficantes."

La irritación de los encargados de la inteligencia militar en todo el país alcanzó niveles insospechados cuando se les prohibió leer los periódicos que llegan a la sección segunda, sobre todo aquellas ediciones de *Milenio* con los reportajes de Carlos Marín sobre los tres generales detenidos: Jesús Gutiérrez Rebollo, Francisco Quirós Hermosillo y Mario Arturo Acosta Chaparro.

Y es que si algo preocupa al ejército es el narcotráfico y su gran poder de absorción.

Precisamente ante el éxito de la Operación Sellamiento, sobre todo en el sureste, en el Taller de Inteligencia se puso en claro que los narcotraficantes han utilizado otras vías más sofisticadas, como los submarinos de los que ya había noticia.

Entre las rutas preferidas por el narcotráfico internacional está, desde luego, el sureste mexicano, principalmente la península de Yucatán. En este caso, revelaron los jefes participantes en el taller, los narcotraficantes, a diferencia de otros años, distraen a la policía y a los soldados soltando pequeños cargamentos, mientras por otra vía introducen los importantes.

Los buenos resultados de la Operación Sellamiento causaron un daño mayor. Como la droga que proviene sobre todo de Colombia ya no tiene la facilidad de antes para llegar al mercado estadunidense, se queda en México, lo que ha aumentado considerablemente el número de adictos entre la población.

Al abordar el tema de la soberanía, los jóvenes jefes exteriorizaron sus inquietudes sobre lo que ocurría en Yucatán y Chiapas y, desde luego, en este último caso, los planes de Vicente Fox respecto del conflicto en esa entidad, que prometió resolver en "quince minutos".

Los encargados de la inteligencia en las zonas militares de Yucatán advirtieron del riesgo de una fractura en la región ante el hecho de que el gobernador Víctor Cervera Pacheco promovía por decreto que tanto en las escuelas como en los actos públicos de gobierno se cantara primero el himno de Yucatán y después el himno nacional.

De la misma forma, revelaron que Cervera Pacheco promovía también el uso de la bandera de Yucatán, más que la nacional.

Y le tocó el turno a Chiapas y a Fox. El ejército mexicano, en todos sentidos, ha cargado con el gasto del conflicto del EZLN durante los últimos años. En un principio por haber sido desestimada la inteligencia militar, y después porque todas las organizaciones no gubernamentales y *derechohumanistas* se le echaron encima dentro y fuera del país. Con la llegada de Vicente Fox a la presidencia de la República, e incluso antes durante su campaña política, el conflicto chiapaneco cobró otra dimensión.

El alto mando militar ha mantenido siempre una "sana distancia" con la prensa. La tolera en las ceremonias castrenses tradicionales, pero con dificultad la acepta en sus instalaciones. Algo parecido sucedía con los miembros del poder legislativo. Apenas durante el gobierno de Vicente Fox, el secretario de la Defensa Nacional accedió a acudir al congreso —en comisiones— para informar sobre diversos temas. Anteriormente eran los legisladores los que solían integrar las comisiones de Defensa de ambas cámaras, los que acudían a la oficina del titular de la Defensa.

Meses después del estallido del conflicto armado en Chiapas, los legisladores de dicha comisión se reunieron con el entonces secretario de la Defensa Nacional, general Antonio Riviello Bazán. Las fuerzas armadas resentían las críticas que sobre su actuación en dicho conflicto lanzaban las organizaciones no gubernamentales y el Partido de la Revolución Democrática (PRD), principalmente.

El general Riviello, después de haber manifestado, de manera pública, que manos de fuera y dentro habían violentado el territorio chiapaneco, conminó a los miembros del EZLN a deponer las armas y constituirse en una fuerza política, en respuesta a las presiones legislativas que también se hacían sobre hacia las fuerzas armadas. Ni aquella postura ni el resultado de la consulta popular que así lo pedía hicieron cambiar de actitud a los ezetaelenistas.

Los legisladores volvieron, en octubre de 1995, a la Defensa

Nacional para abordar el tema de la participación de las tropas en el combate al narcotráfico. Pero la ocasión fue propicia para que el secretario de la Defensa Nacional, general Enrique Cervantes Aguirre, planteara con claridad la nueva relación que debía privar entre el ejército y el poder legislativo:

> Cada encuentro entre ustedes y esta dependencia del ejecutivo federal abre caminos, finca precedentes, consolida la democracia real, elimina barreras artificiales, desmorona tabúes, sirve al país. De eso se trata: de servir, de cambiar, de mejorar, de entendernos, de respetarnos recíprocamente, de ser útiles al país en esta etapa tan singular y compleja.

Consolidar la democracia real, eliminar barreras artificiales y desmoronar tabúes mueven a pensar en la preocupación que en la actualidad priva en las fuerzas armadas.

En el alto mando militar siempre se vio con disgusto la intromisión de algunos hombres astutos muy cercanos al presidente de la República, específicamente en el sexenio salinista, y que en su momento fueron los causantes de que la información de la inteligencia militar no llegase o fuera desdeñada por el primer mandatario.

Para la evaluación militar, sin embargo, apenas si representaban una "barrera artificial" entre el ejecutivo y el ejército, pese a que la influencia de estos hombres representa una barrera real y bastante riesgosa para la seguridad de la nación.

Otro punto de molestia y fricción fue el hecho de que al ejército siempre se le negó una política propia de comunicación social, de la cual se encargaba la Presidencia de la República.

Si la misión de las fuerzas armadas es servir al país, no hay razón para que se le margine de la tarea de consolidar la democracia, alentando tabúes que pretenden hacerlas parecer como una amenaza.

En el poder legislativo siempre ha habido militares que, con licencia o en situación de retiro, ocupan posiciones de dirección, como es el caso de las comisiones de Defensa de ambas cámaras. Cuando se pidió a la dirigencia del PRI la reincorporación del ejército como el cuarto sector, crecieron los tabúes y las voces en contra, como si los militares no fueran ciudadanos mexicanos, tanto o más preparados que muchos, y sobre todo más, mucho más, que aquellos legisladores que sólo se sientan en sus curules a levantar el dedo, o que aquellos políticos medrosos que confunden la lealtad con la sumisión.

Se trata de servir, les dijo el general Cervantes Aguirre a los legisladores que lo visitaron, y, sobre todo, de "respetarnos recíprocamente".

En el *papel*

A pesar de que a los militares "no nos gusta vernos en el papel", otros factores, más allá de lo ocurrido en Chiapas, llevaron al ejército a la permanente exposición ante la opinión pública.

El 18 de diciembre de 1998, surgió un grupo de militares uniformados, dirigido por el teniente coronel Hildegardo Bacilio, quien enarbolando la bandera nacional encabezó un "desfile" por la avenida Paseo de la Reforma del que se hizo llamar "Comando Patriótico de Concientización del Pueblo" (CPCP).

Ese mismo día el comando lanzó un "Manifiesto al pueblo de México", presentándose como

> un grupo de militares hastiados de las injusticias del ciudadano secretario de la Defensa Nacional, que a través de la obsoleta, absurda, corrupta, dolosa e ignorante Procuraduría de Justicia Militar, hemos sido sometidos a una represión brutal de nuestras garantías individuales que nos otorga la Constitución Política de los Estados Unidos Mexicanos, y que justificándose en la disciplina militar, nos ha dejado en total indefensión, pues cualquier falta leve administrativa la convierten en un delito que conlleva a un proceso judicial aplicando leyes obsoletas que datan de más de 70 años, dando lugar a que seamos privados automáticamente de nuestros derechos jerár-

quicos, económicos, de antigüedad laboral, conduciéndonos a una pobreza extrema, que lleva a la desintegración familiar, manifestada por divorcios, prostitución (de esposas e hijas), abandono de escuela por parte de nuestros hijos para trabajar y sostener el gasto familiar, y que éstos sean presa fácil de los vicios propios de la calle.

El grotesco desfile de los *concientizadores populares* fue motivo de una nueva y agria disputa en la cámara de diputados, al conocerse que el Partido de la Revolución Democrática había hecho suya la postura del CPCP, llegándose a afirmar que la entonces senadora perredista Amalia García había aportado los 100,000 pesos de fianza que le fijó un juez al insurrecto médico militar Hildegardo Bacilio para otorgarle la suspensión provisional contra cualquier orden de captura girada en su contra por la Procuraduría de Justicia Militar. Desde luego, Amalia García negó la especie. Sin embargo, el 23 de diciembre de 1998, la senadora declaró a la prensa que "el apoyo que brindaron a los militares durante su manifestación fue como representantes populares" y no de un partido, ya que en ese momento "los únicos senadores que nos encontrábamos trabajando en el edificio de la torre del Caballito éramos el senador Juan José Quirinos y yo".

Dos días antes, la Secretaría de la Defensa Nacional ya anunciaba, oficialmente, que "un grupo de muy destacados militares en servicio y en situación de retiro" había dirigido un escrito al titular de esa dependencia:

> Con el debido respeto, los abajo firmantes nos permitimos solicitar a usted, ser el digno conducto para hacer del conocimiento del ciudadano presidente de la República y comandante supremo de las fuerzas armadas, y del pueblo de México, por los medios que considere procedentes, que reprobamos en forma absoluta la indebida conducta en que han incurrido los integrantes del grupo de militares procesados que participaron en la manifestación pública el día 18 del actual, incu-

rriendo en delitos contra la disciplina militar; e igualmente que estamos en absoluto desacuerdo con los pronunciamientos y peticiones planteados, por ser violatorios de la Constitución Política de los Estados Unidos Mexicanos.

Los militares se forman y actúan bajo los valores del deber, como el conjunto de las obligaciones que les impone su situación dentro de las fuerzas armadas: la subordinación, la obediencia, el valor, la lealtad y la abnegación, que son diversos aspectos bajo los cuales se presenta de ordinario el cumplimiento del deber, el cual fue a menudo áspero y difícil y muchas veces exige penosos sacrificios; pero es el único camino asequible para el militar que tiene conciencia de su dignidad y de la importancia de la misión que la patria le ha conferido. El militar encuentra en su propio honor el estímulo necesario para cumplirlo con exceso.

De ahí que la disciplina sea la norma a la que los militares deben sujetar su conducta; tiene como bases: la obediencia y un alto concepto del honor, de la justicia y de la moral, y por objeto, el fiel y exacto cumplimiento de los deberes que marcan las leyes y reglamentos militares. El servicio de las armas exige al militar llevar el cumplimiento del deber hasta el sacrificio, anteponiendo a su interés personal la soberanía de la nación, la lealtad a las instituciones y el honor de las fuerzas armadas. Recordamos y tenemos presente que hace muchos años participamos en una ceremonia que nos marcó de por vida, cuando en nuestras escuelas de formación, frente a la enseña patria, juramos fidelidad a la bandera y en ese momento nuestro corazón quedó grabado con una sola palabra: "México". Nuestra vida la marca este hecho importante y seguramente nuestro último aliento será para reafirmar y reiterar nuestra subordinación, lealtad y respeto al pueblo de México, a la Constitución Política de los Estados Unidos Mexicanos, al comandante supremo de nuestras fuerzas armadas y al alto mando del ejército y fuerza aérea mexicanos.

Los "abajo firmantes" fueron los exsecretarios de la Defensa Nacional Juan Arévalo Gardoqui (1982-1988) y Antonio Riviello Bazán (1988-1994); los generales de división Alfredo Hernández Pimentel, inspector y contralor del Ejército y Fuerza Aérea; Rodolfo Reta Trigos, director de Fábricas; Juan Manuel Wonchee Montaño, comandante de la Región Aérea del Centro; Luis Ángel Fuentes Álvarez, comandante del I Cuerpo de Ejército; Manuel Orozco Pimentel, director general del ISSFAM; Ricardo Andriano Morales, director general de Archivo e Historia; y los generales de división retirados Marco A. Guerrero Mendoza, subsecretario de la SEDENA (1982-1988); Arturo Corona Mendioroz, oficial mayor (1970-1977); Alonso Aguirre Ramos, director de la Escuela Superior de Guerra (1973-1975); Jorge Rico Schroeder, procurador de Justicia Militar (1966-1968); Carlos Mendivil Cabrera, comandante del Escuadrón Aéreo Militar número 1; y Leobardo Carlos Ruiz Pérez, director general de Sanidad Militar (1988-1994). Ningún comandante de región, zona y guarnición militar, ni otros mandos territoriales y administrativos, firmaron la carta.

De esta manera, los militares, que no gustan de "verse en el papel", le entraban de lleno al debate y respondían a los planteamientos de los *concientizadores populares* que en su manifiesto invitaban a los "generales mexicanos" a ponerse del lado de las "causas nobles y del pueblo mexicano, origen de nuestro ejército, para luchar por sus derechos que les otorga su nacionalidad mexicana, sus derechos a una vida digna, a justicia social y el irrestricto respeto a sus derechos humanos".

El manifiesto pregonaba, además, que

> están dadas las condiciones para que todos los generales en activo realicen una junta de generales para elegir un nuevo secretario de la Defensa Nacional de entre todos los generales de división que se encuentren en activo, procurando elegir democráticamente, para secretario, a un general con ascendencia sobre generales, jefes, oficiales y tropa, con un perfil ético-profesional, adecuado para defender al instituto armado.

Los conminaba también a convencerse de que los cambios que necesita el ejército deben gestarse desde su interior, "y no esperar, porque sería vergonzante, que el cambio que necesita el ejército se originara de los civiles que desconocen nuestra problemática".

El presidente Ernesto Zedillo le daría un espaldarazo al ejército en este asunto al declarar, el 19 de febrero de 1999, con motivo del día del ejército, que "compartimos la pena que causan aquellos individuos que ofenden a la institución que generosamente los formó, convirtiéndose en *bufones* para alimentar sensacionalismo de moda".

Uno a uno los miembros del CPCP —algunos oficiales y la mayoría individuos de tropa— se desdijeron de sus acciones, por lo que la justicia militar los exoneró de todo cargo, no así al teniente coronel Hildegardo Bacilio, quien fue recluido en la prisión militar de Mazatlán, Sinaloa. No habría de pasar mucho tiempo después de su toma de posesión para que Vicente Fox, en forma discrecional y, de hecho, sin que la sociedad se enterara, decretara la libertad incondicional de Hildegardo Bacilio.

Fox actuaría casi de la misma forma en el caso del general Francisco Gallardo, acusado de malversación de fondos, daño a propiedad del ejército y otros delitos, que lo mantuvieron en prisión durante ocho años. Gallardo sostuvo siempre que el ejército le persiguió después de haber propuesto la creación de un ombudsman militar. Las presiones de organizaciones no gubernamentales y de la Comisión Interamericana de Derechos Humanos (CIDH) obligaron a Fox a manipular el proceso para que Gallardo quedara en libertad, condición que aprovechó para colarse como "asesor" del PRD.

Rebollo, Quirós, Acosta

Sin lugar a dudas, los casos más representativos de que los militares están en el *papel* muy a su pesar, lo representan las detenciones de generales que, en su momento, tuvieron responsabilidades de alto grado en esa perniciosa mancuerna cívico-militar en materia de narcotráfico y seguridad.

En 1997, el general de división Jesús Gutiérrez Rebollo estaba al frente de la V Región Militar con sede en Jalisco, estado que se había caracterizado por una fuerte actividad de los cárteles nacionales e internacionales de la droga.

Bajo su mando, fuerzas militares detuvieron a narcotraficantes de la talla de Eduardo Salazar Carrillo, quien había sido subdelegado de la Policía Judicial Federal en Zapopan; Héctor Luis Salazar, el famoso Güero Palma; Jorge Iván Taborda Maya; Fausto Soto Miller, implicado en los asesinatos del doctor Ernesto Ibarra Santés, de dos agentes de la Policía Judicial Federal y de un taxista, homicidios ocurridos en la ciudad de México.

Su trayectoria militar de 42 años "le permitió al general Gutiérrez Rebollo obtener la más alta jerarquía militar, y [lograr] notables éxitos en la lucha contra el narcotráfico", según palabras del entonces secretario de la Defensa Nacional, general Enrique Cervantes Aguirre, la noche en que anunció con bombo y platillo la detención de su amigo Rebollo, que él mismo recomendó al presidente para nombrarlo comisionado del Instituto Nacional para el Combate a las Drogas (INCD), ya desaparecido.

Antes del anuncio oficial, Cervantes Aguirre había convocado a todos los altos mandos del ejército para comunicarles lo que iba a hacer, pidiéndoles su opinión al respecto, incluso por escrito. Si bien entre los altos mandos había indignación y coraje por los presuntos nexos de Gutiérrez Rebollo con el cártel de Amado Carrillo, el enigmático Señor de los Cielos, también persistía la incertidumbre.

El arresto, destitución y consignación de Gutiérrez Rebollo, además de golpear —que lo hizo— a las fuerzas armadas, vino a poner nuevamente al descubierto los grandes intereses económicos y políticos que se desprenden de la nefasta actividad del narcotráfico.

La participación del ejército mexicano en el combate directo al tráfico de drogas siempre ha enfrentado la contaminación de sus hombres, la cual también se manifiesta en cuerpos policiacos como la propia Procuraduría General de la República y su corrupta policía judicial, aunque, por supuesto, hay muy contadas y honrosas excepciones.

Uno de los ejemplos más claros de la desigualdad, por lo menos en cuanto a mañas y trampas se refiere, lo constituye el caso de Tlalixcoyan, Veracruz, donde soldados y judiciales se enfrentaron a balazos tras la llegada de un avión cargado de droga. La PGR, en aquel entonces (1992) a cargo de Ignacio Morales Lechuga, acusó al ejército de haber asesinado a los judiciales, dándoles incluso el tiro de gracia.

El conflicto se "solucionó" mediante una decisión salomónica: fue consignado el general Alfredo Morán Acevedo, comandante de la zona militar (ahora ya retirado), y destituido el subprocurador Federico Ponce Rojas.

Horacio Montenegro, excolaborador de Gutiérrez Rebollo, declaró, estando preso en el penal de Almoloya, que Salazar Carrillo entregaba el dinero a Adrián Carrera, director de esa corporación, quien, a su vez, lo daba al exprocurador Mario Ruiz Massieu. Salazar Carrillo fue remitido por el ejército a la PGR, pero pronto quedó en libertad.

El caso del general Gutiérrez Rebollo traspasó las fronteras y hasta el presidente William Clinton puso en la balanza la decantada certificación a la lucha de México contra las drogas. También desde Washington se advirtió del "peligro" que representaba Gutiérrez Rebollo por la supuesta "información privilegiada" que le habían proporcionado las agencias estadunidenses, como la DEA.

El presidente Clinton, al enterarse de la detención del comisionado del INCD, dijo a la prensa de su país que:

> el pueblo de Estados Unidos debería tener dos reacciones: en primer lugar, el hecho de que ésta es una revelación muy seria y profundamente preocupante; en segundo lugar, el hecho de que deberíamos sentirnos alentados por la determinación

del presidente Zedillo, puesto que su gobierno ha tomado esta acción y la ha hecho pública. Y ellos están obviamente diciéndole al mundo y al pueblo de México: "No habremos de tolerar la corrupción si la podemos encontrar y erradicar, incluso si ésta se da al más alto nivel". Entonces, estoy preocupado por ello, pero también estoy animado por la fuerte acción que ha tomado el presidente Zedillo.

Asimismo, el caso Gutiérrez Rebollo llevó al gobierno estadunidense a aplazar de manera unilateral, y por tiempo indefinido, la conferencia que debería celebrarse el 21 de febrero y durante la cual los principales jefes de las agencias antidrogas de México y Estados Unidos darían a conocer un documento conocido entonces como "Diagnóstico compartido".

Este documento, de 150 páginas, tenía la intención de convencer a los sectores más "recalcitrantes" de Estados Unidos de que México merecía ser *certificado* en su lucha antinarcóticos. La conferencia habría de celebrarse simultáneamente en Los Pinos, con la asistencia del procurador Jorge Madrazo Cuéllar y del embajador James Jones, en tanto que en Washington haría lo mismo el zar antidrogas Barry McCaffrey, un general retirado.

El "Diagnóstico compartido" daba cuenta de la demanda de estupefacientes en aquel país, las ganancias que genera su producción y tráfico, la corrupción y el poder desarrollado por los cárteles de la droga. También abordaba los temas de tráfico de armas, precursores químicos y *lavado* de dinero.

Un día antes de la frustrada conferencia, la procuradora estadunidense Janet Reno declaró estar "muy desilusionada por lo que ha sucedido, pero estoy impresionada por el hecho de que el gobierno de México haya respondido rápidamente e indicado de manera tan contundente que no iba a tolerar la corrupción".

Ernesto Zedillo fue más candoroso. Durante una entrevista en un programa televisivo de variedades (*Un Nuevo Día*, conducido por

Rebecca de Alba y César Costa), el presidente, tras calificar el caso de Gutiérrez Rebollo como "algo terrible para el país", confesó estar "muy apenado con la gente por haber nombrado a esta persona".

Zedillo, de hecho, juzgó y sentenció en público al general.

> Espero que todo el peso de la ley, lo máximo que está estipulado en la ley como penalidad por estos presuntos delitos, caiga sobre esas personas. Fue una decepción terrible para mí, como presidente, el que una persona en la que yo deposité la confianza, a propuesta de otras personas, sí muy honorables, para encabezar la lucha contra el narcotráfico, y que apenas dos meses después de ese nombramiento resulte que hay sospecha fundada de que esta persona puede esta involucrada con narcotraficantes.

En ningún momento de la entrevista el presidente se refirió al general por su nombre.

Desde luego, hasta los grupos guerrilleros le entraron al asunto. En un comunicado emitido el 26 de febrero de 1997, el Ejército Popular Revolucionario (EPR) decía que:

> el caso Gutiérrez Rebollo prueba la conexión entre gobierno y narcotráfico como proceso activado por el capital financiero, no sólo en nuestro país sino en todo el mundo. La administración zedillista intenta ocultar este hecho y presentarlo como un caso aislado en la vida política nacional. ¡Nada más absurdo! La destitución del general Gutiérrez Rebollo del INCD golpeó como nunca antes la imagen de las fuerzas armadas. No obstante, esta medida constituye el mal menor por el que optó Zedillo bajo presión del proceso de *certificación* instrumentado por el gobierno estadunidense. La mayor incorporación de las fuerzas armadas al supuesto combate contra el narcotráfico, sólo anuncia que casos como el de Gutiérrez Rebollo seguirán repitiéndose y de nada servirá cortar unas cuantas cabezas, cuando el poder del narcotráfico se reprodu-

ce cual Medusa al interior de dichas fuerzas armadas, del gobierno y de la oligarquía nacional.

El delator del general

El 6 de febrero de 1997 fue un día muy agitado para el alto mando militar. Todo empezó a las nueve y media de la mañana, cuando entró una llamada telefónica a la jefatura del Estado Mayor de la Secretaría de la Defensa Nacional.

Era una voz masculina aparentemente joven y, al parecer, desde un teléfono público, considerando ruidos normales de la vía pública, manifestando lo siguiente:

"Quiero informarles que el general Jesús Gutiérrez Rebollo vive actualmente en un departamento lujoso donde estuvo viviendo el reconocido narcotraficante Amado Carrillo... que es el dueño del departamento... está por la calle Sierra Chalchihui 215, interior 2-A, colonia Lomas de Chapultepec... en la Miguel Hidalgo..."

Eso fue todo.

Al ser informado, el secretario de la Defensa Nacional, general Enrique Cervantes Aguirre, giró el oficio 1222 al procurador de Justicia Militar, general brigadier y licenciado Rafael Macedo de la Concha (procurador general de la república en el gobierno de Vicente Fox), indicándole que "el general de división DEM JESÚS GUTIÉRREZ REBOLLO se desempeña como comisionado del INCD y podría tratarse de la misma persona que se menciona en la llamada telefónica".

A su vez, el procurador ordenó al jefe de la Policía Judicial Federal Militar que realizara una "exhaustiva investigación".

Ese mismo día, el general Cervantes Aguirre mandó llamar a su despacho al general Gutiérrez Rebollo. "El general Gutiérrez Rebollo se mostró preocupado y turbado; dio contestaciones confusas y presentó síntomas de importante alteración física, por lo que le sugerí que se dirigiera al Hospital Central Militar para su atención; los médicos dispusieron su inmediata hospitalización", diría Cervantes Aguirre en aquel anuncio del 18 de febrero. Tras la entrevista entre ambos generales, Gutiérrez Rebollo fue internado en el hospital, a las 01:15 horas del día 7 de febrero, y permaneció ahí hasta el día 17, en que fue dado de alta por "mejoría".

El 14 de febrero, Juan Moreno Rico Gámez, jefe de la Policía Judicial Militar, rindió un informe que precipitó la caída de Gutiérrez Rebollo, basado en declaraciones hechas únicamente ante policías militares por Juan Galván Lara, Horacio Montenegro Ortiz y el propio Gutiérrez Rebollo, desde su cama en el Hospital Central Militar. Hasta ese día, nadie en la PGR tenía la menor idea de que los militares investigaban al todavía comisionado del INCD.

Fue hasta la mañana del 15 de febrero, 72 horas antes del dramático anuncio de Cervantes Aguirre, cuando el procurador militar Rafael Macedo de la Concha, mediante el oficio AP-XII-794, envió un desglose de la averiguación al procurador general de la república, Jorge Madrazo Cuéllar, para que tomara las "medidas conducentes". Sin embargo, a la hora de hacer comparecer al general, los ministerios públicos se confundieron. Según consta en el expediente clínico, Gutiérrez Rebollo fue dado de alta a las 22 horas del lunes 17, aunque no llegó muy lejos. A las 03:05 del 18, se presentaron en el Campo Militar el subprocurador de Coordinación General y Desarrollo de la PGR, José Luis Ramos Rivera, y el coordinador general de Investigación de esa dependencia, Ismael Eslava, quienes terminaron de tomar la declaración ministerial a las 05:30 y, en cuestión de horas, armaron el pliego de la consignación, que ese mismo día entregaron a la juez cuarta de distrito en materia penal para obtener la orden de aprehensión. A las 08:00 horas llegó al hospital el Ministerio Público Militar, confiado en obtener la declaración de Gutiérrez Rebollo para la averiguación del fuero respectivo, pero ya era demasiado tarde: los médicos le informaron que el paciente se había ido, aunque no le dijeron a dónde ni con quién.

Sería hasta el 29 de abril cuando, ante el juez sexto militar adscrito a la I Región Militar con sede en el Distrito Federal (expediente 226/97), Gutiérrez Rebollo pidió la intervención de un grupo de peritos médicos que

> servirá para demostrar las lesiones y los daños de que fui objeto al ser detenido en el Hospital Central Militar y que fui sometido, sin necesidad alguna, a tratamientos médicos, y se me administraron fármacos y químicos, así como realizaron cirugías, que no sólo me alteraron, lesionaron y dañaron, sino que también pusieron en peligro mi vida.

En esta misma declaración, Gutiérrez Rebollo denuncia que jamás se solicitó autorización por escrito a un familiar cercano, requisito indispensable en casos de tratamiento médico y administración de medicamentos o cirugías (ocasionados por cualquier tipo de enfermedad) cuando se encuentre o ponga en peligro la vida del paciente y éste no pueda, por su estado, proporcionar por escrito dicha autorización.

Confusiones

Pero las confusiones comenzaron a aflorar. En tanto que en los oficios internos de la Secretaría de la Defensa Nacional aparece la fecha del 6 de febrero como el día en que se recibió la llamada anónima, los documentos elaborados por la Procuraduría General de Justicia Militar señalan el 5 de febrero, según consta en el inicio de la averiguación previa SC/02/97/XII-E, así como en el informe rendido por la Policía Judicial Militar el 14 de febrero.

Esa "exhaustiva investigación", que llevó ocho días, reveló que el delator de Gutiérrez Rebollo fue su propio chofer, el subteniente conductor Juan Galván Lara, de 33 años de edad, apenas con la primaria terminada, que vivía en unión libre y llevaba catorce años de servicio en el ejército.

327

En ninguna de las más de mil fojas del expediente del proceso militar que se le sigue al general Jesús Gutiérrez Rebollo se da versión clara de cómo fue que la Policía Judicial Militar determinó que el subteniente Galván Lara fue quien hizo la llamada anónima a la jefatura del Estado Mayor. Lo que sí queda abrumadoramente documentado es la forma en que Galván Lara soltó la lengua para enterrar en vida a su excomandante.

De los 17 testigos que comparecieron sobre el caso, bajo el beneficio que otorga el artículo 35 de la Ley Federal contra la Delincuencia Organizada —"Cuando exista una averiguación previa en la que el colaborador esté implicado y éste aporte indicios para la consignación de otros miembros de la delincuencia organizada, la pena que le correspondería por los delitos por él cometidos podrá ser reducida en dos terceras partes"—, Galván Lara luce como el más idóneo para vestirse de delator.

En su declaración ante el Ministerio Público Militar habla con grandilocuencia de cómo conoció a Amado Carrillo y de las veces que se comunicó con él, incluso hasta Rusia —"me iba a mandar unas gorritas de las de allá"—, sin dejar de contar ni un solo episodio de la vida íntima de Gutiérrez Rebollo.

Las *pruebas*

El 22 de febrero, la Procuraduría General de la República presentó a la prensa las *pruebas* que relacionaban al general Gutiérrez Rebollo con el cártel de Amado Carrillo: una serie de fotografías a color del departamento, supuestamente propiedad del Señor de los Cielos, donde vivía Gutiérrez Rebollo. Se trataba de un departamento de lujo en el cual los agentes de la PGR encontraron 10,000 dólares sobre una mesa de billar y un barrilito de tequila con el nombre grabado de Amado Carrillo.

Las acusaciones por narcotráfico nacieron débiles. Se le fincaron entonces delitos por acopio de armas, abuso de autoridad —del cual fue exonerado el 6 de septiembre de 1997— y ejercicio indebido del servicio público.

Pero la Secretaría de la Defensa Nacional volvió a la carga con una investigación fiscal realizada por la Inspección y Contraloría del Ejército y Fuerza Aérea. El 22 de septiembre de 1997, el resultado de la investigación fue la "disparidad" entre los haberes y emolumentos que obtuvo durante su gestión como comandante de la 15ª Zona Militar y V Región Militar entre 1989 y 1996. Dicha disparidad era del orden de 24'375,515 pesos, puesto que sus haberes y emolumentos en ese periodo ascendieron a 1'673,626 pesos y las cuentas bancarias detectadas y bienes asegurados sumaban 26'049,143 pesos.

Se defiende

Desde el penal de alta seguridad de Almoloya de Juárez, el general Gutiérrez Rebollo reviró a sus acusadores. Declaró que entre julio de 1996 y enero de 1977, el segundo de Amado Carrillo, Eduardo González Quirarte, se había reunido por lo menos en tres ocasiones en las instalaciones de la Secretaría de la Defensa Nacional con altos jefes militares, señalando específicamente al general Cervantes Aguirre.

Según Gutiérrez Rebollo, el primero de estos tres encuentros se efectuó durante la aprehensión de los hermanos Lupercio Serratos, en julio de 1996. El segundo fue durante una supuesta visita que González Quirarte hizo a la sala de juntas de la oficina del jefe del Estado Mayor de esa dependencia, general Juan Heriberto Salinas Altés, quien lo recibió junto con otros seis generales. En dicha reunión, según las declaraciones de Gutiérrez Rebollo ante Humberto Venancio Pineda, juez primero de distrito, González Quirarte habló de un supuesto arreglo con "licenciados" de la Presidencia de la República para que no se obstaculizaran las actividades de Amado Carrillo. Uno de los puntos del "acuerdo" consistía en que los policías del INCD no actuaran en contra del capo, a cambio de 60 millones de dólares. El tercer encuentro habría de realizarse en enero de 1997, también en la Secretaría de la Defensa Nacional, en la cual González Quirarte entregaría información importante sobre la forma en que se estaba organizando el narcotráfico a nivel internacional.

Pero las acusaciones de Gutiérrez Rebollo no fueron tan graves como la duda que se sembró sobre la integridad de los altos mandos militares, la cual fue bien aprovechada por todos aquellos que, desde siempre, batallaron por sentar a las fuerzas armadas en el banquillo de los acusados, ya sea por el caso del narcotráfico como por su presencia en el mando de las distintas corporaciones policiacas del país.

Desde luego, el también general y procurador de Justicia Militar, Rafael Macedo de la Concha, salió en defensa de su jefe Cervantes Aguirre. El 26 de agosto de 1997, Macedo calificó las acusaciones de Gutiérrez Rebollo "como una práctica defensiva que se aparta de la verdad jurídica" y lo retó a que presentara pruebas de su dicho, según lo expresó ante la prensa después de salir de la cuarta audiencia del proceso militar contra Gutiérrez Rebollo. En esta ocasión, el militar inculpado se limitó a decir que la presencia de Macedo de la Concha se debió a "órdenes del secretario de la Defensa Nacional y que en este caso es la persona más interesada en que se me juzgue".

Hasta antes de la exposición pública de las actividades presuntamente delictivas del general Gutiérrez Rebollo, en todos los sectores de la sociedad y, sobre todo, en el primer círculo del poder, era más que manifiesta la especie de que el gobierno del presidente Ernesto Zedillo no contaba con más apoyos que los que le brindaban institucionalmente las fuerzas armadas. La detención del general fue un duro golpe para el orgullo, honor y lealtad del ejército. Hubo, desde entonces, jefes militares que expresaban, en privado, su desacuerdo por la forma en que se ventiló el asunto.

Así se inició el plan para restarle fuerza a la idea de que el ejército era el único apoyo con que contaba el presidente Zedillo, pues no faltó quien le dijera que su imagen de presidente democratizador se vería empañada con dicha idea.

La inquietud e irritación hacia el interior de las fuerzas armadas creció ante el hecho de que el entonces procurador general de la república, Jorge Madrazo Cuéllar, crítico contumaz de las fuerzas armadas —recuérdese su exigencia sobre el entonces secretario de la Defensa, Antonio Riviello, para que permitiera que los "comandantes" del EZLN pasaran revista a las tropas del ejército mexicano en Chiapas—, dijera en la cámara de senadores que Gutiérrez Rebollo "es un traidor a su uniforme, un traidor a su institución y un traidor a México".

Madrazo Cuéllar se atrevió a convertirse en juez y parte y advirtió que se investigarían "todos los chismes, las filtraciones y los comentarios de Gutiérrez Rebollo".

El caso de Gutiérrez Rebollo habría de llegar a la Suprema Corte de Justicia de la Nación (SCJN), donde se decidió que el juicio en su contra se ventilara bajo el fuero civil federal. En éste, el general de tres estrellas fue declarado culpable de los cargos que se le imputaban, y se le fijó una pena de 40 años de cárcel.

"Está usted detenido"

–General Quirós, tenemos órdenes de aprehenderlo.

Eran las 17:30 horas del 31 de agosto de 2000, cuando cinco vehículos sin insignia alguna llegaron hasta el número 54 de la calle Bosques de Yuriria, en Bosques de la Herradura, municipio de Huixquilucan, Estado de México.

Quince agentes, todos ellos ostensiblemente armados, bajaron de los vehículos ante el azoro de los vecinos.

El general Francisco Quirós Hermosillo llegaba a su domicilio acompañado de su chofer, el subteniente Filemón Jiménez Molina. Tres de los agentes vestidos de civil apartaron de inmediato al subteniente y subieron al general a una camioneta Van.

Formando un ordenado convoy, se dirigieron al Campo Militar número 1.

Ya en las oficinas de la Policía Judicial Federal Militar (PJFM), me recibió un coronel Aguilera, quien me indicó que tomara asiento y que iba a pedir instrucciones. Se dirigió de cualquier manera a su escritorio e inició una conversación telefónica, la cual no alcancé a escuchar. Una vez que colgó el auricular se dirigió a mí y me indicó que tenía instrucciones de llevarme a la Prisión Militar, en donde me recibieron y ficharon alrededor de las 18:30 horas. Allí me encontré con mi coacusado, el general Mario Arturo Acosta Chaparro.

Esto es parte del relato que hizo, por escrito, el general Francisco Quirós Hermosillo en un voluminoso y detallado expediente que se titula "Conforme a derecho. Crónica de un proceso singular". El general Mario Arturo Acosta Chaparro haría lo propio en un documento titulado "Crónica castrense de un infundio".

Graduado en el Heroico Colegio Militar como subteniente de Artillería, el primero de enero de 1964, Quirós Hermosillo recorrió todo el escalafón militar hasta alcanzar el grado de general de división el 16 de noviembre de 1982.

Entre los cargos y comisiones que desempeñó a lo largo de su carrera están los de comandante de zonas y regiones militares, ayudante del general Marcelino García Barragán —cuando éste fue secretario de la Defensa Nacional— y catedrático del Heroico Colegio Militar, entre otros.

En su expediente sobresalen el haber sido comandante de la Brigada de Policía Militar (1978-1979) y su participación en un seminario sobre seguridad impartido en Tel Aviv por el Mossad, la mejor agencia de inteligencia del mundo, en abril de 1979, y en otro similar a cargo de la Agencia Central de Inteligencia de Corea del Sur en octubre-noviembre del mismo año.

La vigilancia y la aprehensión

Después de varios días de "estricta vigilancia física" en torno al domicilio de Quirós Hermosillo, establecida por el capitán Carlos Alberto Rivera Medeles, agente de la PJFM, en cumplimiento de las órdenes del entonces procurador de Justicia Militar, general Rafael Macedo de la Concha, actual procurador general de la república, el juez segundo militar Rogelio Rodríguez Correa, un licenciado habilitado con el grado de coronel, giró órdenes de cateo y aprehensión.

Según el relato de Quirós Hermosillo, ni él ni sus defensores pudieron obtener copia de ninguna de las dos órdenes. La de aprehensión no aparecía en autos.

En ese frenético 31 de agosto, el capitán Rivera Medeles entera por oficio al procurador Macedo de la Concha

que fui comisionado por el jefe de la Policía Judicial Federal Militar para dar cumplimiento a la mencionada orden de aprehensión, por lo que desde el día de ayer se estableció vigilancia física en las inmediaciones del inmueble [da la dirección] en donde tiene su domicilio particular el general Quirós Hermosillo, del cual se tiene conocimiento que se encuentra en el interior, sin embargo, hasta el momento [...] por lo que no se ha podido dar cumplimiento a la orden de aprehensión; lo que informo a usted para lo que a bien tenga determinar.

Habla Quirós Hermosillo:

A las 16:30 horas el juez segundo militar, el coronel habilitado, y cinco personas más [entre ellos] una secretaria de acuerdos, un agente del Ministerio Público Militar, un controlador de vuelos de la PJFM, un policía militar [entre los que en forma por demás insólita no figuraba el capitán Rivera Medeles, portador de la orden de aprehensión], tocan el timbre (por fin) de mi domicilio. Sale el subteniente Jiménez Molina, quien se identifica y manifiesta estar comisionado como chofer, le preguntan por mí (?) y él les indica que no me encuentro, que yo le había indicado regresaría alrededor de las 16:00 horas.

El cateo se llevó a cabo "con resultados negativos" después de abrir todas las puertas de las habitaciones, utilizando incluso una "mica", y el juez redacta la ejecución del mismo en forma manuscrita.

Todo este magno y complejo operativo hubiera sido innecesario si el capitán Rivera Medeles comisionado para dar cumplimiento a la orden de aprehensión desde el día 30 de agosto con el conocimiento de que yo me encontraba en el interior de mi domicilio, en lugar de establecer una vigilancia, debió recurrir mi presencia haciéndose presente en mi domicilio, reiterando nuevamente que yo no me encontraba en situación de prófugo de la justicia ni tampoco en ningún momento opuse resistencia a la orden de aprehensión, por lo que en una actitud por demás vejatoria en razón a mis antecedentes y jerarquía se me dio el trato que se da a un vulgar delincuente: ¿por qué esta actitud contra mi persona?

En su "Crónica de un proceso singular", el general Quirós Hermosillo cuestiona reiteradamente el procedimiento judicial y, sobre todo, el hecho de que las acusaciones giran alrededor de declaraciones de cuatro personas, "testigos protegidos", a quienes no sólo descalifica por sus manifiestos antecedentes penales, sino por las contradicciones en las que cayeron durante los interrogatorios.

El anuncio

La noche de ese 31 de agosto se convocó a una urgente conferencia de prensa en la Secretaría de la Defensa Nacional.

Todos los medios de información, nacionales y extranjeros, escucharon al procurador general de Justicia Militar, Rafael Macedo de la Concha, acompañado por el procurador general de la república, Jorge Madrazo Cuéllar, anunciar la detención de ambos militares, imputándoles "ilícitos contra la salud en su modalidad de colaboración de cualquier manera al fomento del tráfico de narcóticos y asociación delictuosa", y además el delito de cohecho por parte del general Quirós Hermosillo.

Éste lo relata del siguiente modo:

El 31 de agosto de 2000, a las 6:30 p.m., el alto mando del ejército mexicano, con autorización del ciudadano presidente de la República, convocó a todos los medios de comunicación para anunciar, por voz del general de brigada SJM y licenciado Rafael Macedo de la Concha, acompañado del procurador general de la república, Jorge Madrazo Cuéllar, el hecho de que después de arduas investigaciones se encontraban detenidos como presuntos responsables de delitos contra la salud, en su modalidad de colaboración, los generales Francisco Quirós Hermosillo y Mario Arturo Acosta Chaparro. También manifestó que continuarían las investigaciones y detenciones, pues se tenía conocimiento de que se encontraban involucradas en los ilícitos tanto civiles como militares.

Dicha conferencia de prensa tuvo como escenografía el magno salón de recepciones de la Secretaría de la Defensa Nacional, y en un clima de franco repudio hacia los generales, los cuales "habían deshonrado el uniforme que portaban y por extensión al instituto armado", a preguntas de los medios el procurador general de Justicia Militar manifestó que podíamos ser condenados [a una pena] de 30 a 50 años de prisión, indicando que por encima de la ley NADIE. Lo anterior desencadenó en los diferentes medios de comunicación tanto nacionales como internacionales innumerables versiones sobre los hechos: se nos relacionaba con diferentes mafias y cárteles; asimismo, se indicaba que con nuestra detención había sufrido un gran golpe el narcotráfico y su infiltración en los cuerpos de seguridad, fuerzas armadas y medio político, y todo esto debido al

335

empeño profesional mostrado por la Procuraduría General de Justicia Militar que siguió fielmente las instrucciones del secretario de la Defensa Nacional, general Enrique Cervantes Aguirre. Como curioso dato cronológico todo esto sucedió un día antes del primero de septiembre, día en el cual el ejecutivo de la nación rendía su último informe, el cual pasó a segundo término en cuanto a publicidad se refiere ya que durante semanas el "incidente de los generales" acaparó la atención de todos los medios de comunicación.

Han pasado 17 meses [al cabo de los cuales termina de escribir su crónica]; continuamos como presuntos responsables de delitos contra la salud como resultado del testimonio de tres testigos protegidos todos ellos con antecedentes penales, los cuales no han ratificado sus declaraciones.

Por todo lo anterior, no se necesita de un complejo análisis para determinar que en este incidente influyeron y siguen influyendo determinantemente móviles de índole políticos [sic] en donde nosotros, aparte de los daños morales, económicos, etcétera, perdimos nuestra libertad, pero así como hubo perdedores otros obtuvieron dentro del nuevo sistema político posiciones que les han permitido continuar su campaña de desprestigio y persecución en contra nuestra.

En treinta minutos que duró la conferencia de prensa mencionada, el señor procurador general de Justicia Militar me exhibió ante la opinión pública nacional e internacional como un gran logro y ejemplar, por lo demás de lo expedita que es la Justicia Militar en nuestro país, ya que la "presunta responsabilidad" no tenía importancia, se me juzgaba de antemano culpable y hasta se sugería la pena que debía recibir. Treinta minutos que, comparados con los 48 años seis meses de servicios prestados a la nación dentro de nuestro instituto armado (con una conducta intachable avalada con mis hojas de actuación), nos dan una idea de lo que significa el término "expedito" y todo lo anterior conforme a derecho tal como lo expresó en su momento el general secretario de la Defensa Nacional [Enrique Cervantes Aguirre].

Los testigos

En aquella conferencia de prensa sostuvo en primer término que en 1998,

la Procuraduría General de la República, con base en las declaraciones de los testigos protegidos de nombres José Tomás Colsa McGregor, José Jaime Olvera Olvera y Adrián Carrera Fuentes, inició la averiguación previa número PGR/056/98, que involucraba a los generales de división, diplomado de Estado Mayor retirado Francisco Quirós Hermosillo y brigadier Mario Arturo Acosta Chaparro Escapite, en probables conductas delictuosas.

A partir de esto, la Procuraduría General de Justicia Militar

practicó diversas diligencias que fortalecieron aún más las declaraciones, pruebas e indicios existentes, recabándose las testimoniales de las siguientes personas: Carlos Colín Padilla, Adrián Carrera Fuentes, Rubén Gardea Vara, Juan Aguilar Romero, Víctor Manuel Villalobos Gutiérrez, Miguel Domínguez Ángel y Miguel Ángel León.

Para entonces aún no aparecía otro de los "testigos protegidos" clave, Gustavo Tarín Chávez, alias Alfredo, del cual después se supo que estaba en Estados Unidos.

El 20 de octubre de 2000, Rolando Alvarado Navarrete, fiscal adscrito a la Unidad Especializada en Delincuencia Organizada (UEDO), informó oficialmente al juez segundo militar adscrito a la I Región Militar, Rogelio Rodríguez Correa, que José Jaime Olvera Olvera había sido hallado muerto, el 11 de septiembre de 1998, en la calle de Flor de María, frente al número 571, colonia Flor de María, en la delegación Álvaro Obregón, y que el 7 de julio de 1997 se encontró el cadáver de José Tomás Colsa McGregor en la calle Rómulo O'Farril, casi esquina con calle Pilares, en la misma colonia Flor de María.

(Si Tomás Colsa McGregor murió en julio de 1997, ¿cómo pudo participar en una averiguación que se abrió en 1998? Es sólo una de las preguntas que no han tenido respuesta.)

En su escrito, Alvarado Navarrete informa que en los expedientes de la UEDO se incluyen las actas de defunción de ambas personas, por lo que "es menester recurrir a la autoridad administrativa correspondiente, a fin de obtener las actas que corroboran la muerte de dichas personas".

Macedo y los "protegidos"

El 13 de diciembre de 2000, el ya procurador general de la república, Rafael Macedo de la Concha, se reunió con diputados para exponer los rezagos y deficiencias que prevalecían en la PGR.[5]

Ante legisladores de la comisión de Justicia y Derechos Humanos de la cámara de diputados, el titular de la PGR criticó los procedimientos del Ministerio Público de la Federación.

El funcionario admitió ante los legisladores que para eficientar el trabajo del Ministerio Público y recuperar su función como institución de buena fe, se debe revisar la Ley Federal contra la Delincuencia Organizada, para lograr consignar averiguaciones previas con verdadero sustento.

Dicha ley, aunque es efectiva, no es suficiente como un instrumento jurídico para el Estado; debe revisarse para, por ejemplo, avanzar en una reglamentación que establezca el tratamiento de los testigos protegidos.

Consideró que esta figura no es suficiente para sustentar una averiguación previa, pues es necesario tomar en cuenta otros medios de convicción que permitan consolidar datos reales y creíbles.

"Ya basta que de manera ligera se indicie, de que se inculpe sin elementos de convicción. Ya basta de todas aquellas especulaciones que lesionan a personas, familias e instituciones", aseveró Macedo de la Concha.

338

En tan sólo cuatro meses, el lenguaje y las convicciones del procurador Macedo de la Concha dieron un giro vertiginoso.

Quizá comenzó a pesar en su ánimo lo expuesto por el magistrado de la Suprema Corte de Justicia de la Nación, Juventino Castro y Castro, cuando se manifestó en relación con la figura de testigos protegidos:

Hay una diferencia fundamental: en Estados Unidos se considera que la acción penal es manejable por el acusador público, mientras que en México tenemos una tradición totalmente distinta; en otras palabras, las normas penales se crean en beneficio de la sociedad, y el acusador público es el representante de la sociedad, por lo tanto no le es posible al sistema mexicano manejar ni testigos protegidos ni acusados con los cuales se pueda negociar, como en Estados Unidos. Esto en México es totalmente irrespetuoso, pues si la acción es de la sociedad ¿a título de qué le están rebajando penas o propiciando impunidades a nadie? De modo que se considera aberrante cambiar nuestros sistemas culturales jurídicos que se negocie como si fuera mercancía la responsabilidad penal, permitiendo, aunque sea parcialmente, la impunidad.

En su crónica, Quirós Hermosillo sostiene que con esa figura

se permitió que Adrián Carrera, exdirector de la Policía Judicial Federal, lograra, en su nueva tarea de delator, una leve condena que lo mantuvo sólo dos años en prisión, a pesar de que está probada su estrecha relación con bandas de narcotráfico, a las que dio protección a cambio de millones de dólares. Al obtener su libertad, Carrera quedó enriquecido con el producto de sus fechorías, mientras que hoy importantes figuras militares se encuentran sometidas al escrutinio público y a procesos de investigación para determinar su participación en el narcotráfico.

Loco para unos, sano para otros

Relata Quirós Hermosillo que cuando José Jaime Olvera Olvera involucró a Liébano Sáenz, entonces secretario particular de Ernesto Zedillo, y a siete funcionarios públicos de alto nivel en negociaciones con el cártel de Amado Carrillo, el procurador Jorge Madrazo Cuéllar dijo en una entrevista con Tim Golden, corresponsal en México de *The New York Times* (2 de julio de 1999), que Olvera Olvera "era una persona que tenía problemas psiquiátricos", de acuerdo con una evaluación médica. "Para la Procuraduría General de la República su información no tiene valor. Su testimonio es totalmente falso."

Sin embargo, para el procurador militar Macedo de la Concha no lo fue, y aceptó sus declaraciones.

> Actualmente se me somete nuevamente al escrutinio público y a "procesos de investigación", por parte de la Procuraduría General de Justicia Militar y la Procuraduría General de la República, a efecto de determinar mi responsabilidad en los delitos de tortura, lesiones y desapariciones efectuadas en la década de los setenta contra grupos subversivos. A falta de pruebas y procesos de investigación efectivos, no tardan en aparecer los sustitutos testigos protegidos tan necesarios para la Procuraduría General de Justicia Militar y la Procuraduría General de la República, cuando las normas establecidas por las leyes les fallan, bien sea por incapacidad profesional o por consignas establecidas.

Esto vaticinaba, en su crónica, el general Francisco Quirós Hermosillo, y no se equivocó.

En octubre de 2002, la Procuraduría General de Justicia Militar abrió una causa por homicidio calificado en contra de los dos generales inculpados, agregando en ella al mayor retirado Francisco Javier Barquín Alonso, quien aparece mencionado (como Roberto Barquín) por lo menos una vez en el proceso por delitos contra la salud. Se trata, en efecto, de esclarecer la desaparición de un número indeterminado de personas entre los años 1975 y 1979, las cuales formaban parte de grupos subversivos y guerrilleros.

El miércoles 2 de octubre el juez segundo militar dictó auto de formal prisión en contra de los dos generales y el mayor Barquín. A partir de ese momento correría el plazo de un año para aportar pruebas o descalificar la causa, antes de fijarse la fecha para el consejo de guerra.

El lunes 28 de octubre de 2002, los generales Francisco Quirós Hermosillo y Mario Arturo Acosta Chaparro enfrentaron en los tribunales militares del Campo Militar número 1 su primer consejo de guerra que habría de revisar los delitos contra la salud "en su modalidad de colaboración de cualquier manera al fomento de narcóticos y asociación delictuosa", que se les imputan desde el 31 agosto de 2000, fecha en que fueron detenidos.

El consejo de guerra, convocado por la comandancia de la I Región Militar, con sede en el Distrito Federal y a cargo del general de división Rigoberto Rivera Hernández, estuvo conformado por nueve generales de división (cinco de ellos habilitados), un teniente coronel, dos mayores y un teniente.

La relevancia del caso y el debate que desató la aprehensión de los dos implicados motivó, sin duda, que la integración de dicho consejo recayera en mandos militares de alto nivel, tanto administrativo como territorial.

El presidente propietario fue el general de división Tomás Ángeles Dauahare, actual director del Instituto de Seguridad Social de las Fuerzas Armadas y quien fuera secretario particular del exsecretario de la Defensa Nacional, general Enrique Cervantes Aguirre.

El primer vocal fue el propio comandante de la I Región Militar, general de división Rigoberto Rivera Hernández; el segundo vocal fue el general de división Roberto Badillo Martínez, comandante de la VI Región Militar con sede en La Boticaria, Veracruz, quien, en junio de 2003, pasó a retiro; el tercer vocal fue el general de división (habilitado) Carlos Enrique Adam Yabur; y el cuarto vocal fue el general de división (habilitado) Juan Alfredo Oropeza Garnica.

El presidente suplente fue el general de división Abraham Campos López, director de Fábricas de la SEDENA, quien ocupó la dirección del Banco del Ejército en el sexenio anterior y posteriormente la comandancia de la VII Región Militar con sede en Tuxtla Gutiérrez, Chiapas.

El primer vocal suplente fue el general de división (habilitado) Guillermo Galván Galván, quien, hasta marzo de 2003, fungió como comandante de la 5ª Zona Militar en Chihuahua, Chihuahua; el segundo vocal suplente fue el general de división (habilitado) Juan Hernández Ávalos.

El juez segundo militar que habría de llevar la causa era el general de división (habilitado) Sabino Bernabé Lugo Bravo. Sin embargo, fue recusado por la Fiscalía Militar y su lugar recayó en el teniente coronel, habilitado a general de división, Domingo Sosa Muñoz.

En su primer día, el consejo de guerra acusó sus primeras derrotas al no presentarse a declarar cinco testigos, entre ellos el general Antonio Riviello Bazán, exsecretario de la Defensa Nacional, y quien aseguró no haber sido citado. Por otra parte, Arsenio Farell, quien estuvo al frente de la Coordinación de Seguridad Pública, en la que se asegura prestaron sus servicios los inculpados en 1994, después de varias horas de lecturas se excusó con el jurado de ya no tener tiempo para atenderlo porque debía ir "a dar clase", y abandonó la sala.

Por su parte, un maltrecho Adrián Carrera se dedicó sólo a echar lodo sobre la armada de México y algunos gobernadores, y a decir que no se acordaba de nada.

En esos dos días de consejo flotó en el ambiente la inconsistencia de las acusaciones, toda vez que, según la defensa, estaban sustentadas en "puros dichos".

Junto con sus dos hijos, la esposa del general Acosta Chaparro permanecía en el lugar hasta el final de las audiencias. Ella había intentado hablar con Marta Sahagún, esposa de Vicente Fox, para pedirle su intervención, pero la primera dama jamás la recibió.

No obstante, más allá de *espiritismos* y presiones extrajudiciales, la justicia militar enfrentaba, sin duda, su más dura tarea: probar, con la ley en la mano, la culpabilidad de los acusados. No hay peor injusticia que la ambigüedad en la justicia.

Es loable a todas luces que el alto mando militar haya abierto de par en par las puertas de dicho proceso a la prensa y al público en general. Es, sin duda, una muestra del cambio de mentalidad que permea en el ejército. Sin embargo, el sentimiento que privaba tanto en militares retirados como en activo era de suma irritación; se consideraban agraviados por el hecho de que se echara mano de delincuentes para acusar a dos de sus compañeros de armas.

El escenario

En lo profundo del Campo Militar número 1, los generales Quirós Hermosillo y Acosta Chaparro enfrentaron un juicio que, por momentos, se antojaba como una sesión de espiritismo, al dar lectura a las declaraciones de testigos ya fallecidos.

Cuando el general Francisco Quirós Hermosillo comenzó a percatarse de las anomalías del proceso que la Procuraduría de Justicia Militar entabló contra él y su compañero Acosta Chaparro, escribió una breve carta dirigida al entonces secretario de la Defensa Nacional, Enrique Cervantes Aguirre, el 8 de septiembre de 2000, apenas unos días después de su detención: "Te envío el siguiente escrito sin más objeto que te enteres de ciertos hechos que influyeron y fueron estructurados por la Procuraduría de Justicia Militar y que suscribe el coronel de Justicia Militar y licenciado Félix Peralta Valadez, agente del Ministerio Público Militar".

Quirós Hermosillo le hace ver las contradicciones del "testigo protegido" Tomás Colsa McGregor, muerto misteriosamente el 7 de julio de 1997.

343

"Qué te parece, mi general. Para no abusar de tu tiempo, te manifiesto que estoy descubriendo más incongruencias y alteraciones de hechos. Por tu atención, el afecto de siempre." Y firma.

Trece días después, el 21 de septiembre, en papel personal y en forma manuscrita, el general Cervantes Aguirre le contesta:

Compadre: recibí tu escrito del 8 del actual por el que me enteras de hechos que consideras no se apegan a la verdad y la información que proporcionas sobre las conductas de cuatro testigos.

Te sugiero que a través de las personas encargadas de tu defensa hagas valer, ante los tribunales competentes, las inconsistencias que mencionas. Como lo citas, aspiro a que esta situación jurídica se resuelva conforme a derecho. Con mi invariable afecto.

Y firma.

El 16 de octubre, Quirós Hermosillo vuelve a escribirle a Cervantes Aguirre "ante la certeza de que tú ignoras las anomalías en que incurrió la Fiscalía Militar Especializada en la integración de la averiguación previa que sirvió de base para la orden de aprehensión, consignación y auto de formal prisión". Para ello le anexa diversos documentos en los que se alteran declaraciones de los testigos protegidos, "ya sea por adicionar testimonios o por sustraer de sus declaraciones originales testimonios importantes". Quirós hace gala de diplomacia y le dice:

Considero que estas actitudes, a todas luces ilegales, no deben haber sido de tu conocimiento, pues conozco tus virtudes profesionales y éticas que siempre te han caracterizado.

Actuar conforme a derecho es extremadamente difícil cuando una Procuraduría de Justicia Militar manipula con todo su poder los procedimientos jurídicos ya sea por incapacidad profesional u otros motivos que se apartan del marco legal, al cual deben estar circunscritos. Con el afecto de siempre.

Y firma.

Cervantes Aguirre ya no contestó.

El ejército contaba entonces con 24 generales de división en el servicio activo, pero sólo cuatro figuran en el consejo de guerra, los demás fueron generales de menor grado, incluso algunos ya retirados, a quienes se habilitó como divisionarios para este consejo. El Código de Justicia Militar ordena que los integrantes del consejo deben ser de mayor jerarquía que la de los inculpados. En el caso de un acusado con el grado de general de división, sus pares integrarán el consejo.

Pero si ni el mejor médium pudo hacer contacto con los espíritus de los "testigos protegidos" Tomás Colsa McGregor y José Jaime Olvera Olvera, menos pudo lograrse la comparecencia del "testigo de oro" Gustavo Tarín Chávez.

Cuando, una vez más, se pidió oficialmente al FBI la presencia en México de Gustavo Tarín, quien se hallaba bajo custodia y protección de esta organización policiaca como testigo protegido, se informó que había sido arrestado en Estados Unidos y por ello no podía viajar a México.

Estos cuatro "testigos" eran la base de la fiscalía militar para acusar a Quirós Hermosillo y Acosta Chaparro de asociación delictuosa y delitos contra la salud. Sin embargo, la acusación que de ello se desprende, relativa a sus nexos con el cártel de Amado Carrillo, el desaparecido Señor de los Cielos, no había sido probada de ninguna forma.

La defensa de los inculpados presentó un dictamen médico psiquiátrico realizado por el especialista Martín Rafael Quezada Ortega al desaparecido José Jaime Olvera Olvera, en el cual se asienta que dicho testigo

es una persona con gran cantidad de impulsos agresivos contenidos, tiene marcada dificultad para aceptarlos y manejarlos saludablemente, traduciéndose en ansiedad generalizada. Tiene

345

gran necesidad de ser aceptado, dispuesto a interesarse por los demás, ser muy cooperador y amable, a cambio de la aceptación y reconocimiento que necesita. Se detecta una tendencia a confabular (mentir) ante situaciones en que siente amenazada su seguridad; son reacciones defensivas cuando teme perder la aceptación y apoyo, o el prestigio y reconocimiento.

La defensa

El jueves 31 de octubre, un día antes de la sentencia, un joven teniente abogado de Justicia Militar y un avezado penalista civil acabaron por reventar la nebulosa burbuja que envolvía al consejo de guerra contra los generales Francisco Quirós Hermosillo y Mario Arturo Acosta Chaparro, obligando prácticamente al fiscal militar a ofrecer disculpas a los acusados y a sus defensores e izar la bandera blanca.

En un espectacular alegato, apoyándose en diapositivas que mostraban los documentos que buscaban avalar la inocencia de los inculpados, el teniente Fernando Carlos Fernández Pérez, defensor de oficio del general Francisco Quirós Hermosillo, arrancó aplausos de quienes abarrotaban la Sala de Consejos, al grado que el juez tuvo que reconvenir a los asistentes de no hacer manifestación de ninguna especie so pena de ser expulsados de la misma.

Cerca de las cuatro de la tarde, el presidente del consejo hizo tocar la campanilla de audiencias para dar por terminada la sesión y ordenar un receso para continuar a las nueve de la mañana del día siguiente.

Tras una exposición desesperada de la Fiscalía Militar, en la que su representante llamó "impotentes" a los defensores y "regañó" al general Quirós Hermosillo por haber inmiscuido a varios de sus hijos en algunos de sus actos, diciendo que "la familia es lo más sagrado" y que no se explicaba cómo había podido hacerlo, el juez de la causa leyó el artículo 660 del Código de Justicia Militar, el cual previene que "queda absolutamente prohibido al Ministerio Público injuriar de cualquier manera al acusado o dirigir denuestos a la defensa al hacer uso de la palabra"... y pensó mucho lo siguiente:

> Recomiendo a las partes y, en este caso, especialmente al Ministerio Público, que únicamente los debates deben concretarse a sustentar su acusación en las conclusiones que han expresado, pero de ninguna manera hagan denuestos a la defensa en situaciones que no tengan relación con el asunto que se ventila.

De cara al tribunal, el abogado del general Acosta Chaparro, Mariano de Jesús Flores Arciniega, sostuvo con voz firme:

> Están ante el momento histórico de hacer justicia no sólo a dos generales, sino a todo el ejército, cuando yo veo a los periódicos hablar de [*sic*] un ejército corrupto. En el momento histórico de frenar a los delincuentes, porque es justo que los delincuentes paguen por sus delitos y no que los proteja la ley. Momento histórico porque no se puede sancionar no sólo a generales, no se puede sancionar a nadie con el dicho de un delincuente.

Flores Arciniega se refería a los cuatro testigos clave del caso, todos con antecedentes penales y uno en especial, Adrián Carrera Fuentes, exjefe de la Policía Judicial Federal, que había sido acusado retiradamente de estar inmiscuido en el narcotráfico.

A pesar de que los dos defensores pidieron al tribunal dar por terminada la sesión de debates, todavía se permitió al fiscal militar, el teniente coronel y licenciado Alfonso Méndez Valencia, tomar nuevamente la palabra, aunque sólo para repetir, una vez más, sus mismos alegatos que durante todas las audiencias fueron desacreditados por la defensa.

Cuando Quirós Hermosillo y Acosta Chaparro eran conducidos de regreso a la cárcel militar contigua a la sala, en medio de una fuerte escolta armada, no pudieron esconder su satisfacción por lo que había ocurrido en el proceso ni su confianza de obtener una sentencia absolutoria.

Las declaraciones de los testigos en este proceso presumen nexos de ambos militares con el cártel de Amado Carrillo Fuentes por el hecho de que el desaparecido Señor de los Cielos le regaló una camioneta y 10,000 dólares al general Quirós Hermosillo, así como un equipo de telecomunicaciones de alta tecnología para monitorear los operativos antidrogas y alertar a tiempo al famoso capo.

De acuerdo con el Código de Justicia Militar (artículo 642), la defensa o el Ministerio Público pueden impugnar la composición del tribunal. Asimismo, dicho código previene que si los peritos y testigos citados no se presentan, se podrá solicitar que se difiera la audiencia y el consejo resolverá, sin recurso alguno, si puede o no accederse a esa petición. Sin embargo, los abogados defensores no lo solicitaron así. Ambos generales se habían declarado inocentes.

La sentencia

Cuando se reanudó el consejo de guerra la mañana del primero de noviembre, tras cinco días de sesiones y nueve horas de deliberaciones, el tribunal que lo integró se inclinó por una "decisión dividida" al declararlos inocentes del cargo de asociación delictuosa pero culpables por cometer delitos contra la salud.

Antes de que el juez dictara la sentencia, los dos generales presentaron su alegato final.

El general Francisco Quirós Hermosillo acusó a la fiscalía militar de persecución y de haberlos colocado en "un escaparate de desprestigio" ante la opinión pública. "En términos militares, yo diría que nos sometieron a un *ablandamiento de artillería* desde julio de 2000."

Por su parte, el general Mario Arturo Acosta Chaparro se dirigió al tribunal diciendo que el hecho de que la fiscalía militar hubiera basado sus acusaciones en el dicho de testigos protegidos, "era un insulto al ejército, un insulto al consejo de guerra y un insulto a todos los miembros de las fuerzas armadas".

Desde su anuncio, el proceso adquirió tintes "históricos", principalmente por el hecho de que la SEDENA ordenó que las sesiones fueran públicas en todos sentidos. Decenas de reporteros de periódicos, estaciones de radio y televisión, así como militares en activo y retirados abarrotaron la pequeña sala los cinco días que duró el consejo de guerra.

Mientras el tribunal deliberaba, algunos militares comentaron en corto que este consejo significaría un parteaguas en la administración de la justicia dentro del ejército, y sopesaban el costo político que tendría cualquiera de las dos decisiones que se esperaban absolutas: inocentes o culpables. (Al general Quirós le agregaban el delito de cohecho, el cual, más tarde, quedó remitido al decomiso de los automóviles que presuntamente le había regalado el capo Amado Carrillo Fuentes.)

De ser declarados inocentes, se adelantaba ya la andanada de críticas que las organizaciones no gubernamentales, derechos humanos, partidos como el PRD y otros sectores habrían de lanzar en cascada.

De ser declarados culpables, entre los militares, sobre todo entre los retirados, se hablaba de los efectos negativos que tendría la sentencia en el interior de las fuerzas armadas, toda vez que en el ánimo militar seguía pesando el hecho de que dos generales fueran juzgados por el dicho de cuatro delincuentes, "testigos protegidos" de la Procuraduría General de la República.

Quizá por eso, la decisión del tribunal fue dividida: inocentes, pero culpables. Y las preguntas surgieron ya no tan en corto: ¿cómo es posible culpar de delitos contra la salud, es decir, de haber promovido el tráfico de drogas sin que los inculpados se hayan asociado con nadie para cometerlos? La justicia militar, como nunca, enfrentaba una de sus más grandes pruebas, y la pasó de "panzazo".

Francisco Quirós Hermosillo y Mario Arturo Acosta Chaparro

recibieron una sentencia de 16 y 15 años respectivamente, pena que empezó a contar desde el 31 de agosto de 2000.

Juicio "histórico" también por el hecho de que por primera vez, sin que esté contemplado en el Código de Justicia Militar, se echó mano de la figura de "testigos protegidos", como fue el caso de los cuatro principales. El propio senado de la república criticaría el uso de dichos testigos.

"Histórico", porque marcó claramente la nueva mentalidad que priva en el alto mando militar, el ejército y, desde luego, el gobierno del cambio que encabeza Vicente Fox.

El sábado anterior al proceso, el secretario de la Defensa Nacional, general Gerardo Clemente Ricardo Vega García, reunió a todos los comandantes de zona militar para recordarles la responsabilidad que sobre ellos pesa en relación con la conducta de sus respectivas tropas.

"Histórico", por la decisión dividida tomada por el tribunal. Desde luego, los generales Quirós Hermosillo y Acosta Chaparro apelaron de inmediato la decisión del juez.

Después vendría otro juicio "histórico": los dos generales fueron acusados de homicidio calificado en los años setenta, cuando "desaparecieron" a 146 personas, y como resultado de las pesquisas al respecto, se les dictó auto de formal prisión.

Aquí, la justicia militar volverá a enfrentar una prueba mayor, quizá mucho más importante que la que terminó con una "sentencia dividida".

El final

Además de las penas de prisión, ambos generales fueron destituidos de su empleo y grado, causando baja del ejército, y se les inhabilitó por dos años para volver a desempeñar cualquier cargo o comisión en el servicio público. Se les condenó, igualmente, a la pérdida de los derechos adquiridos en virtud de sus años de servicio y a no usar uniforme militar ni condecoraciones.

Desde esa noche del primero de noviembre de 2002, Francisco Quirós Hermosillo y Mario Arturo Acosta Chaparro visten el uniforme azul claro de los reos sentenciados en la cárcel del Campo Militar número 1.

Cuando las organizaciones no gubernamentales y los nostálgicos miembros de grupos guerrilleros surgidos en la década de los años setenta se echaron encima del ejército para obligarle a juzgar y condenar a los generales en cuestión, el general Vega García habría de comentarme: "¿Quieren hablar de los desaparecidos de los setenta o de la 'guerra sucia'? Nosotros tenemos información privilegiada que daremos a conocer en su momento".

Los consejos

El consejo de guerra contra Francisco Quirós Hermosillo y Mario Arturo Acosta Chaparro no es, ni con mucho, el primero que registra la historia militar de México.

Sin duda, el más importante y de mayor relevancia histórica ocurrió en 1867, cuando en el Teatro Iturbide de la ciudad de Querétaro, hoy llamado Teatro de la República, se reunió el consejo de guerra que sentenció a muerte al archiduque Maximiliano de Habsburgo y a los generales imperialistas Miguel Miramón y Tomás Mejía.

Las páginas de la Revolución mexicana están plagadas de consejos de guerra que, en su momento, fueron el instrumento para eliminar a sublevados, rebeldes y alzados.

En octubre de 1912, Félix Díaz enfrentó un consejo de guerra que lo sentenció a muerte, aunque la pena fue suspendida.

Felipe Ángeles (ancestro del general Tomás Ángeles Dauahare) fue sentenciado a muerte por un consejo de guerra celebrado en Chihuahua el 26 de noviembre de 1919. Fue fusilado en el cuartel del 21º Regimiento de Caballería.

El 18 de julio de 1920, el teatro Progreso de Monterrey, Nuevo León, sirvió de escenario para el consejo de guerra contra el general

351

Pablo González, quien fue encontrado culpable de incitar a la rebelión. Sin embargo, el entonces ministro de Guerra, Plutarco Elías Calles, de acuerdo con el presidente Adolfo de la Huerta, ordenó que fuera puesto en libertad.

En noviembre de 1920, el general Rafael Pimienta es sometido a consejo de guerra acusado de haber dado muerte a José María Pino Suárez. Se le declaró culpable y fue fusilado.

El 6 de junio de 1921, un "sumarísimo" consejo de guerra sentenció a muerte al general Fernando Vizcaíno. Fue fusilado en la Escuela de Tiro.

El primero de noviembre de 1922, el general Francisco Murguía enfrentó también un "sumarísimo" consejo de guerra. Fue fusilado en Durango.

El 15 de mayo de 1924, el general Manuel Chao, también fue condenado a fusilamiento por sentencia de un consejo de guerra.

Pero a partir de que la Revolución se institucionaliza, el recurso del consejo de guerra se queda guardado en los cajones de la justicia militar, hasta que comienza a conocerse una larga lista de generales en conflicto. El caso del general Francisco Gallardo, sometido a consejo de guerra por enriquecimiento ilícito, malversación de fondos y destrucción de materiales del ejército, finalmente fue puesto en libertad por órdenes de Vicente Fox, atendiendo a un sinnúmero de presiones internacionales.

No ocurrió así con el teniente coronel Hildegardo Bacilio, quien encabezó el Comando Patriótico de Concientización del Pueblo (CPCP). Esta vez, sin mayores aspavientos, Vicente Fox ordenó su liberación.

El narcotráfico y el poder de los cárteles hicieron caer al general Jesús Gutiérrez Rebollo, comandante de la V Región Militar y comisionado de la Unidad de Combate a las Drogas. Sin embargo, tras su arresto, no fue sometido a un consejo de guerra, y la justicia civil se hizo cargo de su proceso.

En cambio, hoy la opinión pública conoce a fondo el consejo

de guerra de Quirós Hermosillo y Acosta Chaparro, acusados de promover el tráfico de mariguana y cocaína.

La legislación militar contempla a su vez la figura del "consejo de honor", que

> tiene por objeto juzgar a los oficiales y tropa que cometan faltas a la moral, a la dignidad y al prestigio del ejército; dictaminar sobre los castigos correccionales que deban imponerse; consignar a la superioridad los casos que le correspondan, y, asimismo, acordar las notas de conceptos que hayan de ponerse en las Hojas de Servicio de los Oficiales y Memorial de Servicios de los Individuos de Tropa.

Esto, según el correspondiente reglamento, que data del 15 de septiembre de 1928.

Por su parte, el Código de Justicia Militar vigente, promulgado en 1934 y actualizado por decreto presidencial el 22 de junio de 1994, contempla las figuras de consejo de guerra ordinario y consejo de guerra extraordinario.

El primero funciona por semestres, sin que puedan actuar dos periodos consecutivos en la misma jurisdicción, y el código se limita a fijar los lineamientos para su integración y funcionamiento.

El segundo marca sus lineamientos en el capítulo IV y en el V considera que los autores de un delito son, entre otros,

> los que lo conciben, resuelvan cometerlo, lo preparan y ejecutan, ya sea por sí mismos o por medio de otros a quienes compelen o inducen a delinquir, abusando aquellos de autoridad o poder, o valiéndose de amagos o amenazas graves, de la fuerza física, de dádivas, de promesas o de culpables maquinaciones o artificios.

También, en la fracción VII del artículo 109, se señala como autores de delitos a quienes "teniendo por su empleo o comisión el deber de impedir o de castigar un delito, se obligan con el delincuente a no estorbarle que lo cometa, o a procurarle la impunidad en el caso de ser acusado". Igualmente, señala como "encubridores" a quienes procuran, por cualquier medio, "impedir que se averigüe el delito o que se descubra a los responsables de él".

Las penas contempladas para los infractores, contenidas en dicho código, son las de prisión ordinaria (de 16 días a 15 años de prisión); prisión extraordinaria (se aplica en lugar de la pena de muerte y durará 20 años); suspensión de empleo o comisión militar (privación temporal de privilegios, honores y condecoraciones); destitución de empleo (privación absoluta del empleo militar); y muerte, que "no deberá ser agravada con circunstancia alguna que aumente los padecimientos del reo, antes o en el acto de realizarse la ejecución".

Muy a su pesar, los militares seguirán viéndose en "el papel".

Fox y el ejército, a la mitad del camino. Lealtad o compromiso. Ajustes y renovación. 2003, el año crucial. Manoseo electoral. Desdén legislativo al ejército. "Se acabó la época de luchar por el país." Civiles en las comisiones camarales de Defensa. Hablan los retirados. Reforma de las "fuerzas armadas nacionales". Estado Mayor Conjunto. Temas sensibles. ¿Un secretario de la Defensa Nacional civil? El desgaste. Ejemplo y confianza. El águila mocha. El ejército ante la sociedad. Desconfianza y desdén. El ejército ante el cambio del cambio. Los que se van y los que llegan. El ejército y el poder. Sana distancia

Vicente Fox llegó a la mitad de su gobierno con un alto grado de desgaste personal y político. Aquel desbordado optimismo de los primeros días, su inagotable capacidad de prometer lo que no habría de cumplir y sus fracasos para alcanzar las reformas estructurales aún necesarias para la buena marcha del país, aunados a la ineficiencia de los integrantes de su "gabinetazo" que, poco a poco, ha cambiado, son sólo algunos de los factores que auguran un cierre de gobierno dramático.

En el plano internacional, los conductores de la política exterior, con un excesivo protagonismo, junto con la inoperatividad de un congreso al que pronto se le hizo a un lado, acabaron por enterrar la imagen de México ante el mundo.

La guerra que desataron Estados Unidos, Inglaterra y España

contra Irak y la titubeante participación de México en el Consejo de Seguridad de Naciones Unidas, significaron el epitafio para la era foxista.

Para el ejército mexicano la situación no es muy diferente.

Al concluir el tercer año de gobierno, el ejército habrá renovado buena parte de su plana mayor y los generales que habían aspirado a ocupar la Secretaría de la Defensa Nacional (SEDENA) y otros que tenían fuerte arraigo entre la tropa, se habrán retirado del servicio activo. Para 2006, 22 de los 26 generales de división que formaban el escalafón al inicio del gobierno, habrán pasado a situación de retiro, incluido el actual secretario de la Defensa Nacional. Sin embargo, el general Vega García, al término de su mandato, como es el caso de los dos últimos exsecretarios de la Defensa Nacional —Antonio Riviello Bazán y Enrique Cervantes Aguirre—, continuará en activo como "asesor" del próximo secretario.

En el tercer año de gobierno, el discurso militar público ha puntualizado la importancia del ejército dentro del sistema político nacional.

> Son muchos los valores que requiere el enérgico impulso colectivo para el progreso nacional, por ello, las fuerzas armadas están en total disposición de continuar aportando su esfuerzo para que esa cohesión y unidad trasciendan, partiendo de la lealtad. Este valor de enorme profundidad filosófica y gran significado para los militares no admite dudas; es un fundamento vital de la nación, porque ello ha dado a este país tranquilidad, respeto y paz.[1]

Para los soldados, el discurso es apenas una referencia. Al regresar de la ceremonia conmemorativa del XC aniversario de la Marcha de la Lealtad, celebrada cada 9 de febrero en el Alcázar del Castillo de Chapultepec (2003), un soldado me acompañó a la salida de la SEDENA. Caminábamos por la acera del estacionamiento que forma una escuadra, cuando se me hizo fácil bajar para cruzar en línea recta. El soldado me detuvo para advertirme que debía seguir por la acera: "Son las normas y hay que cumplirlas", me dijo en ese tono firme que les caracteriza.

Por un momento me sentí agredido en mi vanidad de periodista, que supone, estúpidamente, que podemos hacer lo que nos venga en gana. ¿Cómo se atrevía ese soldado a impedir que me bajara de la acera?, me pregunté. Sin embargo, volví sobre mis pasos y recorrí el camino que me indicaba.

No sé quién era, pero ya en la calle comprendí que este hombre, la primera (o la última) línea del escalafón militar, simplemente estaba cumpliendo con su deber, con las órdenes que se le habían dado y porque así demostraba su lealtad a la institución a la que pertenece.

Este simple suceso, cuasianecdótico, me convenció de que quien es leal es legal, y esta premisa debe prevalecer en todos los hombres de cualquier sector de la sociedad, "sin importar o medir su condición económica, política o ubicación geográfica".

Así quedó establecido desde aquel 9 de febrero de 1913, cuando los cadetes del Heroico Colegio Militar escoltaron al presidente Francisco I. Madero del Castillo de Chapultepec al Palacio Nacional.

En el ánimo de aquel soldado quizá no privaba más que el estricto cumplimiento de una orden, pero, sin duda, en su ser radica lo que señaló el general Gerardo Clemente Vega García en su mensaje del día 9 de febrero de 2003: "Junto con la lealtad está el honor, la disciplina, el valor, la dignidad, la perseverancia, la entrega, la grandeza de miras, el compromiso solidario, el respeto, la honestidad y la honradez personal".

Para muchos resulta innecesario que las fuerzas armadas reiteren su lealtad "sin fisura" a su comandante supremo, pero la importancia y la necesidad de hacerlo es fundamental. El ejército da por sentada su lealtad al presidente y no se pierde en cuestionamientos: "la opción continúa siendo cero". Por ello, y porque su único compromiso debe ser con el pueblo, es un ejército confiable.

Se trata de reiterar que la lealtad es una palabra de dos dimensiones: la individual, que es la de cada soldado hacia el presidente de la República, y la colectiva, que como fuerzas armadas deben tener hacia el mando supremo militar. Si los militares reiteran, día con día, su lealtad al presidente en turno, es porque se saben condición y garantía para el mantenimiento del estado de derecho.

En la columna de la lealtad militar están grabados con sangre el honor, la disciplina, el valor, la dignidad, la perseverancia, la entrega, la grandeza de miras, el compromiso solidario, el respeto, la honestidad y la honradez. Son pocos, muy pocos, los que pueden contarse en ella.

En el camino opuesto a la lealtad están la traición y el deshonor. Aquí se cuentan por miles tanto civiles como militares. Así, al advertir este camino el alto mando militar señala también lo que el ejército jamás estará dispuesto a hacer, cualquiera que sea el compromiso o circunstancia, sean éstos de índole económica, política o social.

Cuando el país se ha visto convulsionado por conflictos sociales que amenazan la precaria estabilidad social, en los círculos del alto mando militar se percibe que el ejército jamás saldrá a las calles a reprimir al pueblo. La disyuntiva sigue pesando en ellos, pero cada día la respuesta es más clara: reprimir en defensa de un gobierno incapaz o poner orden con otra visión del devenir nacional.

Leales y legales, con las excepciones que, aunque pocas, también existen en las fuerzas armadas, los soldados conocen su papel en el mantenimiento del estado de derecho, a pesar de las andanadas recurrentes de quienes se empeñan en desacreditarlos ante la sociedad.

La columna de la lealtad y la legalidad es monolítica porque, si bien no da lugar a cuestionamientos, tampoco admite vaivenes. En esta columna lo que es blanco hoy no es negro mañana; lo que se dice hoy no se contradice mañana. La orden y la contraorden siempre llevan al desorden. Se es leal o no se es. Se es legal o no se es, y quien opta por no serlo, traiciona y deshonra. Y más, quien dice para luego contradecir, sólo desvirtúa la "grandeza de las miras", siembra la incertidumbre y rompe la democracia de la legalidad y la legalidad de la democracia.

Desde siempre, la traición y el deshonor son y han sido los detonantes, las fisuras por donde se cuelan los más graves conflictos sociales y políticos que registra la historia nacional.

Cuán anacrónico parece hablar del honor. Si ayer con las armas los cadetes del Heroico Colegio Militar fortalecieron la democracia y la legalidad frente a las ambiciones de un poder ilegítimo, los soldados de hoy relegan las armas para sustentar su confiabilidad ante la sociedad en los valores que defienden en todo tiempo y lugar, a pesar de que también haya quien se empeñe en manosear esos valores de acuerdo con afanes protagónicos y modas sexenales de águilas mochas.

Pero no es ésta una misión exclusiva del ejército, sin descontar su disposición inalienable de aportar su esfuerzo para lograr "la armonía y el progreso a través del cumplimiento de la ley". El compromiso es de todos. "Los mexicanos debemos continuar, tesoneramente y de manera cotidiana, la marcha de la lealtad, con absoluto convencimiento en la ley y en sus frutos, con una granítica fe en el estado de derecho y en sus bondades. La lealtad es un requisito indispensable de las libertades y de la paz."

Y aunque las palabras se desgastan de tanto usarlas, el axioma de la lealtad debe ser compartido y asumido por y con todos los sectores sociales, porque como lo sentencia el alto mando militar, "es momento de unión y fortaleza". Las lecciones, sobre todo las que surgen de un pasado convulso, son inagotables y es menester abrevar en ellas en un permanente ejercicio de memoria colectiva, alejado de revisionismos inútiles y contradicciones perniciosas.

Este ejercicio evita que las palabras se desgasten y hace que las lecciones prevalezcan. Por ello, los soldados insisten, a diario, no sólo con palabras sino con hechos, trabajo, disciplina y congruencia, en expresar su lealtad al presidente y al pueblo que le otorgó su mandato. No hacerlo atentaría, en serio, contra la tranquilidad, el respeto y la paz social que en mayor o menor grado prevalecen en el país.

Si todos los mexicanos tienen la obligación de enarbolar y enriquecer la lealtad, más la tiene quien fue llamado democráticamente a conducir el destino de la nación.

Para el alto mando militar, Vicente Fox "conduce un gobierno con un código de principios éticos que todos conocemos, con un absoluto respeto y un profundo y leal espíritu de servir al pueblo de México". Pero esto, ya se ve, no es suficiente. La ética no siempre es sinónimo de eficacia y el espíritu de servicio suele perderse en el camino de las buenas intenciones, cuando no se sabe a dónde ir o se anda y se desanda sin orden ni concierto.

"Las normas son para cumplirse", me dijo aquel soldado en el estacionamiento de la SEDENA. Si las lecciones apuntadas con precisión y sin ambages por el alto mando militar deben ser aprovechadas en su exacta dimensión, la de aquel soldado no tiene desperdicio, sea la primera o la última línea de la estructura armada.

Las misiones del ejército se han multiplicado, a pesar de los recortes presupuestales. La Procuraduría General de la República (PGR) se desentendió del combate al narcotráfico, dejándole al ejército esa tarea en exclusividad. Pero esta misión le ha resultado demasiado cara. Dentro y fuera del ejército siempre se cuestionó la participación de las fuerzas armadas en la llamada "guerra justa" contra el narcotráfico, por el alto riesgo de contaminación que significa el inconmensurable poderío económico de los cárteles de la droga. Los cañonazos de 50,000 pesos se convirtieron en bombas atómicas de millones de dólares.

En sexenios anteriores se insistió en retirar al ejército por lo menos de las tareas de investigación, actividad que, precisamente ahora, ha ocasionado que militares de diversa graduación se hayan involucrado en las organizaciones criminales que controlan la droga.

El caso más reciente lo representó el general brigadier Ricardo Martínez Perea y doce oficiales e individuos de tropa más destacados en la IV Región Militar con sede en Tancol, Tamaulipas, a cuyo frente estaba el general de división José Domingo Ramírez Garrido

Abreu, quien, en su momento, aspiró a ser secretario de la Defensa Nacional.

En el ejército se dice que las faltas del subordinado no son disculpables en el superior, y ni en este caso ni en el del 65º Batallón de Guamúchil, Sinaloa, perteneciente a la III Región Militar bajo el comando del general de división Juan Heriberto Salinas Altés, funcionó esta máxima. El 65º de Guamúchil fue desintegrado por órdenes del secretario de la Defensa Nacional, después de que se acusó a varios de sus integrantes de estar coludidos con narcotraficantes. En el sistema de justicia militar, el hilo se sigue rompiendo por lo más delgado.

Ajustes y renovación

Esta multiplicidad de misiones y los cambios que, de alguna manera, se mostraron en los tres primeros años de gobierno de Vicente Fox, obligaron a las fuerzas armadas a adaptarse al nuevo orden, a renovarse y ajustarse "para afrontar una compleja adecuación de la realidad global, con una transformación sin precedentes en la historia de México".[2]

Para el general Vega García, el ejército

cumple con celo las misiones constitucionales y las que le marca la respectiva Ley Orgánica, formulada por el Congreso de la Unión. Estas misiones tienen un origen singular y único en los ejércitos del mundo, que abarcan dos grandes conceptos: el primero es la vinculación con la sociedad, tendiendo puentes de unión con todos los mexicanos, atendiéndolos en sus demandas: el segundo es la institucionalidad del ejército como un cuerpo apolítico y apartidista.

Fue la primera vez que el actual general de cuatro estrellas apuntaba las dos cualidades del instituto armado, por más que se ha dicho que ser apolítico no significa ser *ateo político*.

Pero en lo que las fuerzas armadas no claudican es en su parti-

361

cipación, hoy calificada de "modesta", en el proceso de desarrollo del país, observando "con orgullo y respeto" el trabajo de los demás actores de la sociedad. Esta "modesta" participación se inscribe en el constante servicio de los soldados para "contribuir al mejoramiento económico, social y cultural del país, esto es, coadyuvar con los grandes retos que enfrentamos para superarnos como nación".

En la circunstancia referida, el alto mando militar cambió las etiquetas de "subordinación" por "nuestro compromiso a su mandato como presidente constitucional", para afirmar que "éste es el ejército de todos los mexicanos, no de las elites. Éste es un ejército de confianza. Éste es un ejército que se nutre de su sociedad, que sirve a la nación y que se mantiene alerta para dar respuesta a los imperativos del Estado mexicano".

Fox, acusando ya el cansancio que produce una larga cadena de fracasos y ridículos, materializada en la estrepitosa caída política del Partido Acción Nacional (PAN) en las elecciones del 6 de julio de 2003, apenas si se refirió entonces a las "nobles tareas" que realiza el ejército en apoyo a la población civil en casos de desastres naturales y situaciones de emergencia, reconociendo la "imparcialidad política con que las fuerzas armadas han cumplido".[3] Y, sin embargo, por primera vez anunció, como si fuera una gran panacea inventada por él, que "al finalizar el presente año se proporcionará un estímulo económico al personal de tropa y a oficiales sin nivel de servidor público... y se incrementarán los haberes del personal militar".

Pero, una vez más, la política foxista con relación al ejército de "pan con cordonazo" volvió a ponerse en práctica. A pesar de que la cámara de diputados había aprobado las reformas a la Ley de Seguridad Social para las Fuerzas Armadas, que habría de beneficiar principalmente a los militares retirados y a sus derechohabientes —unas 700,000 personas—, desde una cama del Hospital Central Militar donde se internó, en marzo de 2003, para ser intervenido quirúrgicamente de la columna vertebral, el presidente vetó dicha ley porque su gobierno "no tenía los recursos suficientes".

Más tarde se habría de recapacitar en cuanto a las pensiones de los militares retirados, al otorgárseles 4% de aumento. Éste se entregó tardíamente y acabó por pulverizarse cuando fueron aumentadas las cuotas del Seguro Colectivo de Retiro.

2003, el año crucial

La autocalificación de apoliticismo y apartidismo que hizo el alto mando militar fue precisa en este 2003, marcado como el año en el que habría de definirse no sólo la suerte del gobierno en turno, sino el futuro de México, en cuanto a la consecución de un proyecto congruente de nación que marque nuevos derroteros hacia el bienestar de la sociedad.

El síndrome del "todos contra todos" que ha prevalecido en los tres primeros años del gobierno foxista, se manifestó en las campañas de los diferentes partidos políticos que, en lugar de ver hacia delante, insistieron en socavar pasado y presente.

El activismo electoral, lejos de aportar elementos novedosos y realistas para la estabilidad emocional de la sociedad, se basó en una confrontación revanchista, sin contenido político e ideológico, que provocó que 59% de los electores registrados en todo el país no acudiera a las urnas.

Desde luego que la política debe ser vista como una lucha abierta entre los actores inmersos en ella, pero, sin duda, como una lucha en la que triunfen las ideas, de la que surjan los verdaderos representantes y dirigentes de un conglomerado que desde hace tiempo vive en la orfandad política, económica y social.

Sin embargo, conforme avanzaba el tiempo del proselitismo electoral, la irritación popular aumentaba en cuanto a la contaminación anacrónica que han desatado los grupos que buscan posiciones de poder.

El bajo nivel político que privó en los diferentes partidos no encontró otra bandera que la de la inseguridad, pandemia innegable en todo el territorio nacional, llevándolos al uso irresponsable de las más caras instituciones del país, como es el caso del ejército mexicano.

Se entiende que los ahora partidos de oposición —léase Partido de la Revolución Democrática (PRD) y Partido Revolucionario Institucional (PRI)— se revuelvan en contra del actual gobierno, tal como lo hiciera en su momento el PAN, echando mano de cualquier argucia propagandística.

Así, los rijosos candidatos del PRD, por ejemplo, creyeron poder conseguir votos diciéndole al pueblo que estaban dispuestos a llegar a situaciones extremas para abatir la inseguridad pública.

Éste fue el caso de Víctor Círigo, candidato a jefe delegacional de Iztapalapa. Él y otros de sus correligionarios fueron los primeros en reclamar airadamente, en el gobierno de Ernesto Zedillo, la participación del ejército en labores policiacas, en la misma delegación, cuando el entonces director de Seguridad Pública, general Enrique Salgado Cordero, sustituyó en esa zona a la policía por soldados, mientras en el Campo Militar número 1 se adiestraba a los de azul. El PRD gritó entonces que se "militarizaba" la ciudad.

Pero esta vez se pudo ver en la televisión a Víctor Círigo cerrar el puño para decirle a la gente: "No me temblará la mano para llamar al ejército nacional".

Su postura no sólo es irresponsable, sino que de entrada él mismo se descalificaba, pues en caso de salir electo ya se ve que no podría controlar la delincuencia con sus propios recursos.

Y Acción Nacional no se quedó atrás. En su primer mensaje electoral transmitido por la televisión invitaba a "recordar" lo mal que le fue al país con los gobiernos priístas. Se puede ver a López Portillo llorando en el congreso, a Salinas de Gortari soberbio y altivo, a Echeverría sonriente al lado de Díaz Ordaz, para luego insertar una imagen de varios soldados custodiando a un individuo, mientras el locutor habla de los "asesinatos políticos" ocurridos en el pasado. El mensaje, desde luego, no tocó a Ernesto Zedillo.

Por lo demás, la campaña del PAN le dio la puntilla a Vicente Fox, con su lema: "Ayúdanos a quitarle el freno al cambio". En efecto, el gobierno foxista es un gobierno frenado hasta por su propio partido.

Para los integrantes del mando militar los partidos políticos no estaban tomando en cuenta el tiempo ni la condición del pueblo, y que su lucha podía provocar una grave situación. Y así fue.

Por lo pronto, esa contumaz intentona de desprestigiar al ejército mexicano quedó refrendada en las campañas electorales. Desde luego, las cosas no suceden por sí solas, siempre hay manos dentro y fuera que buscan revolver las aguas.

Y aunque el discurso militar parece no ser tomado en cuenta por los políticos, éste no deja de ser puntual cuando sostiene que "nos hemos tomado una pausa como sociedad y gobierno para diseñar el porvenir. Ése es el nacionalismo del futuro. Nadie más que nosotros somos y seremos los que tomemos en nuestras manos el sentido de la historia de México". Esto sostuvo, en mayo de 2001, el general Javier del Real Magallanes, subjefe del Estado Mayor de la SEDENA, durante la ceremonia conmemorativa de la batalla de Puebla el 5 de mayo.

El nacionalismo del futuro que dibujan las fuerzas armadas sólo será posible si todos, como lo expuso Del Real,

> nos conducimos con responsabilidad en la unidad de la diversidad, para formar el modelo de país que nos corresponde y que queremos heredar a nuestros hijos.
>
> Mientras existan mujeres y hombres comprometidos con la voluntad de mantener principios y valores que nos identifican, habrá un México moderno, independiente y soberano.

La posición militar infiere que la unidad nacional pasa también por la convicción de que todas las expresiones tienen cabida, pero sólo en el marco del derecho y en el respeto a las instituciones.

El diseño del nacionalismo del futuro no admite, precisamente, desviaciones ni manoseos como los que esgrimen los partidos políticos en su activismo electoral.

Si, como lo sostienen las fuerzas armadas, "la sociedad ha marcado hacia dónde y cómo debe ser el siguiente paso, y ésa es la mejor forma para hacer de la modernización una guía para la acción", no se debe perder más tiempo en revanchismos ni desviaciones o condiciones perversas. El momento exige responsabilidad y compromiso.

El 2 de julio de 2000, la sociedad mexicana pasó con excelencia la prueba de la transición electoral. Vicente Fox obtuvo un triunfo inobjetable y con él la responsabilidad de gobernar para todos, con propósitos y objetivos. Era obvio que el camino que tendría que recorrer no iba a ser fácil. Pero los propósitos se desgastaron y los objetivos se perdieron hasta que el "cambio" quedó frenado, como lo asegura el PAN.

Es en las crisis donde el estadista demuestra su condición, pero Fox no acaba de encontrar el cómo y, ante la impotencia, todas las fuerzas políticas se desatan en su contra arrastrando al país a la paralización.

El 6 julio de 2003, la sociedad mexicana demostró, nuevamente, su hartazgo, y aunque el PAN y Fox lo negaron a voz en cuello, su rechazo al gobierno fue total. Más que pasar la prueba para alcanzar la anhelada transición democrática, la gente castigó a todos por igual: gobierno y partidos políticos.

En la democracia todas las expresiones tienen cabida, pero sólo en el marco del derecho y en el respeto a las instituciones. No obstante, quedó claro que la lucha política pasa por encima de las instituciones, una lucha que no es por el país sino por los intereses partidarios.

Desdén legislativo al ejército

La legislación militar prohíbe tajantemente a los miembros del ejército participar en política y ocupar cargos de elección popular mientras permanezcan en el servicio activo de las armas. Por tal razón, aquellos militares que así lo pretendan deberán pedir licencia o retirarse del ejército.

Asimismo, la legislación militar y la propia Constitución no permiten la participación de los soldados en actividades ajenas al servicio de las armas y, sin embargo, desde hace tiempo diversas corporaciones policiacas están integradas, algunas en su totalidad —como es el caso de la Policía Federal Preventiva (PFP)—, por agrupamientos militares.

El gobierno de Vicente Fox recibió, precisamente, a la PFP compuesta por la 3ª Brigada de Policía Militar, unos 5,000 hombres a los que se han sumado otros contingentes militares, sin que en estos tres años de gobierno haya cambiado esta situación.

Ni qué decir de la PGR, a cargo del general Rafael Macedo de la Concha, y cuyos mandos principales recaen en militares en activo.

Este gobierno, cuya plataforma aún se basa en culpar al pasado, no ha hecho nada por cambiar este rubro tan importante para la seguridad de la nación, dándole a los militares más misiones que muchas veces sobrepasan la norma constitucional.

Los militares suelen preguntarse el porqué tienen que ser ellos los que apaguen todos los fuegos que a diario se prenden en el territorio nacional, la mayoría de las veces provocados por la ineficiencia y los errores de los civiles.

> Somos los mejores para combatir el narcotráfico, somos los mejores para combatir a la delincuencia organizada, somos los mejores para combatir a la guerrilla, somos los mejores para auxiliar a la población en casos de desastre, somos los mejores para llevar agua a quien no la tiene, somos los mejores para destapar los drenajes cuando se inundan las colonias... somos los mejores... entonces ¿por qué no somos los mejores para coadyuvar en las tareas legislativas?

Estas reflexiones fueron hechas al autor por ameritados generales en activo y en retiro.

En plena contienda electoral, los partidos políticos, especialmente el PAN, hicieron a un lado a los militares. Las causas pueden ser varias: no los conocen ni los quieren conocer, les tienen miedo o simplemente los consideran ciudadanos de segunda, sólo necesarios cuando el agua llega a los aparejos gubernamentales.

"Se sigue destruyendo al país en aras de los beneficios personales de los políticos que ponen a sus amigos y a sus hijos; ya se acabó la época de luchar por el país", diría el general Antonio Riviello Bazán. No faltará quien piense que alguien así habla por resentimiento, pero cualquiera que sea su motivación, la voz de los hombres de verde olivo no debe ser desdeñada, sobre todo cuando afirman: "El partido en el poder nos hizo a un lado; ojalá que sea para bien de todos".

Pero se entiende que el partido en el poder —si es que el PAN está en el poder, algo que ellos mismos ponen en duda— siempre vio al ejército como un apéndice del PRI, por lo que nunca confiaron en los militares.

En el PRD debieron quedar escamados por la inclusión, en el pasado, de militares y marinos retirados, la mayoría de ellos con antecedentes negros, y esta vez no quisieron saber nada ni de soldados ni de marinos.

Lo que extraña es que el propio PRI, cuya formación y mantenimiento dependieron, en buena medida, de lo que hicieron los generales surgidos de la Revolución, ahora los olviden.

Es menester recordar que el 19 de febrero de 2003, con motivo del día del ejército, Roberto Madrazo envió una carta a los generales en activo en la que les decía: "En el Partido Revolucionario Institucional no podemos olvidar que hombres forjados en la carrera de las armas le dieron en su tiempo a esta organización política, causa y cauce a los intereses y objetivos nacionales, que hoy siguen siendo pilares irreductibles de nuestro quehacer cotidiano". Pero sí se les olvidó.

No hace mucho tiempo, antes de llegar el gobierno del "cambio", un alto jefe militar pidió a la dirigencia priísta que se diera cabida en el partido a miembros del ejército. "Le aseguraríamos otros 70 años en el poder." No le hicieron caso.

El general Carmelo Terán, recientemente retirado del ejército, comentó: "El PRI, con todas sus broncas internas, ya se olvidó de todo lo que nos debe".

Los marinos también se indignaron. Después de tantas promesas, ningún partido los llamó. "Están que echan rayos." Una semana antes de las elecciones, el Partido Liberal Mexicano (PLM) lanzó la candidatura del vicealmirante Rodolfo Rodríguez Jurado para una diputación uninominal por Veracruz. Rodríguez Jurado no llegó y el PLM perdió su registro.

Al conformarse las listas de aspirantes a diputados, el PRI sólo llamó a Guillermo Martínez Nolasco, un general de división retirado. Su último cargo en el ejército fue el de presidente del Supremo Tribunal Militar. Él sí obtuvo la curul.

Pero si los "grandes" los desdeñaron, los "chicos" no. Convergencia por la Democracia, el partido de Dante Delgado, llamó al también general retirado Rafael Paz del Campo para contender por una diputación plurinominal. Paz del Campo pertenece a la Alianza Nacional Revolucionaria, integrada por militares retirados, que encabeza el general Jesús Esquinca Gurrusquieta.

El general Paz del Campo, un hombre que ocupó varios cargos administrativos durante la gestión de Antonio Riviello Bazán como secretario de la Defensa, se preguntaba en un análisis publicado, el 3 de julio de 2003, en el diario *La Crisis*:

> ¿Qué debe cambiar dentro del instituto armado y en su relación con la sociedad? Los militares conocemos que son muchas las asignaturas pendientes, y que una de las más urgentes es, justamente, el marco legal de nuestras actividades. Las leyes militares no son [...] aplicadas. Además, carecen de reglamento, lo cual hace que la aplicación de las mismas esté sujeta a la interpretación, capricho e incluso órdenes de quienes las aplican.

Para Paz del Campo,

la disciplina militar coaccionó durante muchos años el sentido del voto. Una realidad nacional donde el gobierno en el poder era, a priori, asociado con el "mando supremo", llevó a instaurar la tradición del voto priísta. Cruzar las boletas donde aparecían los colores de la bandera se convirtió así en un acto automático para muchos militares y sus familias, fenómeno que se destruyó con la llegada al poder de un mandatario proveniente de otro partido. Las fuerzas armadas como institución monolítica no pueden sustraerse al cambio. Conformadas por hombres y mujeres que tienen, y que sobre todo ejercen, la capacidad de pensar, las tendencias políticas vigentes entre sus integrantes han ido cambiando. No todos los militares piensan igual, y sí, todos los militares tienen cada día mayor conciencia de sus derechos como ciudadanos.

En este contexto, Paz del Campo juzgó que "el voto militar es más importante que nunca. Es una responsabilidad que como soldados, como hombres y mujeres patriotas, no podemos eludir". Al final, el general Paz del Campo tampoco estuvo entre los cinco diputados que alcanzaron la curul por Convergencia. Por consiguiente, en la cámara de diputados y en la comisión de Defensa de la misma sólo estará el general Martínez Nolasco. Este panorama hace suponer que las comisiones de Defensa y Marina quedarán en manos de civiles que, en el mejor de los casos, apenas si tendrán conocimiento de la problemática real de las fuerzas armadas.

El 4 de julio de 2003, *La Crisis* publicó otro artículo firmado por el controvertido general (retirado) Luis Garfias Magaña, quien ocupó hace tiempo un escaño en la cámara de diputados por el PRD.

Garfias Magaña planteó una larga serie de preguntas:

¿Quiénes van hacer los cambios imperiosos y [...] necesarios en la legislación militar, tan olvidada y sujeta al control del alto mando? ¿Quiénes van a estudiar la imperiosa necesidad de modificar el sistema de ascensos, especialmente de coronel en adelante, que es donde se han cometido durante muchísimos años enormes injusticias y abusos? ¿Quiénes van a estudiar la imperiosa y necesaria reorganización de las fuerzas armadas? ¿Quiénes van a aprobar la doctrina militar del país? ¿Quiénes van a hablar y a exponer los problemas de los militares retirados, ese grupo olvidado y que hoy ha experimentado un profundo desprecio al no poder obtener un pequeño aumento en sus percepciones de retiro? ¿Quiénes van a exponer los problemas de seguridad interior o de seguridad nacional con los conocimientos profesionales para explicar estas situaciones? ¿Quiénes van a exponer los problemas sobre el terrorismo, el contrabando de armas o el narcotráfico?

Así, en los círculos militares quedó la impresión de que los soldados son considerados como ciudadanos de segunda, cosa que no ocurre ya ni con los curas. En su óptica no encaja el hecho de que los partidos políticos den cabida a borrachos, exporros, *artistillas* y gente con desviaciones hormonales que nada saben de la problemática social y que sólo van a sentarse en las curules a escandalizar y cobrar dietas.

Cuando un sistema político desdeña a sectores cuya disciplina y lealtad al pueblo y su Constitución es indiscutible, y su preparación, en todos los campos, resulta indispensable para la estabilidad social, se le resta credibilidad y se demuestra que la transición a la democracia sigue siendo una entelequia. Y algo más: demuestra que "ya se acabó la época de luchar por el país".

Antes se dijo que cuando el general Manuel Ávila Camacho asumió la presidencia de la República, en 1940, uno de sus primeros actos de gobierno fue retirar a los militares, como sector político, del antecedente de lo que hoy queda del PRI.

Los miembros de la institución armada no deben intervenir ni directa ni indirectamente en la política electoral mientras se encuentren en servicio activo, ya que todo intento de hacer penetrar la política en el recinto de los cuarteles es restar una garantía a la vida cívica y provocar una división de los elementos armados.

Con estas palabras, el último general en ocupar la presidencia ponía fin a la era de los caudillos militares y cerraba la puerta a una larga cadena de cuartelazos, que tras el triunfo de la Revolución se sucedieron uno tras otro en el país.

El general Álvaro Obregón lo había expresado de otra manera: "¿Saben ustedes cuáles son los males mayores que tiene México? Pues son el capitalismo, el clero y el militarismo. De los primeros, los revolucionarios podemos librar a México, ¿pero quién lo librará de nosotros?".

En otro rubro de la política, desde el gobierno de Manuel Ávila Camacho hasta el de Vicente Fox, el número de generales que ocuparon la gubernatura de sus estados disminuyó hasta llegar a cero. El último militar retirado en ser electo gobernador fue el general Absalón Castellanos Domínguez, en Chiapas (1982-1988).

En relación con la presencia de militares en la cámara de diputados, la "cuota" fue de seis en promedio, siempre en el PRI, hasta que, en enero de 1997, tres generales de brigada, un almirante, tres vicealmirantes, dos contralmirantes, una capitana de corbeta y un teniente de fragata, todos retirados del servicio activo, se afiliaron al PRD.

Para Acción Nacional, incluir militares en sus filas legislativas o puestos de gobierno ha sido un tema más que prohibido, quizá por el hecho de que durante los 70 años de hegemonía priísta, consideraron al ejército como un instrumento al servicio de los intereses del tricolor.

En alguna ocasión, Felipe Calderón Hinojosa comentó a la prensa (Guadalajara, Jalisco, 5 de marzo de 1997) que, ante la "descomposición" de las autoridades civiles, los militares "van ganando terreno en la vida política nacional", y que dentro de la restructuración al interior del sistema político mexicano, "el ejército es un factor elemental de poder".

Sin embargo, ahora como partido en el poder y con una supuesta "restructuración al interior del sistema político mexicano", Acción Nacional no ha variado su concepción sobre las fuerzas armadas y prefiere mantenerse al margen.

Durante el gobierno de Carlos Salinas de Gortari, el entonces secretario de la Defensa Nacional, general Antonio Riviello Bazán, intentó poner en marcha un proyecto para conformar una bancada de diputados plurinominales militares, que de veras hicieran escuchar la voz de las fuerzas armadas y defendieran las tesis y los programas en que se vieran involucrados. Sin embargo, el proyecto jamás llegó a concretarse.

En el PRI, varios militares conservaron su curul, de hecho, como una encomienda, como fue el caso del general Ramón Mota Sánchez, quien acumuló más años en las lides legislativas que en las castrenses.

Tanto en la cámara de diputados como en la de senadores existen las comisiones de Defensa, en las que con regularidad se incluye a los legisladores de extracción militar, quienes abordan los temas relativos a las fuerzas armadas, aunque oficialmente no las representan.

Desde hace tiempo, son pocos los militares que han dejado su puesto legislativo, fungiendo una vez como diputados y la siguiente como senadores. Esto ha permitido que personajes como el general de división Álvaro Vallarta Ceseña se hayan convertido en militares-legisladores más experimentados, fuente de obligada consulta por parte de la prensa cuando se abordan temas sensibles para las fuerzas armadas.

"Los políticos nos tienen miedo porque no nos conocen", me ha comentado un alto jefe militar en diferentes ocasiones. Pero la verdad es que los militares no quieren ser "conocidos" por los políticos o líderes civiles. Su misión es otra, dicen insistentes, y siguen sin querer verse "en el papel".

A través de los años, de la decisión tomada por Ávila Camacho a las promesas generalmente incumplidas de Vicente Fox, los intereses de militares y civiles han dejado de ser comunes.

Si bien el ejército no prohíbe la participación de sus miembros en la política, sus reglamentos sí son muy claros en el sentido de que todo aquel que quiera andar esos caminos lo deberá hacer después de pedir licencia o retirarse del servicio activo.

Y entre los militares retirados, al conocerse el desdén de los partidos políticos hacia sus compañeros de armas, aumentó la incertidumbre sobre el derrotero que habrán de tomar iniciativas de ley pendientes en la cámara, como la Ley de Seguridad Social para las Fuerzas Armadas, primero aprobada por los diputados y luego vetada por el presidente Fox, para, al final, autorizarla en lo "oscurito" con algunos beneficios para los retirados y sus derechohabientes.

Otro de los temas no menos importantes es la nueva Ley de Armas y Explosivos, que sigue siendo una papa caliente para los legisladores y que, precisamente, el general y diputado Álvaro Vallarta Ceseña la había impulsado casi hasta su aprobación.

La diputación del general Guillermo Martínez Nolasco pudiera llevar a pensar que, en la próxima legislatura, habrán de ventilarse casos más de corte jurídico que de otra índole —como el tema de la justicia militar—, y que por ello el ejército necesitará de alguien muy conocedor en la materia, aunque Martínez Nolasco no es abogado.

Habrá que recordar que los temas de la llamada "guerra sucia" y las desapariciones forzadas que se atribuyen a varios militares, volverán a ser tema de debate.

Lo cierto —o al menos así parece— es que los partidos políticos no quieren saber nada del ejército y viceversa.

Hablan los retirados

Durante una plática con el almirante (retirado) Federico Carballo Jiménez, delegado estatal de la Alianza Nacional Revolucionaria en Xalapa, Veracruz, mientras laboraba en "un cuchitril del edificio del PRI estatal", éste reveló el sentir de los militares retirados.

Le hemos servido al partido en campañas a diputados, senadores y al actual gobernador [Miguel Alemán]. Pero aparte de ser usados cuando estamos en activo, los partidos, llenos de ineptos, suponen que al retirarnos continuamos desdeñados o no valorados, nos consideran como ciudadanos-borregos, como los que acostumbran tener todos los partidos. No consideran que en la carrera de las armas se nos prepara profesionalmente, con estudios inherentes a la seguridad nacional, a la soberanía del país, y que para esto asistimos a colegios de reconocidos adelantos en otros países.

Aquí, en nuestro país, nos podemos vanagloriar de tener un Heroico Colegio Militar y una Heroica Escuela Naval Militar, así como la Escuela de Aviación Militar y otras escuelas de servicio como la Médico Militar, Comunicaciones, Ingenieros, que, sin menospreciar las escuelas del gobierno [nos proporcionan] una formación muy digna y elevada de conocimientos que están a la altura o más de otros institutos educativos militares en el mundo. Pero esto les pasa de noche a los funcionarios civiles, así como a los partidos políticos que no parecen ni siquiera considerarlos con la seriedad debida para seleccionar el poder legislativo. Como muestra ahí tenemos a artistas mediocres, cómicos, delincuentes, exporristas [sic] a los que sí se les considera candidatos para el cargo de diputados.

Según el almirante Carballo Jiménez se desperdicia la experiencia de los miembros de las fuerzas armadas, quienes por su conocimiento de la vida nacional, así como por su experiencia legislativa, "pueden desempeñar cargos de diputados y senadores y también de presidente de la República".

Siempre se habla de los puntos malos de los militares que ocuparon la presidencia, dice el almirante Carballo Jiménez, "pero que analicen cómo se vivía antes y cómo se vive ahora, sin meterse en encuestas e investigaciones científicas hechas por técnicos de autoridades actualmente consideradas como los magos que todo lo saben. Los militares seguimos siendo fieles a la bandera tricolor, pero con el águila completa en medio".

Reforma de las "fuerzas armadas nacionales"

Dentro de la cascada de cambios que se propuso el gobierno de Vicente Fox, la reforma de las fuerzas armadas ocupó de inmediato un lugar preponderante. A principios de 2001, la Comisión de Estudios para la Reforma del Estado, dependiente de la Secretaría de Gobernación, realizó una serie de reuniones "con el fin de proponer algunos principios para reformar a las fuerzas armadas".

Se integró entonces un grupo de trabajo con militares tanto del ejército como de la armada y fuerza aérea mexicana, "quienes asistieron por propia iniciativa". En su primer diagnóstico, el grupo de trabajo sostuvo que

el instituto armado en México no se ha actualizado como lo han hecho instituciones similares en la mayor parte de los países del mundo. La creación en 1940 de la Secretaría de Marina impulsó ciertamente el desarrollo de ese cuerpo armado y el incremento de la flota naval. Sin embargo, actualmente resulta inoperante contar con dos mandos diferenciados. Por otra parte, la fuerza aérea subsiste como apéndice de la Secretaría de la Defensa Nacional, y por ello no se ha desarrollado de manera autónoma, manifestando graves rezagos en todos los campos.

Ya durante el gobierno de Carlos Salinas de Gortari, elementos de la fuerza aérea mexicana hacían ver la diferencia entre el ejército y ésta,

claramente visible en todos los ámbitos, desde instalaciones hasta vehículos y equipo, incluyendo al personal. El personal del ejército da la impresión de considerar al de la fuerza aérea mexicana más como un enemigo que como compañeros de armas. Esta situación es especialmente cierta cuando la fuerza aérea mexicana trata de impulsar sus planes y proyectos.

Se aseguraba entonces que fabricantes y vendedores de aeronaves y equipos sostenían que a la fuerza aérea mexicana "no se le ha permitido capacidad de decisión o ésta es mínima, en la adquisición de las aeronaves y equipo de interés para el cumplimiento de sus funciones". Basados en informes de la Secretaría de Hacienda y Crédito Público (SHCP), los aviadores quejosos decían que la fuerza aérea mexicana nunca tuvo la oportunidad de presentar a esa dependencia sus proyectos de presupuesto, ya que éstos eran presentados por el ejército a nombre del "ejército y fuerza aérea" como una sola entidad.

Cuando vienen los ajustes del presupuesto, los proyectos de la fuerza aérea mexicana son los primeros en ser sacrificados o algunos de sus recursos utilizados en otros proyectos muy distintos para los que inicialmente fueron solicitados, sin que exista ninguna entidad u organismo que supervise este rubro o controle su exacta ampliación.

Esto provocó también que, en tanto el ejército contaba con sus cuadros casi completos, la fuerza aérea mexicana sólo tuviera 50%. Esta dependencia, se dijo entonces,

377

requiere una estructura que le permita responder con flexibilidad a la nueva situación nacional e internacional, con identidad propia y equidad en la toma de sus decisiones, donde su mando tenga influencia en aquellos factores que limitan o conforman su actuación, para lo cual debe contar con canales directos de comunicación con el presidente de la República, para que pueda expresar los intereses de la institución sin intermediarios.

Por medio de la Ley de Transparencia, la SEDENA informó, el 30 de junio de 2003, que entre 2000 y 2003 once aeronaves de la fuerza aérea mexicana quedaron destruidas en diversos accidentes, y otras siete sufrieron "daños mayores" en otros percances, todos los cuales dejaron pérdidas superiores a los 75 millones de pesos. Entre las aeronaves destruidas sobresale un helicóptero ruso MI26, cuyo costo es de cuatro millones de dólares, el cual se desplomó en noviembre de 2001 en Chihuahua, cuando intentaba transportar un helicóptero averiado. El informe señala que 18 accidentes ocurrieron en 2001, seis en 2002 y cinco hasta junio de 2003.

El grupo de trabajo de la Comisión de Estudios para la Reforma del Estado revisó también la situación del Estado Mayor Presidencial,

> un organismo profundamente cuestionado, con una enorme cantidad de personal que cumple funciones ajenas a su misión original y actúa conforme a la discrecionalidad del ejecutivo en turno. De igual manera, la coexistencia de estados mayores que no tienen una instancia coordinadora afecta la unidad de mando y colaboración entre las distintas fuerzas armadas. Además, podría cuestionarse que en tiempos de paz la seguridad y planeación logística del jefe de Estado quede a cargo de un cuerpo militar que no tiene adiestramiento especializado en este tipo de tareas.

En su diagnóstico, la actividad de las fuerzas armadas es otro problema, pues su intervención en tareas de seguridad pública y combate al narcotráfico

genera corrupción y lesiona su imagen pública. Asimismo, es necesaria la revisión de la justicia militar, pues los tribunales castrenses no son independientes del mando y carecen, por tanto, de libertad e imparcialidad en sus fallos. Es indispensable revisar profundamente la normatividad legal y reglamentaria que rige la disciplina, los ascensos, las remuneraciones y recompensas militares, ya que el uso arbitrario de la discrecionalidad en la materia produce injusticias que desestabilizan la carrera militar e impiden que se convierta en un auténtico servicio profesional.

En esta ocasión, se realizó un debate entre los participantes durante el cual hubo coincidencias sobre la necesidad de reorganizar y modernizar al ejército mediante la creación de tres "fuerzas armadas nacionales" coordinadas por un Estado Mayor Conjunto con un mando rotativo y con un secretario de la Defensa civil o militar retirado.

El debate sobre el Estado Mayor Presidencial se centró en la conveniencia o no de que la seguridad del presidente esté a cargo de militares o policías civiles. Prevaleció el criterio de mantener un cuerpo militar especializado y compacto encargado sólo de la seguridad del jefe de Estado y su familia inmediata, cuya actividad esté debidamente reglamentada.

En el tema referente a la renovación del marco regulador de las fuerzas armadas prevaleció la unidad de criterios, sobre todo en los aspectos de carrera y servicio, disciplina, remuneraciones y seguridad social, así como en los procedimientos de justicia militar.

Las propuestas concretas del grupo recayeron en la necesidad de reorganizar a las actuales secretarías de Marina y Defensa Nacional, fusionándolas en una sola dependencia y creando tres fuerzas armadas independientes entre sí: ejército, armada y fuerza aérea. Cada una tendría su propio mando operativo, pero estarían coordinadas por un Estado Mayor Conjunto con un mando rotativo entre los tres cuerpos. El Estado Mayor Conjunto estaría subordinado jerárquicamente al secretario de Defensa, quien podría ser un civil o militar retirado. Y se recomendaba:

- Compactar el Estado Mayor Presidencial para que cuente sólo con los elementos humanos y materiales indispensables para la seguridad personal del presidente de la República, y regular y profesionalizar su actuación a efecto de prevenir que se desvirtúe su misión original.
- Revisar la normatividad militar legal y reglamentaria para terminar con el uso arbitrario de la discrecionalidad en materia de ascensos y recompensas, disciplina, remuneraciones y un esquema de seguridad social eficaz.
- Revisar la subsistencia del fuero de guerra en tiempos de paz, así como de las instituciones y procedimientos de justicia militar, a efecto de evitar injusticias e independizar del mando a las autoridades jurisdiccionales militares.
- Prohibir la participación de las fuerzas armadas en tareas ajenas a su misión constitucional, como las de seguridad pública y combate al narcotráfico.
- Reformar los artículos constitucionales de contenido militar para emplear la denominación "fuerzas armadas mexicanas" en lugar de ejército y marina de guerra, así como sustituir "servicio de las armas" por "servicio militar nacional" a efecto de modernizar el lenguaje constitucional castrense.
- Fortalecer las facultades de las comisiones legislativas en materia de defensa nacional, con el objeto de darles competencia para revisar y auditar las partidas presupuestales ejercidas por los mandos e instituciones militares.

- Reformar el artículo 93 constitucional para prever que también los jefes de Estado Mayor de las fuerzas armadas puedan ser citados para que informen cuando se discuta una ley o se estudie un negocio de su incumbencia.
- Crear un Cuerpo Militar Femenino con el objeto de que las mujeres pertenecientes a las fuerzas armadas tengan un tratamiento adecuado.
- Crear una Ley de Cuadros como un cuerpo normativo que establezca el número de clases, oficiales, jefes y generales, servicios y especialidades con objeto de racionalizar el número de éstos y evitar su exceso.

Temas sensibles

A pesar de que las fuerzas armadas entraron de lleno a la modernidad y alta especialización de sus integrantes, el tema de un civil al frente de la SEDENA es uno de los más sensibles.

Los tres últimos generales de división que han ocupado el cargo, incluido el actual (Antonio Riviello Bazán, Enrique Cervantes Aguirre y Gerardo Clemente Ricardo Vega García), siempre le han dado la vuelta a la posibilidad de estar subordinados jerárquicamente a un civil.

Pero más allá de esto, como todos aquellos que llegan a desempeñar cargos de alta responsabilidad, algunos de los generales que han ejercido el cargo de secretario de la Defensa Nacional han acariciado la idea de llegar a más o, por lo menos, de ser reelectos.

El caso más representativo es el del general Félix Galván López, secretario de la Defensa en el gobierno de José López Portillo, y quien consideraba que los militares estaban capacitados y dispuestos para desempeñar más misiones. Esta posición fue producto del trabajo de algunos de sus incondicionales, quienes le vendieron la idea de que él podía ocupar la presidencia de la República. Recuérdese el *riendazo* que López Portillo le dio a Carlos Sansores cuando el político se fijó en él para contender por la gubernatura de su natal Guanajuato.

Quizá cundió el mal ejemplo que en el gobierno anterior había dado el general Hermenegildo Cuenca Díaz, quien, a pesar de haber nacido en la ciudad de México, intentó contender por la gubernatura de Baja California.

Por su parte, el general Juan Arévalo Gardoqui tuvo que guardar sus aspiraciones cuando se le vino encima una andanada de acusaciones que lo ligaban con el narcotráfico.

En cambio, si bien el general Antonio Riviello Bazán no pensó en ocupar la silla presidencial, en algún momento sus allegados lo convencieron de que no sería prudente que pensara siquiera en la posibilidad de ser reelecto. Tiempo después el propio general Riviello le diría al autor que "nunca pasó por mi mente continuar en el cargo".

El general Enrique Cervantes Aguirre estuvo siempre más pendiente de asegurar su futuro económico que en aspirar a otras posiciones. Sin embargo, al concluir el sexenio de Ernesto Zedillo comenzó a manejarse la especie de que sería nombrado secretario de Seguridad Pública. Como esto no ocurrió, movió todas sus influencias y relaciones políticas en busca de un escaño en la cámara de diputados. Las voces de los militares, sobre todo aquellos en retiro y que habían servido bajo sus órdenes, se alzaron de inmediato para decir que sería un oprobio para el ejército el tener a Cervantes Aguirre como diputado. "Él debería estar procesado", fue el común denominador de los comentarios.

A la mitad del camino, el general Gerardo Clemente Ricardo Vega García —el *secretario incómodo* del gabinete foxista— tiene encima tal carga de misiones y responsabilidades que lo último que debe pasar por su mente es la posibilidad de escalar otros peldaños.

Desde su primer día al frente de la SEDENA, y aun antes, Vega García vislumbró un panorama harto complejo para las fuerzas armadas. Si Fox no lo entendió, para el general de cuatro estrellas era cla-

382

ro que este gobierno sería fuerte en la medida en que contara con un ejército fuerte.

Al sostener ante la televisión estadunidense que México no tenía un "ejército fuerte", Fox no sólo ofendió a los militares, y desde luego a su propio secretario de la Defensa, sino que descalificó a su gobierno.

El desagravio vendría tiempo después, cuando la Asociación Cultural, una agrupación civil, distinguió al general Vega García con la medalla Ignacio Zaragoza, galardón que no obtendría ningún otro miembro del gabinete.

Sin embargo, Vega García prefiere el silencio al escándalo, por lo menos en su discurso público, en el que recurrentemente pondera el valor de nuestros símbolos patrios y la necesidad de mantenernos y trabajar unidos para acceder a mejores estadios. En privado, de acuerdo con personajes civiles muy cercanos al general, ha expresado su desacuerdo con la mayoría de los miembros del gabinete por haber "dejado solo al presidente".

Para el general, que se convirtió en "el último en apagar la luz y el primero en encenderla", existen otros temas igual de sensibles, como la pretendida inclusión de México en el Comando Militar Norte del ejército estadunidense, ya desglosada en otro capítulo. Esta posibilidad acabó por convencerlo de participar en la Quinta Conferencia de Ministros de Defensa de las Américas, donde puso de manifiesto que "México ha otorgado prioridad a sus relaciones con los países americanos, para constituir un área natural de cooperación regional donde el desarrollo del país quede ligado al progreso y la estabilidad de su entorno geográfico". Y lo que constituyó un hito en la historia moderna del ejército mexicano: su participación de manera "proactiva" en los esfuerzos regionales que se realizan para buscar puntual y directamente la fórmula que "nos permita eliminar o reducir antagonismos comunes a nuestras naciones".

El desgaste

A lo largo de la historia se ha visto cómo algunos de los hombres que han asumido la presidencia de la República y con ella el honroso título de comandante supremo de las fuerzas armadas, han manipulado al ejército al grado de corromperlo en unos casos y abusar de él en otros, para alimentar sus particulares intereses políticos.

La ambición de unos y la sumisión de otros han causado desasosiego las más de las veces en el sentir popular, y han minado la moral de las tropas, que tienen por misión garantizar el bienestar social y el desarrollo armonioso de la nación. (En julio de 2003, la SEDENA, con base en la Ley Federal de Transparencia y Acceso a la Información Pública, dijo que durante los primeros tres años del actual gobierno el ejército mexicano ha registrado 48,407 deserciones. No se informó sobre los motivos y el grado de los desertores.)

Para los estrategas militares, y así está plasmado en las diferentes cátedras que se imparten en la Escuela Superior de Guerra,

> la improvisación ha sido y será siempre factor funesto que decide la suerte de ejércitos mal preparados y organizados y con ello la vida misma de una nación. Las páginas de la historia militar de México son elocuentes, en muchos casos, de este mal que se ha intentado remediar. Los miembros del instituto armado se han preocupado y han pugnado por una organización adecuada de las fuerzas armadas, buscando tener como base una doctrina de guerra definida, que encuadre con la situación del momento y en concordancia con los fines que persiga la política nacional, dentro del concierto mundial de las naciones.[4]

Sin embargo, los fines de esta doctrina militar no pueden alcanzarse cuando esa "organización adecuada de las fuerzas armadas" se ve trastocada y hasta minimizada por la dirigencia política que, como en la actualidad, no sopesa los riesgos que significa el uso y abuso de las mismas, ya sea por desconocimiento o por un afán desmedido de protagonismo.

Constitucionalmente, el presidente de la República tiene la facultad de "disponer de la totalidad de la fuerza armada permanente, o sea, del ejército, de la marina de guerra y de la fuerza aérea, para la seguridad interior y defensa exterior de la federación".[5]

Aunque la Constitución no lo menciona específicamente, el presidente se convierte en "comandante supremo de las fuerzas armadas". Sin embargo, el artículo 10º del capítulo uno, título tercero, de la Ley Orgánica del Ejército y Fuerza Aérea Mexicanos, contempla que la estructura jerárquica comprende cuatro niveles de mando: mando supremo, alto mando, mandos superiores y mandos de unidades. En el artículo 11 se dice que: "El mando supremo del ejército y fuerza aérea mexicanos corresponde al presidente de la República, quien lo ejercerá por sí o a través del secretario de la Defensa Nacional; para el efecto, durante su mandato se le denominará comandante supremo de las fuerzas armadas". En todo caso, es el propio ejército el que le confiere el nivel de mando.

Se trata, pues, de un comandante sexenal, aunque al terminar su mandato conserva una serie de privilegios, como es la vigilancia militar vitalicia. El asunto pudiera no tener mayor relevancia, a no ser porque, generalmente, el hombre que ocupa la presidencia no tiene el conocimiento necesario del papel que desempeña el ejército en la vida nacional y casi siempre usa y abusa de su "mando supremo".

A raíz del surgimiento en Chiapas del Ejército Zapatista de Liberación Nacional (EZLN) y la serie de errores cometidos por los diferentes comandantes supremos a quienes les tocó enfrentar el conflicto, en los círculos militares, sobre todo entre los generales de mayor grado, se hizo hincapié en que el ejército debía ser leal a la institución presidencial, no al hombre.

Junto con el nuevo concepto de "disciplina razonada", los militares entendieron que una subordinación o sumisión indiscriminada hacia el hombre que ocupaba temporalmente el poder civil significaba una línea muy delgada entre la lealtad y la complicidad, a pesar de que nadie, y en ningún momento, lo expresara así, más allá de los muy cerrados círculos castrenses o en pláticas privadas con personajes civiles de diversos sectores sociales. De ahí que el Constituyente haya antepuesto el Congreso de la Unión para aprobar la mayoría de las decisiones presidenciales en materia militar, como lo es la aprobación del senado al otorgamiento de grados de coronel a general y a la declaración de la guerra, entre las más importantes.

Sin embargo, el ejército no puede apartarse de la idea de que, en la medida en que apoye al gobierno en turno, en esa misma medida tendrá garantizado su desarrollo como institución.

Ejemplo y confianza

En una de sus primeras declaraciones públicas en lo que va de la presente administración, el general Vega García sostuvo que

> los militares merecemos ser ejemplo, avanzar junto con la nación, mantener la confianza de la seguridad, cumplir con nuestras misiones. La confianza es una actitud que se fortalece con los años. No se conquista de un momento a otro. Es una tarea cotidiana [...] los mexicanos que integran el ejército y fuerza aérea están conscientes de que la carrera militar es una forma de vida que implica tiempo completo, sacrificios y entrega a la patria.

Pero esa confianza, esa actitud, esa forma de vida no se han visto reforzadas, por el contrario, se han visto minadas por la incongruencia de las disposiciones presidenciales.

Una de las muchas medidas que puso en marcha Vicente Fox al inicio de su gobierno y que irritaron a las fuerzas armadas, por su celosa custodia y veneración de los símbolos nacionales, fue la adopción de la ya famosa "águila mocha" que simboliza oficialmente todos sus asuntos, incluida la difusión de los mensajes televisivos de todas las dependencias de gobierno.

La Ley sobre las Características y el Uso del Escudo, la Bandera y el Himno Nacionales previene en su artículo 5º que: "Toda reproducción del escudo nacional deberá corresponder fielmente al modelo a que se refiere el artículo 2º de esta ley", el cual plasma una muy detallada descripción del mismo. En el artículo 7º se sentencia:

> Queda prohibido el uso del escudo nacional en toda clase de papeles, tarjetas de visita, carteles, marbetes, medallas, mercancías, anuncios o en cualquier otra forma de reproducción. El escudo nacional sólo podrá figurar en el papel de las dependencias de los poderes federales y estatales, así como de las municipalidades, pero queda prohibido a los funcionarios y empleados utilizarlo para asuntos particulares. El escudo nacional sólo podrá imprimirse y usarse en la papelería oficial, por acuerdo de la autoridad correspondiente.

Pero ni el ejército ni la Secretaría de Gobernación o la Suprema Corte de Justicia de la Nación objetaron la deformación del escudo nacional cuando Fox lo convirtió en "águila mocha". Se salió del paso utilizando, al mismo tiempo y en el mismo lugar, el águila mocha y el escudo nacional.

"Nos da tristeza saber que nuestro comandante supremo no nos conoce", fue el comentario de un jefe militar comisionado en Chiapas y cuyo nombre inscribo en el privilegio del anonimato.

El malestar que priva en el ejército, como tanto se ha comentado en los medios de información, no radica tanto en las misiones que se le asignan, sino en el hecho de que quien lo ordena no tiene la menor idea de lo que hace o dice respecto del instituto armado.

Los ejércitos se preparan para la guerra, ésa es su misión histórica. Y, desde luego, quien se prepara para la guerra se prepara para la victoria, no para la derrota.

Pero el ejército mexicano —y es también voz que ya se escucha con recurrencia e indignación en todos los círculos militares— ha sido derrotado tres veces, por lo menos en lo que se refiere a Chiapas, y obligado a realizar tareas que nada tienen que ver con su formación.

Carlos Salinas lo llevó a su primera derrota cuando ordenó el cese al fuego unilateral, en el caso del conflicto armado en Chiapas; Ernesto Zedillo provocó la segunda cuando reconoció oficialmente al EZLN como "ejército"; y Vicente Fox lo venció por tercera vez al ordenarle retirarse de varios puntos en la llamada zona del conflicto chiapaneco.

De las tres, la última derrota fue la más grave, porque no sólo obligó al ejército a retirarse, sino que fortaleció a sus enemigos: revivió al encapuchado de la selva, le besó el anillo obispal a Samuel Ruiz, abrió la puerta a los agitadores internacionales y puso a los soldados a barrer las calles de Iztapalapa, seguramente para que cuando Marcos viniera a la ciudad las encontrara muy limpias.

Y esto no es nuevo. Cuando se inundó Chalco y se llamó a los soldados, un jefe militar me comentó: "Sólo eso nos faltaba: que nos mandaran a palear mierda".

Vicente Fox no se detuvo en usar y abusar de cualquier institución con tal de llevar a cabo el proyecto dogmático, populachero y descamisado de su gobierno. En el alto mando militar se dijo entonces que el ejército no se sentaría ante ninguna mesa "donde se hable mal de México, del presidente y del ejército". Palabras del general Vega García.

Los soldados comprendemos —insistió el 2 de diciembre de 2001— que uno de los principales valores de las naciones civilizadas es la confiabilidad de sus instituciones: tenemos presente que la principal fortaleza de la institución armada reside en sus valores, más que en las armas.

Y son precisamente "sus valores" los que han sido minados sin medida, al relegar a los soldados a la categoría de peones de brega por su propio comandante supremo y privilegiar a quienes durante años han violado la ley y se han burlado de la nación.

El ejército ante la sociedad

A pesar de los fuertes embates sufridos en los últimos tres años, alentados, en parte, por la mala actuación de algunos de sus miembros y el disgusto generalizado entre los militares retirados, el ejército mexicano ha sido calificado por la sociedad como la institución más confiable.

En julio de 2002, María de las Heras, una reconocida experta en materia de encuestas de opinión, preguntó a 1,030 personas mayores de 18 años de edad: "¿Qué tanta confianza tiene usted en las instituciones?". Setenta y cuatro por ciento se inclinó por confiar más en el ejército que en cualquier otra institución.

Este sentimiento social no es extraño a las fuerzas armadas. En enero de 2001, el general Vega García dijo públicamente que "el ejército y la fuerza aérea mexicanos incrementan su papel institucional en beneficio y apoyo de una sociedad cambiante, respetuosa de sus fuerzas armadas y también interesada en una mayor participación de sus militares en el bien común de los mexicanos".

Este resultado, en particular, apenas si rebasa en tres puntos la encuesta realizada en 1997 por la Agencia de Información de Estados Unidos (USIA, por sus siglas en inglés), al cuestionar telefónicamente a 1,004 residentes de la ciudad de México, Monterrey, Tijuana y Ciudad Juárez sobre el mismo tema.[6]

Otra de las respuestas que recibieron los encuestadores en julio de 2002, demostraba que la gente tenía más confianza en el soldado que en el policía. Esto es aún más explicable. Más allá de las misiones de protección civil encomendadas a las fuerzas armadas en el plan DN-III-E, hace tiempo que en cualquier caso de emergencia, incluso la explosión de un tanque de gas en una casa, la gente pregunta: "¿Dónde están los soldados?".

Pero si la sociedad confía plenamente en el ejército, el gobierno de Vicente Fox no. A pesar de que el discurso presidencial siempre ha estado preñado de alabanzas para las fuerzas armadas, las acciones contradicen los dichos.

Aun antes de ser presidente, Ernesto Zedillo se metió en problemas al autorizar los libros de texto gratuitos que culpaban al ejército de los sucesos trágicos del 2 de octubre de 1968. Vicente Fox repitió el error, pero "copeteado".

La muy conocida sentencia de que "la historia la escriben los vencedores" se volvió manido recurso en los últimos sexenios, incluido el actual, por más que su única victoria haya sido la electoral del 2 de julio de 2000.

Pero los "vencedores" de hoy sólo se han dedicado a escribir una historia a la carta que responda a sus intereses y políticas revisionistas, las cuales en nada han ayudado a la estabilidad emocional de la sociedad mexicana.

Esa búsqueda frenética de culpables roba energía y oscurece la visión a quienes recibieron el mandato popular de proyectar al país a estadios superiores de bienestar. Se insiste en gobernar con el pasado al no poder enfrentar el presente y, con ello, se pierde tiempo y oportunidades para cumplir con dicho mandato.

Se entiende que una supuesta ideología política se empeñe en apuntalar sus ideas y percepción de la historia, pero no se entiende ni es aceptable que en ese afán se lesionen las instituciones nacionales que tanto han costado al país y que, en buena parte, han ayudado a acceder al cambio democrático.

Es preocupante, por decir lo menos, que el actual gobierno se sume consciente o inconscientemente a este desgaste institucional en aras de un proyecto que no acaba por encontrar basamento en la sociedad. Esta desgastante lucha ha llevado a olvidar que la ley refuerza el poder gubernamental y regula la sociedad de acuerdo con los objetivos del Estado y la influencia de los diversos sectores de los gobernados. Atrás ha quedado también el estudio de la ley y de las instituciones creadas para ejecutarla, condición indispensable para comprender el funcionamiento de cualquier sistema social.

Así, la propia institución presidencial se demerita, día con día, arrastrando por igual a otras como el Congreso de la Unión y el ejército mexicano, garantía, cada uno en sus propias responsabilidades, del sistema democrático que debe prevalecer en la nación.

Si en su momento Ernesto Zedillo autorizó, como secretario de Educación Pública y luego presidente de la República, aquellos libros de texto gratuitos que lesionaron al ejército, Vicente Fox cometió el mismo error.

Los libros de texto gratuitos del gobierno foxista retoman el tema para decirle a los niños de primaria que Miguel de la Madrid fue un vendedor de paraestatales y devaluador de la moneda; que Carlos Salinas de Gortari privatizó la banca, TELMEX y la construcción de carreteras, puertos y líneas aéreas; que Ernesto Zedillo —siempre muy bien tratado por Fox— siguió las mismas políticas pero logró la estabilidad en el país. Todo ello en el libro *Historia de México: un enfoque analítico*, mismo que aterriza en el señalamiento de que las protestas estudiantes de 1968, surgieron de la represión gubernamental y del abandono a la educación.

Tras señalar que Gustavo Díaz Ordaz estaba desesperado porque el conflicto alcanzaba dimensiones inesperadas, la autora del análisis, Claudia Sierra Campuzano, escribe:

> Hasta que el 2 de octubre en un mitin en la Plaza de las Tres Culturas, el ejército rodeó la plaza y disparó desde todos los flancos contra miles de jóvenes. Hubo cientos de muertos y heridos, miles de detenidos. Después de la matanza comenzó la persecución y el encarcelamiento de los dirigentes estudiantiles y el movimiento se dispersó.

391

A diferencia de los libros de Zedillo, en los que "no se sabe cuántos murieron", los de Fox son más precisos al señalar que "hubo cientos de muertos y heridos, miles de detenidos". Los nuevos historiadores sí saben sumar.

Y más, estos especialistas responden, desde luego, a los lineamientos de Vicente Fox en el sentido de que este país nació el 2 de julio de 2000. "Las crisis económicas recurrentes que se vivían en el pasado y que mermaban el patrimonio familiar" han sido evitadas y se ha comprometido a un respeto absoluto a la libertad, "sin precedentes históricos", sin límites. Así lo dicen también los libros de texto.

Pero Fox insiste en olvidar que la historia es más importante que la economía, como ha quedado reiterado en el discurso militar, y que la niñez mexicana no puede ser objeto de una manipulación revisionista y lesiva.

El "enfoque analítico" que se plasma en los libros de texto de Fox responde, sin duda, a la política del "teléfono descompuesto" que priva en el gobierno. Quizá ni el propio presidente supo lo que se iba a decir en ellos. Y ni preguntarle la razón, pues puede que vuelva a decir: "¿Y yo por qué?".

Durante los días anteriores a la fatídica noche de Tlatelolco, Luis M. Farías, entonces líder de la cámara de diputados, le aconsejó al presidente Díaz Ordaz hacer una gran manifestación en contra de los estudiantes, "ya que teníamos más gente nosotros"; una manifestación al estilo de las que organizó el general Charles de Gaulle en mayo de 1968. Díaz Ordaz le contestó:

> No estamos en Francia ni soy De Gaulle. De Gaulle se salvó, pero embarrancó el sistema. Nosotros aquí tenemos que salvar antes que todo el sistema, y mi obligación fundamental estriba en realizar una campaña normal, llevar una elección en paz y entregar el mando en plena tranquilidad para que pueda estar completo.

Díaz Ordaz sí sabía decir por qué; pero las lecciones no se aprenden, ni siquiera las del pasado inmediato. Por eso, el alto mando militar no ha perdido oportunidad en recordarle a Fox que

> su elección democrática como presidente de la República no permite en nosotros cuestionar nada y nos motiva a cumplir con lealtad, como lo hemos hecho siempre, muy a pesar de que los vientos soplen cada día más fuertes, buscando desaparecer la tarea y los hechos de los hombres y mujeres que nos antecedieron en este ejército y que dieron de sí lo mejor de sus días.

La respuesta tácita al tratamiento que se dio al ejército en los libros de texto gratuitos de la era foxista llegó; tarde, pero llegó. A mediados de julio de 2003, el procurador de Justicia Militar, general Humberto López Portillo, recibió la encomienda de proponer al Congreso de la Unión que el nombre de la Universidad Nacional Autónoma de México (UNAM) figure en letras de oro "en los muros de honor del recinto parlamentario".

Durante un encuentro inédito entre autoridades militares y académicas de la UNAM, el general López Portillo dijo que

> nuestros tiempos, de comienzo de siglo, son diferentes a cuantos se hayan vivido. Nuestra patria demanda de cada uno de nosotros un compromiso. Además de las características propias de cada era, de cada generación, lo que nos ha tocado vivir representa la acumulación más formidable y voluminosa de conocimiento de la historia.

El procurador militar salió al paso de quienes se preguntan sobre la capacidad de cobertura en cuanto a las actividades de la SEDENA. "No hay sorpresa. Nuestra misión es México, nuestros intereses son los institucionales y nuestros valores son el pueblo."

Desconfianza y desdén

El discurso militar, siempre preciso y aleccionador, jamás ha encontrado receptores atentos. Su nacionalismo y reiterado compromiso con la sociedad se pierden entre el vocerío político, cuando no es desdeñado por el primer círculo del poder.

Jorge G. Castañeda, el primer miembro del "gabinetazo" en renunciar a su cargo —como secretario de Relaciones Exteriores—, no tuvo empacho en eliminar la cartilla del servicio militar nacional de los requisitos para obtener un pasaporte.

Quizá molesto porque el presupuesto de su secretaría fue reducido sustancialmente, Castañeda encontró la manera de vender más pasaportes eliminado dicho requisito.

El 10 de enero de 2002, desde Washington, el canciller anunció por televisión que a partir de ese momento ya no era necesario, para los varones entre 18 y 40 años de edad, presentar la cartilla del servicio militar nacional para obtener su pasaporte. Esta disposición había sido publicada por el *Diario Oficial de la Federación* el día anterior, bajo la firma de Vicente Fox en el "Reglamento de Pasaportes".

Castañeda debió haber convencido a Fox de que eso de la cartilla era ya una molestia que atentaba contra la "simplificación administrativa del gobierno federal" (?), y en un comunicado de prensa no tuvo recato en asegurar que se trataba de "un esfuerzo conjunto entre las secretarías de Relaciones Exteriores y de la Defensa Nacional". Así, pues, "la cartilla del servicio militar nacional ya no será un requisito para la expedición de pasaportes para varones mayores de 18 años".

De acuerdo con el comunicado de Relaciones Exteriores, en 2001, dicha dependencia expidió 506,077 pasaportes a varones mayores de 18 años. Cada pasaporte ordinario tiene un costo de 1,100 pesos. Pero hacerse de más recursos sería realmente lo menos importante en este asunto.

Mientras en el nuevo Reglamento de Pasaportes, capítulo II, sección primera, artículo 10º, se elimina la cartilla del servicio militar nacional como requisito para obtener este documento, en el artículo 20 de la Ley del Servicio Militar Nacional se apunta:

> Los funcionarios y empleados de la federación, de los estados y de los municipios deberán verificar que todos-los mexicanos que ante ellos comparezcan para la tramitación de asuntos de su competencia, hayan cumplido con las obligaciones que les impone esta Ley. En caso de que no puedan acreditarlo, deberán consignarlos a las autoridades correspondientes.

El hecho de que la cartilla del servicio militar nacional ya no sea necesaria para obtener el pasaporte hará que miles de jóvenes no cumplan con sus obligaciones militares.

Este y otro tipo de manifestaciones similares resaltan el contraste entre el sentir de la sociedad hacia el ejército y la desconfianza y el desdén que privan tanto en el gobierno como en los partidos políticos. El pueblo confía en los soldados y el gobierno desconfía de los generales.

"Los civiles nos tienen miedo porque no nos conocen", dicen los generales. Pero si en el sexenio de Ernesto Zedillo el secretario de la Defensa Nacional invitó a los legisladores a eliminar las "barreras artificiales que nos separan" y desmoronar tabúes, en el actual las barreras y los tabúes volvieron a mostrarse claramente.

En contraste, Graham H. Turbiville, Jr., observador militar extranjero y director de la Oficina de Estudios Militares Internacionales del Fuerte Leavenworth, en Kansas, Estados Unidos, comenta que el nombramiento del secretario de la Defensa Nacional, Gerardo Clemente Ricardo Vega García, "es visto como una excelente decisión que facilitará las relaciones e intercambio entre los sectores civiles y militares de México, algo muy difícil de registrar en el pasado, dada la cuasi secreta naturaleza del ejército mexicano".

Por su parte, el general Alfred A. Valenzuela, comandante del Ejército Sur de Estados Unidos, en un ensayo publicado por *Military Review*, aseguró que "los ejércitos de las Américas son los portaestandartes y son vistos como líderes en sus países particulares". En uno de los promocionales televisivos del Heroico Colegio Militar, difundido por la SEDENA, se pone énfasis en que "ser líderes es nuestra misión". Para los civiles, hay palabras que los hacen temblar. Y no sólo las palabras. Ven con cierto asombro que cada día los militares participan más activamente en diversos campos. Médicos militares trabajan en hospitales civiles, privados y públicos; ingenieros militares construyen carreteras y, en su conjunto, las fuerzas armadas se encargan de una variada gama de programas cívicos, lo que es considerado como la punta de lanza de los militares en el campo de la política.

Incluso, la intervención de las fuerzas armadas en la lucha contra el narcotráfico y su inclusión en tareas policiacas, no deja de ser criticada en forma recurrente, a pesar de que el propio gobierno reconoce como vital la participación de los soldados en estas tareas. Es obvio que si las instituciones civiles no son capaces de combatir el incontenible tráfico de drogas, el aumento de la delincuencia organizada, el levantamiento armado de grupos insurgentes y la violencia por las disputas de tierras, el gobierno no tiene más recurso que llamar a las fuerzas armadas.

Y si para los civiles la presencia de los militares en estos campos es preocupante, son ellos, los militares, quienes ven con mayor inquietud que el narcotráfico y la creciente inseguridad pública estén minando las fuerzas policiacas y contaminando las instituciones judiciales encargadas de mantener la ley.

La tendencia opositora a que los militares participen en tareas que van más allá de sus misiones estrictamente castrenses, sigue poniendo por delante el fantasma de la "militarización" de la sociedad, un riesgo que se advierte en toda su dimensión en otros países latinoamericanos, sobre todo en aquellos en los que el ejército no alcanza aún un alto grado de profesionalización.

Pero si los civiles temen a los militares por el hecho de no conocerlos, los militares tampoco tienen mucha confianza en aquéllos, sobre todo en materias tan delicadas como la seguridad nacional.

Una política adecuada en este aspecto sigue siendo la asignatura pendiente en el gobierno de Vicente Fox. El fracaso de Adolfo Aguilar Zinser como consejero de Seguridad Nacional de la Presidencia de la República y su pobre actuación al frente del Consejo de Seguridad de Naciones Unidas lesionaron, de alguna manera, las relaciones cívico-militares, lesiones que conllevan a cierta resistencia al control civil y a ignorar las políticas gubernamentales en esta materia, puesto que está demostrado que los civiles no tienen la preparación y el conocimiento necesarios para enfrentar los temas de seguridad nacional. Así, no es posible esperar que los militares profesionales sientan respeto por los funcionarios civiles, a menos que éstos tengan la misma calidad académica y práctica que ellos.

No obstante, las fuerzas armadas mexicanas no acaban de dar el estirón en cuanto a temas de seguridad internacional. A pesar de los cambios experimentados a raíz de la llegada al poder de Vicente Fox, el ejército continúa enfocando sus esfuerzos y estudios en la seguridad interior, relegando a las aulas de sus escuelas los estudios teóricos sobre sistemas de seguridad internacionales.

El Congreso de la Unión no permite que las fuerzas armadas traspasen las fronteras del país, salvo para realizar labores humanitarias en países latinoamericanos que han sufrido grandes desastres naturales. Cuando el gobierno de Estados Unidos anunció la creación del Comando Militar Norte, que al menos geográficamente incluía a México, no sólo el congreso se opuso a la participación de efectivos militares nacionales, sino que el propio secretario de la Defensa Nacional expresó, en público, su rechazo.

Al principio del gobierno foxista, el entonces secretario de Relaciones Exteriores, Jorge G. Castañeda, dijo que México estaba abierto a la posibilidad de unirse a fuerzas de paz de las Naciones Unidas en todo el mundo. "Sí, habrá una participación más activa —dijo Castañeda. Si se nos pide participar y tenemos la capacidad para hacerlo, y sentimos que puede ser útil de acuerdo con la causa, entonces consideraremos esa posibilidad."

Posteriormente el propio Vicente Fox diría que "hemos madurado lo suficiente para actuar en el mundo y tomar parte de lo que pasa, a pesar de que nos guste o no, o si esto se ajusta a nuestros intereses". Sin embargo, pese a estos pronunciamientos para participar en operaciones internacionales de paz, los militares no están preparados ni interesados en asumir estas nuevas misiones.

No obstante estas controversias entre civiles y militares, el control del poder civil sobre el poder militar es y debe ser incuestionable. Sin embargo, la preparación, el adiestramiento y la educación no debe limitarse sólo a los soldados. Es vital que los líderes civiles estudien y conozcan a fondo temas como la seguridad nacional, la defensa nacional, la estrategia militar y las misiones que se le encomiendan al ejército. En una democracia, al menos teóricamente, son los gobiernos civiles los que deben decidir cómo y cuándo usar la fuerza de los militares, y no al contrario.

En este contexto, el ejército ha abierto a los civiles las puertas de su Colegio de Defensa y Seguridad Nacionales, aunque el nivel de quienes acuden al plantel es de bajo perfil en cuanto al organigrama gubernamental. Por otra parte, la doctrina militar ha rencauzado sus metas al darle mayor importancia al papel del ejército en un sistema democrático, que va más allá del respeto a los procesos electorales y los derechos humanos.

Otro factor fundamental lo representa la conformación de puentes efectivos entre los militares y los legisladores. El general Vega García ha sido el primer secretario de la Defensa Nacional en presentarse en el congreso, al menos ante comisiones, para dialogar sobre las tareas del ejército. Sin embargo, ese puente no encontró pilotes en la conformación de la LIX Legislatura que entró en vigor en septiembre de 2003.

Conforme los funcionarios civiles participen más activamente en materias castrenses, y sean reforzadas sus instituciones de la misma forma en que se refuerzan y modernizan las instituciones militares, mejorarán de manera notable sus relaciones.

De ahí la acertada visión de Manuel Camacho Solís —ahora diputado por el PRD—, comentada capítulos atrás, cuando señala que

> al interés del ejército, que es el del Estado, y que es el de la nación mexicana, conviene salir de una visión estrecha de seguridad nacional, que más que ser un producto de una reflexión política seria, ha sido el resultado del manejo incompetente y a veces corrupto del gobierno. En una visión democrática de la seguridad nacional, los nuevos equilibrios institucionales que se necesitan fortalecerán la estabilidad y harán más responsables a los gobiernos. El ejército tendría, en una concepción así, menos presión y menos riesgos. Ésta es una situación que conoce muy bien el ejército mexicano. Entre más eficaz y legítima es la acción política, mejor es el resultado para el ejército y para acrecentar su prestigio.

El ejército ante el cambio del cambio

En 2006, México elegirá un nuevo gobierno. El poder civil cambiará de manos en un proceso a todas luces impredecible. El poder militar seguirá en su lugar, aunque al frente de los altos mandos quedará una nueva generación de generales, jefes y oficiales, con una mentalidad radicalmente diferente. Queda claro, como también lo señala Camacho Solís en el análisis de referencia, que no corresponde al ejército la labor del cambio constitucional, sino a la sociedad y a las fuerzas políticas, aunque el ejército mexicano, por su tradición y por la claridad y la honestidad de la mayor parte de sus integrantes, sí puede ver con una visión más amplia y democrática los procesos electorales y el futuro político de la nación.

A pesar de que no pocos secretarios de la Defensa Nacional consideraron, en algún momento, la idea de ser reelectos en el puesto o asumir otras responsabilidades más altas, es tradicional que el cambio en el alto mando militar se realiza sin tropiezos y con absoluta disciplina y lealtad a la institución armada.

La transmisión del mando suele darse en una ceremonia interna celebrada en uno de los fastuosos salones de la SEDENA, con la presencia de los mandos salientes y entrantes. Suele haber otro tipo de ceremonias. El 30 de noviembre de 1994, después de un vistoso desfile en el Campo Militar número 1 en honor del saliente secretario de la Defensa Nacional, general Antonio Riviello Bazán, su jefe del Estado Mayor, general Enrique Salgado Cordero, en un discurso preñado de alabanzas y reconocimientos, dijo emocionado: "Ojalá que dentro de seis años, en este día, alguien pueda expresar lo mismo respecto de quien lo sustituya en el mando. Todos los secretarios de la Defensa Nacional están obligados a superar a su antecesor. Pero no todos, ni siempre, han podido lograrlo".

Lo sustituyó el general Enrique Cervantes Aguirre, de quien, al dejar el cargo, no se sabe que haya sido objeto de una ceremonia similar. El 30 de noviembre de 2000, éste se despidió telefónicamente de aquellos que habíamos seguido de cerca su gestión. Justo a la medianoche, al entregarle el mando a su sucesor, dijo: "El general Vega García será factor fundamental en la buena marcha del país y, desde luego, de la institución castrense".

Los que se van y los que llegan

Como se mencionó antes, de los 25 generales de división actualmente en activo y con mando territorial o administrativo, casi todos pasarán a retiro, incluyendo al actual secretario de la Defensa Nacional. Sin embargo, siendo facultad del presidente de la República nombrar a los secretarios de Estado, cualquiera de ellos pudiera permanecer en activo para ocupar el cargo de secretario de la Defensa Nacional.

De los actuales generales de tres estrellas, llegarán en el servicio activo al "cambio del cambio" los siguientes:[7]

Humberto Alfonso Guillermo Aguilar, jefe del Estado Mayor de la SEDENA; Sergio López Esquer, comandante de la VI Región Militar con sede en Veracruz; Roberto Miranda Sánchez, comandante de la XI Región Militar con sede en Coahuila; Tomás Ángeles Dauahare, director del Instituto de Seguridad Social de las Fuerzas Armadas; y Guillermo Galván Galván, director de Educación Militar y rector de la Universidad del Ejército.

De estos cinco generales de división, el más joven es Roberto Miranda, de 56 años, y, desde luego, quien ha tenido mayor contacto con los civiles del primer círculo del poder, dada su condición de jefe del Estado Mayor Presidencial en el gobierno de Ernesto Zedillo (1994-2000). Ascendió a general de división precisamente en el último mes de dicha administración. El general Miranda es uno de los dos únicos jefes del Estado Mayor Presidencial que continuó en activo al terminar su mandato; el otro fue el general Miguel Ángel Godínez Bravo, quien ocupó dicho cargo en el gobierno de Carlos Salinas de Gortari y, en la actualidad, ya retirado.

Le siguen Humberto Alfonso Guillermo Aguilar, de 57 años; Sergio López Esquer, de 59; Guillermo Galván Galván y Tomás Ángeles Dauahare, de 60. Este último fue secretario particular del general Enrique Cervantes Aguirre cuando fungió como secretario de la Defensa Nacional, y su gestión se caracterizó también por sus persistentes contactos con funcionarios civiles de alto nivel.

Varios generales de brigada habrán de ascender a divisionarios en noviembre de 2003, y en los tres años siguientes comprendidos en la presente administración; en ellos recaerán los altos mandos territoriales y administrativos que habrán de estar vigentes cuando arribe el próximo gobierno.

Promoción de generales
(armas y servicios, incluidos los de la fuerza aérea mexicana)

AÑO	DIVISIÓN	BRIGADA	BRIGADIER
2000	6	28	54
2001	3	10	24
2002	4	26	23

En lo que se refiere a los generales de división, todos diplomados de Estado Mayor, el grado y la calificación necesaria para aspirar a la titularidad en la SEDENA, pasaron y pasarán a retiro en este orden:

AÑO	CANTIDAD	NOMBRE
2001	1	Rodolfo Reta Trigos
2002	5	José Ángel García Elizalde
		Mario Renán Castillo Fernández
		Enrique Tomás Salgado Cordero
		José Gómez Salazar
		Alfredo Hernández Pimentel
2003	3	Roberto Badillo Martínez
		Humberto López Portillo Leal
		José Domingo Ramírez Garrido Abreu
2004	9	Juan Heriberto Salinas Altés
		Delfino Mario Palmerín Cordero
		Ramón Rubén Arrieta Hurtado
		Fausto Manuel Zamorano Esparza
		Gastón Menchaca Arias
		Jesús Álvarez Pérez
		Rigoberto Rivera Hernández
		Abraham Campos López
		Guillermo Álvarez Nahara
2005	4	Mario Ayón Rodríguez
		Luis Pineda Orozco
		Mario Pedro Juárez Navarrete
		Felipe Bonilla Espinobarros
2006	4	Rigoberto Castillejos Adriano
		Mario López Gutiérrez
		Salvador Leonardo Bejarano López
		José Francisco Sandoval Gutiérrez

A partir de noviembre de 2003, un promedio de 130 generales de brigada contenderán por la tercera estrella, grado que deberá ser otorgado por el presidente de la República y aprobado por el senado. El artículo 7º de la Ley de Ascensos y Recompensas del Ejército y

Fuerza Aérea Mexicanos previene que los ascensos serán conferidos atendiendo conjuntamente a las siguientes circunstancias: antigüedad en el grado, aptitud profesional, buena conducta militar y civil, buena salud y capacidad física, tiempo de servicios y aprobación en los cursos de formación, capacitación, perfeccionamiento o superiores y demás que estatuya el Plan General de Educación Militar para el grado inmediato superior. (Durante la administración de Carlos Salinas de Gortari, el alto mando militar le sugirió que, en lo sucesivo, los aspirantes a ascender en el escalafón militar tuvieran como mínimo cuatro años en el grado, para evitar la desmoralización entre el personal al observar cómo había elementos que ascendían con sólo uno o dos años de antigüedad en el empleo, y en algunos casos con menos de un año.)

De acuerdo con estos lineamientos, los generales de brigada que ocupan los 30 primeros lugares en su escalafón son:

NOMBRE	FECHA DE NACIMIENTO	INGRESO AL EJÉRCITO	ÚLTIMO ASCENSO (20-XI)	MANDO (HASTA OCTUBRE DE 2003)
Raúl Orozco Sánchez	15-IX-1941	1-I-1958	1995	16ª Zona Militar de Michoacán
Luis Ángel Francisco Cabeza de Vaca	23-XI-1940	1-II-1960	1966	11ª Zona Militar de Guanajuato
Tomas Cornelio Valencia Ángeles	16-IX-1941	1-I-1958	1996	VII Región Militar de Oaxaca
Enrique Flores Luna	15-VII-1942	1-I-1958	1996	19ª Zona Militar de Veracruz
Vicente Jaime Ramírez Martínez	27-XII-1940	1-I-1958	1966	Guarnición Militar, Tecate, Baja California
Marcelino Mendoza Jardines	9-I-1942	1-I-1959	1996	32ª Zona Militar de Yucatán
José Luis Martínez Castillo	11-II-1943	1-I-1959	1996	Director de Arma Blindada
Juan Alfredo Oropeza Garnica	27-IV-1943	1-I-1959	1966	Director del Colegio de Defensa
Sergio Aponte Polito	10-I-1943	1-II-1960	1996	Director de Transportes Militares
Enrique Canovas	27-IV-1945	20-I-1961	1996	Director de Caballería

403

NOMBRE	FECHA DE NACIMIENTO	INGRESO AL EJÉRCITO	ÚLTIMO ASCENSO (20-XI)	MANDO (HASTA OCTUBRE DE 2003)
Raúl Morales Morales	25-V-1941	1-II-1960	1996	Director de Personal
Fernando Cardoso Partida	28-XII-1940	13-IV-1960	1996	15ª Zona Militar de Jalisco
Antonio Ramón Mimendi	26-VI-1944	13-I-1962	1966	Director del Servicio Militar Nacional
Julián David Rivera Bretón	9-I-1941	1-I-1959	1997	9ª Zona Militar de Sinaloa
Ramón Mejía Ramírez	21-VIII-1943	1-II-1960	1997	XII Región Militar
Manuel García Ruiz	3-X-1942	1-II-1960	1997	Director de Artillería
Bernardino Jiménez Teposteca	20-V-1941	1-I-1959	1997	Inspector del Ejército
Luis Escobar García	1-VIII-1942	1-I-1959	1997	Director de Archivo
Sergio Joel Bautista González	7-X-1942	1-II-1960	1997	29ª Zona Militar de Veracruz
Francisco Armando Meza Castro	17-II-1944	1-II-1960	1997	43ª Zona Militar de Michoacán
David Roberto Bárcena Ríos	26-XII-1941	2-III-1960	1997	Guarnición Militar de Manzanillo, Colima
Humberto Eduardo Antimo Miranda	25-III-1943	20-I-1961	1997	Presidente del Supremo Tribunal
José de Jesús H. Rodríguez Martínez	22-I-1945	20-I-1961	1997	Guarnición Militar de Cozumel, Quintana Roo
Sergio Ayón Rodríguez	2-XII-1944	13-I-1962	1997	25ª Zona Militar de Puebla
José Leopoldo Martínez Martínez	12-VII-1943	1-II-1960	1997	29ª Zona Militar de Veracruz
Fermín Rivas García	7-VII-1943	12-I-1962	1997	Subinspector general
Juan Morales Fuentes	31-I-1944	13-I-1962	1997	20ª Zona Militar de Colima
Jorge Isaac Jiménez García	25-I-1945	13-I-1962	1997	Guarnición Militar de San Luis Río Colorado, Sonora
Salvador Cienfuegos Zepeda	14-VI-1948	23-I-1964	1997	Subjefe de Doctrina Militar
Juan Hernández Ávalos	27-XII-1944	20-I-1961	1998	

De estos 30 generales, cuyas edades fluctúan entre los 55 y 62 años, tres habrán de pasar a retiro en 2003, seis en 2004, cinco en 2005 y siete en 2006, en caso de no ascender a divisionarios en su oportunidad. La edad límite para el retiro en el grado de general de brigada es de 63 años.

En este grupo, el general más joven —55 años— es Salvador Cienfuegos Zepeda, subjefe de Doctrina Militar del Estado Mayor de la Defensa Nacional, y el de mayor edad Luis Ángel Francisco Cabeza de Vaca Ávalos, quien cumplirá 63 años el 23 de noviembre de 2003.

Además de los cinco generales de división que en 2006 todavía estarán en servicio activo, de este grupo de generales de brigada habrá de surgir el próximo secretario de la Defensa Nacional, posición que en los últimos cuatro sexenios ha sido de vital importancia para el mantenimiento de la paz social y la gobernabilidad del país.

> El instituto armado es producto genuino del pueblo, de las experiencias y de los movimientos sociales que hicieron la Revolución; por esto es y será uno de los pilares que den sostén a nuestra nación. Nuestra conducta a seguir está marcada: ser el leal salvaguarda de la paz social y de las instituciones legalmente constituidas.[8]

El ejército y el poder

México ha sido, por tradición, un país militarista. En todas sus grandes revoluciones han sido los militares los que lo han forjado. En el siglo XX y los primeros años del XXI ha sido gobernado sucesivamente por diez civiles, quienes han removido de su cargo a infinidad de secretarios de Estado en sus respectivos gabinetes, pero jamás al secretario de la Defensa Nacional.

Al triunfar la Revolución, como era natural, los que tomaron el liderazgo de los puestos políticos y de la conducción del destino de la nación fueron los generales vencedores. Se continuó con este liderazgo hasta la gestión del general Ávila Camacho, quien consideró que era conveniente que la institución presidencial recayera en un civil, dejando al margen a los generales supervivientes de la Revolución. Además, estimó que la sustitución de estos últimos debía ser paulatina.

Como ha quedado dicho, algunos militares continuaron en diferentes puestos, ya sea en los gabinetes presidenciales, al frente de gobiernos estatales y en las cámaras de diputados y senadores. De cualquier manera, la presencia militar en los cargos públicos disminuyó notablemente, hasta hacerla hoy casi imperceptible.

Por eso la pregunta es insoslayable: ¿es el ejército un factor real de poder?

Si se considera la fuerza de las armas que la nación les encomienda, su organización territorial, adiestramiento constante, servicios de inteligencia, rigor académico de su sistema educativo, disciplina, vocación de servicio y acendrado nacionalismo, la respuesta tiene que ser afirmativa. A todo ello habrá que agregar el cúmulo de nuevas misiones que le ordena el poder ejecutivo, principalmente la lucha contra el narcotráfico y la delincuencia organizada a través de la inclusión de grandes agrupamientos militares en las corporaciones policiacas como la Policía Federal Preventiva (PFP), sin olvidar que los mandos de la PGR están en manos de militares en activo, empezando por el procurador Rafael Macedo de la Concha, un general de brigada.

Para los militares, "la vocación de servir se acentúa y alcanza su punto máximo cuando el conocimiento es plenamente comprendido y asimilado, y no deja lugar a dudas sobre cuál es la mejor decisión para atender a las demandas que reclaman nuestros conciudadanos", y se declaran "listos para actuar en beneficio de México, de su pueblo y de las fuerzas armadas de nuestro país".[9]

En este contexto, los jefes militares enfocan sus esfuerzos en evaluar sus propias capacidades, aptitud de liderazgo y toma de decisiones, así como en analizar situaciones sobre los campos del poder.

Educación y adiestramiento es el binomio que se ha vuelto divisa en el ejército de hoy, en la estrategia fundamental para sostener el avance de la institución armada.

> Los niveles académicos superiores se actualizan en los campos del conocimiento económico, político, social y militar, para disponer de militares profesionales, preparados, con la capacidad necesaria para investigar, planear, asesorar y ejercer el mando de grandes unidades y de toma de decisiones de alto nivel político-militar.[10]

Sin estruendo, como ha sido la línea de conducta impuesta por el alto mando militar, el ejército se prepara para cualquier contingencia, lo que para ciertos círculos del poder civil no deja de representar un fantasma impredecible. Las nuevas generaciones de líderes militares, formadas en sus más notables instituciones educativas, no tienen en su agenda el menor viso de autoritarismo o imposición anticonstitucional, y están convencidos de que su papel no es ser el brazo represor del gobierno. No están dispuestos, y así lo dicen, a pagar nuevamente facturas que no les corresponden.

Si la tropa no pregunta o cuestiona el porqué de tantas misiones que se les encomiendan, sus jefes las aceptan sin condición, pero realizan un constante análisis de la realidad nacional. Saben que uno de los recursos que puede adoptar un gobierno ante situaciones de inestabilidad o descalabro social, es el de la coerción o represión para acabar con protestas organizadas o violentas de la sociedad. Cuando un gobierno en apuros recurre a la fuerza pública para acabar con problemas de esa naturaleza, no sólo la desacredita sino que debilita más que fortalece su propia legitimidad. En contraste, cuando un gobierno tolera más allá de lo permisible actos violentos o insurrecciones de grupos armados sin emplear la fuerza pública, la sociedad cuestiona la fortaleza gubernamental y resta credibilidad a sus gobernantes, quedando en entredicho la legitimidad de los mismos.

Para los juristas militares de hoy, para los especialistas en el derecho castrense, el ejército es instrumento que el Estado ha de aplicar a los fines últimos de su supervivencia, por ser el elemento coactivo estatal por excelencia y cuya actuación es decisiva, y sólo debe de usarse del mismo cuando la razón de su intervención corresponda a la altura de la propia institución. Es el recurso extremo que si se emplea con desproporción a su esencial finalidad, sólo se logra su desprestigio e ineficacia, y cuando realmente sea necesario, se encontrará agotado e inservible. Las dictaduras que para hacer sentir su autoridad se sirven del ejército, cuando llegan al momento de su crisis ven con asombro que el ejército no existe, que lo han malempleado en objetivos impropios, que lo han degenerado en instrumento inútil para vencer el peligro que, por naturaleza, estaba llamado a dominar.[11]

Por ello, el alto mando militar ha reiterado en este gobierno que el ejército "siempre cumplió con lo que se le ordenó como razón de Estado", que "registra cómo cada gobierno hubo de encarar sus propias encrucijadas, y allí estuvo para asumirlas como propias".[12] Sin embargo, esta congruente disciplina deja abierta la puerta a varias interrogantes: ¿cómo actuarían las fuerzas armadas ante nuevas y más complejas encrucijadas? ¿Hasta qué punto los militares están dispuestos a mantener la disciplina, la lealtad y el respeto a las instituciones y al pueblo que siempre han pregonado a pesar de la mala actuación de los civiles? ¿El silencio del ejército significa acaso una forma de no verse involucrado en los errores de aquéllos?

Estas nuevas encrucijadas podrían quedar enmarcadas por los conflictos derivados de una transición incompleta a la democracia, la crisis estructural de las instituciones tradicionales, el surgimiento o resurgimiento de movimientos políticos y sociales radicales, como las incipientes organizaciones guerrilleras; la delincuencia internacional organizada (básicamente el narcotráfico); y la creciente inseguridad pública.

Otra encrucijada —aún más crítica— la representaría el hecho de que en caso de que el país cayera en el caos, las fuerzas armadas tomaran como deber salvar a la nación, o bien, que ante la reconocida debilidad de un gobierno, pudieran entrar al poder por la puerta de atrás.

Quizá por ello algunos actores sociales de la nueva realidad nacional insisten en que la creciente influencia del ejército en la arena política podría acotarse con el nombramiento de un civil al frente de la SEDENA. En América Latina cada vez son menos los países cuyos ministerios de Defensa están a cargo de un general. Incluso en Colombia y Chile son mujeres las que ocupan esa cartera.

Sea cual fuere la decisión que tome el próximo gobierno respecto de la titularidad en la Defensa Nacional, otra de las tareas primordiales del ejército será la de seguir capoteando las presiones estadunidenses para que tropas mexicanas participen en misiones multilaterales de paz. La situación del Comando Militar Norte del ejército estadunidense, en el que México quedó incluido geográficamente, volverá a hacerse presente en las relaciones defensa-defensa.

Para militares con marcada experiencia en el mando, es impostergable impulsar la actualización de las fuerzas armadas, intento que se ha bloqueado en el pasado reciente, incluso desde las más altas jerarquías del ejército. Señalan, por ejemplo, la necesidad urgente de "desmadejar el enredo" que se ha hecho entre las fuerzas públicas de seguridad —Secretaría de Seguridad Pública, Procuraduría General de la República y ejército.

De ahí que la igualmente detenida Reforma del Estado deberá incluir la modernización de las fuerzas armadas, determinada desde dentro y acorde con las directrices de los nuevos mandos militares.

Si bien desde hace tiempo el ejército no aspira al poder, es innegable que convive y tendrá que convivir en el futuro con los políticos en el poder, pues éstos, por múltiples razones, constantemente recurren al ejército para procurarse su apoyo en las tareas sociales que, a su juicio, lo ameriten.

Así, los nuevos elementos de la jerarquía militar están llamados a exigir la restructuración de las fuerzas armadas, redefinir sus funciones y señalar con claridad sus atribuciones, sobre todo las del secretario de la Defensa Nacional, trátese de un militar en activo o retirado, o, llegado el caso, de un civil.

Sana distancia

Civiles y militares guardan una *sana distancia*, le temen mutuamente al contagio y se comportan como las clásicas paralelas que corren juntas pero jamás se tocan. Esto es notorio hasta en las ceremonia militares a las que acuden tanto secretarios de Estado como líderes políticos y legislativos. Un militar jamás extiende la mano para saludar a cualquiera de ellos, a menos que éstos lo hagan primero.

Sin embargo, los civiles saben que el ejército es garantía para el fortalecimiento de la vida democrática. Esta *sana distancia* o temor al contagio sólo podrán ser superados a través de un diálogo más directo entre ambos, del cual se desprenda un control racional del poder civil sobre el poder militar, siempre y cuando los gobiernos civiles sean producto de elecciones efectivamente democráticas.

El inicio del siglo XXI y el final de la hegemonía que por más de 70 años mantuvo el PRI, deparan al ejército nuevas metas y misiones. Es indispensable una restructuración a fondo de las fuerzas armadas, sobre todo, en la administración de la justicia castrense, y una mayor atención a los militares retirados. Su posicionamiento como factor real de poder dentro del sistema político depende de ello.

A pesar del desdén hacia los militares que los partidos políticos hicieron patente en las elecciones de julio de 2003, éstos no dejan de cuestionar que por el simple hecho de serlo, los militares no puedan ser postulados a cargos de elección popular. "¿Acaso obligarán a las fuerzas armadas a tener su propio partido?"

Con la llegada al poder de un partido diferente del PRI, el ejército pasó, sin problemas, su declarada posición apartidista y apolítica, rechazando además ser un ejército para las elites. Esto le ha dado un lugar de prestigio y respeto en el interior del país y gran reputación en el exterior, especialmente en países latinoamericanos.

De alguna manera sigue siendo un misterio la forma en que los militares alcanzaron altos grados de profesionalización sin *militarizar* el sistema político mexicano. Lo mismo puede decirse de los políticos, quienes poco o nada han intervenido en asuntos de estricto carácter militar. En todo caso, ¿qué es más riesgoso: *politizar* a los militares o *militarizar* a los políticos?

En una visión externa, se responde a ello de esta forma:

las fuerzas armadas de una democracia no deben jamás constituir una amenaza para la sociedad a la cual sirven. Los modelos contemporáneos de democracia tienen a las fuerzas armadas como entidades apolíticas sujetas al liderazgo civil. Unas fuerzas armadas que reflejan la sociedad a la que sirven y comparten con ella valores e intereses, tienen menos probabilidad de representar una amenaza para esa sociedad. En contraposición, unas fuerzas armadas politizadas constituyen una amenaza para la sociedad a la cual sirven.[13]

Este alto grado de profesionalización, en contraste con la ineficacia e incapacidad de los últimos gobiernos, incluido el de Vicente Fox, que han dejado crecer los problemas estructurales del país y la inseguridad en todos sus niveles, podría ser el detonante para que los militares tuvieran, en el futuro inmediato, un papel más activo en la política y en la conducción del gobierno que actualmente ejercen los civiles, quizá atendiendo a una incuestionable encrucijada: la democracia es un bien deseable, pero la alimentación, la vivienda, la educación, la salud, la seguridad, la paz y el bienestar social son indispensables para la supervivencia de una nación.

411

NOTAS

I

[1] *Diario de los Debates de la H. Cámara de Diputados*, primero de diciembre de 1940.

[2] *Diario de los Debates de la H. Cámara de Diputados*, primero de septiembre de 1941.

[3] José C. Valadés, *Historia general de la Revolución mexicana*, Gernika, México, 1985, p. 30.

[4] Los efectivos de la Región Militar del Pacífico eran seis batallones de infantería, dos de infantería de marina, dos barcos-transporte, dos guardacostas, una compañía de ametralladoras antiaéreas y una de transmisiones. Lázaro Cárdenas, *Epistolario*, Siglo XXI, México, 1974, p. 442.

[5] José C. Valadés, *Historia general de la Revolución mexicana*, op. cit., p. 37.

[6] Salvador Novo, *La vida en México en el periodo presidencial de Miguel Alemán* (compilación de José Emilio Pacheco), Consejo Nacional para la Cultura y las Artes, México, 1994.

[7] *Diario de los Debates de la H. Cámara de Diputados*, XXXVIII Legislatura, año legislativo II, periodo extraordinario, 28 de mayo de 1942.

[8] *Enciclopedia de México*, tomo VI, México, 1978, pp. 217-218.

[9] *Ibíd.*, p. 439.

[10] El general Heriberto Jara Corona nació en Orizaba, Veracruz, en 1879 y murió en la ciudad de México en 1968. A los 19 años de edad se adhirió al Partido Liberal Mexicano (PLM), en lucha contra la dictadura de Porfirio Díaz. Participó en la huelga de la fábrica Río Blanco el 7 de enero de 1907. Se adhirió a la revolución maderista en 1910, resultando electo diputado al Congreso de la Unión. En 1913 se incorporó a las fuerzas del general Pablo González. Era entonces coronel de Caballería y fue ascendido a general brigadier en 1914. Fue gobernador y comandante militar de Veracruz en 1916, ministro de México en Cuba (1917-1920), senador de la república (1920-1924), presidente de la Comisión de Estudios de las Leyes Militares, en 1934, e inspector del ejército en 1935, presidente del Partido Nacional Revolucionario (PNR), que cambió su nombre por el Partido de la Revolución Mexicana, PRM (1939-1940), y jefe del Departamento de Marina (1944-1946). *Fuente: Enciclopedia de México.*

[11] Rodolfo Sánchez Taboada nació en el municipio de Acatzingo, Puebla, en 1895 y murió en la ciudad de México en 1955. El 10 de noviembre de 1914 ingresó al H. Colegio Militar. Combatió al zapatismo en Morelos. Por méritos en campaña fue ascendido hasta el grado de general de brigada el primero de noviembre de 1952; en 1946 fue nombrado presidente del comité del Distrito Federal del Partido Revolucionario Institucional (PRI) y el 5 de diciembre siguiente del Comité Ejecutivo Nacional. *Fuente: Enciclopedia de México.*

[12] Gabriel Leyva Velázquez nació en Los Humaytes, municipio San Ignacio, Sinaloa, el 30 de junio de 1896. Ingresó al ejército en las fuerzas de Álvaro Obregón en 1914. Fue coronel en 1917 y general brigadier en 1943. Ascendió posteriormente a general de división. *Fuente*: Secretaría de la Defensa Nacional.

[13] Alfonso Corona del Rosal nació en Ixmiquilpan, Hidalgo, el primero de junio de 1906. Egresó del H. Colegio Militar como oficial de Caballería en 1923. Fue gerente del Banco del Ejército y la Armada, diputado federal, senador, gobernador de Hidalgo, presidente del Comité Ejecutivo del Distrito Federal (1952) y del CEN del PRI (1958-1964), secretario del Patrimonio Nacional (1964-1966) y jefe del Departamento del Distrito Federal (1966-1970). *Fuente*: Secretaría de la Defensa Nacional.

[14] Guillermo Boils, *Los militares y la política en México, 1915-1974*, Instituto de Investigaciones Sociales de la Universidad Nacional Autónoma de México, México, junio de 1980.

[15] *Boletín Jurídico Militar. Órgano de Divulgación Jurídico-Militar,* Secretaría de la Defensa Nacional, tomo VII, núms. 9-10, septiembre-octubre de 1941.

[16] Artículo 89 de la Constitución Política de los Estados Unidos Mexicanos.

[17] Licenciado y capitán Felipe Galindo Hernández, "Situación legal del ejército cuando se rompe el orden constitucional", en *Boletín Jurídico Militar, op. cit.*

[18] Secretaría de la Defensa Nacional, *Ley Orgánica del Ejército y Fuerza Aérea Mexicanos.*

[19] *Ibíd.,* artículo 5º.

[20] Secretaría de la Defensa Nacional, *Análisis gráficos de la historia militar de México* (edición especial conmemorativa del LXXX aniversario de la Revolución mexicana), México, 1991.

[21] Entre 1988 y 2002, tomando en cuenta las devaluaciones y los ajustes de la moneda, 1994 fue el año en que el presupuesto militar alcanzó su mayor nivel.

[22] David F. Rondfelt, *The Modern Mexican Military. A Reassessment,* Center for U.S.-Mexican Studies, University of California, San Diego, 1984.

[23] Víctor Chávez, *El Financiero,* 15 de abril de 1997.

[24] *Revista del Ejército y Fuerza Aérea Mexicanos,* época III, año 25, septiembre de 1993.

[25] *El Economista,* 16 de abril de 1966.

[26] Secretaría de la Defensa Nacional.

II

[1] *El Universal,* 2 de diciembre de 1946.

[2] Secretaría de la Defensa Nacional, *Anales gráficos de la historia militar de México,* México, 1991.

[3] *Ídem.*

[4] José C. Valadés, *Historia general de la Revolución mexicana,* tomo 10, Gernika, México, 1985, p. 124.

[5] Fernando Gutiérrez Barrios, *Diálogos con el hombre, el poder y la política* (compilación de Gregorio Ortega), Planeta, México, 1995, p. 16.

[6] *Diario de los Debates de la H. Cámara de Diputados,* primero de diciembre de 1946.

[7] Véase la tabla I.

[8] Miguel Alemán Velasco, *Si el águila hablara,* Diana, México, 1996.

[9] *El Universal,* 21 de septiembre de 1951.

[10] Miguel Alemán Valdés "fue el primer presidente civil que cumplió un mandato constitucional completo. Sus predecesores civiles después de 1914 habían sido Portes Gil, que fue interino, y Ortiz Rubio, que renunció". Mauricio González de la Garza, *Última llamada,* Editores Asociados Mexicanos, México, 1981.

[11] Mauricio González de la Garza, *Última llamada, op. cit.*

[12] En el pasado reciente varios países latinoamericanos fueron gobernados por militares: Argentina (1976-1982), Brasil (1964-1984), Perú (1968-1985), Uruguay (1973-1985), Guatemala (1954-1986) y Chile (1973-1990). Bolivia experimentó 182 golpes militares en los últimos 169 años, mientras que Venezuela sufrió dos intentos de golpe militar en 1992.

[13] La Junta Interamericana de Defensa fue creada en 1942 con el propósito de estudiar y recomendar medidas para la defensa del hemisferio durante la segunda guerra mundial. Lleva a cabo un programa académico a través del Colegio Interamericano de Defensa.

[14] Adolfo Aguilar Zinser fue nombrado consejero presidencial de Seguridad Nacional por Vicente Fox al asumir éste la presidencia el primero de diciembre de 2000. Posteriormente fue designado representante de México ante el Consejo de Seguridad de la Organización de las Naciones Unidas.

[15] *El Universal,* 19 de julio de 1958.

[16] *El Universal,* 29 de marzo de 1959, nota de Guillermo Hewett Alva.

[17] Relatado a Fernando Heftye, en *Adolfo López Mateos por Justo Sierra*, Litoarte, México, s/f.

[18] Secretaría de la Defensa Nacional, *Anales gráficos de la historia militar de México, op. cit.*

[19] Marcelino García Barragán nació el 2 de junio de 1895, en Cuautitlán, Jalisco. Inició su carrera militar al incorporarse a la Brigada Juárez, dependiente de la División del Norte, con el grado de subteniente. El 15 de mayo de 1915 se incorporó al Ejército Constitucionalista. Durante su carrera militar participó en más de 50 hechos de armas. En 1921 ingresó al Heroico Colegio Militar como oficial en Instrucción. Ascendió por riguroso escalafón hasta el grado de general de división. Se desempeñó como director del Heroico Colegio Militar de 1941 a 1942, durante el gobierno de Manuel Ávila Camacho. Fue el primer cadete en la etapa de 1920 a 1973 en ocupar el puesto de secretario de la Defensa Nacional. Gobernó el estado de Jalisco; fue además director general de Personal, agregado al Estado Mayor Presidencial; comandante de la 17ª Zona Militar, y secretario de la Defensa Nacional del primero de diciembre de 1964 al 30 de noviembre de 1970. Falleció el 3 de septiembre de 1979 en su estado natal. *Fuente*: Secretaría de la Defensa Nacional.

[20] Luis Gutiérrez Oropeza, *Gustavo Díaz Ordaz. El hombre, el político, el gobernante*, 12 de marzo de 1986.

[21] Juan Arévalo Gardoqui nació en la ciudad de México, el 23 de julio de 1921. En 1940 ingresó al Heroico Colegio Militar para egresar en 1943 como subteniente de Caballería. Ingresó a la Escuela Superior de Guerra en 1947 y se graduó tres años después adquiriendo el carácter de diplomado de Estado Mayor. Ascendió por riguroso escalafón hasta el grado de general de división. Formó parte del equipo de trabajo del presidente Adolfo López Mateos, quien le confirió varias misiones en El Salvador, Estados Unidos, Canadá y varios países de Europa. A lo largo de su trayectoria militar ocupó varios cargos importantes, entre los que sobresalen los de director general de Caballería y comandante de la 1ª y 5ª Zonas Militares. En 1982 fue nombrado secretario de la Defensa Nacional, cargo que ocupó hasta el 30 de noviembre de 1988. Como tal, apoyó el desarrollo de la industria militar con la fabricación de nuevo armamento, vestuario y equipo, e implementó el plan DN-III-E para el auxilio de la población en casos de desastre. Falleció el 4 de mayo de 2000, en la ciudad de México. *Fuente*: Secretaría de la Defensa Nacional.

[22] *El Universal*, 20 de septiembre de 1985.

[23] Félix Galván López nació en Valle de Santiago, Guanajuato, el 19 de enero de 1913. En 1930 ingresó al Heroico Colegio Militar a la edad de 19 años, del cual egresó como subteniente de Caballería. Fue agregado militar en la embajada de México en Estados Unidos durante el gobierno de Miguel Alemán Valdés. Obtuvo sus ascensos por riguroso escalafón hasta llegar a general de división el 20 de noviembre de 1970. Con este grado fungió como comandante de la 5ª, 6ª y 16ª Zonas Militares. El primero de diciembre de 1976 fue designado secretario de la Defensa Nacional, cargo que ocupó hasta el 30 de noviembre de 1982. Durante su gestión apoyó los deportes ecuestres, mejorando la producción equina en los criaderos militares y la capacidad de jinetes y equipos tanto en el medio civil como el militar. Falleció el 10 de agosto de 1988 y sus restos fueron inhumados en la ciudad de Chihuahua, Chihuahua. *Fuente*: Secretaría de la Defensa Nacional.

[24] José López Portillo, *Mis tiempos. Biografía y testimonio político*, Fernández Editores, México, 1988.

[25] Gloria Fuentes, *El ejército mexicano*, Grijalbo, México, 1983, pp. 307-308.

[26] La Escuela Superior de Guerra fue creada en 1932.

[27] Antonio Riviello Bazán nació el 21 de noviembre de 1926, en la ciudad de México. Ingresó al Heroico Colegio Militar, en julio de 1942, como cadete numerario y egresó como subteniente de Infantería. Realizó satisfactoriamente el curso de mando y estado mayor general, adquiriendo el carácter de diplomado de Estado Mayor en enero de 1953, y el título de licenciado en administración militar. Ascendió por riguroso escalafón hasta el grado de general de división. A lo largo de su carrera ocupó diversos cargos, entre los que destacan: subdirector del Heroico Colegio Militar, comandante de la 21ª y 25ª Zonas Militares; inspector general del ejército y fuerza aérea mexicanos

(en dos ocasiones), agregado militar y aéreo en la embajada de México en España y comandante del I Cuerpo de Ejército del Centro. Se desempeñó como secretario de la Defensa Nacional del primero de diciembre de 1988 al 30 de noviembre de 1994. Durante su gestión en el instituto armado continuó con la lucha contra el narcotráfico, apoyó a la población civil en casos de desastre y sobre todo modernizó el parque vehicular y el equipo del ejército y fuerza aérea mexicanos. Además se terminó con los préstamos y demás actos de corrupción entre el personal de tropa y se construyó un gran número de instalaciones para el ejército y fuerza aérea. Se edificaron también 12,200 casas habitacionales destinadas a generales, jefes, oficiales y tropa. Recibió condecoraciones de los gobiernos de España, Venezuela, Guatemala, Estados Unidos y Honduras. Entre las menciones honoríficas que se le confirieron destaca la otorgada el 4 de septiembre de 1962, por parte del Estado Mayor de la Defensa Nacional, por su participación en la sofocación del movimiento subversivo desarrollado por elementos llamados "gasquistas" en Veracruz y Puebla (19ª Zona Militar en Tuxpan, Veracruz), siendo subjefe del Estado Mayor. Actualmente funge como asesor del secretario de la Defensa Nacional. *Fuente*: Secretaría de la Defensa Nacional.

[28] Discurso pronunciado en la ceremonia de la Marcha de la Lealtad, 9 de febrero de 1994.

[29] Discurso pronunciado el 3 de diciembre de 1988, durante el desayuno que el ejército ofreció a Carlos Salinas de Gortari en las instalaciones del Heroico Colegio Militar.

[30] Antonio Riviello Bazán, *Mensajes. Discursos pronunciados por el C. General Antonio Riviello Bazán durante su gestión como secretario de la Defensa Nacional, 1988-1994*, Impresiones Aries al Instante, México, s/f.

[31] Enrique Cervantes Aguirre, discurso pronunciado con motivo del día del ejército, 19 de febrero de 1995.

[32] Enrique Cervantes Aguirre, discurso pronunciado en la conmemoración de la Marcha de la Lealtad, 9 de febrero de 1998.

[33] Desayuno ofrecido por el ejército al presidente Vicente Fox en las instalaciones del Heroico Colegio Militar, 2 de diciembre de 2000.

[34] General Gerardo Ricardo Clemente Vega García, discurso pronunciado en la conmemoración de la Marcha de la Lealtad, 9 de febrero de 2001.

[35] Día del ejército, 19 de febrero de 2002.

[36] *Novedades*, 21 de mayo de 2000.

[37] La mesa directiva del grupo parlamentario del PRD estaba integrada como sigue: Porfirio Muñoz Ledo, coordinador general; Pablo Gómez Álvarez, vicecoordinador general; Angélica de la Peña Gómez, vicecoordinadora de Gobierno Interior: Dolores Padierna Luna, vicecoordinadora de Política Económica; Laura Itzel Castillo Juárez, vicecoordinadora de Desarrollo y Medio Ambiente; Felipe Rodríguez Aguirre, vicecoordinador de Política Social; Demetrio Sodi de la Tijera, vicecoordinador de Reforma del Estado y Seguridad Nacional; Jesús Martín del Campo, vicecoordinador de Proceso Legislativo; Antonio Soto Sánchez, vicecoordinador de Integración Parlamentaria, y Carlos Heredia Zubieta, vicecoordinador de Relaciones Internacionales.

[38] Raúl Fuentes Aguilar, *Cultura castrense. Bibliografía del ejército y fuerza aérea mexicanos*, Secretaría de la Defensa Nacional, Taller Autográfico del Estado Mayor, México, 1999, p. 23.

[39] Alfonso Corona del Rosal, *Moral militar y civismo*, Secretaría de la Defensa Nacional, Taller Autográfico del Estado Mayor, México, 1996, p. 215.

III

[1] *Revista del Ejército y Fuerza Aérea Mexicanos*, noviembre de 1971.

[2] El 20 de noviembre de 2001, se realizó la primera promoción en el gobierno de Vicente Fox. Alcanzaron el generalato 37 elementos: tres ascendieron a general de división; diez a general de

brigada y 24 a general brigadier, entre ellos una mujer, la cirujano dentista Gloria Virginia Ramírez Pérez. *Fuente*: Secretaría de la Defensa Nacional.

[3] Secretaría de la Defensa Nacional, "El ejército y la fuerza aérea mexicanos, su evolución y retos del siglo XXI", septiembre de 1998.

[4] La Primera Conferencia de Ministros de Defensa de las Américas se llevó a cabo en 1995 en Williamsburg, Estados Unidos. Le siguieron las celebradas en Bariloche, Argentina (1996), Cartagena, Colombia (1998), Manaos, Brasil (2000) y Santiago de Chile (2002).

[5] U.S. Defense Security Assistance Agency (Department of Defense), 1996.

[6] William Perry, "Puentes sólidos hacen buenos vecinos", en *Joint Force Quarterly*, mayo de 1996.

[7] *El Universal*, 10 de septiembre de 2002.

[8] *Ídem.*

[9] *Military Review*, septiembre-octubre de 2002.

[10] Robin C. Bedingfield, *El ejército mexicano y la transición política*, tesis de maestría de la Escuela Naval de Posgrado, Monterey, 1999.

IV

[1] *Diario de los Debates de la H. Cámara de Diputados*, primero de diciembre de 1958.

[2] *Ídem.*

[3] *El Universal*, 7 de mayo de 1952.

[4] *El Universal*, 7 de julio de 1952.

[5] *Diario de los Debates de la H. Cámara de Diputados*, primero de diciembre de 1964.

[6] *Diario de los Debates de la H. Cámara de Diputados*, primero de diciembre de 1970.

[7] *Diario de los Debates de la H. Cámara de Diputados*, primero de diciembre de 1976.

[8] *Diario de los Debates de la H. Cámara de Diputados*, primero de diciembre de 1982.

[9] *Diario de los Debates de la H. Cámara de Diputados*, primero de diciembre de 1988.

[10] *Diario de los Debates de la H. Cámara de Diputados*, primero de diciembre de 1994.

[11] *Diario de los Debates de la H. Cámara de Diputados*, primero de diciembre de 2000.

[12] Desayuno ofrecido al presidente de la República en el Heroico Colegio Militar, 3 de diciembre de 1988.

[13] Ceremonia del día del ejército, 19 de febrero de 1999.

[14] Discurso del presidente Vicente Fox en el Campo Militar número 1, durante la conmemoración del día del ejército, 19 de febrero de 2001.

[15] José López Portillo, *Mis tiempos. Biografía y testimonio político*, Fernández Editores, México, 1988, p. 974.

[16] General Antonio Riviello Bazán, secretario de la Defensa Nacional, durante la ceremonia de la Marcha de la Lealtad, 9 de febrero de 1994.

[17] General Antonio Riviello Bazán, secretario de la Defensa Nacional, en el desayuno ofrecido al presidente de la República con motivo del sexto informe de gobierno, 3 de noviembre de 1994.

[18] Ernesto Zedillo Ponce de León, durante el desayuno ofrecido por las fuerzas armadas en el Heroico Colegio Militar, 3 de diciembre de 1994.

[19] General Enrique Cervantes Aguirre, LXXXII aniversario de la Marcha de la Lealtad, 9 de febrero de 1995. La Marcha de la Lealtad conmemora aquella que el 9 de febrero de 1913 realizaron los cadetes del Heroico Colegio Militar al escoltar al presidente Francisco I. Madero desde el Castillo de Chapultepec hasta Palacio Nacional. En esa ocasión, Madero se dirigió a los cadetes con esta arenga: "Jóvenes cadetes: unos cuantos mexicanos, militares y civiles, se han sublevado esta madrugada contra mi gobierno. En estos momentos la situación ha sido dominada por el pundonoroso

general Lauro Villar, comandante de la Guarnición; el Palacio Nacional está en poder de tropas leales; ustedes, herederos de las más puras y nobles tradiciones de lealtad a las instituciones legalmente constituidas, van a escoltarme en columna de honor hasta Palacio Nacional, para demostrar al pueblo capitalino que hemos triunfado derrotando a los infieles y desleales".

[20] General Enrique Cervantes Aguirre, secretario de la Defensa Nacional, durante la conmemoración del día del ejército, 19 de febrero de 1995.

[21] Ernesto Zedillo Ponce de León, día del ejército, 19 de febrero de 1995.

[22] *La Jornada*, 13 de febrero de 1995.

[23] General Enrique Cervantes Aguirre, secretario de la Defensa Nacional, durante la conmemoración del día del ejército, 19 de febrero de 1999.

[24] Secretaría de la Defensa Nacional, informe de labores, 1998-1999, presentado al Congreso de la Unión.

[25] *Milenio-Diario*, 20 de julio de 2002.

[26] *El Universal*, 21 de julio de 2000.

[27] Francisco Garfias, *Milenio-Diario*, 6 de octubre de 2000.

[28] *Revista del Ejército y Fuerza Aérea Mexicanos*, época III, año 94, diciembre de 2000.

V

[1] Al general Urquizo le correspondió dar la bienvenida en México al general Dwight D. Eisenhower, jefe de las fuerzas aliadas que vencieron en la segunda guerra mundial, el 15 de agosto de 1946. Secretaría de la Defensa Nacional, *Anales gráficos de la historia militar de México*, México, 1991.

[2] General Marco Antonio Guerrero Mendoza, director de la Escuela Superior de Guerra, 1980.

[3] José López Portillo, *Mis tiempos. Biografía y testimonio político*, Fernández Editores, México, 1988, primera parte, p. 474.

[4] *Ibíd.*, p. 668.

[5] *Ibíd.*, p. 897.

[6] *Ibíd.*, p. 900.

[7] Enrique Cervantes Aguirre nació en la ciudad de Puebla, el 20 de enero de 1935. En 1952 ingresó como cadete al Heroico Colegio Militar, donde tres años después se graduó como subteniente de Artillería. Como teniente realizó el curso de estado mayor general en la Escuela Superior de Guerra, adquiriendo el carácter de diplomado de Estado Mayor en diciembre de 1962. Fue ayudante del agregado militar y aéreo en la embajada de México en Washington, D.C., del primero de mayo de 1968 al 31 de julio de 1970; agregado militar y aéreo en la embajada de México en España del primero de diciembre de 1978 al 15 de febrero de 1980; director del Heroico Colegio Militar del primero de marzo de 1980 al 31 de diciembre de 1982; comandante de la 31ª Zona Militar y VII Región Militar en Chiapas del 16 de enero de 1983 al 15 de marzo de 1985; comandante de la 7ª Zona Militar y IV Región Militar en Tamaulipas del 16 de marzo de 1985 al primero de abril de 1986; agregado militar y aéreo en la embajada de México en Estados Unidos del primero de abril de 1986 al primero de mayo de 1988; comandante de la 1ª Zona Militar y I Región Militar en el Distrito Federal del 16 de mayo al 30 de noviembre de 1988; jefe del Departamento de la Industria Militar, que posteriormente cambió de denominación a Dirección General de Fábricas de la Defensa Nacional, del primero de diciembre de 1988 al 30 de noviembre de 1994; secretario de la Defensa Nacional del primero de diciembre de 1994 al 30 de noviembre de 2000. Actualmente es asesor del secretario de la Defensa Nacional. *Fuente*: Secretaría de la Defensa Nacional.

[8] Gerardo Clemente Ricardo Vega García nació el 28 de marzo de 1940, en Puebla, Puebla. Ingresó al ejército el primero de enero de 1957. Tres años después ingresó al Heroico Colegio Mili-

tar, de donde egresó como subteniente, en 1963. Entre sus primeras comisiones se desempeñó como oficial subalterno en el 32º Batallón de Infantería en Guerrero y en el 55º Batallón de Infantería en Quintana Roo. Ya como capitán fue asignado al 13º Batallón de Infantería en el Puerto de Veracruz y al 15º Regimiento de Caballería en Sarabia, Guanajuato. Con el grado de mayor se desempeñó como jefe de Instrucción en el 13º Batallón de Infantería. Fue comandante del 11º Batallón de Infantería en Mérida, Yucatán, y del 17º en Villahermosa, Tabasco.

Asimismo, se desempeñó como agregado militar y aéreo adjunto de la embajada de México en la exUnión de Repúblicas Socialistas Soviéticas. Fue jefe de Estado Mayor de la 19ª Zona Militar en Tuxpan, Veracruz; subdirector del Colegio de Defensa Nacional; director del Colegio de Defensa Nacional; jefe de Estado Mayor de la 28ª Zona Militar en Ixcotel, Oaxaca; comandante de la 34ª Zona Militar en Chetumal, Quintana, Roo; comandante de la 5ª Zona Militar en Chihuahua, Chihuahua; subjefe de Doctrina Militar del Estado Mayor de la Secretaría de la Defensa Nacional; director general de Educación Militar y rector de la Universidad del Ejército y Fuerza Aérea; y comandante de la I Región Militar con sede en la ciudad de México. Se desempeñó como responsable de la preparación, coordinación y caracterización del CL aniversario de la Gesta Heroica de los Niños Héroes de Chapultepec, realizada en las instalaciones del Heroico Colegio Militar el 13 de septiembre de 1997. Del 2 al 20 de febrero de 1999 fungió como comandante del Primer Agrupamiento de Adiestramiento del 4º y 5º niveles del Centro Nacional de Adiestramiento, siendo ésta la primera ocasión en que se llevó a cabo este tipo de ejercicios. Fue designado comandante de la Columna de Desfile que se realizó el 16 de septiembre de 2000 (cumpliéndose una vez más la tradición de que quien ocupa ese mando es nombrado secretario de la Defensa Nacional). Del 30 de noviembre al 7 de diciembre de 1976 se trasladó a la República de Cuba con el fin de asistir a la conmemoración del XX aniversario del desembarco del *Granma* y la creación de las fuerzas armadas revolucionarias de ese país, invitado por el comandante de división Raúl Castro Ruz, ministro de las Fuerzas Armadas de Cuba. Del 5 al 7 de abril de 1981 se trasladó al Fuerte Bliss, Texas, Estados Unidos, con el objeto de observar el ejercicio ESTRELLA 81, invitado por el jefe del Estado Mayor del ejército estadunidense. Del 9 al 10 del mismo mes visitó el Fuerte Leavenworth, Kansas, Estados Unidos, para observar diversos juegos de guerra. El 22 de abril de 1996 se trasladó a Belice, con el objeto de entrevistarse con el comandante de las fuerzas armadas de ese país e intercambiar información y puntos de vista sobre problemas comunes. Del 20 al 25 de abril de 1997 realizó una visita a los Fuertes Irwin, California, y Polk, Los Angeles, Estados Unidos. Del 27 de febrero al 4 de marzo de 2000 se trasladó a la Agregaduría de Defensa Militar y Aérea en la embajada de México en Estados Unidos, en comisión oficial de la Secretaría de la Defensa Nacional, con el objeto de visitar al V Ejército de ese país. Es autor de una de las obras más completas sobre seguridad nacional, titulada *Seguridad nacional. Concepto, organización y método*. Fue secretario de la Defensa Nacional durante el periodo 2000-2006. *Fuente*: Secretaría de la Defensa Nacional.

[9] General Gerardo Clemente Ricardo Vega García, día del ejército, 19 de febrero de 2002.

[10] Adolfo Aguilar Zinser fue nombrado por Fox consejero presidencial de Seguridad Nacional, puesto que no tenía fundamento jurídico alguno. Meses después se fue a Nueva York como embajador de México ante el Consejo de Seguridad de la Organización de las Naciones Unidas.

[11] Quinta Conferencia de Ministros de Defensa de las Américas, 18-22 de noviembre de 2002. Santiago de Chile.

[12] Jesús Blancornelas, *Biebrich. Crónica de una infamia*, Edamex, México, 1978.

[13] Ya como general retirado, Francisco Arellano Noblecía fue designado por Vicente Fox como coordinador de Fuerzas Federales de Apoyo de la Policía Federal Preventiva.

[14] Hermenegildo Cuenca Díaz nació el 13 de abril de 1902, en la ciudad de México. Ingresó al Heroico Colegio Militar en enero de 1920. Sus ascensos hasta general de división le fueron confe-

419

ridos por méritos en campaña. Concurrió a varias operaciones militares durante los años de 1923, 1926, 1929, 1934 y 1938, acreditándosele más de 56 hechos de armas, habiendo resultado heridos en dos ocasiones. Durante la primera etapa de la segunda guerra mundial fue designado oficial de Enlace entre la Región Militar del Golfo de México y el Cuartel General del III Ejército en Fort Sam Houston, San Antonio, Texas. Fue jefe del Servicio de Inteligencia de la Presidencia de la República, del Estado Mayor en la 3ª División de Infantería y del Estado Mayor de la Secretaría de la Defensa Nacional; senador por Baja California; y secretario de la Defensa Nacional, del primero de diciembre de 1970 al 30 de noviembre de 1976. Falleció en Tijuana, Baja California, el 18 de mayo de 1977. *Fuente*: Secretaría de la Defensa Nacional.

[15] Secretaría de la Defensa Nacional.

[16] El general Gilberto R. Limón nació el 15 de marzo de 1895 en Álamos, Sonora. Fue jefe del Estado Mayor de la 1ª Columna Expedicionaria del Noroeste en Chihuahua y de la Guarnición de la Plaza de Córdoba, Veracruz; subjefe del Departamento de Infantería; jefe del Regimiento de Guardias Presidenciales; comandante del Cuerpo de Guardias Presidenciales; director del Colegio Militar; jefe del Departamento de Establecimientos Fabriles y Aprovisionamientos Militares; director general de Educación Militar; subsecretario de la Defensa Nacional y secretario de la misma del primero de diciembre de 1946 al 30 de noviembre de 1952, e inspector de Agregadurías Militares en Europa. Tomó parte en las campañas contra huertistas, zapatistas, villistas, yaquis, delahuertistas, cristeros e infidentes escobaristas. Falleció el 25 de noviembre de 1988. *Fuente*: Secretaría de la Defensa Nacional.

[17] José C. Valadés, *Historia general de la Revolución mexicana*, t. X, Gernika, México, 1985, pp. 130-131.

[18] El general Matías Ramos Santos nació el 24 de febrero de 1891 en San Salvador, Zacatecas. El 18 de marzo de 1911 se incorporó a las fuerzas revolucionarias del ejército libertador maderista al mando del entonces capitán Gertrudis G. Sánchez, en las que causó alta como soldado. Obtuvo los grados de cabo hasta general de división, por rigurosa escala jerárquica, debido a sus méritos en campaña. Combatió contra federales, villistas, orozquistas, delahuertistas y estradistas, comprobando su participación en 65 hechos de armas. Entre los principales cargos militares que ocupó destaca su actuación como titular de la Jefatura de Operaciones Militares de Zacatecas, así como de las 5ª, 9ª, 17ª, 22ª y 26ª; comandante de la 7ª, 10ª, 12ª, 18ª, 22ª y 27ª Zonas Militares y de la IX Región Militar; oficial mayor de la Secretaría de la Defensa Nacional; subsecretario de la Defensa Nacional, del primero de junio de 1929 al 10 de agosto de 1930; y secretario del ramo del primero de diciembre de 1952 al 30 de noviembre de 1958. Los principales cargos públicos que desempeñó fueron: presidente del Comité Ejecutivo Nacional del Partido Nacional Revolucionario; diputado propietario al Congreso de la Unión por Zacatecas; y gobernador del mismo estado. Falleció en la ciudad de México el 4 de marzo de 1962. *Fuente*: Secretaría de la Defensa Nacional.

[19] José C. Valadés, *Historia general de la Revolución mexicana*, op. cit., pp. 245-249.

[20] El general Agustín Olachea Avilés nació el 3 de septiembre de 1880, en el rancho San Venancio, municipio de Todos Santos, Baja California. Se incorporó como soldado a la revolución constitucionalista el primero de marzo de 1913. Obtuvo por riguroso escalafón todas las jerarquías hasta llegar a general de división. Desempeñó los siguientes cargos: jefe de la 3ª Jefatura de Operaciones, gobernador del distrito sur de Baja California, jefe de la 2ª Jefatura de Operaciones Militares, comandante de la 3ª, 13ª y 15ª Zonas Militares y secretario de la Defensa Nacional del primero de diciembre de 1958 al 30 de noviembre de 1964. Participó en las campañas de 1913 y 1919 contra Huerta y Villa y en las de 1923 y 1924 contra De la Huerta, sumando un total de 97 hechos de armas. Fue presidente del Comité Ejecutivo Nacional del Partido Revolucionario Institucional del 26 de abril de 1958 al 30 de noviembre de 1958. Falleció en La Paz, Baja California Sur, el 13 de abril de 1973. *Fuente*: Secretaría de la Defensa Nacional.

[21] *Revista del Ejército y Fuerza Aérea Mexicanos*, mayo de 1946, pp. 66-70.

[22] Stephen J. Wager, "The Mexican Military Approaches the 21st Century: Coping with a New World Order", en *Strategic Studies Institute*, 21 de febrero de 1994.

[23] *Enciclopedia de México*, t. V, México, 1978, p. 355.

[24] Roberto Fierro Villalobos, *Ésta es mi vida*, Talleres Gráficos de la Nación, México, 1964, pp. 378-379.

[25] Luis Gutiérrez Oropeza, *Gustavo Díaz Ordaz. El hombre, el político, el gobernante*, 12 de marzo de 1986.

[26] General Gerardo Clemente Ricardo Vega García, secretario de la Defensa Nacional, durante la conmemoración del día del ejército, 19 de febrero de 2002.

[27] General Gerardo Clemente Ricardo Vega García, secretario de la Defensa Nacional, durante el desayuno ofrecido por las fuerzas armadas al presidente Vicente Fox, 2 de diciembre de 2000.

[28] Secretaría de la Defensa Nacional, *Mando militar*, Taller Autográfico, México, 1996, p. 12.

[29] General Enrique Cervantes Aguirre, secretario de la Defensa Nacional, durante la ceremonia de la Marcha de la Lealtad, 9 de febrero de 2000.

VI

[1] *Proceso*, núm. 913, 2 de mayo de 1994.

[2] *Revista del Ejército y Fuerza Aérea Mexicanos*, marzo de 2000.

[3] *Revista Fuerzas Armadas y Seguridad Nacional*, enero de 2000.

[4] "México y Canadá ante la seguridad continental. Visiones encontradas", en *Foreign Affairs* (edición en español), otoño-invierno de 2002.

VIII

[1] General de brigada diplomado de Estado Mayor Domiro Roberto García Reyes.

[2] General Antonio Riviello Bazán, secretario de la Defensa Nacional, durante el desayuno ofrecido el 24 de enero de 1994, a generales de división retirados, en el Club de Oficiales de la Villa Ecuestre del Estado Mayor de la Secretaría de la Defensa Nacional.

[3] Joaquín López-Dóriga y Jorge Fernández Menéndez, *Domiro*, Rayuela Editores, México, 1996.

[4] El general de brigada Roberto Domiro García Reyes nació en Poza Rica, Veracruz, el 7 de agosto de 1945. Egresó del Heroico Colegio Militar y se licenció en administración militar en la Escuela Superior de Guerra (1978-1981). Ingresó al PRI en 1973. Desempeñó el cargo de coordinador de giras de campaña presidencial de Carlos Salinas de Gortari (1987-1988). Fue ayudante del presidente de la República (1974-1976) y jefe de ayudantes del Estado Mayor Presidencial (1976-1978). A partir de entonces ocupó varios cargos en el Estado Mayor Presidencial, el último de los cuales fue cuidar de la seguridad de Luis Donaldo Colosio cuando éste fue candidato presidencial.

[5] Alfredo Joyner, *Milenio-Diario*, 14 de diciembre de 2000.

IX

[1] General Gerardo Clemente Ricardo Vega García, secretario de la Defensa Nacional, durante la conmemoración de la Marcha de la Lealtad, 9 de febrero de 2003.

[2] General Gerardo Clemente Ricardo Vega García, secretario de la Defensa Nacional, durante la conmemoración del día del ejército, 19 de febrero de 2003.

[3] Presidente Vicente Fox Quesada, discurso pronunciado durante la conmemoración del día del ejército, 19 de febrero de 2003.

[4] Escuela Superior de Guerra, *Nociones de estrategia*, t. II, capítulo VII, Biblioteca del Oficial Mexicano, Secretaría de la Defensa Nacional, Universidad del Ejército y Fuerza Aérea, México, 1980.

[5] Artículo 89, fracción VI de la Constitución Política de los Estados Unidos Mexicanos.

[6] United States Information Agency, Briefing Paper No. B-82-97, Washington, D.C., 20 de octubre de 1997.

[7] Cargos hasta noviembre de 2003.

[8] *Revista del Ejército y Fuerza Aérea Mexicanos*, agosto de 1998.

[9] General de brigada Jorge Alberto Cárdenas Cantón, director de la Escuela Superior de Guerra, durante la ceremonia de graduación, 26 de julio de 2003.

[10] *Revista del Ejército y Fuerza Aérea Mexicanos*, enero de 1999.

[11] "Concepto y contenido del derecho castrense", ponencia dictada por el teniente coronel de Justicia Militar y licenciado Eduardo Enrique Gómez García durante el congreso nacional El Fuero de Guerra. Su Constitucionalidad, julio de 1999.

[12] General Gerardo Clemente Ricardo Vega García, secretario de la Defensa Nacional, durante la conmemoración del día del ejército, 19 de febrero de 2002.

[13] Robert D. Winston, coronel de la fuerza aérea de Estados Unidos, "El papel del servicio militar obligatorio en las democracias de las Américas", en *Air and Space Journal* (edición en español), cuarto trimestre de 2002, publicado por *Military Review*, julio-agosto de 2003.

ÍNDICE DE NOMBRES

Comité Ejecutivo Nacional (CEN) del PRI, 35, 37, 67, 413 notas 11 y 13, 420 nota 20
Comité Ejecutivo Nacional (CEN) del PRM, 34, 35
Comité Empresarial México-Estados Unidos, 283
Comité Internacional de la Cruz Roja Internacional, 263
Confederación Nacional de Organizaciones Populares (CNOP), 35
Conferencia Especial sobre Seguridad de la Región, 200
Conferencia Nacional de Gobernadores (CONAGO), 281
Congreso de la Unión, 23, 32, 33, 166, 235, 361, 386, 391, 393, 413 nota 10, 418 nota 24, 420 nota 18
Consejo Nacional de la Patrulla Fronteriza de Estados Unidos, 118
Consejo Nacional de Seguridad Pública, 55
Consejo de Secretarios de Estado y de Jefes de Departamento Autónomos, 29
Consejo de Seguridad de la Organización de las Naciones Unidas, 277-79, 281-84, 286, 288-90, 292, 294, 297, 300, 356, 397, 414 nota 14, 419 nota 10
Consejo de Seguridad Estatal de Jalisco, 57
Consejo de Seguridad Nacional, 225
Consejo Supremo de Defensa, 20
Constitución Política de los Estados Unidos Mexicanos, 93, 167, 271, 273, 316, 318
Convergencia por la Democracia (CD), 369
Coordinación de Seguridad Pública de la Nación, 218, 220
Coordinación General y Desarrollo de la PGR, 326
Corea del Norte, 119, 285, 287, 290, 297
Corona Mendioroz, Arturo, 319
Corona del Rosal, Alfonso, 36, 93, 213, 413 nota 13
Coronado, Saturnino, 205
Costa, César, 324
Creel Miranda, Santiago, 179, 181, 282, 289
La Crisis (periódico), 369, 370
Cuarta Conferencia de Ministros de Defensa de las Américas, 107

El ejército y el poder,
escrito por Javier Ibarrola,
es el detallado retrato
de una fuerza desconocida
que habita en la profundidad
de México.
La edición de esta obra fue compuesta
en fuente newbaskerville y formada en 12:14.
Fue impresa en este mes de octubre de 2003
en los talleres de Acabados Editoriales Incorporados, S.A. de C.V.,
que se localizan en la calle de Arroz 226,
colonia Santa Isabel Industrial, en la ciudad de México, D.F.
La encuadernación de los ejemplares se hizo
en los talleres de Dinámica de Acabado Editorial, S.A. de C.V.,
que se localizan en la calle de Centeno 4-B,
colonia Granjas Esmeralda, en la ciudad de México, D.F.